PETITE COLLECTION DALLOZ

CODE DU TRAVAIL

PARIS
LIBRAIRIE DALLOZ
11, RUE SOUFFLOT

irie Dalloz, située 11, rue Soufflot, du Palais et de l'École de Droit, au nouvement intellectuel le plus vivant ns l'ordre juridique, est à même de seulement les *Publications DALLOZ*, es ouvrages, documents et renseignements oute nature, se rattachant aux questiques.

Bibliographique, aussi complet que t envoyé franco à toute personne qui mande.

CODE DU TRAVAIL

ET

DE LA PRÉVOYANCE SOCIALE

PETITE COLLECTION DALLOZ

CODE DU TRAVAIL

ET

DE LA PRÉVOYANCE SOCIALE

Avec renvois aux ouvrages de MM. Dalloz

Publié sous la direction de MM.

Gaston GRIOLET
Docteur en droit.

Charles VERGÉ
Maître des requêtes honoraire.

Avec la collaboration de

M. Henry Bourdeaux
Juge d'Instruction au Tribunal de la Seine.

QUATRIÈME ÉDITION

REVUE, CORRIGÉE ET AUGMENTÉE

PARIS
LIBRAIRIE DALLOZ
11, Rue Soufflot, 11
R. de RIGNY, Administrateur.

1913

AVERTISSEMENT.

Il nous a paru utile de créer, à côté de nos *Codes annotés*, qui restent sur le bureau du magistrat, de l'avocat, de l'homme d'affaires, de l'étudiant, de Petits Codes d'un format facile à manier, et accessibles aux personnes les moins préparées aux recherches juridiques.

Les *Petits Codes Dalloz,* en même temps qu'ils peuvent, dans une certaine mesure, servir de clef à l'ensemble de nos publications, sont appelés, par eux-mêmes, à rendre de très grands services à tous ceux qui, par profession ou autrement, ont besoin de connaître la loi et d'en avoir sous les yeux le texte éclairé par la jurisprudence.

Notre collection des *Petits Codes* vient de s'enrichir du **Petit Code du travail,** qui prend place dans l'utile publication que nous avons entreprise et qui comprend actuellement le *Code civil,* le *Code de procédure civile,* le *Code de commerce,* le *Code d'instruction criminelle* et le *Code pénal,* le *Code forestier* et le *Code rural,* le *Code de l'Enregistrement,* le *Code admi-*

nistratif, le *Code de la presse*, le *Code des accidents du travail* et le *Code des assurances*.

Ce *Petit Code du travail*, qui se trouvait, jusqu'à ce jour, en *Appendice* à notre *Petit Code de commerce*, nous a semblé devoir en être détaché à raison de l'importance sans cesse croissante de la législation ouvrière, dont la sphère d'application s'élargit chaque jour davantage.

Une commission instituée, en 1901, au Ministère du commerce, et qui fonctionne maintenant au Ministère du travail, a été chargée de réunir et de coordonner, dans un ordre logique, les dispositions multiples qui forment la matière des lois ouvrières.

Les travaux de cette commission n'étant pas encore achevés, et le Parlement, à l'heure actuelle, n'ayant voté que le livre Ier, concernant les conventions relatives au travail, promulgué le 30 décembre 1910, nous avons pensé qu'il était nécessaire de grouper tous les textes épars dans notre législation, et qui concernent les travailleurs, pour les placer à la suite de la Codification législative.

Divers recueils des lois du travail ont déjà été publiés, mais la plupart, n'étant pas tenus à jour, deviennent rapidement incomplets. En outre, le plan suivant lequel ils sont conçus ne permet pas au lecteur de trouver réunies sous une même rubrique toutes les dispositions relatives à la même matière.

Nous nous sommes appliqués à éviter ces inconvénients et à réaliser une véritable Codification de toutes les lois ouvrières en les répartissant d'après leur objet dans chacune des divisions que nous avons créées, et qui sont précisément celles adoptées par le Ministère du travail.

Nous négligerions un des avantages, et non des moindres du *Petit Code du travail,* si nous ne signalions la **Table alphabétique** très précise et très détaillée qui la complète, rendant ainsi les recherches rapides, et permettant de retrouver avec sûreté tous les éléments nécessaires à l'étude d'une question.

Explication des abréviations.

R. Répertoire alphabétique de législation, de doctrine et de jurisprudence Dalloz.
S. Supplément au Répertoire alphabétique Dalloz.
T. (87-97). Troisième table alphabétique de dix années du Recueil périodique Dalloz (1887 à 1897).
N. C. civ. ann. Nouveau Code civil annoté Dalloz.
C. pr. civ. ann. Code de procédure civile annoté Dalloz.
N. C. pr. civ. ann. Nouveau Code de procédure civile annoté Dalloz, t. 1er, art. 1er à 251.
C. com. ann. Code de commerce annoté Dalloz.
C. instr. crim. ann. Code d'instruction criminelle annoté Dalloz.
C. pén. ann. Code pénal annoté Dalloz.
C. for. ann. Code forestier annoté Dalloz.
C. enreg. ann. Code de l'enregistrement annoté Dalloz.
C. adm. ann. Code des lois politiques et administratives annotées Dalloz.
C. civ. Petit Code civil Dalloz.
C. pr. civ. Petit Code de procédure civile Dalloz.
C. com. Petit Code de commerce Dalloz.
C. instr. Petit Code d'instruction criminelle Dalloz.
C. pén. Petit Code pénal Dalloz.
C. for. Petit Code forestier Dalloz.
C. travail Petit Code du travail et de la prévoyance sociale Dalloz.
C. rural. Petit Code rural Dalloz.
C. enreg. Petit Code de l'enregistrement Dalloz.
C. adm. Petit Code administratif Dalloz.
C. presse. Petit Code de la presse Dalloz.
C. accidents. Petit Code des accidents du travail Dalloz.
C. assurances. Petit Code des assurances Dalloz.
D. P. Recueil périodique Dalloz (1re *Partie*, Cour de cassation; — 2e *Partie*, Cours d'appel, Tribunaux de première instance, Tribunaux de commerce, Tribunaux de paix, et juridictions étrangères; — 3e *Partie*, Conseil d'État et Tribunal des conflits; — 4e *Partie*, Législation; — 5e *Partie*, Sommaires d'arrêts et de jugements; — *Tables générales* des matières contenues dans les trois premières et cinquième parties du Recueil).
Bull. Dalloz. Bulletin hebdomadaire Dalloz.
Dall. Comm. Dalloz des Communes.
Art. Article.
Civ. Code civil.
Pr. Code de procédure civile.
Com. Code de commerce.
Instr. Code d'instruction criminelle.
Pén. Code pénal.
For. Code forestier.
T. civ. Tarif en matière civile.
T. cr. Tarif en matière criminelle.
L. Loi.
Décr. Décret.
Contrà. Solution contraire.
Conf. Solution conforme.
Sol. impl. Solution implicite.
Comp. Comparez.
V. Voyez.
eod. v°. Même mot que celui qui vient d'être cité.
p. Page.
s. Et suivants.
t. Tome.
n°. Numéro.
v° ou vis. Verbo ou verbis.

Exemples des renvois cités au cours de l'ouvrage et explication des abréviations :

R. v° *Industrie et commerce,* 129 s. — Signifie : Répertoire alphabétique de législation, de doctrine et de jurisprudence Dalloz, au mot « Industrie et commerce », numeros 129 et suivants.

S. v° *Travail,* 743 s. — Signifie : Supplément au Répertoire alphabétique Dalloz, au mot « Travail », numéros 743 et suivants.

CODE DU TRAVAIL

ET

DE LA PRÉVOYANCE SOCIALE

[TEXTES CODIFIÉS].

LIVRE PREMIER.

DES CONVENTIONS RELATIVES AU TRAVAIL.

Promulgué le 30 décembre 1910.

TITRE PREMIER.

Du contrat d'apprentissage.

CHAPITRE PREMIER.

De la nature et de la forme du contrat.

Art. 1er. Le contrat d'apprentissage est celui par lequel un fabricant, un chef d'atelier ou un ouvrier s'oblige à enseigner la pratique de sa profession à une autre personne, qui s'oblige, en retour, à travailler pour lui; le tout à des conditions et pendant un temps convenus.

Art. 2. Le contrat d'apprentissage est fait par acte public ou par acte sous seing privé.

Il peut aussi être fait verbalement, mais la preuve testimoniale n'en est reçue que conformément au titre du Code civil : « Des contrats ou des obligations conventionnelles en général. »

Les notaires, les secrétaires des conseils de prud'hommes et les greffiers de justice de paix peuvent recevoir l'acte d'apprentissage.

Cet acte est soumis, pour l'enregistrement, au droit fixe de 1 fr. 50 cent., lors même qu'il contiendrait des obligations de sommes ou valeurs mobilières, ou des quittances.

Les honoraires dus aux officiers publics sont fixés à 2 francs.

Art. 3. L'acte d'apprentissage contient :

1° Les nom, prénoms, âge, profession et domicile du maître;

2° Les nom, prénoms, âge et domicile de l'apprenti;

3° Les noms, prénoms, professions et domicile de ses père et mère, de son tuteur, ou de la personne autorisée par les parents et, à leur défaut, par le juge de paix;

4° La date et la durée du contrat;

5° Les conditions de logement, de nourriture, de prix et toutes autres arrêtées entre les parties.

Il doit être signé par le maître et par les représentants de l'apprenti.

CHAPITRE II.

Des conditions du contrat.

Art. 4. Nul ne peut recevoir des apprentis mineurs s'il n'est âgé de vingt et un ans au moins.

Art. 5. Aucun maître, s'il est célibataire ou en état de veuvage ou divorcé, ne peut loger, comme apprenties, des jeunes filles mineures.

Art. 6. Sont incapables de recevoir des apprentis :

Les individus qui ont subi une condamnation pour crime;

Ceux qui ont été condamnés pour attentat aux mœurs;

Ceux qui ont été condamnés à plus de trois mois d'emprisonnement pour les délits prévus par les articles 388, 401, 405, 406, 407, 408, 423 du Code pénal.

Art. 7. L'incapacité résultant de l'article 6 peut être levée par le préfet, sur l'avis du maire, quand le condamné, après l'expiration de sa peine, a résidé pendant trois ans dans la même commune.

A Paris, les incapacités seront levées par le préfet de police.

CHAPITRE III.

Des devoirs des maîtres et des apprentis.

Art. 8. Le maître doit se conduire envers l'apprenti en bon père de famille, surveiller sa conduite et ses mœurs, soit dans la maison, soit au dehors, et avertir ses parents ou leurs représentants des fautes graves qu'il pourrait commettre ou des penchants vicieux qu'il pourrait manifester.

Il doit aussi les prévenir sans retard, en cas de maladie, d'absence ou de tout fait de nature à motiver leur intervention.

Il n'emploiera l'apprenti, sauf conventions contraires, qu'aux travaux et services qui se rattachent à l'exercice de sa profession.

Art. 9. Si l'apprenti âgé de moins de seize ans ne sait pas lire, écrire et compter, ou s'il n'a pas encore terminé sa première éducation religieuse, le maître est tenu de lui laisser prendre, sur la journée de travail, le temps et la liberté nécessaires pour son instruction.

Néanmoins, ce temps ne peut excéder deux heures par jour.

Art. 10. Le maître doit enseigner à l'apprenti, progressivement et complètement, l'art, le métier ou la profession spéciale qui fait l'objet du contrat.

Il lui délivrera, à la fin de l'apprentissage, un congé d'acquit, ou certificat constatant l'exécution du contrat.

Art. 11. L'apprenti doit à son maître fidélité, obéissance et respect; il doit l'aider, par son travail, dans la mesure de son aptitude et de ses forces.

Il est tenu de remplacer, à la fin de l'apprentissage, le temps qu'il n'a pu employer par suite de maladie ou d'absence ayant duré plus de quinze jours.

Art. 12. Tout fabricant, chef d'atelier ou ouvrier, convaincu d'avoir détourné un apprenti de chez son maître, pour l'employer en qualité d'apprenti ou d'ouvrier, pourra être passible de tout ou partie de l'indemnité à prononcer au profit du maître abandonné.

CHAPITRE IV.

De la résolution du contrat.

Art. 13. Les deux premiers mois de l'apprentissage sont considérés comme un temps d'essai pendant lequel le contrat peut être annulé par la seule volonté de l'une des parties. Dans ce cas, aucune indemnité ne sera allouée à l'une ou l'autre partie, à moins de conventions expresses.

Art. 14. Le contrat d'apprentissage est résolu de plein droit :

1° Par la mort du maître ou de l'apprenti;

2° Si l'apprenti ou le maître est appelé au service militaire;

3° Si le maître ou l'apprenti vient à être frappé d'une des condamnations prévues en l'article 6 du présent titre;

4° Pour les filles mineures, dans le cas de divorce du maître, de décès de l'épouse du maître, ou de toute autre femme de la famille qui dirigeait la maison à l'époque du contrat.

Art. 15. Le contrat peut être résolu sur la demande des parties ou de l'une d'elles :

1° Dans le cas où l'une des parties manquerait aux stipulations du contrat:

2° Pour cause d'infraction grave ou habituelle aux prescriptions du présent titre et des autres lois réglant les conditions du travail des apprentis;

3° Dans le cas d'inconduite habituelle de la part de l'apprenti:

4° Si le maître transporte sa résidence dans une autre commune que celle qu'il habitait lors de la convention.

Néanmoins, la demande en résolution du contrat fondée sur ce motif n'est recevable que pendant trois mois à compter du jour où le maître aura changé de résidence:

5° Si le maître ou l'apprenti encourait une condamnation emportant un emprisonnement de plus d'un mois:

6° Dans le cas où l'apprenti viendrait à contracter mariage.

Art. 16. Si le temps convenu pour la durée de l'apprentissage dépasse le maximum de la durée consacrée par les usages locaux, ce temps peut être réduit ou le contrat résolu.

CHAPITRE V.

De la compétence.

Art. 17. Les réclamations qui pourraient être dirigées contre les tiers en vertu de l'article 12 du présent titre seront portées devant le conseil des prud'hommes ou devant le juge de paix du lieu de leur domicile.

Art. 18. Dans les divers cas de résolution prévus au chapitre IV, les indemnités ou les restitutions qui pourraient être dues à l'une ou à l'autre des parties seront, à défaut de stipulations expresses, réglées par le conseil des prud'hommes ou par le juge de paix dans les cantons qui ne ressortissent point à la juridiction d'un conseil de prud'hommes.

TITRE II.

Du contrat de travail.

CHAPITRE PREMIER.

Dispositions générales.

Art. 19. Le contrat de travail est soumis aux règles du droit commun et peut être constaté dans les formes qu'il convient aux parties contractantes d'adopter.

Le contrat de travail entre les chefs ou directeurs des établissements industriels ou commerciaux, des exploitations agricoles ou forestières, et leurs ouvriers, est exempt de timbre et d'enregistrement.

CHAPITRE II.

Du louage de services.

SECTION PREMIÈRE.

Conditions de validité et effets du louage de services.

§ 1er. — *Règles générales.*

Art. 20. On ne peut engager ses services qu'à temps ou pour une entreprise déterminée.

Art. 21. La durée du louage de services est, sauf preuve d'une convention contraire, réglée suivant l'usage des lieux.

Art. 22. L'engagement d'un ouvrier ne peut excéder un an, à moins qu'il ne soit contremaître, conducteur des autres ouvriers ou qu'il n'ait un traitement et des conditions stipulées par un acte exprès.

Art. 23. Le louage de services, fait sans détermination de durée, peut toujours cesser par la volonté d'une des parties contractantes.

Néanmoins, la résiliation du contrat par la volonté d'un seul des contractants peut donner lieu à des dommages-intérêts.

Pour la fixation de l'indemnité à allouer, le cas échéant, il est tenu compte des usages, de la nature des services engagés, du temps écoulé, des retenues opérées et des versements effectués en vue d'une pension de retraite, et, en général, de toutes les circonstances qui peuvent justifier l'existence et déterminer l'étendue du préjudice causé.

Les parties ne peuvent renoncer à l'avance au droit éventuel de demander des dommages-intérêts en vertu des dispositions ci-dessus.

Les contestations auxquelles pourra donner lieu l'application des paragraphes précédents, lorsqu'elles seront portées devant les tribunaux civils et devant les cours d'appel, seront instruites comme affaires sommaires et jugées d'urgence.

Art. 24. Toute personne qui engage ses services peut, à l'expiration du contrat, exiger de celui à qui elle les a loués, sous peine de dommages-intérêts, un certificat contenant exclusivement la date de son entrée, celle de sa sortie et l'espèce de travail auquel elle a été employée.

Ce certificat est exempt de timbre et d'enregistrement.

§ II. — *Règles particulières aux réservistes et aux territoriaux appelés à faire une période d'instruction militaire.*

Art. 25. En matière de louage de services, si un patron, un employé ou un ouvrier est appelé sous les drapeaux comme réserviste ou territorial pour une période obligatoire d'instruction militaire, le contrat de travail ne peut être rompu à cause de ce fait.

Art. 26. Alors même que, pour une autre cause légitime, le contrat serait dénoncé par l'une des parties, la durée de la période militaire est exclue des délais impartis par l'usage pour la validité de la dénonciation, sauf toutefois dans le cas où le contrat de louage a pour objet une entreprise temporaire prenant fin pendant la période d'instruction militaire.

Art. 27. En cas de violation des articles précédents par l'une des parties, la partie lésée a droit à des dommages-intérêts qui seront arbitrés par le juge conformément aux indications de l'article 23 du présent livre.

Art. 28. Toute stipulation contraire aux dispositions qui précèdent est nulle de plein droit.

§ III. — *Règles particulières aux femmes en couches.*

Art. 29. La suspension du travail par la femme, pendant huit semaines consécutives, dans la période qui précède et suit l'accouchement, ne peut être une cause de rupture par l'employeur du contrat de louage de service, et ce à peine de dommages-intérêts au profit de la femme. Celle-ci devra avertir l'employeur du motif de son absence.

Toute convention contraire est nulle de plein droit.

L'assistance judiciaire sera de droit pour la femme devant la juridiction du premier degré.

SECTION II.

De l'engagement et des loyers des matelots et gens de l'équipage.

Art. 30. Les règles particulières à l'engagement et aux loyers des matelots et gens de l'équipage sont contenues dans les articles 250 et suivants du Code de commerce et les lois spéciales.

CHAPITRE III.

Du louage d'industrie ou marché d'ouvrage.

Art. 31. Les règles particulières au louage d'industrie ou marché d'ouvrage sont contenues dans les articles 1787 et suivants du Code civil.

CHAPITRE IV.

Du marchandage.

Art. 32. L'exploitation des ouvriers par des sous-entrepreneurs ou marchandage est interdite.

Les associations d'ouvriers qui n'ont point pour objet l'exploitation des ouvriers les uns par les autres ne sont point considérées comme marchandage.

TITRE III.

Du salaire.

CHAPITRE PREMIER.

De la détermination du salaire.

SECTION PREMIÈRE.

Des moyens de constater les conventions relatives aux salaires en matière de tissage, de bobinage, de coupe du velours de coton, de teinture, blanchiment et apprêts des étoffes.

§ Ier. — *Tissage et bobinage.*

Art. 33. Tout fabricant, commissionnaire ou intermédiaire qui livre des fils pour être tissés est tenu d'inscrire, au moment de la livraison, sur un livret spécial appartenant à l'ouvrier et laissé entre ses mains :

1° Le poids et la longueur de la chaîne :

2° Le poids de la trame et le nombre de fils de trame à introduire par unité de surface de tissu ;

3° La longueur et la largeur de la pièce à fabriquer ;

4° Le prix de façon, soit au mètre de tissu fabriqué, soit au mètre de longueur ou au kilogramme de la trame introduite dans le tissu.

Art. 34. Tout fabricant, commissionnaire ou intermédiaire qui livre des fils pour être bobinés est tenu d'inscrire sur un livret spécial appartenant à l'ouvrier et laissé entre ses mains :

1° Le poids brut et le poids net de la matière à travailler :

2° Le numéro du fil ;

3° Le prix de façon, soit au kilogramme de matière travaillée, soit au mètre de longueur de cette même matière.

Art. 35. Le prix de façon sera indiqué en monnaie légale, sur le livret, par le fabricant, commissionnaire ou intermédiaire.

Toute convention contraire sera mentionnée, par lui, sur le livret.

Art. 36. L'ouvrage exécuté sera remis au fabricant, commissionnaire ou intermédiaire, de qui l'ouvrier a directement reçu la matière première.

Le compte de façon sera arrêté au moment de cette remise.

Toute convention contraire aux deux paragraphes précédents sera mentionnée sur le livret par le fabricant, commissionnaire ou intermédiaire.

Art. 37. Le fabricant, commissionnaire ou intermédiaire inscrira sur un registre d'ordre toutes les mentions portées au livret spécial de l'ouvrier.

Art. 38. Le fabricant, commissionnaire ou intermédiaire tiendra constamment exposés aux regards, dans le lieu où se règlent habituellement les comptes entre lui et l'ouvrier :

1° Les instruments nécessaires à la vérification des poids et mesures;

2° Un exemplaire des dispositions des articles 33 à 39, 100 et 101 du présent livre en forme de placard.

Art. 39. A l'égard des industries spéciales auxquelles serait inapplicable la fixation du prix de façon, soit au mètre de tissu fabriqué, soit au mètre de longueur de la trame introduite dans le tissu, ou bien soit au kilogramme de matière travaillée, soit au mètre de longueur de cette même matière, le pouvoir exécutif peut déterminer un autre mode, par des arrêtés en forme de règlements d'administration publique, après avoir pris l'avis des chambres de commerce, des chambres consultatives et des conseils de prud'hommes et, à leur défaut, des conseils de préfecture.

Il peut, pareillement, par des arrêtés rendus en la même forme, étendre les dispositions de la présente section et des articles 100 et 101 aux industries qui se rattachent au tissage et au bobinage.

En l'un et l'autre cas, ces arrêtés seront soumis à la sanction législative dans les trois ans qui suivront leur promulgation.

§ II. — *Coupe du velours de coton, teinture, blanchiment et apprêts des étoffes.*

Art. 40. Tout fabricant, commissionnaire ou intermédiaire qui livre à un ouvrier une pièce de velours de coton pour être coupée est tenu d'inscrire, au moment de la livraison, sur un livre spécial appartenant à l'ouvrier, et laissé entre ses mains :

1° Les longueur, largeur et poids de la pièce à couper;

2° Le prix de façon, au mètre de longueur.

Art. 41. Tout fabricant, commissionnaire ou intermédiaire qui livre à un ouvrier une pièce d'étoffe pour être teinte, blanchie ou apprêtée, est tenu d'inscrire, au moment de la livraison, sur un livre spécial appartenant à l'ouvrier et laissé entre ses mains :

1° Les longueur, largeur et poids de la pièce à teindre, blanchir ou apprêter;

2° Le prix de façon, soit au mètre de longueur de la pièce, soit au kilogramme de son poids.

Art. 42. Les articles 35, 36, 37, 38, 100 et 101 du présent livre sont applicables à la coupe du velours de coton, ainsi qu'à la teinture, au blanchiment et à l'apprêt des étoffes.

CHAPITRE II.

Du payement des salaires.

SECTION PREMIÈRE.

Du mode de payement des salaires.

Art. 43. Les salaires des ouvriers et employés doivent être payés en monnaie métallique ou fiduciaire ayant cours légal, nonobstant toute stipulation contraire à peine de nullité.

Art. 44. Les salaires des ouvriers du commerce et de l'industrie doivent être payés au moins deux fois par mois, à seize jours au plus d'intervalle; ceux des employés doivent être payés au moins une fois par mois.

Pour tout travail aux pièces dont l'exécution doit durer plus d'une quinzaine, les dates de payement peuvent être fixées de gré à gré: mais l'ouvrier doit recevoir des acomptes chaque quinzaine et être intégralement payé dans la quinzaine qui suit la livraison de l'ouvrage.

Art. 45. Le payement ne peut être effectué un jour où l'ouvrier ou l'employé a droit au repos, soit en vertu de la loi, soit en vertu de la convention. Il ne peut avoir lieu dans les débits de boissons ou magasins de vente, sauf pour les personnes qui y sont occupées.

SECTION II.

Des privilèges et garanties de la créance de salaire.

Art. 46. Les sommes dues aux entrepreneurs de tous les travaux ayant le caractère de travaux publics ne peuvent être frappées de saisie-arrêt ni d'opposition au préjudice soit des ouvriers auxquels des salaires sont dus, soit des fournisseurs qui sont créanciers à raison de fournitures de matériaux et d'autres objets servant à la construction des ouvrages.

Les sommes dues aux ouvriers pour salaires sont payées de préférence à celles dues aux fournisseurs.

Art. 47. La créance de salaire des gens de service, des ouvriers et commis est privilégiée sur les meubles et immeubles du débiteur, dans les conditions prévues :

1° Pour les gens de service, par l'article 2101-4° du Code civil:

2° Pour les ouvriers et commis, par l'article 549 du Code de commerce.

Peuvent, en outre, faire valoir une action directe ou des privilèges spéciaux :

1° Les maçons, charpentiers et autres ouvriers employés pour édifier. reconstruire ou réparer des bâtiments, canaux ou autres ouvrages quelconques, dans les conditions prévues par l'article 1798 du Code civil:

2° Les ouvriers qui ont travaillé soit à la récolte, soit à la fabrication ou à la réparation des ustensiles agricoles, soit à la conservation de la chose, dans les conditions prévues par l'article 2102-1° et 3° du Code civil:

3° Les matelots et gens de l'équipage, dans les conditions prévues par les articles 191 et suivants, 271 et 272 du Code de commerce;

4° Les ouvriers employés à la construction, à la réparation, à l'armement et à l'équipement du navire, dans les conditions prévues par l'article 191 du Code de commerce.

Art. 48. L'ouvrier détenteur de l'objet par lui ouvré peut exercer le droit de rétention dans les conditions prévues par l'article 570 du Code civil.

Les objets mobiliers confiés à un ouvrier pour être travaillés, façonnés, réparés ou nettoyés et qui n'auront pas été retirés dans le délai de deux ans pourront être vendus dans les conditions et formes déterminées par la loi du 31 décembre 1903, modifiée par celle du 7 mars 1905.

SECTION III.

De la prescription de l'action en payement du salaire.

Art. 49. La prescription de l'action en payement du salaire est réglée par les articles 2271, 2272, 2274 et 2275 du Code civil, et 433 du Code de commerce.

CHAPITRE III.

Des retenues sur le salaire.

SECTION PREMIÈRE.

Règles générales.

Art. 50. Aucune compensation ne s'opère au profit des patrons entre le montant des salaires dus par eux à leurs ouvriers et les sommes qui leur seraient dues à eux-mêmes pour fournitures diverses, quelle qu'en soit la nature, à l'exception toutefois :

1° Des outils et instruments nécessaires au travail ;

2° Des matières ou matériaux dont l'ouvrier a la charge et l'usage ;

3° Des sommes avancées pour l'acquisition de ces mêmes objets.

Art. 51. Tout patron qui fait une avance en espèces, en dehors du cas prévu par le paragraphe 3 de l'article précédent, ne peut se rembourser qu'au moyen de retenues successives ne dépassant pas le dixième du montant des salaires exigibles.

La retenue opérée de ce chef ne se confond ni avec la partie saisissable, ni avec la partie cessible déterminée à l'article 62.

Les acomptes sur un travail en cours ne sont pas considérés comme avances.

Les appointements visés à l'article 61 du présent livre sont, pour l'application des règles contenues dans le présent article et dans l'article 50, assimilés aux salaires des ouvriers.

SECTION II.

Des règlements de comptes entre les maîtres d'atelier et les négociants.

Art. 52. Tous les chefs d'atelier sont tenus de se pourvoir, au conseil de prud'hommes, d'un double livre d'acquit, pour chacun des métiers qu'ils font travailler, dans la huitaine du jour où chacun de ces métiers commence à travailler.

Sur ce livre d'acquit, parafé et numéroté et qui ne peut leur être refusé, lors même qu'ils n'ont qu'un métier, sont inscrits les nom, prénoms et domicile du chef d'atelier.

Art. 53. Il est tenu au conseil de prud'homme un registre sur lequel lesdits livres d'acquit sont inscrits; le chef d'atelier signe, s'il le sait, sur le registre et sur le livre d'acquit qui lui est délivré.

Art. 54. Le chef d'atelier déposera le livre d'acquit du métier qu'il destine au négociant manufacturier entre ses mains et peut, s'il le désire, en exiger un récépissé.

Art. 55. Lorsqu'un chef d'atelier cesse de travailler pour un négociant, il est tenu de faire noter sur le livre d'acquit, par ledit négociant, que le chef d'atelier a soldé son compte ou, dans le cas contraire, la déclaration du négociant spécifiera la dette dudit chef d'atelier.

Art. 56. Le négociant possesseur du livre d'acquit le fera viser aux autres négociants occupant des métiers dans le même atelier, qui énonceront la somme due par le chef d'atelier, dans le cas où il est leur débiteur.

Art. 57. Lorsque le chef d'atelier reste débiteur du négociant manufacturier pour lequel il a cessé de travailler, celui qui veut lui donner de l'ouvrage fera la promesse de retenir la huitième partie du prix des façons dudit ouvrage en faveur du négociant dont la créance est la plus ancienne sur ledit registre, et ainsi successivement dans le cas où le chef d'atelier a cessé de travailler pour ledit négociant, du consentement de ce dernier ou pour cause légitime; dans le cas contraire, le négociant manufacturier qui veut occuper le chef d'atelier est tenu de solder celui qui est resté créancier en compte de matières, nonobstant toute dette antérieure, et le compte d'argent jusqu'à 500 francs.

Art. 58. La date des dettes que les chefs d'atelier ont contractées avec les négociants qui les ont occupés est regardée comme certaine vis-à-vis des négociants et maîtres d'atelier seulement, et, à l'effet des dispositions portées à la présente section après l'apurement des comptes, l'inscription de la déclaration sur le livre d'acquit et le visa du bureau des prud'hommes.

Art. 59. Lorsqu'un négociant manufacturier a donné de l'ouvrage à un chef d'atelier dépourvu de livre d'acquit pour le métier que le négociant veut occuper, il sera condamné à payer comptant tout ce que ledit chef d'atelier pourrait devoir en compte de matières et en compte d'argent jusqu'à 500 francs.

Art. 60. Les déclarations ci-dessus prescrites seront portées par le négociant manufacturier sur le livre d'acquit resté entre les mains du chef d'atelier, comme sur le sien.

CHAPITRE IV.

De la saisie-arrêt et de la cession des salaires et petits traitements.

SECTION PREMIÈRE.

Règles générales.

§ Ier. — *Limitation de la saisie-arrêt et de la cession.*

Art. 61. Les salaires des ouvriers et gens de service ne sont saisissables que jusqu'à concurrence du dixième, quel que soit le montant de ces salaires.

Les appointements ou traitements des employés ou commis et des fonctionnaires ne sont également saisissables que jusqu'à concurrence du dixième lorsqu'ils ne dépassent pas 2000 francs par an.

Art. 62. Les salaires, appointements et traitements visés par l'article 61 ne peuvent être cédés que jusqu'à concurrence d'un autre dixième.

Art. 63. Les cessions et saisies faites pour le payement des dettes alimentaires prévues par les articles 203, 205, 206, 207, 214 et 349 du Code civil ne sont pas soumises aux restrictions qui précèdent.

§ II. — *Procédure de la saisie-arrêt.*

Art. 64. La saisie-arrêt sur les salaires et les appointements ou traitements ne dépassant pas annuellement 2000 francs, dont il s'agit à l'article 61, ne peut être pratiquée, s'il y a titre, que sur le visa du greffier de la justice de paix du domicile du débiteur saisi.

S'il n'y a point de titre, la saisie-arrêt ne peut être pratiquée qu'en vertu de l'autorisation du juge de paix du domicile du débiteur saisi. Toutefois, avant d'accorder l'autorisation, le juge de paix peut, si les parties n'ont déjà été appelées en conciliation, convoquer devant lui, par simple avertissement, le créancier et le débiteur; s'il intervient un arrangement, il en sera tenu note par le greffier sur un registre spécial exigé par l'article 72 du présent livre.

L'exploit de saisie-arrêt contiendra en tête l'extrait du titre, s'il y en a un, ainsi que la copie du visa, et, à défaut de titre, copie de l'autorisation du juge.

L'exploit sera signifié au tiers saisi ou à son représentant préposé au payement des salaires ou traitements, dans le lieu où travaille le débiteur saisi.

Art. 65. L'autorisation accordée par le juge évaluera ou énoncera la somme pour laquelle la saisie-arrêt sera formée.

Le débiteur peut toucher du tiers saisi la portion non-saisissable de ses salaires, gages ou appointements.

Une seule saisie-arrêt doit être autorisée par le juge. S'il survient d'autres créanciers, leur déclaration signée et déclarée sincère par eux et contenant toutes les pièces de nature à mettre le juge à même de faire l'évaluation de la créance sera inscrite par le greffier sur le registre exigé par l'article 72. Le greffier se bornera à en donner avis dans les quarante-huit heures au débiteur saisi et au tiers saisi par lettre recommandée qui vaudra opposition.

Art. 66. L'huissier saisissant est tenu de faire parvenir au juge de paix, dans le délai de huit jours, à dater de la saisie, l'original de l'exploit, sous peine d'une amende de 10 francs qui sera prononcée par le juge de paix en audience publique.

Art. 67. Tout créancier saisissant, le débiteur et le tiers saisi peuvent requérir la convocation des intéressés devant le juge de paix du débiteur saisi par une déclaration consignée sur le registre spécial prévu en l'article 72.

Dans les quarante-huit heures de cette réquisition, le greffier adressera :

1° Au saisi ;

2° Au tiers saisi ;

3° A tous autres créanciers opposants, un avertissement recommandé à comparaître devant le juge de paix à l'audience que celui-ci aura fixée.

A cette audience ou à toute autre fixée par lui, le juge de paix, prononçant sans appel dans la limite de sa compétence et à charge d'appel à quelque valeur que la demande puisse s'élever, statuera sur la validité, la nullité ou la mainlevée de la saisie, ainsi que sur la déclaration affirmative que le tiers saisi sera tenu de faire audience tenante.

Le tiers saisi qui ne comparaîtra pas, ou qui ne fera pas sa déclaration ainsi qu'il est dit ci-dessus, sera déclaré débiteur pur et simple des retenues non opérées et condamné aux frais par lui occasionnés.

Art. 68. Si le jugement est rendu par défaut, avis de ses dispositions sera transmis par le greffier à la partie défaillante, par lettre recommandée, dans les cinq jours du prononcé.

L'opposition, qui ne sera recevable que dans les huit jours de la date de la lettre, consistera dans une déclaration à faire au greffe de la justice de paix, sur le registre prescrit par l'article 72.

Toutes parties intéressées seront prévenues, par lettre recommandée du greffier, pour la plus prochaine audience utile. Le jugement qui interviendra sera réputé contradictoire. L'appel relevé contre le jugement contradictoire sera formé dans les dix jours du prononcé du jugement, et, dans le cas où il aurait été rendu par défaut, du jour de l'expiration des délais d'opposition, sans que, dans le cas du jugement contradictoire, il soit besoin de le signifier.

Art. 69. Après l'expiration des délais de recours, le juge de paix peut surseoir à la convocation des parties intéressées tant que la somme à distribuer n'atteint pas, d'après la déclaration du tiers saisi et déduction faite des frais à prélever et des créances privilégiées, un chiffre suffisant pour distribuer aux créanciers connus un dividende de 20 pour 100 au moins. S'il y a somme suffisante et si les parties ne se sont pas amiablement entendues pour la répartition, le juge procédera à la distribution entre les ayants droit. Il établira son état de répartition sur le registre prescrit par l'article 72. Une copie de cet état signée du juge et du greffier, indiquant le montant des frais à prélever, le montant des créances privilégiées, s'il en existe, et le montant des sommes attribuées dans la répartition à chaque ayant droit, sera transmise par le greffier, par lettre recommandée, au débiteur saisi et à chaque créancier colloqué.

Ces derniers ont une action directe contre le tiers saisi en payement de leur collocation. Les ayants droit aux frais et aux collocations utiles donneront quittance en marge de l'état de répartition remis au tiers saisi, qui se trouvera libéré d'autant.

Art. 70. Les effets de la saisie-arrêt, les oppositions consignées par le greffier sur le registre spécial, subsisteront jusqu'à complète libération du débiteur.

Art. 71. Les frais de saisie-arrêt et de distribution sont à la charge du débiteur saisi. Ils seront prélevés sur la somme à distribuer.

Tous frais de contestation jugée mal fondée seront mis à la charge de la partie qui aura succombé.

Art. 72. Pour l'exécution des dispositions de la présente section, il sera tenu au greffe de chaque justice de paix un registre sur papier non timbré qui sera coté et parafé par le juge de paix et sur lequel seront inscrits :

1° Les visas ou ordonnances autorisant la saisie-arrêt;

2° Le dépôt de l'exploit;

3° La réquisition de la convocation des parties;

4° Les arrangements intervenus;

5° Les interventions des autres créanciers ;

6° La déclaration faite par le tiers saisi :

7° La mention des avertissements ou lettres recommandées transmises aux parties;

8° Les décisions du juge de paix;

9° La répartition établie entre les ayants droit.

Art. 73. Tous les actes, décisions et formalités auxquels donne lieu l'exécution des articles 50 et 51 du présent livre et des dispositions de la présente section sont, quelle qu'en soit la nature, rédigés sur papier non timbré et enregistrés gratis.

Un décret détermine les émoluments à allouer aux greffiers pour l'envoi des lettres recommandées et pour dressé de tous extraits et copies d'états de répartition.

SECTION II.

Règles particulières aux salaires des marins.

Art. 74. Les salaires des marins sont incessibles et insaisissables, sauf les exceptions prévues par la législation spéciale en vigueur.

CHAPITRE V.

Des économats.

Art. 75. Il est interdit à tout employeur :

1° D'annexer à son établissement un économat où il vende, directement ou indirectement, à ses ouvriers et employés ou à leurs familles, des denrées et marchandises de quelque nature que ce soit ;

2° D'imposer à ses ouvriers et employés l'obligation de dépenser leur salaire, en totalité ou en partie dans des magasins indiqués par lui.

Cette interdiction ne s'étend pas au contrat de travail, si ce contrat stipule que l'ouvrier sera logé et nourri et recevra, en outre, un salaire déterminé en argent ou si, pour l'exécution de ce contrat, l'employeur cède à l'ouvrier des fournitures à prix coûtant.

Art. 76. Tout économat doit être supprimé dans un délai de deux ans à dater du 25 mars 1910.

Art. 77. Les économats des réseaux de chemins de fer, qui sont placés sous le contrôle de l'Etat, ne sont pas régis par les dispositions des articles 75 et 76, sous la triple réserve :

1° Que le personnel ne soit pas obligé de se fournir à l'économat ;

2° Que la vente des denrées et marchandises ne rapporte à l'employeur aucun bénéfice ;

3° Que l'économat soit géré sous le contrôle d'une commission composée, pour un tiers au moins, de délégués élus par les ouvriers et employés du réseau.

Toutefois, le ministre des travaux publics fera, cinq après le 25 mars 1910, procéder, dans les formes fixées par arrêté ministériel, à une consultation du personnel sur la suppression ou le maintien de l'économat de chaque réseau. Ce referendum sera renouvelé à l'expiration de chaque période de cinq ans.

Les mêmes règles s'appliqueront aux économats annexés aux établissements industriels dépendant de sociétés dans lesquelles le capital appartient, en majorité, aux ouvriers et employés, retraités ou non, de l'entreprise et dont les assemblées générales seront statutairement composées, en majorité, des mêmes éléments.

CHAPITRE VI.

Du salaire de la femme mariée.

Art. 78. Les droits de la femme mariée sur les produits de son travail personnel et les économies en provenant sont déterminés par la loi du 13 juillet 1907 relative au libre salaire de la femme mariée et à la contribution des époux aux charges du mariage.

TITRE IV.

Du placement des travailleurs.

CHAPITRE PREMIER.

Dispositions générales.

Art. 79. L'autorité municipale surveille les bureaux de placement pour y assurer le maintien de l'ordre, les prescriptions de l'hygiène et la loyauté de la gestion. Elle prend les arrêtés nécessaires à cet effet.

Art. 80. Les pouvoirs conférés par le présent titre à l'autorité municipale seront exercés par le préfet de police pour Paris et le ressort de sa préfecture, et par le préfet du Rhône pour Lyon et les autres communes dans lesquelles il remplit les fonctions qui lui sont attribuées par la loi du 24 juin 1851.

Art. 81. Aucun hôtelier, logeur, restaurateur ou débitant de boissons ne peut joindre à son établissement la tenue d'un bureau de placement.

Art. 82. Les bureaux de nourrices ne sont pas soumis aux prescriptions du présent titre.

Les bureaux de nourrices restent soumis aux dispositions de la loi du 23 décembre 1874 relative à la protection des enfants du premier âge.

CHAPITRE II.

Du placement gratuit.

Art. 83. Les bureaux de placement gratuit créés par les municipalités, par les syndicats professionnels ouvriers, patronaux ou mixtes, les bourses du travail, les compagnonnages, les sociétés de secours mutuels et toutes autres associations légalement constituées ne sont soumis à aucune autorisation. — *V. L.* 13 *juill.* 1911, *art.* 119.

Art. 84. Les bureaux de placement énumérés à l'article précédent, sauf ceux qui sont créés par les municipalités, sont astreints au dépôt d'une déclaration préalable effectuée à la mairie de la commune où ils sont établis. La déclaration devra être renouvelée à tout changement de local du bureau.

Art. 85. Dans chaque commune, un registre constatant les offres et demandes de travail et d'emplois devra être ouvert à la mairie et mis gratuitement à la disposition du public. A ce registre sera joint un répertoire où seront classées les notices individuelles que les demandeurs de travail pourront librement joindre à leur demande. Les communes comptant plus de dix mille habitants seront tenues de créer un bureau municipal.

Art. 86. Sont exemptées du droit de timbre les affiches, imprimées ou non, concernant exclusivement les offres et demandes de travail et d'emplois, et apposées par les bureaux de placement gratuits énumérés dans l'article 83.

Art. 87. Il est interdit à tout gérant ou employé de bureau de placement gratuit de percevoir une rétribution quelconque à l'occasion du placement d'un ouvrier ou employé.

Décret du 25 octobre 1911,

Réglant l'emploi du crédit inscrit au budget de l'exercice 1911 pour subventions aux bureaux municipaux de placement.

Art. 1er. Peuvent participer aux subventions de l'État les communes dont les bureaux de placement gratuit fonctionnent depuis trois mois au moins et répondent aux conditions déterminées par le présent décret.

2. Tout bureau doit être placé sous le contrôle d'une commission paritaire, composée par moitié de patrons et d'ouvriers ou employés choisis parmi les principales professions appelées à avoir recours au placement.

3. S'il existe dans une même commune plusieurs bureaux municipaux de placement gratuit pour une même profession, la subvention de l'État ne pourra être attribuée que pour un seul bureau.

Seront toutefois comptés pour un même bureau ceux qui auront organisé entre eux l'échange régulier et rapide des renseignements concernant les demandes et offres d'emploi.

4. A l'appui de la première demande de subvention, la municipalité fournira au ministère du travail et de la prévoyance sociale un exemplaire du règlement intérieur du bureau de placement qui fait l'objet de la demande.

Toute modification au règlement doit être aussitôt communiquée au ministère du travail et de la prévoyance sociale.

5. Le règlement du bureau déterminera le mode de recrutement des membres de la commission paritaire, la durée de leur mandat, la procédure de désignation du président, qui ne devra être ni un employeur, ni un ouvrier ou employé, la périodicité des séances, la procédure de contrôle de la gestion du bureau, les relations de la commission avec l'administration municipale, les indemnités éventuelles ou jetons de présence aux membres, etc.

Dans toute délibération, les patrons et ouvriers ou employés ne devront prendre part au vote qu'en nombre égal. Le président n'aura pas droit de vote,

6. Le règlement déterminera en outre les fonctions et la rémunération du ou des agents préposés au placement et les conditions générales de tenue du bureau (heures d'ouverture, mode d'inscription, acceptation des offres et demandes par correspondance, etc.).

7. Lorsque le préposé au placement a connaissance de l'existence d'une grève ou d'un look-out, le bureau municipal continue à fonctionner, mais le préposé est tenu d'avertir de l'état de grève ou du look-out tout chômeur auquel est offert un emploi dans une entreprise atteinte, directement ou indirectement, par le conflit.

8. Les subventions sont allouées par semestre. Le crédit alloué par la loi de finances est divisé en deux parties égales afférentes à chaque répartition semestrielle.

Pour chacune de ces répartitions, le ministre du travail et de la prévoyance sociale fixe, après avis de la commission prévue à l'article 15 ci-après et conformément à l'article 10, le taux d'après lequel le crédit est réparti entre les municipalités. La décision ministérielle est insérée au *Journal officiel* et au *Bulletin de l'Office du travail.*

9. Le montant des subventions est fixé par arrêté ministériel dans les six mois qui suivent le dernier jour du semestre auxquels elles s'appliquent.

L'imputation de la dépense correspondante est déterminée par la date de l'arrêté ministériel visé au présent article.

10. La subvention comprend deux parts :

a) Pour le placement local, il est attribué une allocation calculée au prorata des dépenses imputées sur les ressources ordinaires du budget communal pour le service de placement, en tenant compte du nombre des placements effectués, sans que le taux puisse excéder les maxima ci-après :

15 pour 100 des dépenses pour tout bureau ayant effectué en moyenne, par mois, de 25 à 50 placements.

20 pour 100 des dépenses pour tout bureau ayant effectué en moyenne, par mois, de 51 à 100 placements.

25 pour 100 des dépenses pour tout bureau ayant effectué en moyenne, par mois, de 101 à 200 placements.

30 pour 100 des dépenses pour tout bureau ayant effectué en moyenne, par mois, plus de 201 placements ;

b) Si le bureau assure un service de placement interlocal, par échange avec les bureaux municipaux établis dans les communes voisines, il est attribué une allocation spéciale, égale à la moitié des frais spéciaux de ce placement interlocal ; frais de correspondance, y compris les communications télégraphiques ou téléphoniques de ville à ville. Les dépenses du service de placement interlocal doivent faire l'objet d'une comptabilité distincte.

Lorsque la subvention calculée d'après les règles ci-dessus comprend une fraction, les centimes sont supprimés et la somme est augmentée de 1 franc.

11. Il n'est attribué aucune subvention pour tout bureau n'ayant pas effectué au moins 25 placements en moyenne par mois.

12. (*Décr.* 24 *mai* 1912.) « Toute municipalité désireuse de participer aux subventions doit adresser au ministre du travail et de la prévoyance sociale, dans un délai de deux mois à dater de la fin du semestre pour lequel la subvention est demandée, un état dûment certifié indiquant :

a) Le nombre des offres et demandes d'emploi reçues pendant le semestre écoulé ; »

b) Le nombre des placements effectués, tant à demeure qu'à la journée ou en extra, en indiquant éventuellement le nombre de placements effectués par le service interlocal ;

c) Le relevé des dépenses de placement, en indiquant séparément, le cas échéant, le détail des frais afférents au service du placement interlocal.

Les formules nécessaires seront fournies par le ministère du travail et de la prévoyance sociale.

13. Les relevés prévus à l'article précédent pourront être remplacés, en vertu d'une autorisation ministérielle, après avis de la commission de répartition des subventions, par un exemplaire du compte moral et financier du bureau de placement, lorsque ce compte est publié et contient des renseignements suffisants.

14. Les municipalités sont tenues de fournir au ministère du travail et de la prévoyance sociale les explications qui leur seront demandées et, le cas échéant, de laisser contrôler la comptabilité de leurs bureaux de placement.

15. Il est institué une commission de répartition des subventions aux bureaux municipaux de placement gratuit, composée comme suit :

Un sénateur ;

Un député ;

Le directeur du travail ;

Le directeur ou chef de cabinet du ministre ;

Le directeur général de la comptabilité publique ou son délégué ;

Un inspecteur des finances ;

Le sous-directeur du travail ;

Deux représentants des municipalités ayant institué des bureaux municipaux paritaires de placement gratuit ;

Deux membres patrons et deux membres ouvriers du conseil supérieur du travail, élus par leurs collègues.

16. Les membres de la commission prévue à l'article précédent seront nommés chaque année par le ministre du travail et de la prévoyance sociale.

17. (*Décr. 24 mai* 1912.) Pour la répartition du crédit inscrit aux budgets des exercices 1912 et 1913, le ministre pourra, après avis de la commission, accorder aux communes dispense d'une ou plusieurs prescriptions du présent décret.

Cette dispense pourra ultérieurement être accordée, pendant un an, à toute municipalité qui demandera pour la première fois une subvention pour un bureau municipal de placement.

18. Le rapport annuel sur le fonctionnement du service et la répartition du crédit sera inséré au *Journal officiel* et au *Bulletin de l'Office du travail.*

Décret du 24 mai 1912,

Modifiant le décret du 25 octobre 1911, réglant l'emploi du crédit ouvert au budget pour subventions aux bureaux municipaux de placement gratuit.

Art. 1er. Les alinéas 1 et 2 de l'article 12 du décret du 25 octobre 1911 sont modifiés comme suit : — V. *suprà*, Décr. 25 oct. 1911, art. 12, § 1er et 2.

2. Il est ajouté au décret précité la disposition suivante, qui constituera l'article 17 du décret aini modifié : — V. *suprà*, Décr. 25 oct. 1911, art. 17.

CHAPITRE III.

Des bureaux de placement payants.

SECTION PREMIÈRE.

De l'autorisation des bureaux.

Art. 88. Nul ne peut tenir un bureau de placement, sous quelque titre et pour quelques professions, places ou emplois que ce soit, sans une permission spéciale délivrée par l'autorité municipale, et qui ne peut être accordée qu'à des personnes d'une moralité reconnue.

Art. 89. La demande à fin de permission doit contenir les conditions auxquelles le requérant se propose d'exercer son industrie.

Il est tenu de se conformer à ces conditions et aux dispositions réglementaires qui seraient prises en vertu de l'article 79 et de l'article 90 du présent titre.

Art. 90. L'autorité municipale règle le tarif des droits qui peuvent être perçus par le gérant.

Art. 91. Les frais de placement touchés dans les bureaux maintenus à titre payant sont entièrement supportés par les employeurs sans qu'aucune rétribution puisse être reçue des employés.

Art. 92. L'autorité municipale peut retirer la permission :

1° Aux individus qui auraient encouru ou viendraient à encourir une des condamnations prévues par l'article 15, paragraphes 1er, 3, 4, 5, 6, 14 et 15, et par l'art. 16 du décret du 2 février 1852;

2° A ceux qui seraient condamnés à l'emprisonnement pour contravention aux dispositions du présent titre ou aux arrêtés pris en vertu des articles 79 et 90.

Art. 93. Les retraits de permission et les règlements émanés de l'autorité municipale, en vertu des articles 90 et 92, ne sont exécutoires qu'après l'approbation du préfet.

SECTION II.

De la suppression des bureaux.

Art. 94. Un arrêté pris à la suite d'une délibération du conseil municipal peut rapporter les autorisations données en vertu de la section précédente.

Le bureau devenu vacant par le décès du titulaire, ou pour toute autre cause, avant l'arrêté de suppression, pourra être transmis ou cédé.

Art. 95. Les bureaux faisant le placement pour une même profession déterminée devront être supprimés tous à la fois par un même arrêté municipal.

Art. 96. Les bureaux créés en vertu d'une autorisation postérieure au 17 mars 1904 n'ont droit, en cas de suppression, à aucune indemnité.

Art. 97. Les bureaux autorisés au 17 mars 1904 ne peuvent être supprimés que moyennant une juste indemnité représentant le prix de vente de l'office, indemnité qui, à défaut d'entente, sera fixée par le conseil de préfecture.

En cas de décès du titulaire avant l'arrêté de suppression, l'indemnité sera due aux ayants droit et leur sera payée lorsque l'arrêté aura été pris.

Les indemnités aux tenanciers des bureaux de placement seront à la charge des communes seules.

Art. 98. Les dispositions de la présente section et des articles 81 et 91 ne sont pas applicables aux agences lyriques, agences pour cirques et music-halls.

TITRE V.

Des pénalités.

Art. 99. Toute contravention aux articles 4, 5, 6 et 9 du présent livre sera poursuivie devant le tribunal de police et punie d'une amende de 5 à 15 francs.

Pour les contraventions aux articles 4, 5 et 9 du présent livre, le tribunal de police pourra, dans le cas de récidive, prononcer, outre l'amende, un emprisonnement d'un à cinq jours.

En cas de récidive, la contravention à l'article 6 sera poursuivie devant les tribunaux correctionnels et punie d'un emprisonnement de quinze jours à trois mois, sans préjudice d'une amende qui pourra s'élever de 50 à 300 francs.

Art. 100. Seront punies d'une amende de 11 à 15 francs :

1° Les contraventions aux articles 33, 34, 35, 37, 38, 40, 41 et 42 du présent livre;

2° Les contraventions à la disposition finale de l'article 36 et aux arrêtés pris en exécution de l'article 39.

Il sera prononcé autant d'amendes qu'il aura été commis de contraventions distinctes.

Art. 101. Si dans les douze mois qui ont précédé la contravention, le contrevenant a encouru une condamnation par l'application de l'article précédent, le tribunal peut ordonner l'insertion du nouveau jugement dans un journal de la localité, aux frais du condamné.

Art. 102. Toute infraction, soit aux règlements faits en vertu des articles 79 et 90, soit aux prescriptions des articles 81, 87, 88, 89, paragraphes 2, 91, sera punie d'une amende de 16 à 100 francs et d'un emprisonnement de six jours à un mois, ou de l'une de ces peines seulement.

Le maximum des deux peines sera toujours appliqué au délinquant lorsqu'il aura été prononcé contre lui, dans les douze mois précédents, une première condamnation pour infractions aux articles 81, 87, 88, 89, paragraphes 2, 91, et aux règlements pris en vertu de l'article 90.

Tout tenancier, gérant, employé d'un bureau clandestin sera puni des peines portées au présent article.

Ces peines sont indépendantes des restitutions et des dommages-intérêts auxquels pourront donner lieu les faits incriminés.

Art. 103. Toute exploitation de l'ouvrier par voie de marchandage sera punie d'une amende de 50 à 100 francs pour la première fois; de 100 à 200 francs en cas de récidive, s'il y avait double récidive, d'un emprisonnement qui pourrait aller d'un à six mois.

Le produit des amendes sera destiné à secourir les invalides du travail.

Art. 104. Sans préjudice de la responsabilité civile, toute contravention aux prescriptions des articles 43, 44, 45 du présent livre sera poursuivie devant le tribunal de simple police et punie d'une amende de 5 à 15 francs.

Art. 105. Toute infraction aux articles 75, 76, 77 sera passible d'une amende de 50 à 2000 francs qui pourra être portée à 5000 francs en cas de récidive.

Art. 106. L'article 463 du Code pénal est applicable aux infractions prévues aux articles 99, 102, 104 et 105.

La loi du 26 mars 1891 est applicable aux infractions prévues aux article 102 et 105.

Art. 107. Les inspecteurs du travail sont chargés, concurremment avec les officiers de police judiciaire, d'assurer l'exécution des articles 75, 76, 77, et, en ce qui concerne le commerce et l'industrie, des articles 43, 44, 45 du présent livre.

Les contraventions auxdits articles sont constatées dans les conditions indiquées par l'article 20 de la loi du 2 novembre 1892.

TABLE DES MATIÈRES

DU

CODE DU TRAVAIL

ET

DE LA PRÉVOYANCE SOCIALE

LIVRE PREMIER

DES CONVENTIONS RELATIVES AU TRAVAIL.

[TEXTES NON CODIFIÉS].

DIVISION.

I. RÉGLEMENTATION DU TRAVAIL

A. — Travail des enfants, des filles mineures et des femmes.

Loi du 22 février 1851,

Relative aux contrats d'apprentissage (D. P. 51. 4. 43).

Art. 8. . . . .
Il (le maître) n'emploiera l'apprenti, sauf conventions contraires, qu'aux travaux et services qui se rattachent à l'exercice de sa profession. Il ne l'emploiera jamais à ceux qui seraient insalubres ou au-dessus de ses forces.

9. La durée du travail effectif des apprentis âgés de moins de quatorze ans ne pourra dépasser dix heures par jour.

Pour les apprentis âgés de quatorze à seize ans, elle ne pourra dépasser douze heures.

Aucun travail de nuit ne peut être imposé aux apprentis âgés de moins de seize ans.

Est considéré comme travail de nuit tout travail fait entre neuf heures du soir et cinq heures du matin.

Les dimanches et jours de fêtes reconnues ou légales, les apprentis, dans aucun cas, ne peuvent être tenus, vis-à-vis de leur maître, à aucun travail de leur profession.

Dans le cas où l'apprenti serait obligé, par suite des conventions ou conformément à l'usage, de ranger l'atelier aux jours ci-dessus marqués, ce travail ne pourra se prolonger au delà de dix heures du matin.

Il ne pourra être dérogé aux dispositions contenues dans les trois premiers paragraphes du présent article que par un arrêté rendu par le préfet, sur l'avis du maire.

Décret du 6 janvier 1864,

Relatif à la liberté des théâtres (D. P. 64. 4. 17).

. . . .

Art. 5. Les théâtres d'acteurs enfants continuent d'être interdits. — V. *infrà*, L. 2 nov. 1892, art. 8.

Loi du 7 décembre 1874,

Relative à la protection des enfants employés dans les professions ambulantes (D. P. 75. 4. 55).

Art. 1er. Tout individu qui fera exécuter par des enfants de moins de seize ans des tours de force périlleux ou des exercices de dislocation;

Tout individu, autre que les père et mère, pratiquant les professions d'acrobate, saltimbanque, charlatan, montreur d'animaux ou directeur de cirque, qui emploiera, dans ses représentations, des enfants âgés de moins de seize ans, sera puni d'un emprisonnement de six mois à deux ans et d'une amende de 16 à 200 francs.

La même peine sera applicable aux père et mère exerçant les professions ci-dessus désignées, qui emploieraient dans leurs représentations leurs enfants âgés de moins de douze ans.

2. Les pères, mères, tuteurs ou patrons, *et généralement toutes personnes ayant autorité sur un enfant ou en ayant la garde*, qui auront livré, soit gratuitement, soit à prix d'argent, leurs enfants, pupilles ou apprentis âgés de moins de seize ans aux individus exerçant les professions ci-dessus spécifiées, ou qui les auront placés sous la conduite de vagabonds, de gens sans aveu ou faisant métier de la mendicité, seront punis des peines portées en l'article 1er. (V. *L.* 19 *avr.* 1898, *sur la répression des violences, voies de fait, actes de cruauté et attentats commis envers des enfants.*)

La même peine sera applicable *aux intermédiaires ou agents qui auront livré ou fait livrer lesdits enfants* et à quiconque aura déterminé des enfants âgés de moins de seize ans à quitter le domicile de leurs parents ou tuteurs pour suivre des individus des professions sus-désignées.

La condamnation entraînera de plein droit, pour les tuteurs, la destitution de la tutelle; les pères et mères pourront être privés des droits de la puissance paternelle.

3. Quiconque emploiera des enfants âgés de moins de seize ans à la mendicité habituelle, soit ouvertement, soit sous l'apparence d'une profession, sera considéré comme auteur ou complice du délit de mendicité en réunion, prévu par l'article 276 du Code pénal, et sera puni des peines portées audit article.

Dans le cas où le délit aura été commis par les pères, mères ou tuteurs, ils pourront être privés des droits de la puissance paternelle ou être destitués de la tutelle.

4. Tout individu exerçant l'une des professions spécifiées à l'article 1er de la présente loi devra être porteur de l'extrait des actes de naissance des enfants placés sous sa conduite, et justifier de leur origine et de leur identité par la production d'un livret ou d'un passeport.

Toute infraction à cette disposition sera punie d'un emprisonnement de un mois à six mois et d'une amende de 16 à 50 francs.

5. En cas d'infraction à l'une des dispositions de la présente loi, les autorités municipales seront tenues d'interdire toutes représentations aux individus désignés en l'article 1er.

Ces dites autorités seront également tenues de requérir la justification, conformément aux dispositions de l'article 4, de l'origine et de l'identité de tous les enfants placés sous la conduite des individus susdésignés. A défaut de cette justification, il en sera donné avis immédiat au parquet.

Toute infraction à la présente loi commise à l'étranger à l'égard de Français devra être dénoncée, dans le plus bref délai, par nos agents consulaires aux autorités françaises, ou aux autorités locales, si les lois du pays en assurent la répression.

Ces agents devront, en outre, prendre les mesures nécessaires pour assurer le rapatriement en France des enfants d'origine française.

6. L'article 463 du Code pénal est applicable aux délits prévus et punis par la présente loi.

Loi du 2 novembre 1892,

Sur le travail des enfants, des filles mineures et des femmes dans les établissements industriels (D. P. 93. 4. 25).

SECTION 1re. — *Dispositions générales. — Age d'admission. — Durée du travail.*

Art. 1er. Le travail des enfants, des filles mineures et des femmes dans les usines, manufactures, mines, minières et carrières, chantiers, ateliers et leurs dépendances, de quelque nature que ce soit, publics ou privés, laïques ou religieux, même lorsque ces établissements ont un caractère d'enseignement professionnel ou de bienfaisance, est soumis aux obligations déterminées par la présente loi.

Toutes les dispositions de la présente loi s'appliquent aux étrangers travaillant dans les établissements ci-dessus désignés.

Sont exceptés les travaux effectués dans les établissements où ne sont employés que les membres de la famille sous l'autorité soit du père, soit de la mère, soit du tuteur.

Néanmoins, si le travail s'y fait à l'aide de chaudière à vapeur ou de moteur mécanique, ou si l'industrie exercée est classée au nombre des établissements dangereux ou insalubres, l'inspecteur aura le droit de prescrire les mesures de sécurité et de salubrité à prendre, conformément aux articles 12, 13 et 14.

2. Les enfants ne peuvent être employés par les patrons ni être admis dans les établissements énumérés dans l'article 1er avant l'âge de treize ans révolus.

Toutefois, les enfants munis du certificat d'études primaires institué par la loi du 28 mars 1882, peuvent être employés à partir de l'âge de douze ans.

Aucun enfant âgé de moins de treize ans ne pourra être admis au travail dans les établissements ci-dessus visés, s'il n'est muni d'un certificat d'aptitude physique délivré, à titre gratuit, par l'un des médecins chargés de la surveillance du premier âge, ou l'un des médecins inspecteurs des écoles, ou tout autre médecin chargé d'un service public, désigné par le préfet. Cet examen sera contradictoire, si les parents le réclament.

Les inspecteurs du travail pourront toujours requérir un examen médical de tous les enfants au-dessous de seize ans déjà admis dans les établissements sus-visés, à l'effet de constater si le travail dont ils sont chargés excède leurs forces.

Dans ce cas, les inspecteurs auront le droit d'exiger leur renvoi de l'établissement sur l'avis conforme de l'un des médecins désignés au paragraphe 3 du présent article, et après examen contradictoire si les parents le réclament.

Dans les orphelinats et institutions de bienfaisance visés à l'article 1er, et dans lesquels l'instruction primaire est donnée, l'enseignement manuel ou professionnel, pour les enfants âgés de moins de treize ans, sauf pour les enfants âgés de douze ans munis du certificat d'études primaires, ne pourra pas dépasser trois heures par jour.

3. (*L. 30 mars* 1900.) Les jeunes ouvriers et ouvrières jusqu'à l'âge de dix-huit ans et les femmes ne peuvent être employés à un travail effectif de plus de onze heures par jour, coupées par un ou plusieurs repos, dont la durée totale ne pourra être inférieure à une heure et pendant lesquels le travail sera interdit.

Au bout de deux ans à partir de la promulgation de la présente loi, la durée du travail sera réduite à dix heures et demie et, au bout d'une nouvelle périod de deux années, à dix heures.

Dans chaque établissement, sauf les usines à feu continu et les mines, minières ou carrières, les repos auront lieu aux mêmes heures pour toutes les personnes protégées par la présente loi.

SECTION II. — *Travail de nuit. — Repos hebdomadaire* (V. *infrà*, L. 13 juill. 1906).

4. (*L. 22 décembre* 1911.) § 1er. Les jeunes ouvriers et ouvrières jusqu'à l'âge de dix-huit ans et les femmes ne peuvent être employés à aucun travail de nuit dans les établissements énumérés à l'article 1er.

§ 2. Le repos de nuit des jeunes ouvrières jusqu'à l'âge de dix-huit ans et des femmes aura une durée minimum de onze heures consécutives; toutefois, cette durée pourra être réduite à dix heures dans les cas prévus par le paragraphe 4 du présent article et par l'article 7.

§ 3. Tout travail entre neuf heures du soir et cinq heures du matin est considéré comme travail de nuit; toutefois, le travail des enfants du sexe masculin sera autorisé dans les travaux souterrains des mines, minières et carrières, de quatre heures du matin à dix heures du soir, quand il sera réparti entre deux postes ne travaillant pas plus de neuf heures chacun et à la condition que le travail de chaque équipe soit coupé par un repos d'une heure au moins.

§ 4. Il sera accordé, pour les femmes âgées de plus de dix-huit ans, à certaines industries qui seront déterminées par un règlement d'administration publique, sur simple préavis, et dans les conditions qui seront précisées dans ledit règlement, la faculté de prolonger le travail jusqu'à dix heures du soir, à certaines époques de l'année, pendant une durée totale qui ne dépassera pas soixante jours. En aucun cas, la journée de travail ne pourra être prolongée au delà de douze heures.

§ 5. Il sera accordé, à certaines industries déterminées par le même règlement d'administration publique, l'autorisation de déroger temporairement, sur simple préavis et dans les conditions précisées par ledit règlement, aux dispositions des paragraphes 1er et 3 du présent article.

§ 6. En outre, en cas de chômage résultant d'une interruption accidentelle ou de force majeure, le chef d'établissement pourra, dans n'importe quelle industrie et dans la limite du nombre de journées perdues, déroger aux dispositions des paragraphes 1er et 3 du présent article, en avisant préalablement l'inspecteur dans les conditions précisées par le règlement susvisé. Toutefois, le chef d'établissement ne pourra faire usage de cette dérogation plus de quinze nuits par an sans l'autorisation de l'inspecteur.

5. Les enfants âgés de moins de dix-huit ans et les femmes de tout âge ne peuvent être employés dans les établissements énumérés à l'article 1er *plus de six jours par semaine, ni* les jours de fête reconnus par la loi, même pour rangement d'atelier. (V. *infrà*, L. 13 juill. 1906, art. 18.)

Une affiche apposée dans les ateliers indiquera le jour adopté pour le repos hebdomadaire. (V. *infrà*, L. 13 juill. 1906, art. 18.)

6. Néanmoins, dans les usines à feu continu, les femmes majeures et les enfants du sexe masculin peuvent être employés tous les jours de la semaine, la nuit, aux travaux indispensables, sous la condition qu'ils auront au moins un jour de repos par semaine.

Les travaux tolérés et le laps de temps pendant lequel ils peuvent être exécutés seront déterminés par un règlement d'administration publique.

7. *L'obligation du repos hebdomadaire,* et les restrictions relatives à la durée du travail, peuvent être temporairement levées par l'inspecteur divisionnaire, pour les travailleurs visés à l'article 5, pour certaines industries à désigner par le susdit règlement d'administration publique. (V. *infrà*, L. 13 juill. 1906, art. 18.)

8. Les enfants des deux sexes, âgés de moins de treize ans, ne peuvent être employés comme acteurs, figurants, etc., aux représentations données dans les théâtres et cafés-concerts sédentaires.

Le ministre de l'instruction publique et des beaux-arts, à Paris, et les préfets, dans les départements, pourront exceptionnellement autoriser l'emploi d'un ou plusieurs enfants dans les théâtres pour la représentation de pièces déterminées. [V. *la circulaire ministérielle du* 25 *juin* 1904, *relative à l'emploi dans les théâtres des enfants âgés de moins de treize ans* (*Journ. off. du* 29 *juin* 1904).]

SECTION III. — *Travaux souterrains.*

9. Les filles et les femmes ne peuvent être admises dans les travaux souterrains des mines, minières et carrières.

Des règlements d'administration publique détermineront les conditions spéciales du travail des enfants de treize à dix-huit ans du sexe masculin, dans les travaux souterrains ci-dessus visés.

Dans les mines spécialement désignées par des règlements d'administration publique, comme exigeant, en raison de leurs conditions naturelles, une dérogation aux prescriptions du paragraphe 2 de l'article 4, ces règlements pourront permettre le travail des enfants à partir de quatre heures du matin et jusqu'à minuit, sous la condition expresse que les enfants ne soient pas assujettis à plus de huit heures de travail effectif, ni à plus de dix heures de présence dans la mine, par vingt-quatre heures.

SECTION IV. — *Surveillance des enfants.*

10. Les maires sont tenus de délivrer gratuitement aux père, mère, tuteur ou patron, un livret sur lequel sont portés les noms et prénoms des enfants des deux sexes âgés de moins de dix-huit ans, la date, le lieu de leur naissance et leur domicile.

Si l'enfant a moins de treize ans, le livret devra mentionner qu'il est muni du certificat d'études primaires institué par la loi du 28 mars 1882.

Les chefs d'industrie ou patrons inscriront sur le livret la date de l'entrée dans l'atelier et celle de la sortie. Ils devront également tenir un registre sur lequel seront mentionnées toutes les indications insérées au présent article.

11. Les patrons, ou chefs d'industrie, ou loueurs de force motrice, sont tenus de faire afficher dans chaque atelier les dispositions de la présente loi, les règlements d'administration publique relatifs à son exécution, et concernant plus spécialement leur industrie, ainsi que les adresses et les noms des inspecteurs de la circonscription.

Ils afficheront également les heures auxquelles commencera et finira le travail, ainsi que les heures et la durée des repos. Un duplicata de cette affiche sera envoyé à l'inspecteur; un autre sera déposé à la mairie.

(*L.* 30 *mars* 1900.) « Dans les établissements visés par la présente loi autres que les usines à feu continu et les établissements qui seront déterminés par un règlement d'administration publique, l'organisation du travail par relais, sauf ce qui est prévu aux paragraphes 2 et 3 de l'article 4, sera interdit pour les personnes protégées par les articles précédents, dans un délai de trois mois à partir de la promulgation de la présente loi.

« En cas d'organisation du travail par postes ou équipes successives, le travail de chaque équipe sera continu, sauf l'interruption pour le repos. »

Dans toutes les salles de travail des ouvroirs, orphelinats, ateliers de charité ou de bienfaisance dépendant des établissements religieux ou laïques, sera placé d'une façon permanente un tableau indiquant, en caractères facilement lisibles, les conditions du travail des enfants, telles qu'elles résultent des articles 2, 3, 4 et 5, et déterminant l'emploi de la journée, c'est-à-dire les heures du travail manuel, du repos, de l'étude et des repas. Ce tableau sera visé par l'inspecteur et revêtu de sa signature.

Un état nominatif complet des enfants élevés dans les établissements ci-dessus désignés, indiquant leurs noms et prénoms, la date et le lieu de leur naissance, et certifié conforme par les directeurs de ces établissements, sera remis tous les trois mois à l'inspecteur, et fera mention de toutes les mutations survenues depuis la production du dernier état.

SECTION V. — *Hygiène et sécurité des travailleurs.*

[V. aussi *infrà*, v° *Hygiène et sécurité des travailleurs.*]

12. Les différents genres de travail présentant des causes de danger, ou excédant les forces, ou dangereux pour la moralité, qui seront interdits aux femmes, filles et enfants, seront déterminés par des règlements d'administration publique.

13. Les femmes, filles et enfants ne peuvent être employés dans des établissements insalubres ou dangereux, où l'ouvrier est exposé à des manipulations ou à des émanations préjudiciables à sa santé, que sous les conditions spéciales déterminées par des règlements d'administration publique pour chacune de ces catégories de travailleurs.

14. Les établissements visés dans l'article 1er, et leurs dépendances, doivent être tenus dans un état constant de propreté, convenablement éclairés et ventilés. Ils doivent présenter toutes les conditions de sécurité et de salubrité nécessaires à la santé du personnel.

Dans tout établissement contenant des appareils mécaniques, les roues, les courroies, les engrenages, ou tout autre organe pouvant offrir une cause de danger, seront séparés des ouvriers de telle manière que l'approche n'en soit possible que pour les besoins du service.

Les puits, trappes et ouvertures de descente doivent être clôturés.

15. Tout accident ayant occasionné une blessure à un ou plusieurs ouvriers, survenu dans un des établissements mentionnés à l'article 1er, sera l'objet d'une déclaration par le chef de l'entreprise, ou, à son défaut et en son absence, par son préposé.

Cette déclaration contiendra le nom et l'adresse des témoins de l'accident; elle sera faite dans les quarante-huit heures au maire de la commune, qui en dressera procès-verbal dans la forme à déterminer par un règlement d'administration publique. A cette déclaration sera joint, produit par le patron, un certificat du médecin indiquant l'état du blessé, les suites probables de l'accident, et l'époque à laquelle il sera possible d'en connaître le résultat définitif.

Récépissé de la déclaration et du certificat médical sera remis, séance tenante, au déposant.

Avis de l'accident est donné immédiatement par le maire à l'inspecteur divisionnaire ou départemental.

16. Les patrons ou chefs d'établissement doivent, en outre, veiller au maintien des bonnes mœurs et à l'observation de la décence publique.

SECTION VI. — *Inspection.*

17. Les inspecteurs du travail sont chargés d'assurer l'exécution de la présente loi et de la loi du 9 septembre 1848.

Ils sont chargés, en outre, concurremment avec les commissaires de police, de l'exécution de la loi du 7 décembre 1874 relative à la protection des enfants employés dans les professions ambulantes.

Toutefois, en ce qui concerne les exploitations de mines, minières et carrières, l'exécution de la loi est exclusivement confiée aux ingénieurs et contrôleurs des mines, qui, pour ce service, sont placés sous l'autorité du ministre *du commerce et de l'industrie* [du travail et de la prévoyance sociale].

18. Les inspecteurs du travail sont nommés par le ministre *du commerce et de l'industrie* [du travail et de la prévoyance sociale].

Ce service comprendra : 1° des inspecteurs divisionnaires; 2° des inspecteurs ou inspectrices départementaux.

Un décret rendu après avis du comité des arts et manufactures et de la commission supérieure du travail ci-dessous instituée déterminera les départements dans lesquels il y aura lieu de créer des inspecteurs départementaux. Il fixera le nombre, le traitement et les frais de tournée de ces inspecteurs.

Les inspecteurs ou inspectrices départementaux sont placés sous l'autorité de l'inspecteur divisionnaire.

Les inspecteurs du travail prêtent serment de ne point révéler les secrets de fabrication et, en général, les procédés d'exploitation dont ils pourraient prendre connaissance dans l'exercice de leurs fonctions.

Toute violation de ce serment est punie conformément à l'article 378 du Code pénal.

19. Désormais, ne seront admissibles aux fonctions d'inspecteur divisionnaire ou départemental que les candidats ayant satisfait aux conditions et aux concours visés par l'article 22.

La nomination au poste d'inspecteur titulaire ne sera définitive qu'après un stage d'un an.

20. Les inspecteurs et inspectrices ont entrée dans tous les établissements visés par l'article 1er; ils peuvent se faire représenter le registre prescrit par l'article 10, les livrets, les règlements intérieurs, et, s'il y a lieu, le certificat d'aptitude physique mentionné à l'article 2.

Les contraventions sont constatées par les procès-verbaux des inspecteurs et inspectrices, qui font foi jusqu'à preuve contraire.

Ces procès-verbaux sont dressés en double exemplaire, dont l'un est envoyé au préfet du département, et l'autre déposé au parquet.

Les dispositions ci-dessus ne dérogent point aux règles du droit commun, quant à la constatation et à la poursuite des infractions à la présente loi.

21. Les inspecteurs ont pour mission, en dehors de la surveillance qui leur est confiée, d'établir la statistique des conditions du travail industriel dans la région qu'ils sont chargés de surveiller.

Un rapport d'ensemble résumant ces communications sera publié tous les ans par les soins du ministre *du commerce et de l'industrie* [du travail et de la prévoyance sociale].

SECTION VII. — *Commissions supérieures et départementales.*

22. Une commission supérieure composée de neuf membres, dont les fonctions sont gratuites, est établie auprès du ministre *du commerce et de l'industrie* [du travail et de la prévoyance sociale]. Cette commission comprend deux sénateurs, deux députés élus par leurs collègues, et cinq membres nommés pour une période de quatre ans, par le Président de la République. Elle est chargée :

1° De veiller à l'application uniforme et vigilante de la présente loi;

2° De donner son avis sur les règlements à faire, et généralement sur les diverses questions intéressant les travailleurs protégés;

3° Enfin, d'arrêter les conditions d'admissibilité des candidats à l'inspection divisionnaire et départementale, et le programme du concours qu'ils devront subir.

Les inspecteurs divisionnaires nommés en vertu de la loi du 19 mai 1874, et actuellement en fonction, seront répartis entre les divers postes d'inspecteurs divisionnaires et d'inspecteurs départementaux établis en exécution de la présente loi, sans être assujettis à subir le concours.

Les inspecteurs départementaux pourront être conservés sans subir un nouveau concours.

23 Chaque année, le président de la commission supérieure adresse au Président de la République un rapport général sur les résultats de l'inspection, et sur les faits relatifs à l'exécution de la présente loi.

Ce rapport doit être, dans le mois de son dépôt, publié au *Journal officiel*.

24. Les conseils généraux devront instituer une ou plusieurs commissions chargées de présenter, sur l'exécution de la loi et les améliorations dont elle serait susceptible, des rapports qui seront transmis au ministre, et communiqués à la commission supérieure.

Les inspecteurs divisionnaires et départementaux, les président et vice-président du conseil de prud'hommes du chef-lieu ou du principal centre industriel du département et, s'il y a lieu, l'ingénieur des mines, font partie de droit de ces commissions dans leurs circonscriptions respectives.

Les commissions locales instituées par les articles 20, 21 et 22 de la loi du 19 mai 1874 sont abolies.

25. Il sera institué dans chaque département des comités de patronage ayant pour objet :

1° La protection des apprentis et des enfants employés dans l'industrie;

2° Le développement de leur instruction professionnelle.

Le conseil général, dans chaque département, déterminera le nombre et la circonscription des comités de patronage, dont les statuts seront approuvés dans le département de la Seine par le ministre de l'intérieur et le ministre *du commerce et de l'industrie* [du travail et de la prévoyance sociale], et par les préfets dans les autres départements.

Les comités de patronage seront administrés par une commission composée de sept membres, dont quatre seront nommés par le conseil général et trois par le préfet.

Ils sont renouvelables tous les trois ans. Les membres sortants pourront être appelés de nouveau à en faire partie.

Leurs fonctions sont gratuites.

SECTION VIII. — *Pénalités.*

26. Les manufacturiers, directeurs ou gérants d'établissements visés dans la présente loi, qui auront contrevenu aux prescriptions de ladite loi et des règlements d'administration publique relatifs à son exécution, seront poursuivis devant le tribunal de simple police et passibles d'une amende de 5 à 15 francs.

L'amende sera appliquée autant de fois qu'il y aura de personnes employées dans des conditions contraires à la présente loi.

Toutefois, la peine ne sera pas applicable si l'infraction à la loi a été le résultat d'une erreur provenant de la production d'actes de naissance, livrets ou certificats contenant des fausses énonciations ou délivrés pour une autre personne.

Les chefs d'industrie seront civilement responsables des condamnations prononcées contre leurs directeurs ou gérants.

27. En cas de récidive, le contrevenant sera poursuivi devant le tribunal correctionnel et puni d'une amende de 16 à 100 francs.

Il y a récidive lorsque, dans les douze mois antérieurs au fait poursuivi, le contrevenant a déjà subi une condamnation pour une contravention identique.

En cas de pluralité de contraventions entraînant ces peines de la récidive, l'amende sera appliquée autant de fois qu'il aura été relevé de nouvelles contraventions.

Les tribunaux correctionnels pourront appliquer les dispositions de l'article 463 du Code pénal sur les circonstances atténuantes, sans qu'en aucun cas l'amende, pour chaque contravention, puisse être inférieure à 5 francs.

28. L'affichage du jugement peut, suivant les circonstances et en cas de récidive seulement être ordonné par le tribunal de police correctionnelle.

Le tribunal peut également ordonner, dans le même cas, l'insertion du jugement aux frais du contrevenant dans un ou plusieurs journaux du département.

29. Est puni d'une amende de 100 à 500 francs quiconque aura mis obstacle à l'accomplissement des devoirs d'un inspecteur.

En cas de récidive, l'amende sera portée de 500 francs à 1 000 francs.

L'article 463 du Code pénal est applicable aux condamnations prononcées en vertu de cet article.

SECTION IX. — *Dispositions spéciales.*

30. Les règlements d'administration publique nécessaires à l'application de la présente loi seront rendus après avis de la commission supérieure du travail et du comité consultatif des arts et manufactures.

Le conseil général des mines sera appelé à donner son avis sur les règlements prévus en exécution de l'article 9.

31. Les dispositions de la présente loi sont applicables aux enfants placés en apprentissage et employés dans un des établissements visés à l'article 1er.

32. Les dispositions édictées par la présente loi ne seront applicables qu'à dater du 1er janvier 1893.

La loi du 19 mai 1874 et les règlements d'administration publique rendus en exécution de ces dispositions seront abrogés à la date susindiquée.

V. **Suppl.** au **C. com. ann.**, p. 837 s. — V. aussi **S.** vo *Travail*, 953 s.; **T.** (87-97), vo *Travail des enfants, des femmes et des filles mineures*, 1 s.; **D. P.** 1897 et suiv., Tables, *cod. vo*, 1 s.

Décret du 21 avril 1893,

Qui détermine la forme dans laquelle devra être faite la déclaration des accidents survenus dans les établissements industriels.

Art. 1er. Le procès-verbal de la déclaration d'un accident, à dresser par le maire de la commune où cet accident s'est produit, sera rédigé conformément au modèle annexé au présent décret.

DÉPARTEMENT
d

ARRONDISSEMENT
d

CANTON
d

COMMUNE
d

(1) Nom et prénoms.
(2) Indiquer la date et l'heure.
(3) Indiquer les nom, prénoms, profession et adresse; mentionner, en cas d'absence ou à défaut du chef de l'entreprise, que la déclaration a bien été faite par son préposé.
(4) Effacer *isolé* ou *multiple* suivant les cas.
(5) Indiquer la nature de l'établissement et le lieu où il est situé, ainsi que l'atelier où a eu lieu l'accident.
(6) Indiquer les nom, prénoms, âge, sexe, profession et adresse de la victime ou des victimes.
(7) Indiquer les noms, professions et adresses.

MAIRIE D

PROCÈS-VERBAL

DE DÉCLARATION D'ACCIDENT (*a*)

(Art. 15 de la loi du 2 novembre 1892).

Par-devant nous (1),
maire de la commune d , département d , soussigné,
a comparu le (2)
M (3)

qui nous a remis, en vertu de l'article 15 de la loi du 2 novembre 1892, une déclaration relative à un accident isolé *ou* multiple (4) survenu le (2)
dans (5)
à (6)

Cette déclaration constate : 1° que l'accident résulte de la circonstance suivante :

2° Que les témoins de l'accident sont (7)

A cette déclaration était joint un certificat de M. (1) , médecin à , donnant par victime les renseignements suivants :

NOMS et PRÉNOMS des victimes.	SEXE et AGE des victimes.	SUITES de l'ACCIDENT		SUITES PROBABLES de la blessure.	ÉPOQUE à laquelle il sera possible d'en connaître le résultat définitif.
		Morts.	Nature de la blessure.		

(8) S'il s'agit d'un accident arrivé dans une mine, minière ou carrière, indiquer l'ingénieur des mines auquel le procès-verbal doit être transmis.

La déclaration et le certificat médical ont été annexés au présent procès-verbal pour être transmis à M. l'inspecteur départemental (8) en résidence à .

Fait et arrêté le présent procès-verbal les jour, mois et an que dessus, lequel a été signé avec nous par le déclarant, après lecture faite.

(*Signatures.*)

(*a*) Sont seuls considérés comme accidents ceux qui paraissent devoir entraîner une incapacité de travail de *trois jours au moins.*

Décret du 3 mai 1893,

Portant règlement d'administration publique pour l'application de la loi du 2 novembre 1892, relativement à la durée du travail effectif des enfants du sexe masculin dans les mines, minières et carrières.

Art. 1er. La durée du travail effectif des enfants du sexe masculin au-dessous de seize ans, dans les galeries souterraines des mines, minières et carrières, ne peut excéder huit heures par poste et par vingt-quatre heures.

La durée du travail effectif des jeunes ouvriers de seize à dix-huit ans ne peut excéder dix heures par jour ni cinquante-quatre heures par semaine.

Ne sont pas compris dans les durées précitées du travail effectif le temps de la remonte et de la descente ni celui employé à aller au chantier et à en venir, ni les repos, dont la durée totale ne pourra être inférieure à une heure.

2. Les enfants et les jeunes ouvriers peuvent être employés au triage et au chargement du minerai, à la manœuvre et au roulage des wagonnets, à la garde et à la manœuvre des portes d'aérage, à la manœuvre des ventilateurs à bras et autres travaux accessoires n'excédant pas leur force.

Ils ne doivent pas être occupés à la manœuvre des ventilateurs à bras pendant plus d'une demi-journée de travail coupée par un repos d'une demi-heure au moins.

Les jeunes ouvriers de seize à dix-huit ans ne peuvent être occupés aux travaux proprement dits du mineur qu'à titre d'aides ou d'apprentis et pour une durée maxima de cinq heures par jour.

En dehors des exceptions prévues aux paragraphes précédents, tout travail est interdit dans les galeries souterraines aux enfants et jeunes ouvriers.

3. Les dispositions spéciales prévues par l'article 9, § 3, de la loi du 2 novembre 1892 pourront dès à présent être appliquées aux exploitations des couches minces de houille dans lesquelles le travail est mené à double poste et lorsque le travail de l'un des postes consiste à exécuter aux chantiers d'abatage l'enlèvement des roches encaissantes et le remblaiement qui n'ont pu s'effectuer pendant le poste d'extraction.

L'exploitant qui voudra recourir à ce régime devra au préalable en avoir donné avis à l'ingénieur en chef des mines. En cas d'opposition de ce dernier, l'exploitant devra obtenir l'autorisation du ministre *du commerce, de l'industrie et des colonies* [du travail et de la prévoyance sociale].

Décret du 13 mai 1893,

Relatif au travail des enfants, des filles mineures et des femmes dans les manufactures.

Art. 1er. Il est interdit d'employer les enfants au-dessous de dix-huit ans, les filles mineures et les femmes au graissage, au nettoyage, à la visite ou à la réparation des machines ou mécanismes en marche.

2. Il est interdit d'employer les enfants au-dessous de dix-huit ans, les filles mineures et les femmes dans les ateliers où se trouvent des machines actionnées à la main ou par un moteur mécanique, dont les parties dangereuses ne sont point couvertes de couvre-engrenages, garde-mains et autres organes protecteurs.

3. Il est interdit d'employer les enfants au-dessous de dix-huit ans à faire tourner des appareils en sautillant sur une pédale.

Il est également interdit de les employer à faire tourner des roues horizontales.

4. Les enfants au-dessous de seize ans ne pourront être employés à tourner des roues verticales que pendant une durée d'une demi-journée de travail divisée par un repos d'une demi-heure au moins.

Il est également interdit d'employer les enfants au-dessous de seize ans à actionner, au moyen de pédales, les métiers dits *à la main*.

5. Les enfants au-dessous de seize ans ne peuvent travailler aux scies circulaires ou aux scies à ruban.

6. Les enfants au-dessous de seize ans ne peuvent être employés au travail des cisailles et autres lames tranchantes mécaniques.

7. (Remplacé par Décr. 8 octobre 1911, art. 1er.) *Les enfants au-dessous de treize ans ne peuvent, dans les verreries, être employés à cueillir et à souffler le verre.*

Au-dessus de treize ans jusqu'à seize ans, ils ne peuvent cueillir un poids de verre supérieur à mille grammes. Dans les fabriques de bouteilles et de verre à vitre, le soufflage par la bouche est interdit aux enfants au-dessous de seize ans.

Dans les verreries où le soufflage se fait à la bouche, un embout personnel sera mis à la disposition de chaque enfant âgé de moins de dix-huit ans.

8. Il est interdit de préposer des enfants au-dessous de seize ans au service des robinets à vapeur.

9. Il est interdit d'employer des enfants de moins de seize ans, en qualité de doubleurs, dans les ateliers où s'opèrent le laminage et l'étirage de la verge de tréfilerie.

Toutefois, cette disposition n'est pas applicable aux ateliers dans lesquels le travail des doubleurs est garanti par des appareils protecteurs.

10. Il est interdit d'employer des enfants de moins de seize ans à des travaux exécutés à l'aide d'échafaudages volants pour la réfection ou le nettoyage des maisons.

11. *Abrogé par Décr. du* 28 *décembre* 1909.

12. Il est interdit d'employer des filles au-dessous de seize ans au travail des machines à coudre mues par des pédales.

13. Il est interdit d'employer des enfants, des filles mineures ou des femmes à la confection d'écrits, d'imprimés, affiches, dessins, gravures, peintures, emblèmes, images ou autres objets dont la vente, l'offre, l'exposition, l'affichage ou la distribution sont réprimés par les lois pénales comme contraires aux bonnes mœurs.

Il est également interdit d'occuper des enfants au-dessous de seize ans et des filles mineures dans les ateliers où se confectionnent des écrits, imprimés, affiches, gravures, peintures, emblèmes, images et autres objets qui, sans tomber sous l'application des lois pénales, sont cependant de nature à blesser leur moralité.

14. Dans les établissements où s'effectuent les travaux dénommés au tableau A annexé au présent décret, l'accès des ateliers affectés à ces opérations est interdit aux enfants au-dessous de dix-huit ans, aux filles mineures et aux femmes.

15. Dans les établissements où s'effectuent les travaux dénommés au tableau B annexé au présent décret, l'accès des ateliers affectés à ces opérations est interdit aux enfants au-dessous de dix-huit ans.

16. Le travail des enfants, filles mineures et femmes n'est autorisé dans les ateliers dénommés au tableau C annexé au présent décret que sous les conditions spécifiées audit tableau.

TABLEAU A. — *Travaux interdits aux enfants au-dessous de 18 ans, aux filles mineures et aux femmes.*

TRAVAUX	RAISONS DE L'INTERDICTION
Acide arsénique [Fabrication de l'] au moyen de l'acide arsénieux et de l'acide azotique	Danger d'empoisonnement.
Acide fluorhydrique [Fabrication de l']	Vapeurs délétères.
Acide nitrique [Fabrique de l']	*Idem.*
Acide oxalique [Fabrique de l']	Danger d'empoisonnement. Vapeurs délétères.
Acide picrique [Fabrication de l']	Vapeurs délétères.
Acide salicylique [Fabrication de l'] au moyen de l'acide phénique	Émanations nuisibles.
Acide urique. (Voir Murexide.)	
Affinage des métaux au fourneau. (Voir Grillage des minerais.)	
Aniline. (Voir Nitrobenzine.)	
Arséniate de potasse [Fabrication de l'] au moyen du salpêtre	Danger d'empoisonnement. Vapeurs délétères.
Benzine [Dérivés de la]. (Voir Nitrobenzine.)	
Blanc de plomb. (Voir Céruse.)	
Bleu de Prusse [Fabrication du]. (Voir Cyanure de potassium.)	
Cendres d'orfèvre [Traitement des] par le plomb	Maladies spéciales dues aux émanations nuisibles.
Céruse ou blanc de plomb [Fabrication de la]	*Idem.*
Chairs, débris et issues [Dépôts de] provenant de l'abatage des animaux	Émanations nuisibles danger d'infection.
Chlore [Fabrication du]	Émanations nuisibles.
Chlorure de chaux [Fabrication du]	*Idem.*
Chlorures alcalins, eau de Javelle [Fabrication des]	*Idem.*
Chlorure de plomb [Fonderie de]	*Idem.*
Chlorures de soufre [Fabrication des]	*Idem.*
Chromate de potasse [Fabrication du]	Maladies spéciales dues aux émanations.
Cristalleries et émailleries [démolition des fours et nettoyage des matériaux qui en proviennent dans les] (*Décr. 8 oct. 1911*)	Poussières dangereuses.
Cristaux [Polissage à sec des]	*Idem.*
Cyanure de potassium et bleu de Prusse [Fabrication de]	Danger d'empoisonnement.
Cyanure rouge de potassium ou prussiate rouge de potasse	Danger d'empoisonnement.
Débris d'animaux [Dépôts de]. (Voir Chairs, etc.)	

TRAVAUX	RAISONS DE L'INTERDICTION
Dentelles [Blanchissage à la céruse des].	Poussières dangereuses.
Eau de Javelle [Fabrication d']. (Voir Chlorures alcalins.)	
Eau-forte. (Voir Acide nitrique.)	
Effilochage et déchiquetage des chiffons	Poussières nuisibles.
Engrais [Dépôts et fabriques d'] au moyen de matières animales.	Émanations nuisibles.
Équarrissage des animaux [Ateliers d'].	Nature du travail. Émanations nuisibles.
Étamage des glaces par le mercure [Ateliers d'] . . .	Maladies spéciales dues aux émanations.
Fulminate de mercure [Fabrication du].	Émanations nuisibles.
Glaces [Étamage des]. (Voir Étamage.)	
Grillage des minerais sulfureux (sauf le cas prévu au tableau C).	*Idem.*
Huiles et autres corps gras extraits des débris de matières animales.	*Idem.*
Litharge [Fabrication de la]	Maladies spéciales dues aux émanations.
Massicot [Fabrication du]	*Idem.*
Matières colorantes [Fabrication des] au moyen de l'aniline et de la nitrobenzine.	Émanations nuisibles.
Métaux [Aiguisage et polissage des].	Poussières dangereuses.
Meulières et meules [Extraction et fabrication des]. .	*Idem.*
Minium [Fabrication du].	Maladies spéciales dues aux émanations.
Murexide [Fabrication de la] en vases clos par la réaction de l'acide azotique et de l'acide urique du guano.	Vapeurs délétères.
Nitrate de méthyle [Fabrique de]	*Idem.*
Nitrobenzine, aniline et matières dérivant de la benzine [Fabrication de]	Vapeurs nuisibles.
Peaux de lièvre et de lapin. (Voir Secrétage.)	
Phosphore [Fabrication du].	Maladies spéciales dues aux émanations.
Plomb [Fonte et laminage du]. (Voir Fonte.)	
Poils de lièvre et de lapin. (Voir Secrétage.)	
Prussiate de potasse. (Voir Cyanure de potassium.)	
Rouge de Prusse et d'Angleterre	Vapeurs délétères.
Secrétage des peaux ou poils de lièvre ou de lapin. .	Poussières nuisibles ou vénéneuses.
Sulfate de mercure [Fabrication du].	Maladies spéciales dues aux émanations.
Sulfure d'arsenic [Fabrication du].	Danger d'empoisonnement.
Sulfure de sodium [Fabrication du]	Gaz délétère.
Triperies annexes des abattoirs (*Supprimé par Décr. 20 avr. 1899*).	Émanations nuisibles.
Verreries [démolition des fours des] (*Décr. 8 oct. 1911*).	Poussières dangereuses.
Verre [décoration à l'enlevé du] (*Décr. 8 oct. 1911*) . .	*Idem.*
Verre [Polissage à sec du].	*Idem.*
Verre mousseline [fabrication du] (*Décr. 8 oct. 1911*) .	*Idem.*

TABLEAU B. — *Travaux interdits aux enfants au-dessous de 18 ans.*

TRAVAUX	RAISONS DE L'INTERDICTION
Accumulateurs électriques [Fusion du plomb et manipulation des oxydes de plomb dans les fabriques d']. (*Décr. 7 mars* 1910.)	Vapeurs et poussières nuisibles.
Air comprimé [Travaux dans l'] (*Décr.* 15 *déc.* 1908.). .	Travaux dangereux.
Amorces fulminantes [Fabrication des].	Nécessité d'un travail prudent et attentif.
Amorces fulminantes pour pistolets d'enfants [Fabrication d'].	*Idem.*
Artifices [Fabrication de pièces d'].	*Idem.*
Cartouches de guerre [Fabriques et dépôts de]. . . .	*Idem.*
Celluloïd et produits nitrés analogues [Fabrication de].	*Idem.*
Chiens [Infirmerie de].	Danger de morsures.
Chromolithographie céramique [Poudrage à sec et époussetage de couleurs]. (*Décr. 7 mars* 1910.) . . .	Poussières nuisibles.
Chrysalides [Extraction des parties soyeuses des]. . .	Émanations nuisibles.
Conduite et surveillance des lignes, appareils et machines électriques de toute nature dont la tension de régime par rapport à la terre dépasse 600 volts pour les courants continus et 150 volts (tension efficace) pour les courants alternatifs. (*Décr.* 10 *sept.* 1908.)	Nécessité d'un travail prudent et attentif.
Dynamite [Fabriques et dépôts de]	Nécessité d'un travail prudent et attentif.
Étoupilles [Fabrication d'] avec matière explosive . .	*Idem.*
Poudre de mine comprimée [Fabrication de cartouches de].	*Idem.*
Verre et cristal [Gravure et dépolissage à l'acide fluorhydrique du] (*Décr.* 8 *oct.* 1911)	Dégagement de vapeurs dangereuses et nécessité d'un travail prudent et attentif.
Verre [égrésillage du] (*Décr.* 8 *oct.* 1911.)	Poussières nuisibles.

TABLEAU C. — *Établissements dans lesquels l'emploi des enfants au-dessous de 18 ans, des filles mineures et des femmes est autorisé sous certaines conditions.*

ÉTABLISSEMENTS	CONDITIONS	MOTIFS
Abattoirs publics et annexes. (*Modifié par Décr.* 20 *avr.* 1899.)	Les enfants au-dessous de 16 ans ne seront pas employés dans les abattoirs et annexes.	Dangers d'accidents et de blessures.
Albâtre [Sciage et polissage à sec de l'].	Les enfants au-dessous de 18 ans ne seront pas employés lorsque les poussières se dégageront librement dans les ateliers.	Poussières nuisibles.
Acide chlorhydrique [Production de l'] par la décomposition des chlorures de magnésium, d'aluminium et autres.	Les enfants au-dessous de 18 ans, les filles mineures et les femmes ne seront pas employés dans les ateliers où se dégagent des vapeurs et où l'on manipule les acides.	Dangers d'accidents.
Acide muriatique. (Voir acide chlorhydrique.)		
Acide sulfurique [Fabrication de l'].	*Idem.*	*Idem.*

ÉTABLISSEMENTS	CONDITIONS	MOTIFS
Accumulateurs électriques [Fusion du plomb et manipulation des oxydes de plomb dans les fabriques d']. (*Décr. 7 mars* 1910.)	Les filles mineures et les femmes cesseront de pouvoir être employées à ces travaux dès l'expiration des délais impartis pour l'exécution des règlements spéciaux, si les mesures édictées par les règlements n'ont pas été exécutées.	Dangers de saturnisme.
Affinage de l'or et de l'argent par les acides.	Les enfants au-dessous de 18 ans, les filles mineures et les femmes ne seront pas employés dans les ateliers où se dégagent des vapeurs et où l'on manipule les acides.	Dangers d'accidents.
Allumettes chimiques [Dépôts d'].	Les enfants au-dessous de 16 ans ne seront pas employés dans les magasins.	Danger d'incendie.
Allumettes chimiques [Fabrication des].	Les enfants au-dessous de 18 ans ne seront pas employés à la fusion des pâtes et au trempage.	Maladies spéciales dues aux émanations.
Argenture sur métaux. (Voir Dorure et argenture.)		
Battage, cardage et épuration des laines, crins et plumes.	Les enfants au-dessous de 18 ans ne seront pas employés dans les ateliers où se dégagent des poussières.	Poussières nuisibles.
Battages des tapis en grand.	*Idem*	*Idem.*
Battoir à écorces dans les villes.	*Idem*	*Idem.*
Benzine [Fabrication et dépôt de]. (Voir Huile de pétrole, de schiste, etc.)		
Blanc de zinc [Fabrication de] par la combustion du métal.	Les enfants au-dessous de 18 ans ne seront pas employés dans les ateliers de combustion et de condensation.	Vapeurs nuisibles.
Blanchiment [Toile, paille, papier].	Les enfants au-dessous de 18 ans, les filles mineures et les femmes ne seront pas employés dans les ateliers où se dégagent le chlore et l'acide sulfureux.	*Idem.*
Blanchisseries de linge. (*Décr. 22 novembre* 1905.)	Les enfants au-dessous de 18 ans ne seront pas employés dans les ateliers où l'on manipule du linge sale non désinfecté ou non lessivé, conformément aux prescriptions des art. 3 et 4 du décret du 4 avril 1905, relatif aux mesures à prendre dans la manipulation du linge sale.	Danger des maladies contagieuses.
Boîtes de conserves [Soudure des].	Les enfants au-dessous de 16 ans ne seront pas employés à la soudure des boîtes.	Gaz délétères.
Boutonniers et autres emboutisseurs de métaux par moyens mécaniques.	Les enfants au-dessous de 18 ans ne seront pas employés dans les ateliers où se dégagent des poussières.	Poussières nuisibles.

ÉTABLISSEMENTS	CONDITIONS	MOTIFS
Boyauderies.	Les enfants au-dessous de 18 ans, les filles mineures et les femmes ne seront pas employés au soufflage.	Danger d'affections pulmonaires.
Caoutchouc [Application des enduits du].	Les enfants au-dessous de 18 ans, les filles mineures et les femmes ne seront pas employés dans les ateliers où se dégagent les vapeurs de sulfure de carbone et de benzine.	Vapeurs nuisibles.
Caoutchouc [Travail du] avec emploi d'huiles essentielles ou du sulfure de carbone.	Les enfants au-dessous de 18 ans, les filles mineures et les femmes ne seront pas employés dans les ateliers où se dégagent les vapeurs de sulfure de carbone.	*Idem.*
Cardage des laines, etc. (Voir Battage.)		
Chanvre [Teillage du] en grand. (Voir Teillage.)		
Chanvre imperméable. (Voir Feutre goudronné.)		
Chapeaux de feutre [Fabrication de].	Les enfants au-dessous de 18 ans ne seront pas employés lorsque les poussières se dégagent librement dans les ateliers.	Poussières nuisibles.
Chapeaux de soie ou autres préparés au moyen d'un vernis [Fabrication de].	Les enfants au-dessous de 18 ans ne seront pas employés dans les ateliers où l'on fabrique et applique le vernis.	Vapeurs nuisibles.
Chaux [Fours à].	Les enfants au-dessous de 18 ans ne seront pas employés dans les ateliers où se dégagent les poussières.	Poussières nuisibles.
Chiffons [Dépôts de] . . .	Les enfants au-dessous de 18 ans ne seront pas employés au triage et à la manipulation des chiffons.	*Idem.*
Chiffons [Traitement des] par la vapeur de l'acide chlorhydrique.	Les enfants au-dessous de 18 ans, les filles mineures et les femmes ne seront pas employés dans les ateliers où se dégagent les acides.	Vapeurs nuisibles.
Chromolithographies. . .	Les enfants au-dessous de 16 ans ne seront pas employés au bronzage à la machine.	Poussières nuisibles.
Chromolithographie céramique [Poudrage à sec et époussetage des couleurs]. (*Décr. 7 mars* 1910.)	Les filles mineures et les femmes ne seront pas employées à ces travaux, lorsque des poussières se dégageront dans les ateliers.	*Idem.*
Ciment [Fours à].	Les enfants au-dessous de 18 ans ne seront pas employés dans les ateliers où se dégagent des poussières.	*Idem.*
Collodion [Fabrication du].	Les enfants au-dessous de 16 ans ne seront pas occupés dans les ateliers où l'on manipule les matières premières et les dissolvants.	Danger d'incendie.
Cotons et cotons gras [Blanchisseries des déchets de].	Les enfants au-dessous de 18 ans, les filles mineures et les femmes ne seront pas employés dans les ateliers où l'on manipule le sulfure de carbone.	Vapeurs nuisibles.

ÉTABLISSEMENTS	CONDITIONS	MOTIFS
Cordes d'instruments en boyaux. (Voir Boyauderies.)		
Corne, os et nacre [Travail à sec des].	Les enfants au-dessous de 18 ans ne seront pas employés lorsque les poussières se dégageront librement dans les ateliers.	Poussières nuisibles.
Crins [Teintures des]. (Voir Teintureries.)		
Crins et soies de porcs. (Voir Soies de porc.)		
Cuir verni [Fabrication de]. (Voir Feutre et visières vernies.)		
Cuivre [Trituration des composés du].	Les enfants au-dessous de 18 ans ne seront pas employés dans les ateliers où les poussières se dégagent librement.	*Idem.*
Cuivre [Dérochage du] par les acides.	Les enfants au-dessous de 18 ans, les filles mineures et les femmes ne seront pas employés dans les ateliers où se dégagent les vapeurs acides.	Vapeurs nuisibles.
Déchets de laine [Dégraissage des]. (Voir Peaux, étoffes, etc.)		
Déchets de soie [Cardage des]. (*Ajouté par Décr. 21 juin 1897.*)	Les enfants au-dessous de 18 ans ne seront pas employés dans les ateliers où les poussières se dégagent librement.	Poussières nuisibles.
Dorure et argenture. . . .	Les enfants au-dessous de 18 ans, les filles mineures et les femmes ne seront pas employés dans les ateliers où se produisent des vapeurs acides ou mercurielles.	Émanations nuisibles.
Eaux grasses [Extraction pour la fabrication des savons et autres usages des huiles contenues dans les].	Les enfants au-dessous de 18 ans, les filles mineures et les femmes ne seront pas employés dans les ateliers où l'on emploie le sulfure de carbone.	*Idem.*
Écorces [Battoir à]. (Voir Battoir.)		
Émail [Application de l'] sur les métaux.	Les enfants au-dessous de 18 ans, les filles mineures et les femmes ne seront pas employés dans les ateliers où l'on broie et blute les matières.	*Idem.*
Émaux [Fabrication d'] avec fours non fumivores.	*Idem.*	*Idem.*
Épaillage des laines et draps par la voie humide.	Les enfants au-dessous de 18 ans, les filles mineures et les femmes ne seront pas employés dans les ateliers où se dégagent des vapeurs acides.	*Idem.*

ÉTABLISSEMENTS	CONDITIONS	MOTIFS
Étoupes [Transformation en] des cordages hors de service, goudronnés ou non.	Les enfants au-dessous de 18 ans ne seront pas employés lorsque les poussières se dégageront librement dans les ateliers.	Poussières nuisibles.
Faïence [Fabriques de]. .	Les enfants au-dessous de 18 ans ne seront pas employés dans les ateliers où l'on pratique le broyage, le blutage.	*Idem.*
Fer [Dérochage du]. . . .	Les enfants au-dessous de 18 ans, les filles mineures et les femmes ne seront pas employés dans les ateliers où se dégagent des vapeurs et où l'on manipule les acides.	Vapeurs nuisibles.
Fer [Galvanisation du] . .	*Idem.*	*Idem.*
Feuilles d'étain	Les enfants au-dessous de 16 ans ne seront pas employés au bronzage à la main des feuilles.	Poussières nuisibles.
Feutre goudronné [Fabrication du].	Les enfants au-dessous de 18 ans ne seront pas employés lorsque les poussières se dégagent librement dans les ateliers.	*Idem.*
Feutres et visières vernies [Fabrication de].	Les enfants au-dessous de 18 ans ne seront pas employés à la préparation et à l'emploi des vernis.	Danger d'incendie et vapeurs nuisibles.
Filature de lin.	Les enfants au-dessous de 18 ans, les filles mineures et les femmes ne seront pas employés lorsque l'écoulement des eaux ne sera pas assuré.	Humidité nuisible.
Fonderies de 2e fusion, de fer, de zinc et de cuivre. (*Modifié par Décr. 3 mai 1900.*)	Les enfants au-dessous de 16 ans ne seront pas employés à la coulée du métal.	Danger de brûlures.
Fourneaux [Hauts]. . . .	*Idem*	*Idem.*
Fours à plâtre et fours à chaux. (Voir Plâtre, Chaux.)		
Grès [Extraction et piquage des].	Les enfants au-dessous de 18 ans ne seront pas employés lorsque les poussières se dégageront librement dans les ateliers.	Poussières nuisibles.
Grillage de minerais sulfureux quand les gaz sont condensés et que le minerai ne renferme pas d'arsenic.	Les enfants au-dessous de 18 ans, les filles mineures et les femmes ne seront pas employés dans les ateliers où l'on produit le grillage.	Émanations nuisibles.
Grillage et gazage des tissus.	Les enfants au-dessous de 18 ans, les filles mineures et les femmes ne seront pas employés lorsque les produits de combustion se dégageront librement dans les ateliers.	*Idem.*
Hauts fourneaux. (Voir Fonderies.)		

ÉTABLISSEMENTS	CONDITIONS	MOTIFS
Huiles de pétrole, de schiste et de goudron, essences et autres hydrocarbures employés pour l'éclairage, le chauffage, la fabrication des couleurs et vernis, le dégraissage des étoffes et autres usages [Fabrication, distillation, travail en grand d'].	Les enfants au-dessous de 16 ans ne seront pas employés dans les ateliers de distillation et dans les magasins.	Danger d'incendie.
Huiles essentielles ou essences de térébenthine, d'aspic et autres. (Voir Huiles de pétrole, de schiste, etc.)		
Huiles extraites des schistes bitumineux. (Voir Huiles de pétrole, de schiste, etc.)		
Jute [Teillage du]. (Voir Teillage.)		
Liège [Usines pour la trituration du].	Les enfants au-dessous de 18 ans ne seront pas employés dans les ateliers où les poussières se dégagent librement.	Poussières nuisibles.
Lin [Teillage en grand du]. (Voir Teillage.)		
Liquides pour l'éclairage [Dépôts de] au moyen de l'alcool et des huiles essentielles.	Les enfants au-dessous de 16 ans ne seront pas employés dans les magasins.	Danger d'incendie.
Marbres [Sciage ou polissage à sec des].	Les enfants au-dessous de 18 ans ne seront pas employés lorsque les poussières se dégageront librement dans les ateliers.	Poussières nuisibles.
Matières minérales [Broyage à sec des].	*Idem*	*Idem.*
Mégisseries.	Les enfants au-dessous de 18 ans, les filles mineures et les femmes ne seront pas employés à l'épilage des peaux.	Danger d'empoisonnement.
Ménageries.	Les enfants au-dessous de 18 ans ne seront pas employés quand la ménagerie renferme des bêtes féroces ou venimeuses.	Danger d'accidents.
Moulins à broyer le plâtre, la chaux, les cailloux et les pouzzolanes.	Les enfants au-dessous de 18 ans ne seront pas employés quand les poussières se dégageront librement des ateliers.	Poussières nuisibles.
Nitrates métalliques obtenus par l'action directe des acides [Fabrication des].	Les enfants au-dessous de 18 ans, les filles mineures et les femmes ne seront pas employés dans les ateliers où se dégagent les vapeurs et où se manipulent les acides.	Vapeurs nuisibles.

ÉTABLISSEMENTS	CONDITIONS	MOTIFS
Noir minéral [Fabrication du] par le broyage des résidus de la distillation des schistes bitumineux.	Les enfants au-dessous de 18 ans ne seront pas employés lorsque les poussières se dégageront librement dans les ateliers.	Poussières nuisibles.
Olives [Tourteaux d']. (Voir Tourteaux.)		
Ouates [Fabrication des]. .	*Idem.*	*Idem.*
Papier [Fabrication du]. .	Les enfants au-dessous de 18 ans ne seront pas employés au triage et à la préparation des chiffons.	*Idem.*
Papiers peints. (Voir Toiles peintes.)		
Peaux, étoffes et déchets de laine [Dégraissage des] par les huiles de pétrole et autres hydrocarbures.	Les enfants au-dessous de 18 ans ne seront pas employés dans les ateliers où l'on traite par des dissolvants, où l'on trie, coupe et manipule les déchets.	Danger d'incendie. Poussières nuisibles.
Peaux [Lustrage et apprêtage des].	Les enfants au-dessous de 18 ans ne seront pas employés lorsque les poussières se dégageront librement dans les ateliers.	Poussières nuisibles.
Peaux de lapin ou de lièvre [Éjarrage et coupage des poils de].	*Idem.*	*Idem.*
Pétrole. (Voir Huiles de pétrole, etc.)		
Pierre [Sciage et polissage de la].	*Idem.*	*Idem.*
Pileries mécaniques de drogues.	Les enfants au-dessous de 18 ans ne seront pas employés lorsque les poussières se dégageront librement dans les ateliers.	*Idem.*
Pipes à fumer [Fabrication des].	*Idem.*	*Idem.*
Plâtres [Fours à].	*Idem.*	*Idem.*
Poêliers, fournalistes, poêles et fourneaux en faïence et terre cuite. (Voir Faïence.)		
Porcelaine [Fabrication de la].	*Idem.*	*Idem.*
Poteries de terre [Fabrication de] avec fours non fumivores.	*Idem.*	*Idem.*
Pouzzolane artificielle [Fours à].	*Idem.*	*Idem.*
Réfrigération [Appareils de] par l'acide sulfureux.	Les enfants au-dessous de 18 ans, les filles mineures et les femmes ne seront pas employés dans les ateliers où se dégagent des vapeurs acides.	Émanations nuisibles.
Sel de soude [Fabrication du] avec le sulfate de soude.	*Idem.*	*Idem.*

ÉTABLISSEMENTS	CONDITIONS	MOTIFS
Sinapismes [Fabrication des] à l'aide des hydrocarbures.	Les enfants au-dessous de 16 ans, les filles mineures et les femmes ne seront pas employés dans les ateliers où se manipulent les dissolvants.	Vapeurs nuisibles. Danger d'incendie.
Soies de porc [Préparation des].	Les enfants au-dessous de 18 ans ne seront pas employés lorsque les poussières se dégageront librement dans les ateliers.	Poussières nuisibles.
Soude. (Voir Sulfate de soude.)		
Soufre [Pulvérisation et blutage du].	*Idem.*	*Idem.*
Sulfate de peroxyde de fer [Fabrication du] par le sulfate de protoxyde de fer et l'acide nitrique (nitro-sulfate de fer).	Les enfants au-dessous de 18 ans, les filles mineures et les femmes ne seront pas employés dans les ateliers où se dégagent les vapeurs acides.	Vapeurs nuisibles.
Sulfate de protoxyde de fer ou couperose verte par l'action de l'acide sulfurique sur la ferraille.	*Idem.*	*Idem.*
Sulfate de soude [Fabrication du] par la décomposition du sel marin par l'acide sulfurique.	*Idem.*	*Idem.*
Sulfure de carbone [Fabrication du].	Les enfants au-dessous de 18 ans ne seront pas employés dans les ateliers où se dégagent les vapeurs nuisibles.	Vapeurs délétères. Danger d'incendie.
Sulfure de carbone [Manufactures dans lesquelles on emploie en grand le].	Les enfants au-dessous de 18 ans ne seront pas employés dans les ateliers où se dégagent les vapeurs nuisibles.	*Idem.*
Sulfure de carbone [Dépôts de].	*Idem.*	*Idem.*
Superphosphate de chaux et de potasse [Fabrication du].	Les enfants au-dessous de 18 ans, les filles mineures et les femmes ne seront pas employés dans les ateliers où se dégagent des vapeurs acides et des poussières.	Émanations nuisibles.
Tabacs [Manufactures de].	Les enfants au-dessous de 16 ans ne seront pas employés dans les ateliers où l'on démolit les masses.	*Idem.*
Taffetas et toiles vernis ou cirés [Fabrication de].	Les enfants au-dessous de 16 ans ne seront pas employés dans les ateliers où l'on prépare et applique les vernis.	Danger d'incendie.
Tan [Moulins à].	Les enfants au-dessous de 18 ans ne seront pas employés quand les poussières se dégagent librement dans les ateliers.	Poussières nuisibles.
Tanneries.	*Idem.*	*Idem.*
Tapis [Battage en grand des]. (Voir Battage.)		

ÉTABLISSEMENTS	CONDITIONS	MOTIFS
Teillage du lin, du chanvre et du jute en grand.	Les enfants au-dessous de 18 ans ne seront pas employés quand les poussières se dégagent librement dans les ateliers.	Poussières nuisibles.
Teintureries.	Les enfants au-dessous de 18 ans, les filles mineures et les femmes ne seront pas employés dans les ateliers où l'on emploie des matières toxiques.	Danger d'empoisonnement.
Térebenthine [Distillation et travail en grand de la]. (Voir Huiles de pétrole, de schiste, etc.)		
Toiles cirées. (Voir Taffetas et toiles vernis.)		
Toiles peintes [Fabriques de].	*Idem.*	*Idem.*
Toiles vernies [Fabrique de]. (Voir Taffetas et toiles vernis.)		
Tourteaux d'olives [Traitement des] par le sulfure de carbone.	Les enfants au-dessous de 18 ans, les filles mineures et les femmes ne seront pas employés dans les ateliers où l'on manipule le sulfure de carbone.	Émanations nuisibles.
Tôles et métaux vernis. .	Les enfants au-dessous de 18 ans, les filles mineures et les femmes ne seront pas employés dans les ateliers où l'on emploie des matières toxiques.	Danger d'empoisonnement.
Vernis à l'esprit-de-vin [Fabriques de].	Les enfants au-dessous de 16 ans ne seront pas employés dans les ateliers où l'on prépare et manipule les vernis.	Danger d'incendie.
Vernis [Ateliers où l'on applique le] sur les cuirs, feutres, taffetas, toiles, chapeaux. (V. ces mots.)		
Verreries, cristalleries et manufactures de glaces.	Les enfants au-dessous de 18 ans, les filles mineures et les femmes ne seront ni admis dans les ateliers où des poussières se dégagent, ni occupés à des travaux pour lesquels il est fait usage de matières toxiques (*Décr. 8 oct. 1911*).	Poussières dangereuses.
Vessies nettoyées et débarrassées de toute substance membraneuse [Atelier pour le gonflement et le séchage des].	Les enfants au-dessous de 18 ans, les filles mineures et les femmes ne seront pas employés au travail du soufflage.	Danger d'affections pulmonaires.
Visières vernies [Fabriques de]. (Voir Feutres et visières.)		

Décret du 15 juillet 1893,

Relatif au travail des femmes et des filles âgées de plus de dix-huit ans.
— V. *infrà*, Décr. 16 mars 1908, art. 5.

Art. 1er. (*Décr. 27 décembre 1911.*) Dans les industries ci-après déterminées, les femmes et les filles âgées de plus de dix-huit ans pourront être employées jusqu'à dix heures du soir à certaines époques de l'année et pendant une durée totale qui ne dépassera pas soixante jours par an, sans que, en aucun cas, la durée du travail effectif puisse dépasser douze heures par vingt-quatre heures.

Chapeaux (confection de) de grand deuil pour femmes et enfants;

Vêtements (confection de) de grand deuil pour femmes et enfants.

2. (Abrogé par Décr. 27 décembre 1911.) *Il pourra être dérogé, d'une façon permanente, aux dispositions des paragraphes 1 et 4 de l'article 4 précité, pour les industries et les catégories de travailleurs énumérées ci-dessous, mais sans que le travail puisse dépasser sept heures par vingt-quatre heures. (V. le tableau A à la suite du décret.)*

3. (*Décr. 27 décembre 1911.*) Les industries énumérées ci-après sont autorisées à déroger temporairement aux dispositions relatives au travail de nuit, sans que le travail effectif des femmes, filles ou enfants employés la nuit puisse dépasser dix heures par vingt-quatre heures. (V. le tableau B à la suite du décret.)

4. (*Décr. 27 décembre 1911.*) Dans les usines à feu continu où des femmes majeures et des enfants du sexe masculin sont employés la nuit, les travaux tolérés pour ces deux catégories de travailleurs sont les suivants. (V. le tableau C à la suite du décret.)

Lorsque les femmes et les enfants sont employés toute la nuit, leur travail doit être coupé par des intervalles de repos représentant un temps total de repos au moins égal à deux heures.

La durée du travail effectif ne peut d'ailleurs dépasser, dans les vingt-quatre heures, dix heures pour les femmes et les enfants.

5. (*Décr. 3 juillet 1908.*) « Les industries pour lesquelles les restrictions relatives à la durée du travail pourront être temporairement levées par l'inspecteur divisionnaire, pour les enfants âgés de moins de dix-huit ans et les femmes de tout âge, sont les suivantes :

« Ameublement, tapisserie, passementerie pour meubles; »

(*Décr. 29 juillet 1897.*) « Appareils orthopédiques (Fabrication d'); »

(*Décr. 3 juillet 1908*). « Beurreries industrielles; »

(*Décr. 26 juillet 1895.*) « Bijouterie et joaillerie;

« Biscuits employant le beurre frais (Fabrique de);

« Blanchisseries de linge fin; »

(*Décr. 1er juillet 1899.*) « Boîtes de conserves (Fabriques de, et imprimeries sur métaux pour); »

(*Décr. 29 juillet 1897.*) « Bonneterie fine (Fabrication de); »

(*Décr. 26 juillet 1895.*) « Briqueteries en plein air;

« Brochage des imprimés;

« Broderie et passementerie pour confections;

« Cartons (Fabriques de) pour jouets, bonbons, cartes de visite, rubans; »

(*Décr. 29 juillet 1897.*) « Chapeaux (Fabrication et confection de) en toutes matières pour hommes et femmes;

« Chaussures (Fabrication de);

« Colles et gélatine (Fabrication de); »

(*Décr. 18 avril 1901.*) « Coloriage au patron ou à la main; »

(*Décr. 26 juillet 1895.*) « Corsets (Confection de);

« Confections, coutures et lingeries pour femmes et enfants;

« Confections pour hommes;

« Confections en fourrures; »

(*Décr.* 23 *novembre* 1904.) « Confection et réparation des voiles des navires armés pour la grande pêche ; »

(*Décr.* 26 *juillet* 1895.) « Conserves de fruits et confiserie, conserves de légumes et de poissons ;

« Corderies en plein air ;

« Couronnes funéraires (Fabrique de) ;

« Délainage des peaux de moutons ;

« Dorure pour ameublement ;

« Dorure pour encadrements ; »

(*Décr.* 7 *février* 1910.) « Dorure sur cuir, étoffe, papier et carton ; »

(*Décr.* 1er *juillet* 1899.) « Établissements industriels dans lesquels sont exécutés des travaux, sur l'ordre du Gouvernement, et dans l'intérêt de la sûreté et de la défense nationales, après avis des ministres intéressés, constatant expressément la nécessité de la dérogation ; »

(*Décr.* 12 *mai* 1910.) « Faïence (ateliers de décor sur) ; »

(*Décr.* 24 *février* 1898.) « Filatures, retordage de fils crépés, bouclés et à boutons, des fils moulinés et multicolores ; »

(*Décr.* 26 *juillet* 1895.) « Fleurs (Extraction des parfums des) ;

« Fleurs et plumes ; »

(*Décr.* 3 *juillet* 1908.) « Fromageries industrielles ; »

(*Décr.* 4 *juillet* 1902.) « Gainerie ; »

(*Décr.* 24 *février* 1898.) « Impressions de la laine peignée, blanchissage, teinture et impression des fils de laine, de coton et de soie, destinés au tissage des étoffes de nouveauté ; »

(*Décr.* 26 *juillet* 1895.) « Imprimeries lithographiques ;

« Imprimeries en taille-douce ;

« Imprimeries typographiques ;

« Jouets, bimbeloterie, petite tabletterie et articles de Paris (Fabrique de) ;

(*Décr.* 3 *juillet* 1908.) « Lait (Établissements industriels pour le traitement du) ; »

(*Décr.* 26 *juillet* 1895.) « Papier (Transformation du), fabrication des enveloppes, du cartonnage des cahiers d'école, des registres, des papiers de fantaisie ;

« Papiers de tenture ; »

(*Décr.* 29 *juillet* 1897.) « Parfumerie (Fabrication de) ; »

(*Décr.* 23 *novembre* 1910.) « Pliage et cartonnage des rubans ; »

(*Décr.* 4 *juillet* 1902.) « Polissage, dorure, gravure, ciselage, guillochage et planage en orfèvrerie ; »

(*Décr.* 18 *avril* 1901.) « Porcelaine (Ateliers de décors sur) ; »

(*Décr.* 26 *juillet* 1895.) « Reliure ; »

(*Décr.* 1er *février* 1910.) « Réparations urgentes de navires, de machines motrices et de machines agricoles ; »

(*Décr.* 24 *février* 1898.) « Soie (Dévidage de la) pour étoffes de nouveauté ; »

(*Décr.* 26 *juillet* 1895.) « Teinture, apprêt blanchiment, impression, gaufrage et moirage des étoffes ;

« Tissage des étoffes de nouveauté destinées à l'habillement ; »

(*Décr.* 14 *août* 1903.) « Travaux extérieurs dans les chantiers de l'industrie du bâtiment ; »

(*Décr.* 26 *juillet* 1895.) « Tulles, dentelles et laizes de soie. »

(*Décr.* 24 *décembre* 1904.) « Travaux extérieurs de construction et de réparation de bateaux de rivière. »

6. (*Décr.* 27 *décembre* 1911.) « Les chefs des industries autorisées soit à prolonger le travail jusqu'à dix heures du soir, en vertu de l'article 1er, soit à déroger temporairement aux dispositions relatives au travail de nuit, en vertu de l'article 3, devront prévenir l'inspecteur ou l'inspectrice chaque fois qu'ils voudront faire usage de ces autorisations.

(*Décr.* 26 *juillet* 1895.) « L'avis sera donné par l'envoi, avant le commencement du travail exceptionnel, d'une carte postale, d'une lettre sans enveloppe ou d'un télégramme, de açon que le timbre de la poste fasse foi de la date dudit avis.

« Une copie de l'avis sera immédiatement affichée dans un endroit apparent des ateliers et y restera apposée pendant toute la durée de la dérogation.

(*Décr.* 17 *février* 1910.) « Dans les cas prévus à l'article 5, une copie de l'autorisation sera également affichée. Toutefois, lorsque l'autorisation aura été accordée pour un nombre de jours déterminé, sans indication de la date de ces jours, les chefs d'industrie devront en outre procéder aux envois d'avis et affichage prévus par les paragraphes 2 et 3 ci-dessus. »

7. (*Décr.* 9 *août* 1912.) Les chefs d'établissement qui veulent user de la faculté de déroger temporairement aux dispositions des paragraphes 1er et 3 de l'article 4 de la loi du 2 novembre 1892, en vertu du paragraphe 6 dudit article 4, devront, avant le commencement du travail exceptionnel, adresser à l'inspecteur, dans la forme prévue par le paragraphe 2 de l'article 6 du présent décret, un avis faisant connaître la nature de l'interruption accidentelle ou de force majeure d'où résulte le chômage, le nombre et la date des journées perdues, le nombre et la date des nuits pendant lesquelles il doit être fait usage de la dérogation ainsi que le nombre des femmes et des enfants de l'un et de l'autre sexe auxquels s'appliquera cette dérogation.

TABLEAU A (art. 2).

INDUSTRIES	TRAVAILLEURS
Amidon de maïs [Coulage et séchage d']. (*Décr.* 24 *févr.* 1898.)	Femmes.
Imprimés [Brochage des]	Filles majeures et femmes.
Journaux [Pliage des]	*Idem.*
Mines [Allumage des lampes de]	*Idem.*

TABLEAU B (art. 3).

INDUSTRIES	DURÉE TOTALE des dérogations.
Beurreries industrielles	60 jours.
Colles et gélatines	60 jours.
Confiserie	90 jours.
Conserves alimentaires de fruits et de légumes	90 jours.
Conserves de poissons	90 jours.
Délainage des peaux de mouton	60 jours.
Fromageries industrielles	60 jours.
Lait (Établissements industriels pour le traitement du)	60 jours.
Parfums des fleurs [Extraction des]	90 jours.
Pâtes alimentaires et fabriques de biscuits employant le beurre frais	30 jours.
Réparations urgentes de navires et de machines motrices	120 jours (enfants du sexe masculin au-dessus de 16 ans).

TABLEAU C (art. 4).

USINES A FEU CONTINU	TRAVAILLEURS	TRAVAUX TOLÉRÉS
Distilleries de betteraves.	Enfants . .	Laver, peser, trier la betterave, manœuvrer les robinets à jus et à eau, aider aux batteries de diffusion et aux appareils distillatoires.
Fer et fonte émaillés [Fabrique d'objets en].	*Idem* . . .	Manœuvrer à distance les portes des fours.
Huiles [Usine pour l'extraction des].	*Idem* . . .	Remplir les sacs, les secouer après pressage, porter les sacs vides et les claies.
Papeteries.	*Idem* . . .	Aider les surveillants de machines, couper, trier, ranger, rouler et apprêter le papier.
Sucre [Fabriques et raffineries de].	Enfants . . Femmes (dans les fabriques de sucre brut de betteraves seulement.)	Laver, peser, trier la betterave, manœuvrer les robinets à jus et à eau, surveiller les filtres, aider aux batteries de diffusion, coudre des toiles, laver des appareils et ateliers, travailler le sucre en tablettes.
Usines métallurgiques.	Enfants . .	Aider à la préparation des lits de fusion, aux travaux accessoires d'affinage, de laminage, de martelage et de tréfilage, de préparation des moules pour objets de fonte moulée, de rangement des paquets, des feuilles, des tubes et des fils.
Verreries	*Idem* . . .	Présenter les outils, faire les premiers cueillages, aider au soufflage et au moulage, porter dans les fours à recuire, en retirer les objets, le tout dans les conditions prévues à l'article 7 du décret du 13 mai 1893. Trier et ranger les bouteilles.

Décret du 26 juillet 1895,

Qui modifie les articles 1, 3, 5 et 6 du décret du 15 juillet 1893, relatif au travail, dans certaines industries, des femmes et des filles âgées de plus de dix-huit ans. — V. *infrà*, Décr. 16 mars 1908, art. 5.

Art. 1er. Les articles 5 et 6 du décret du 15 juillet 1893 sont modifiés ainsi qu'il suit. — V. *suprà*, Décr. 15 juill. 1893, art. 5 et 6.

Décret du 21 juin 1897,

Qui complète la nomenclature des établissements dans lesquels l'emploi des enfants, des filles mineures et des femmes est autorisé. — V. *suprà*, Décr. 13 mai 1893, Tableau C.

Décret du 29 juillet 1897,

Complétant la nomenclature des industries admises à bénéficier des tolérances prévues par la loi du 2 novembre 1892. — V. *infrà*, Décr. 16 mars 1908, art. 5.

Art. 1er. Est complétée, comme suit, la nomenclature des industries énumérées aux articles 1, 3 et 5 du décret du 15 juillet 1893, modifié par le décret du 26 juillet 1895, et admises à bénéficier des tolérances prévues par la loi du 2 novembre 1892, en ce qui concerne le travail de nuit, le repos hebdomadaire et la durée du travail. — V. *suprà*, Décr. 15 juill. 1893, art. 3 et 5.

Décret du 24 février 1898,

Complétant la nomenclature des industries énumérées au décret du 15 juillet 1893, relatif aux tolérances prévues par la loi du 2 novembre 1892 sur le travail des enfants, des filles mineures et des femmes dans les établissements industriels. — V. *infrà*, Décr. 16 mars 1908, art. 5.

Art. 1er. Est complétée, comme suit, la nomenclature des industries énumérées aux articles 2, 4 et 5 du décret du 15 juillet 1893, modifié par les décrets des 26 juillet 1895 et 29 juillet 1897, et admises à bénéficier des tolérances prévues par la loi du 2 novembre 1892, en ce qui concerne le travail de nuit, la durée du travail et le repos hebdomadaire. — V. *suprà*, Décr. 15 juill. 1893, art. 2, 4 et 5.

Décret du 20 avril 1899,

Modifiant la nomenclature des tableaux A et C annexés au décret du 13 mai 1893 relatif à l'emploi des enfants, des filles mineures et des femmes aux travaux dangereux ou insalubres. — V. *suprà*, Décr. 13 mai 1893, Tableaux A et C.

Décret du 1er juillet 1899,

Complétant la nomenclature des industries admises à bénéficier des tolérances prévues par la loi du 2 novembre 1892, en ce qui concerne le repos hebdomadaire et la durée du travail. — V. *infrà*, Décr. 16 mars 1908, art. 5.

Art. 1er. Est complétée comme suit la nomenclature des industries énumérées à l'article 5 du décret du 15 juillet 1893, modifié par les décrets des 26 juillet 1895, 29 juillet 1897 et 24 février 1898, et admises à bénéficier des tolérances prévues par la loi du 2 novembre 1892, en ce qui concerne le repos hebdomadaire et la durée du travail. — V. *suprà*, Décr. 15 juill. 1893, art. 5.

Loi du 30 mars 1900,

Portant modification de la loi du 2 novembre 1892 sur le travail des enfants, des filles mineures et des femmes dans les établissements industriels (D. P. 1900. 4. 44). — V. *suprà*, L. 2 nov. 1892, art. 3, 4 et 11 ; et *infrà*, Décr. 9 sept. 1848, art. 1er ; L. 22 déc. 1911.

Décret du 3 mai 1900,

Portant modification à la nomenclature des tableaux annexés au décret du 13 mai 1893, relatif à l'emploi des enfants, des filles mineures et des femmes aux travaux dangereux ou insalubres.

Art. 1er. La nomenclature des tableaux A et C annexés au décret du 13 mai 1893, relatif à l'emploi des enfants, des filles mineures et des femmes aux travaux dangereux ou insalubres, est modifiée conformément aux tableaux annexés au présent décret. — V. *suprà*, Décr. 13 mai 1893, Tableaux A et C.

Loi du 29 décembre 1900,

Fixant les conditions du travail des femmes employées dans les magasins, boutiques et autres locaux en dépendant (D. P. 1901. 4. 19).

Art. 1er. Les magasins, boutiques et autres locaux en dépendant, dans lesquels des marchandises et objets divers sont manutentionnés ou offerts au public par un personnel féminin, devront être, dans chaque salle, munis d'un nombre de sièges égal à celui des femmes qui y sont employées.

2. Les inspecteurs du travail sont chargés d'assurer l'exécution de la présente loi; à cet effet, ils ont entrée dans tous les établissements visés par l'article 1er.

Les contraventions sont constatées par les procès-verbaux des inspecteurs et inspectrices qui font foi jusqu'à preuve contraire. Les procès-verbaux sont dressés en double exemplaire dont l'un est envoyé au préfet du département et l'autre déposé au parquet.

Les dispositions ci-dessus ne dérogent point aux règles du droit commun quant à la constatation et à la poursuite des infractions à la présente loi.

3. Les chefs d'établissements, directeurs ou gérants des magasins, boutiques et autres locaux prévus à l'article 1er sont tenus de faire afficher à des endroits apparents les dispositions de la présente loi ainsi que les noms et les adresses des inspecteurs et inspectrices de la circonscription.

4. Lesdits chefs d'établissements, directeurs ou gérants qui auront contrevenu aux prescriptions de la présente loi seront poursuivis devant le tribunal de simple police et passibles d'une amende de 5 à 15 francs. L'amende sera appliquée autant de fois qu'il y aura de contraventions. Les chefs d'établissements seront civilement responsables des condamnations prononcées contre leurs directeurs ou gérants.

5. En cas de récidive, le contrevenant sera poursuivi devant le tribunal correctionnel et puni d'une amende de 16 à 100 francs. Il y a récidive lorsque, dans les douze mois antérieurs au fait poursuivi, le contrevenant a déjà subi une condamnation pour une contravention identique. En cas de pluralité de contraventions entraînant les peines de la récidive, l'amende sera appliquée autant de fois qu'il aura été relevé de nouvelles contraventions. Les tribunaux correctionnels pourront appliquer les dispositions de l'article 463 du Code pénal sur les circonstances atténuantes, sans qu'en aucun cas l'amende, pour chaque contravention, puisse être inférieure à 5 francs.

6. L'affichage du jugement peut, suivant les circonstances et en cas de récidive seulement, être ordonné par le tribunal de police correctionnelle. Le tribunal peut également ordonner, dans le même cas, l'insertion du jugement aux frais du contrevenant dans un ou plusieurs journaux du département.

7. Seront punis d'une amende de 100 à 500 francs, et en cas de récidive de 500 à 1 000 francs, tous ceux qui auront mis obstacle à l'accomplissement des devoirs d'un inspecteur.

L'article 463 du Code pénal est applicable aux condamnations prononcées en vertu du présent article.

Les dispositions du Code pénal, qui prévoient et répriment les actes de résistance, les outrages et violences contre les officiers de la police judiciaire, sont, en outre, applicables à ceux qui se rendront coupables de faits de même nature à l'égard des inspecteurs.

8. Les dispositions de la présente loi seront mises en vigueur un mois après sa promulgation.

Décret du 18 avril 1901,

Portant complément à la nomenclature des industries admises à bénéficier des tolérances prévues par la loi du 2 novembre 1892, en ce qui concerne le travail de nuit. — V. *infrà*, Décr. 16 mars 1908, art. 5.

Art. 1er. Est complétée comme suit la nomenclature des industries énumérées aux articles 3 et 5 du décret du 15 juillet 1893, modifié par les décrets des 26 juillet 1895, 29 juillet 1897, 24 février 1898 et 1er juillet 1899, et admises à bénéficier des tolérances prévues par la loi du 2 novembre 1892, en ce qui concerne le travail de nuit, le repos hebdomadaire et la durée du travail. — V. *suprà*, Décr. 15 juill. 1893, art. 3 et 5.

Arrêté ministériel du 27 mai 1902,

Qui complète l'arrêté ministériel du 31 juillet 1894, relatif aux charges qui peuvent être traînées ou poussées par des jeunes ouvriers et ouvrières, âgés de moins de dix-huit ans. — V. *suprà*, Arr. 31 juillet 1894.

Décret du 4 juillet 1902,

Complétant la nomenclature des industries admises à bénéficier des tolérances prévues par la loi du 2 novembre 1892, en ce qui concerne le repos hebdomadaire et la durée du travail. — V. *infrà*, Décr. 16 mars 1908, art. 5.

Art. 1er. Est complétée comme suit la nomenclature des industries énumérées à l'article 5 du décret du 15 juillet 1893 modifié par les décrets des 26 juillet 1895, 29 juillet 1897, 24 février 1898, 1er juillet 1899 et 18 avril 1901, et admises à bénéficier des tolérances prévues par la loi du 2 novembre 1892, en ce qui concerne le repos hebdomadaire et la durée du travail, savoir : — V. *suprà*, Décr. 15 juill. 1893, art. 5.

Décret du 14 août 1903,

Modifiant des rubriques dans la nomenclature des industries admises à bénéficier des tolérances prévues par la loi du 2 novembre 1892, sur le travail des enfants, des filles mineures et des femmes dans les établissements industriels. — V. *suprà*, Décr. 15 juill. 1893, art. 5. — V. aussi *infrà*, Décr. 16 mars 1908, art. 5.

Décret du 23 novembre 1904,

Complétant la nomenclature des établissements industriels visés par la loi du 2 novembre 1892 sur le travail des enfants et des femmes. — V. *suprà*, Décr. 15 juill. 1893, art. 5. — V. aussi *infrà*, Décr. 16 mars 1908, art. 5.

Décret du 24 décembre 1904,

Relatif à la réglementation du travail des femmes et des enfants dans les beurreries et fromageries. — V. *suprà*, Décr. 15 juill. 1893, art. 3 et 5. — V. aussi *infrà*, Décr. 16 mars 1908, art. 5.

Décret du 17 mai 1905,

Portant réorganisation du service de l'inspection du travail.

Art. 1er. (*Décr.* 6 *août* 1911.) Le nombre des inspecteurs du travail est fixé comme suit :

11 inspecteurs divisionnaires; — 113 inspecteurs départementaux; — 18 inspectrices départementales.

2. (*Décr.* 6 *août* 1911.) La délimitation des circonscriptions attribuées aux inspecteurs divisionnaires, le lieu de leurs résidences, l'indication des départements inspectés par les inspecteurs ou inspectrices départementaux, les lieux de résidence de ces inspecteurs ou inspectrices sont inscrits au tableau suivant :

Circonscriptions.	DÉPARTEMENTS	des inspecteurs et inspectrices départementaux.	RÉSIDENCE des inspecteurs départementaux.	des inspecteurs divisionnaires.
1re. . .	Seine, Seine-et-Oise et Seine-et-Marne.	22 inspecteurs, 12 inspectrices.	Paris (21 inspecteurs, 12 inspectrices), Versailles.	Paris.
2e. . .	Haute-Vienne, Loiret, Loir-et-Cher, Indre-et-Loire, Vienne, Indre, Creuse, Allier et Cher	7 inspecteurs.	Limoges, Orléans, Tours, Poitiers, Montluçon, Bourges, Vierzon.	Limoges.
3e. . .	Yonne, Nièvre, Aube, Hte-Marne, Côte-d'Or, Hte-Saône, territoire de Belfort, Doubs, Jura et Saône-et-Loire.	8 inspecteurs.	Nevers, Troyes, Dijon, Chaumont Belfort, Besançon, Lons-le-Saunier, Chalon-sur-Saône.	Dijon.
4e. . .	Meurthe-et-Moselle, Aisne, Ardenne, Meuses, Marne, Vosges.	10 inspecteurs.	Saint-Quentin, Soissons, Reims (2 inspecteurs), Charleville, Bar-le-Duc, Nancy (3 inspecteurs). Épinal	Nancy.
5e. . .	Nord, Pas-de-Calais	13 inspecteurs, 1 inspectrice.	Lille (3 inspecteurs, 1 inspectrice), Roubaix, Tourcoing, Douai, Valenciennes, Maubeuge, Cambrai, Armentières, Dunkerque, Calais, Arras. . .	Lille.
6e. . .	Somme, Oise, Seine-Inférieure, Eure, Eure-et-Loir, Orne, Calvados et Manche.	10 inspecteurs, 1 inspectrice.	Amiens (2 inspecteurs), Creil, Rouen (2 inspecteurs, 1 inspectrice), Le Havre, Elbeuf, Chartres, Caen et Cherbourg.	Rouen.
7e. . .	Sarthe, Mayenne, Ille-et-Vilaine, Côtes-du-Nord, Finistère, Morbihan, Loire-Inférieure, Vendée, Deux-Sèvres, Maine-et-Loire. .	8 inspecteurs, 1 inspectrice.	Le Mans, Nantes (1 inspecteur 1 inspectrice), Rennes, Angers, Brest, Lorient, Niort, Laval	Nantes.
8e. . .	Charente-Inférieure, Gironde, Lot-et-Garonne, Landes, Gers, Basses-Pyrénées, Hautes-Pyrénées, Charente, Dordogne, Corrèze, Lot. .	7 inspecteurs, 1 inspectrice.	Bordeaux (2 inspecteurs, 1 inspectrice), Agen, Pau, Tarbes, Angoulême, Cahors.	Bordeaux.
9e. . .	Aude, Pyrénées-Orientales, Hérault, Aveyron, Cantal, Lozère, Tarn, Haute-Garonne, Tarn-et-Garonne et Ariège.	7 inspecteurs.	Carcassonne, Béziers, Montpellier, Rodez, Castres, Toulouse (2 inspecteurs).	Toulouse.
10e. . .	Bouches-du-Rhône, Var, Alpes-Maritimes, Corse, Vaucluse, Basses-Alpes, Drôme, Hautes-Alpes, Gard, Ardèche	10 inspecteurs, 1 inspectrice.	Marseille (4 inspecteurs, 1 inspectrice), Toulon, Nice, Avignon, Valence, Nîmes, Privas.	Marseille.
11e. . .	Rhône, Ain, Isère, Savoie, Haute-Savoie, Puy-de-Dôme, Loire, Haute-Loire	11 inspecteurs, 1 inspectrice.	Lyon (4 inspecteurs, 1 inspectrice), Grenoble, Chambéry, Saint-Étienne (2 inspecteurs), Roanne, Thiers, Clermont-Ferrand.	Lyon.

3. (*Décr. 11 juillet 1906.* Dans les groupes de départements prévus au tableau ci-dessus, un arrêté ministériel déterminera la section à attribuer à chacun des inspecteurs ou inspectrices départementaux. — V. *Arr. min. 18 août 1911* (*Journ. off. du 27 août*). — V. *infrà*, Décr. 20 nov. 1911.

4. Les inspecteurs et inspectrices stagiaires institués par l'article 19 de la loi recevront un traitement annuel de 2400 francs.

5. (*Décr. 4 mai 1912.*) Les inspecteurs et inspectrices départementaux sont répartis en cinq classes dont les traitements sont fixés ainsi qu'il suit :

5e classe, 3000 francs ;
4e classe, 3500 francs ;
3e classe, 4000 francs ;
2e classe, 4500 francs ;
1re classe, 5000 francs.

Le nombre des inspecteurs et inspectrices départementaux de chaque classe est fixé conformément aux indications ci-après :

Inspecteurs départementaux.

1re et 2e classe, 37 inspecteurs au maximum, dont 16 au plus en 1re classe.
4e, 5e classe et stagiaires, 45 inspecteurs au minimum.

Inspectrices départementales.

1re et 2e classe, 5 inspectrices au maximum, dont 2 au plus en 1re classe ;
4e et 5e classe et stagiaires, 9 inspectrices au minimum.

6. (*Décr. 4 mai 1912.*) Les inspecteurs divisionnaires sont répartis en trois classes dont les traitements sont fixés ainsi qu'il suit :

3e classe, 6000 francs ;
2e classe, 7000 francs ;
1re classe, 8000 francs.

Le nombre des inspecteurs divisionnaires ne pourra dépasser quatre dans la 1re classe, ni être inférieur à quatre dans la 3e classe.

7. (*Décr. 6 août 1911.*) Les inspecteurs et inspectrices ne peuvent être élevés de classe qu'après trois ans de service dans la classe immédiatement inférieure.

Les inspecteurs divisionnaires sont nommés au choix parmi les inspecteurs départementaux appartenant au moins à la 2e classe.

L'inspecteur départemental désigné pour assister dans son contrôle l'inspecteur divisionnaire de la première circonscription et le suppléer en cas d'absence est choisi parmi les inspecteurs départementaux inscrits au tableau d'avancement pour le grade d'inspecteur divisionnaire.

8. Les frais de tournée des inspecteurs et inspectrices seront réglés sur état, selon les formes prescrites par décisions du ministre *du commerce, de l'industrie, des postes et des télégraphes* [du travail et de la prévoyance sociale], et suivant le tarif ci-après :

DÉSIGNATION DES FONCTIONNAIRES	FRAIS DE ROUTE			INDEMNITÉ de séjour.
	TRANSPORT EN COMMUN.		TRANSPORT individuel.	
	Chemins de fer.	Tramways, voitures publiques, bateaux, etc.		
			par kilom.	par jour.
Inspecteurs divisionnaires. . . .	Remboursement en 1re classe.	Prix déboursé.	» 50	15 fr. »
Inspecteurs et inspectrices départementaux	Remboursement en 2e classe.	Prix déboursé.	» 50	15 fr. »

Les déplacements par transport individuel ne donneront droit à indemnité qu'autant qu'ils comporteront un parcours d'au moins 6 kilomètres aller et retour.

Les déplacements effectués par transport individuel sur un parcours desservi par une entreprise de transport en commun ne donneront droit qu'à une indemnité correspondant au tarif de cette entreprise de transport, sauf les cas de nécessité certifiés par l'inspecteur divisionnaire.

L'indemnité de séjour de 15 francs n'est acquise que lorsque l'inspecteur aura pris ses deux repas et passé la nuit hors de sa résidence. Dans le cas contraire, cette indemnité sera fractionnée par tiers, savoir : 5 francs pour chacun des deux repas et 5 francs pour le coucher.

(*Décr.* 11 *juillet* 1906.) « L'inspecteur divisionnaire résidant à Paris reçoit, pour frais de tournée dans le département de la Seine, une indemnité fixe de 3 000 francs par an ; l'inspecteur départemental chargé du contrôle dans la première circonscription reçoit, pour frais de tournées dans le département de la Seine, une indemnité fixe de 1 500 francs par an. Leurs frais de tournées dans les départements de Seine-et-Marne et de Seine-et-Oise leur sont remboursés sur le même taux qu'aux autres inspecteurs divisionnaires ou départementaux. »

Les inspecteurs et inspectrices départementaux du département de la Seine reçoivent une indemnité fixe de 600 francs pour frais de déplacement dans l'enceinte de Paris ; l'indemnité est de 900 francs pour les inspecteurs attachés au service de la banlieue.

Dans les départements autres que celui de la Seine où les conditions de service l'exigent, les frais de tournées alloués sur état aux inspecteurs et inspectrices peuvent être remplacés par des indemnités fixes réglées par arrêté ministériel.

Les déplacements des inspecteurs hors de leur circonscription ou section, nécessités par les besoins du service, sont comptés comme frais de tournées et réglés sur état aux mêmes tarifs.

9. Il sera alloué aux inspecteurs divisionnaires des frais de bureau fixés à 2 200 francs pour l'inspecteur divisionnaire de la première circonscription, à 1 800 francs pour l'inspecteur divisionnaire de la cinquième circonscription, et à 1 500 francs pour les autres inspecteurs divisionnaires.

10. Les décrets des 10 mai 1902 et 19 juin 1904 sont abrogés.

Décret du 22 novembre 1905,

Modifiant la nomenclature du tableau C, annexé au décret du 13 mai 1893, relatif à l'emploi des enfants, filles mineures et femmes aux travaux dangereux ou insalubres. — V. *suprà*, Décr. 13 mai 1893, tableau C (*blanchisseries de linge*).

Décret du 11 juillet 1906,

Modifiant le décret du 17 mai 1905, relatif à l'organisation du corps des inspecteurs du travail. — V. *suprà*, Décr. 17 mai 1905, art. 1, 2, 3, 5 et 8. [Les art. 1er, 2 et 5 ont été, de nouveau, modifiés par le décret du 19 mars 1908.]

Loi du 17 avril 1907,

Concernant la sécurité de la navigation maritime et la réglementation du travail à bord des navires de commerce (D. P. 1907. 4. 153).

. . . .

TITRE II. — RÉGLEMENTATION DU TRAVAIL A BORD DES NAVIRES.

. . . .

CHAPITRE III. — DES NOVICES ET DES MOUSSES.

Art. 29. L'inscription provisoire sur les registres de l'inscription maritime et l'embarquement, à titre professionnel, sont interdits pour les enfants âgés de moins de treize ans révolus. Ceux-ci peuvent toutefois être inscrits provisoirement et embarqués si, étant âgés de douze ans au moins, ils sont titulaires du certificat d'études primaires.

L'inscription provisoire est subordonnée à la présentation d'un certificat d'aptitude physique délivré à titre gratuit par un médecin désigné par l'autorité maritime ; si ce certificat ne constate l'aptitude de l'enfant que pour un genre de navigation, celui-là seul est permis.

30. Le service des novices et des mousses à bord des navires visés à l'article 1er est réglé par les articles 24, 25, 26 et 27 précédents et relatifs au travail des équipages du pont et des machines ; mais ce service est subordonné, indépendamment des dispositions de l'article précédent, aux dispositions spéciales qui suivent :

a) L'embarquement des mousses n'ayant pas quinze ans révolus au moment du départ du navire est désormais interdit sur tout navire armé pour les grandes pêches de Terre-Neuve et d'Islande.

b) Sur tout navire visé à l'article 1er, il est interdit de faire faire le service des quarts de nuit, de huit heures du soir à quatre heures du matin, aux novices et aux mousses, et la durée totale de leur travail ne pourra dépasser la durée réglementaire du travail du personnel. Leur travail supplémentaire sera rétribué.

Les mousses et les novices ne pourront être employés au travail des chaufferies ni des soutes.

c) Le nombre de novices et de mousses à embarquer sur lesdits navires est déterminé à raison d'un mousse ou d'un novice par quinze hommes ou fraction de quinze hommes d'équipage.

. . . .

TITRE III. — PÉNALITÉS.

V. *infrà*, v° TRAVAIL DES ADULTES.

. . . .

TITRE IV. — DISPOSITIONS GÉNÉRALES.

V. *infrà*, v° TRAVAIL DES ADULTES.

Décret du 3 mai 1907,

Réglant l'avancement et la discipline du corps de l'inspection du travail.

Art. 1er. Les promotions de grade ou de classe dans le personnel de l'inspection du travail ont lieu d'après un tableau d'avancement arrêté à la fin de chaque année par le ministre du travail et de la prévoyance sociale, sur la proposition d'une commission spéciale de classement instituée à cet effet.

2. Le tableau d'avancement est établi pour une année seulement; il est annulé de plein droit au moment où le tableau suivant est arrêté.

Le nombre des candidats à porter chaque année sur ledit tableau est fixé par le ministre avant la réunion de la commission de classement.

Aucun inspecteur ne peut recevoir d'avancement de grade ou de classe s'il n'est porté sur ce tableau.

Le tableau d'avancement est publié au *Bulletin de l'inspection du travail*.

3. (*Décr.* 13 *juillet* 1912.) La commission de classement est présidée par le ministre du travail et de la prévoyance sociale, ou, à son défaut, par le directeur du travail.

Elle comprend :

Le directeur du travail ;

Le chef du cabinet ou, à son défaut, le chef adjoint désigné par le ministre ;

Un membre de la commission supérieure du travail nommé par le ministre ;

Trois membres ouvriers du conseil supérieur du travail, nommés chaque année, deux mois au moins avant la réunion de la commission de classement, le même membre ne pouvant siéger plus de trois années consécutives ;

Le chef du bureau de l'inspection du travail ;

Les onze inspecteurs divisionnaires du travail ;

Trois inspecteurs départementaux du travail choisis par leurs collègues parmi ceux qui ne remplissent pas les conditions d'avancement prévues à l'article 4 ci-après.

Les inspecteurs divisionnaires d'une classe déterminée cessent de faire partie de la commission pendant la discussion des titres des inspecteurs divisionnaires appartenant à une classe égale ou supérieure à la leur.

Les inspecteurs départementaux, membres de la commission, cessent de faire partie de la commission pendant la discussion des titres des inspecteurs divisionnaires et des inspecteurs départementaux à inscrire au tableau pour le grade d'inspecteurs divisionnaires.

En cas de partage des voix, celle du président est prépondérante.

La commission de classement délibère valablement lorsque les deux tiers des membres sont présents.

4. Les inspecteurs et inspectrices ne peuvent être élevés de classe qu'après trois ans de service dans la classe immédiatement inférieure.

Néanmoins peuvent être inscrits au tableau d'avancement les candidats qui atteindraient le temps de service réglementaire au cours de l'année pour laquelle le tableau a été dressé.

Les inspecteurs divisionnaires sont choisis parmi les inspecteurs départementaux appartenant au moins à la 2e classe.

5. L'avancement a lieu à l'ancienneté et au choix, dans les limites fixées par le décret du 15 mai 1905, suivant les distinctions suivantes :

Inspecteurs et inspectrices départementaux.

Nomination à la 4e classe : à l'ancienneté.

Nomination à la 3e, 2e et 1re classe : moitié au choix et moitié à l'ancienneté.

Inspecteurs divisionnaires.

Nomination à la 3e classe : au choix.

Nomination à la 2e et 1re classe : moitié au choix et moitié à l'ancienneté.

6. Lorsque le tableau d'avancement sera dressé au choix, il comprendra, uniquement classés par ordre de mérite, des noms de candidats réunissant les conditions d'ancienneté prévues aux paragraphes 1 et 2 de l'article 4.

Lorsque le tableau d'avancement sera dressé à l'ancienneté, les inspecteurs réunissant les conditions prévues à l'article 4 y seront inscrits à leur rang. Toutefois pourraient être exclus du tableau d'ancienneté ceux qui auraient été l'objet, au cours de l'année, d'une des mesures disciplinaires énumérées à l'article 7 ci-après.

Le tableau d'avancement, pour les grades ou les classes dans lesquelles l'avancement participe du choix et de l'ancienneté, se composera de deux listes distinctes qui seront respectivement dressées conformément aux dispositions des deux paragraphes qui précèdent.

7. (*Décr.* 6 *février* 1911.) Les peines disciplinaires applicables aux fonctionnaires de l'inspection du travail sont les suivantes :

1° Le blâme avec inscription au dossier ;

2° Le déplacement d'office ;

3° La perte d'un certain nombre de mois d'ancienneté pour l'avancement ;

4° La rétrogradation de classe ou de grade ;

5° La mise en disponibilité d'office ;

6° La révocation.

Ces peines disciplinaires sont prononcées par le ministre, sur le rapport du directeur du travail. Le conseil de discipline prévu à l'article 8 ci-après est, en outre, obligatoirement appelé à donner son avis, sauf en ce qui concerne le blâme et le déplacement d'office.

Le fonctionnaire rétrogradé conserve, dans la classe du même grade ou du grade inférieur dans laquelle il est replacé, l'ancienneté acquise dans la classe à laquelle il appartenait au moment de sa rétrogradation.

Toute peine disciplinaire peut entraîner, en outre, sur l'avis du conseil de discipline, la radiation du tableau d'avancement du fonctionnaire qui y figurait.

8. (*Décr.* 13 *juillet* 1912.) « Le conseil de discipline est nommé chaque année.

Il comprend :

Le directeur du travail, président ;

Le chef du cabinet ou, à son défaut, le chef adjoint du cabinet désigné par le ministre ;

Un membre de la commission supérieure du travail dans l'industrie désignée par le ministre ;

Le chef du bureau de l'inspection du travail ou, en cas d'empêchement de ce dernier, un autre chef de bureau de la direction du travail désigné par le ministre ;

Un inspecteur divisionnaire du travail désigné par le ministre;
Deux inspecteurs divisionnaires du travail élus par leurs collègues;
Deux inspecteurs départementaux du travail élus par leurs collègues;

Les deux inspecteurs divisionnaires du travail élus par leurs collègues ne siègent que si le fonctionnaire déféré au conseil appartient à leur grade. Il en est de même des deux inspecteurs départementaux.

En même temps qu'ils élisent leurs délégués au conseil de discipline, les inspecteurs divisionnaires et les inspecteurs départementaux du travail élisent, en nombre égal, des délégués suppléants.

Les arrêtés ministériels qui désignent le membre de la commission supérieure du travail et l'inspecteur divisionnaire appelés par le ministre à siéger au conseil de discipline, désignent en même temps leur suppléant.

Lorsque des faits sont imputés à un inspecteur qui seraient de nature à entraîner sa comparution devant le conseil de discipline, le fonctionnaire est invité à fournir par écrit ses explications. Si ces explications sont jugées insuffisantes, ou si le fonctionnaire, sans avoir pu justifier d'une excuse légitime, ne les a pas fournies dans le délai qui lui a été imparti, le ministre, sur le rapport du directeur du travail, peut le déférer au conseil de discipline.

La décision déférant un inspecteur au conseil de discipline peut le suspendre de ses fonctions tout en lui maintenant son traitement jusqu'au moment où le ministre aura statué sur les faits qui ont fait l'objet du renvoi devant le conseil.

La même décision charge un fonctionnaire du service de l'inspection ou de l'administration centrale des fonctions de rapporteur près le conseil de discipline et désigne le secrétaire de ce conseil.

Le dossier complet de l'affaire est tenu sur place à la disposition de l'intéressé pendant les trois jours qui précèdent la séance du conseil. Il pourra être également consulté pendant cette même période par les membres du conseil.

Le conseil ne se réunit valablement que s'il compte cinq membres au minimum.

L'intéressé est entendu par le conseil dans ses moyens de défense. Il peut, s'il le préfère, adresser au conseil sa défense écrite ou la faire présenter oralement par une personne de son choix.

Si l'intéressé ne se présente à aucune des convocations qui lui auront été adressées et sans justifier d'une excuse reconnue légitime, il sera passé outre.

Ni le rapporteur ni le secrétaire n'assistent à la délibération et au vote du conseil.

Le conseil vote au scrutin secret. En cas de partage, l'avis le plus favorable à l'intéressé est adopté.

A l'issue de la délibération du conseil de discipline, le président transmet au ministre, avec un rapport, le procès-verbal de la séance et l'avis du conseil.

9. Est abrogé le décret du 13 juin 1895, modifié par les décrets des 13 novembre 1900 et 7 janvier 1903.

Décret du 3 juillet 1908,

Modifiant le décret du 15 *juillet* 1893. — V. *suprà*, Décr. 15 juill. 1893, art. 3 et 5.

Décret du 10 septembre 1908,

Complétant le tableau B *annexé au décret du* 13 *mai* 1893, *relatif à l'emploi des enfants, filles mineures et femmes aux travaux dangereux ou insalubres.* — V. *suprà*, Décr. 13 mai 1893 (tableau B).

Décret du 15 décembre 1908,

Modifiant le décret du 13 mai 1893, sur les travaux dangereux pour les enfants et les femmes. — V. suprà, Décr. 13 mai 1893 (tableau B).

Décret du 28 décembre 1909,

Portant réglementation du travail des femmes et des enfants employés dans l'industrie et le commerce (limites des charges qui peuvent être portées, traînées ou poussées par les enfants et les femmes).

Art. 1er. Sont soumis aux dispositions du présent décret les établissements visés à l'article 1er de la loi du 12 juin 1893, modifiée par la loi du 11 juillet 1903 (manufactures, fabriques, usines, chantiers, ateliers, laboratoires, cuisines, caves et chais, magasins, boutiques, bureaux, entreprises de chargement et de déchargement et leurs dépendances, de quelque nature que ce soit, publics ou privés, laïques ou religieux, même lorsque ces établissements ont un caractère d'enseignement professionnel ou de bienfaisance).

Les enfants de moins de dix-huit ans et les femmes de tout âge employés dans les établissements ci-dessus visés, ne peuvent porter, traîner ou pousser, tant à l'intérieur qu'à l'extérieur de ces établissements, des charges d'un poids supérieur aux suivants :

1° *Port des fardeaux.*

Garçons ou hommes au-dessous de 14 ans. . . .	10	kilogrammes.
Garçons ou hommes de 14 ou 15 ans.	15	»
Garçons ou hommes de 16 ou 17 ans.	20	»
Filles ou femmes au-dessous de 14 ans.	5	kilogrammes.
Filles ou femmes de 14 ou 15 ans	8	»
Filles ou femmes de 16 ou 17 ans	10	»
Filles ou femmes de 18 ans et au-dessus	25	»

2° *Transport par wagonnets circulant sur voie ferrée.*

Garçons ou hommes au-dessous de 14 ans . .	300	kilogr.	(véhicule compris).
Garçons ou hommes de 14, 15, 16 ou 17 ans. .	500	»	»
Filles ou femmes au-dessous de 16 ans. . . .	150	»	»
Filles ou femmes de 16 ou 17 ans.	300	»	»
Filles ou femmes de 18 ans et au-dessus. . .	600	»	»

3° *Transport sur brouettes.*

Garçons ou hommes de 14, 15, 16 ou 17 ans . .	40	kilogr.	(véhicule compris).
Filles ou femmes de 18 ans et au-dessus . . .	40	»	»

4° *Transport sur véhicules à 3 et 4 roues, dits « placières, pousseuses, pousse-à-main », etc.*

Garçons ou hommes au-dessous de 14 ans . .	35	kilogr.	(véhicule compris).
Garçons ou hommes de 14, 15, 16 ou 17 ans. .	60	»	»
Filles ou femmes au-dessous de 16 ans. . . .	35	»	»
Filles ou femmes de 16 ans et au-dessus. . .	60	»	»

5° *Transport sur charrettes à bras à 2 roues, dites « haquets, brancards, charretons, voitures à bras », etc.*

Garçons ou hommes de 14, 15, 16 ou 17 ans. . 130 kilogr. (véhicule compris).
Filles ou femmes de 18 ans et au-dessus. . . 130 » »

6° *Transport sur tricycles porteurs à pédales.*

Garçons ou hommes de 14 ou 15 ans. . . . . 50 kilogr. (véhicule compris).
Garçons ou hommes de 16 ou 17 ans. . . . . 75 » »

Les modes de transport énoncés sous les nos 3 et 5 sont interdits aux garçons de moins de quatorze ans ainsi qu'aux filles ou femmes de moins de dix-huit ans.

Le transport sur tricycles porteur à pédales est interdit aux garçons de moins de quatorze ans et aux femmes de tout âge.

Le transport sur cabrouets est interdit aux garçons ou hommes de moins de dix-huit ans et aux femmes de tout âge.

Il est interdit de faire porter, pousser ou traîner une charge quelconque par des femmes, dans les trois semaines qui suivent leurs couches. L'interdiction ne s'applique que lorsque l'intéressée a fait connaître au chef de l'établissement la date de ses couches.

2. Sont abrogées les dispositions de l'article 11 du décret du 13 mai 1893, modifié par les décrets des 21 juin 1897, 20 avril 1899, 3 mai 1900, 22 novembre 1905 et 7 mars 1908.

Décret du 1er février 1910,

Portant addition à la nomenclature des industries admises au bénéfice des dispositions prévues à l'article 5 du décret du 15 juillet 1893 modifié, en ce qui concerne la durée du travail des enfants de moins de dix-huit ans et des femmes de tout âge. — V. *suprà*, Décr. 15 juillet 1893, art. 5.

Décret du 7 février 1910,

Portant addition à la nomenclature des industries admises au bénéfice des dispositions prévues à l'article 5 du décret du 15 juillet 1893 modifié, en ce qui concerne la durée du travail des enfants de moins de dix-huit ans et des femmes de tout âge. — V. *suprà*, Décr. 15 juillet 1893, art. 5.

Décret du 17 février 1910,

Modifiant le décret du 15 juillet 1893 en ce qui concerne le travail des femmes et des filles âgées de plus de dix-huit ans dans l'industrie (ateliers de couture et de modes). — V. *suprà*, Décr. 15 juill. 1893, art. 1er et 6.

Décret du 7 mars 1910,

Portant modification aux tableaux B *et* C *annexés au décret du* 13 *mai* 1893 *sur les travaux dangereux pour les enfants et les femmes.* — V. *suprà*, Décr. 13 mai 1893 (tableaux B et C).

Décret du 12 mai 1910,

Portant addition à la nomenclature des industries énumérées à l'article 5 *du décret du* 15 *juillet* 1893. — V. *suprà*, Décr. 15 juillet 1893, art. 5.

Décret du 23 novembre 1910,

Complétant la nomenclature des industries énumérées au décret du 15 juillet 1893 modifié, sur la réglementation de travail des filles et des femmes. — V. suprà, Décr. 15 juill. 1893, art. 5.

Décret du 6 février 1911,

Modifiant le décret du 3 mai 1907, réglant l'avancement et la discipline du corps de l'inspection du travail. — V. suprà, Décr. 3 mai 1907, art. 7 et 8.

Décret du 6 août 1911,

Modifiant le décret du 17 mai 1905, relatif à l'organisation du corps des inspecteurs du travail. — V. suprà, Décr. 17 mai 1905, art. 1er, 2 et 7.

Décret du 8 octobre 1911,

Relatif au travail des enfants dans les verreries.

Art. 1er. Les paragraphes 1 et 2 de l'article 7 du décret du 13 mai 1893, modifié par les décrets des 21 juin 1897, 20 avril 1899, 3 mai 1900, 22 novembre 1905, 7 mars, 10 septembre et 15 décembre 1908 et 7 mars 1910, sont abrogés et remplacés par les dispositions suivantes :

« Les enfants ne peuvent être employés à cueillir le verre avant l'âge de quinze ans dans les fabriques de bouteilles et de verre à vitre, ni avant l'âge de quatorze ans dans les autres verreries ;

« Les enfants ne peuvent être employés à souffler le verre avant l'âge de seize ans dans les fabriques de bouteilles et de verre à vitres, ni avant l'âge de quatorze ans dans les autres verreries ;

« Le poids du verre mis en œuvre par les enfants de quatorze à seize ans ne peut dépasser 1 000 grammes ;

« Dans les verreries où s'effectue la fabrication des bouteilles par procédés mécaniques, les enfants ne peuvent ni cueillir le verre pour alimenter les machines, ni faire fonctionner celles-ci avant l'âge de seize ans ;

« Les enfants ne peuvent être employés à l'étirage du verre sous forme de tubes ou baguettes avant l'âge de quinze ans. Toutefois, et sauf dans les fabriques de perles vénitiennes, les enfants peuvent être employés à l'étirage du verre à partir de quatorze ans, sous la condition que la charge portée par l'enfant n'excède pas 5 kilogrammes, canne comprise ;

« Les enfants jusqu'à dix-huit ans doivent être mis à même de se protéger la face contre le rayonnement des ouvreaux pendant l'opération du cueillage ou celle du réchauffage des pièces ; à cet effet, les industriels sont tenus de mettre à leur disposition des appareils protecteurs appropriés, d'en prescrire l'emploi et d'en assurer l'entretien. »

2. La nomenclature des tableaux A, B et C annexés au décret du 13 mai 1893, est modifiée conformément aux tableaux annexés au présent décret.

3. Les dispositions du présent décret entreront en vigueur un an après sa publication.

Décret du 20 novembre 1911,

Modifiant le décret du 3 mai 1907 réglant l'avancement et la discipline du corps de l'inspection du travail.

Art. 1er. Le nombre des inspecteurs départementaux du travail choisis par leurs collègues pour faire partie, dans les conditions énoncées à l'article 3 du décret du 3 mai 1907, modifié par les décrets des 11 mars 1909 et 6 février 1911, de la commission de classement du personnel de l'inspection du travail, est porté de un à trois.

Loi du 22 décembre 1911,

Relative à la mise en vigueur de la convention internationale de Berne sur le travail de nuit des femmes employées dans l'industrie (D. P. 1912 4e partie). — V. *suprà*, L. 2 nov. 1892, art. 4.

Décret du 27 décembre 1911,

Modifiant le décret du 15 *juillet* 1893 *sur les tolérances et exceptions prévues par la loi du* 2 *novembre* 1892 *sur le travail des femmes et des enfants.*

Art. 1er. Les articles 1, 3, 4 et 6, paragraphe 1er du décret susvisé du 15 juillet 1893 sont remplacés par les dispositions suivantes : — V. *suprà*, Décr. 15 juill. 1893, art. 1er, 3, 4, 6, § 1er.

2. L'article 2 du décret susvisé du 15 juillet 1893 est abrogé.

Loi du 27 février 1912,

Portant fixation du budget général des dépenses et des recettes de l'exercice 1912 (D. P. 1912. 4. 20).

. . . .

Art. 64. Entreront en compte, pour la retraite des inspecteurs du travail en fonction lors de la promulgation de la presente loi, les services accomplis par eux, après l'âge de vingt et un ans, comme inspecteurs départementaux, en exécution de la loi du 19 mai 1874.

Toutefois, il ne sera fait état de ces services qu'autant qu'il auront accompli vingt ans de services à l'État et que, dans lans le délai de deux ans, les intéressés auront versé rétroactivement au Trésor les retenues légales qu'ils auraient subies sous le régime de la loi du 9 juin 1853.

Décret du 4 mai 1912,

Modifiant la répartition en classe des inspecteurs divisionnaires et départementaux du travail. — V. *suprà*, Décr. 17 mai 1905, art. 5 et 6.

Décret du 13 juillet 1912,

Réglant l'avancement et la discipline dans le corps de l'inspection du travail.

Art. 1er. L'article 3 du décret du 3 mai 1907, modifié par les décrets des 11 mars 1909, 6 février et 20 novembre 1911, est modifié comme suit : — V. *suprà*, Décr. 3 mai 1907, art. 1er.

2. Les deux premiers paragraphes de l'article 8 sont modifiés comme suit : — V. *suprà*, Décr. 3 mai 1907, art. 8.

3. La commission d'avancement et le conseil de discipline pour l'année 1912 seront réorganisés conformément aux dispositions du présent décret.

Toutefois, il ne sera pas procédé à de nouvelles élections pour la désignation des délégués du personnel; les inspecteurs divisionnaires et départementaux précédemment élus par leurs collègues comme membres titulaires ou suppléants de la commission de classement et du conseil de discipline pour l'année 1912 resteront en fonctions.

Décret du 9 août 1912,

Relatif à l'avis à donner à l'inspection du travail en cas de travail de nuit des enfants et des femmes à la suite d'une interruption accidentelle ou de force majeure. — V. *suprà*, Décr. 15 juill. 1893, art. 7.

Décret du 9 août 1912,

Autorisant l'allocation d'avances aux inspecteurs du travail pour leurs frais de tournée payables sur état.

Art. 1er. Des avances peuvent être faites aux inspecteurs du travail pour les frais de tournée payables sur état.

Le total de ces avances pour chaque inspecteur ne peut être supérieur au sixième du maximum annuel fixé pour les frais de tournée payables sur état.

Les inspecteurs justifient de l'emploi des fonds ainsi avancés par la production des états de frais de tournée prévus par l'article 8 du décret du 17 mai 1905, modifié par les décrets des 11 juillet 1906, 19 mars 1908, 3 avril 1909 et 14 août 1911, relatif à l'organisation du corps des inspecteurs du travail.

Le délai pour la production de ces justifications est fixé à deux mois.

B. — Travail des adultes.

Décret-loi du 9 septembre 1848,

Relatif aux heures de travail dans les manufactures et usines
(D. P. 48. 4. 164).

Art. 1er. La journée de l'ouvrier dans les manufactures et usines ne pourra pas excéder douze heures de travail effectif.

(*L. 30 mars* 1900.) « Toutefois, dans les établissements énumérés dans l'article 1er de la loi du 2 novembre 1892 qui emploient dans les mêmes locaux des hommes adultes et des personnes visées par ladite loi, la journée de ces ouvriers ne pourra excéder onze heures de travail effectif.

« Dans le cas du paragraphe précédent, au bout de deux ans à partir de la promulgation de la présente loi, la journée sera réduite à dix heures et demie et, au bout d'une nouvelle période de deux ans, à dix heures. »

2. Des règlements d'administration publique détermineront les exceptions qu'il sera nécessaire d'apporter à cette disposition générale, à raison de la nature des industries ou des causes de force majeure.

3. Il n'est porté aucune atteinte aux usages et aux conventions qui, antérieurement au 2 mars, fixaient pour certaines industries la journée de travail à un nombre d'heures inférieur à douze.

4. Tout chef de manufacture ou usine qui contreviendra au présent décret et aux règlements d'administration publique promulgués en exécution de l'article 2, sera puni d'une amende de 5 francs à 100 francs.

Les contraventions donneront lieu à autant d'amendes qu'il y aura d'ouvriers indûment employés, sans que ces amendes réunies puissent s'élever au-dessus de 1 000 francs.

Le présent article ne s'applique pas aux usages locaux et conventions indiquées dans la présente loi.

5. L'article 463 du Code pénal pourra toujours être appliqué.

6. Le décret du 2 mars, en ce qui concerne la limitation des heures du travail, est abrogé.

Loi du 12 juillet 1880,

Qui abroge celle du 18 novembre 1814, sur le repos du dimanche et des fêtes religieuses (D. P. 80. 4. 92).

Art. 1er. La loi du 18 novembre 1814, sur le repos du dimanche et des fêtes religieuses, est abrogée.

2. Sont également abrogées toutes les lois et ordonnances rendues antérieurement sur la même matière.

Il n'est, toutefois, porté aucune atteinte à l'article 57 de la loi organique du 18 germinal an X.

Décret du 28 mars 1902,

Portant règlement d'administration publique sur la durée du travail effectif journalier des ouvriers adultes.

Art. 1er. La durée du travail effectif journalier des ouvriers adultes peut, pour les travaux désignés au tableau suivant et conformément à ses indications, être élevée au-dessus des limites respectivement fixées par l'article 1er de la loi du 9 septembre 1848, en ce qui concerne les établissements ou parties d'établissements industriels n'employant dans les mêmes locaux que des hommes adultes, et par l'article 2 de la loi du 30 mars 1900, en ce qui concerne les établissements ou parties d'établissements industriels employant dans les mêmes locaux des hommes adultes et des enfants, des filles mineures ou des femmes :

DÉSIGNATION DES TRAVAUX.	LIMITE D'AUGMENTATION de durée du travail effectif journalier.
1° Travail des ouvriers spécialement employés dans une industrie quelconque à la conduite des fours, fourneaux, étuves, sécheries ou chaudières autres que les générateurs pour machines motrices, ainsi qu'au chauffage des cuves et bacs, sous la condition que ce travail ait un caractère purement préparatoire ou complémentaire, et ne constitue pas le travail fondamental de l'établissement. Travail des mécaniciens et des chauffeurs employés au service des machines motrices.	Une heure et demie au delà de la limite assignée au travail général de l'établissement; deux heures le lendemain de tout jour de chômage.
2° Travail des ouvriers employés, après arrêt de la production, à l'entretien et au nettoyage des métiers ou autres machines productrices que la connexité des travaux ne permettrait pas de mettre isolément au repos pendant la marche générale de l'établissement.	Une demi-heure au delà de la limite assignée au travail général de l'établissement.
3° Travail d'un chef d'équipe ou d'un ouvrier spécialiste dont la présence est indispensable à la marche d'un atelier ou au fonctionnement d'une équipe, dans le cas d'absence inattendue de son remplaçant et en attendant l'arrivée d'un autre remplaçant.	Deux heures au delà de la limite assignée au travail général de l'établissement.
4° Travail des ouvriers spécialement employés soit au service des fours, soit à d'autres opérations, quand le service ou les opérations doivent rester continus pendant plus d'une semaine.	Faculté illimitée pendant un jour pour permettre l'alternance des équipes, cette alternance ne pouvant avoir lieu qu'à une semaine d'intervalle au moins.

DÉSIGNATION DES TRAVAUX	LIMITE D'AUGMENTATION de durée du travail effectif journalier.
5° Travail des ouvriers spécialement employés soit à des opérations de grosse métallurgie (fonte, forgeage, laminage des métaux en grosses pièces et opérations connexes), soit à d'autres opérations reposant sur des réactions qui, techniquement, ne peuvent être arrêtées à volonté, lorsque les unes et les autres n'ont pu être terminées dans les délais réglementaires par suite de circonstances exceptionnelles.	Deux heures, exceptionnellement pour la grosse métallurgie, six heures la veille de tout jour de chômage.
6° Travaux urgents dont l'exécution immédiate est nécessaire pour prévenir des accidents imminents, organiser des mesures de sauvetage, ou réparer des accidents survenus soit au matériel, aux installations ou aux bâtiments de l'établissement.	Faculté illimitée pendant un jour au choix de l'industriel; les autres jours, deux heures au delà de la limite fixée par l'article 1er, § 1er, de la loi du 9 septembre 1848.
7° Travaux exécutés dans l'intérêt de la sûreté et de la défense nationales, sur un ordre du Gouvernement constatant la nécessité de la dérogation.	Limite à fixer, dans chaque cas, de concert entre le ministre du commerce et de l'industrie et le ministre qui ordonne les travaux.
8° Travail du personnel des imprimeries typographiques, lithographiques et en taille-douce.	Une heure au delà de la limite fixée par l'article 1er, § 1er, de la loi du 9 septembre 1848. Maximum annuel : pour les imprimeries typographiques et lithographiques, 50 heures; pour les imprimeries en taille-douce, 100 heures (*Décr. 30 avr. 1909*).
9° Travail des ouvriers spécialement employés à la mouture des grains dans les moulins exclusivement actionnés par l'eau ou par le vent.	Deux heures au delà de la limite fixée par l'article 1er, § 1er, de la loi du 9 septembre 1848.

2. Les facultés d'augmentation de la durée du travail journalier accordées pour les enfants, les filles mineures et les femmes, en vertu de la loi du 2 novembre 1892, s'appliquent de plein droit aux ouvriers adultes employés dans les mêmes locaux.

3. Tout chef d'établissement qui veut user des facultés prévues aux articles précédents est tenu de faire connaître préalablement à l'inspecteur du travail la nature de la dérogation, le nombre d'ouvriers pour lesquels la durée du travail journalier sera augmentée, les heures de travail et de repos de ces ouvriers, celles de l'ensemble du personnel de l'établissement et les jours auxquels s'applique l'augmentation. Copie de cet avis sera affichée dans l'établissement.

Si cette augmentation est motivée, soit par les circonstances exceptionnelles prévues au paragraphe 5 du tableau annexé à l'article 1er, soit par les travaux urgents prévus au paragraphe 6 du même tableau, l'avis doit être envoyé par exprès ou par télégramme à l'inspecteur du travail. Si la faculté réclamée ne lui paraît pas justifiée, celui-ci en avisera l'industriel.

4. Les décrets des 17 mai 1851, 31 janvier 1866, 3 avril 1889 et 10 décembre 1899 sont abrogés.

Sur l'application du décret du 28 mars 1902 par les inspecteurs du travail, V. la circulaire du ministre du commerce, de l'industrie, des postes et des télégraphes du 21 septembre 1902 (*Journ. off. du* 29 *sept.* 1902).

V. *le décret du* 26 *février* 1897 *relatif à la situation du personnel civil d'exploitation des établissements militaires, modifié dans son article* 18 *par le décret du* 7 *août* 1908 (*Journ. off. du* 12 *août*) *qui fixe à huit heures et demie la durée de la journée de travail effectif dans les ateliers; les arrêtés des* 4 *novembre* 1899 (*modifié par les arrêtés du* 20 *mai* 1902, *Journ. off. du* 6 *juin* 1902, *et du* 9 *mai* 1906, *Journ. off. du* 10 *mai* 1906) *et* 23 *novembre* 1899, *concernant la réglementation de la durée du travail des agents de chemins de fer* (*Journ. off. du* 25 *nov.* 1899); *et la circulaire du* 24 *novembre* 1899, *contenant des instructions pour l'application des arrêtés ci-dessus énoncés* (*Journ. off. du* 25 *nov.* 1899).

V. encore *l'arrêté ministériel du* 10 *octobre* 1901, *réglementant la durée du travail effectif des agents chargés de la surveillance, de l'entretien et du remaniement des voies sur les réseaux des chemins de fer de l'État, de l'Est, du Midi, du Nord, de l'Ouest, de Paris à Lyon et à la Méditerranée, de Paris à Orléans et du Syndicat des chemins de fer de la Ceinture de Paris* (*Journ. off. du* 19 *oct.* 1901); *la circulaire du* 7 *janv.* 1903, *relative à l'application de la journée de huit heures dans les ateliers de la marine* (*Journ. off. du* 8 *janv.* 1903).

Loi du 29 juin 1905,

Relative à la durée du travail dans les mines (**D. P.** 1906. 4. 114).

Art. 1er. Six mois après la promulgation de la présente loi, la journée des ouvriers employés à l'abatage, dans les travaux souterrains des mines de combustibles, ne pourra excéder une durée de neuf heures, calculée depuis l'entrée dans le puits des derniers ouvriers descendant jusqu'à l'arrivée au jour des premiers ouvriers remontant; pour les mines où l'entrée a lieu par galeries, cette durée sera calculée depuis l'arrivée au fond de la galerie d'accès jusqu'au retour au même point.

Au bout de deux ans à partir de la date précitée, la durée de cette journée sera réduite à huit heures et demie, et au bout d'une nouvelle période de deux années à huit heures.

Il n'est porté aucune atteinte aux conventions et aux usages équivalant à des conventions qui, dans certaines exploitations, ont fixé pour la journée normale une durée inférieure à celle fixée par les paragraphes précédents.

2. En cas de repos prévus par le règlement de la mine et pris soit au fond, soit au jour, la durée stipulée à l'article précédent sera augmentée de la durée de ces repos.

3. Des dérogations aux prescriptions de l'article 1er pourront être autorisées par le ministre des travaux publics, après avis du conseil général des mines, dans les mines où l'application de ces prescriptions serait de nature à compromettre, pour des motifs techniques ou économiques, le maintien de l'exploitation. Le retrait de ces dérogations aura lieu dans la même forme.

4. Des dérogations temporaires, dont la durée ne devra pas excéder deux mois, mais qui seront renouvelables, pourront être accordées par l'ingénieur en chef de l'arrondissement minéralogique, soit à la suite d'accidents, soit pour des motifs de sécurité, soit pour des nécessités occasionnelles, soit, enfin, lorsqu'il y a accord entre les ouvriers et l'exploitant pour le maintien de certains usages locaux. Les délégués à la sécurité des ouvriers mineurs seront entendus, quand ces dérogations seront demandées à la suite d'accidents ou par des motifs de sécurité.

L'exploitant pourra, sous sa responsabilité, en cas de danger imminent, prolonger la journée de travail en attendant l'autorisation qu'il sera tenu de demander immédiatement à l'ingénieur en chef.

5. Les infractions à la présente loi seront constatées par procès-verbaux des ingénieurs et des contrôleurs du service des mines qui feront foi jusqu'à preuve contraire.

Ces procès-verbaux seront dressés en triple exemplaire : le premier sera envoyé au préfet du département, le second sera déposé au parquet et le troisième sera remis au contrevenant.

6. Les exploitants, directeurs, gérants ou préposés qui n'auront pas mis à la disposition des ouvriers les moyens de sortir de la mine dans les délais prévus par la présente loi, seront poursuivis devant le tribunal de simple police et punis d'une amende de cinq à quinze francs (5 à 15 fr.). L'amende sera appliquée autant de fois qu'il y aura de personnes employées dans les conditions contraires à la présente loi, sans toutefois que le chiffre total des amendes puisse excéder cinq cents francs (500 fr.).

Les chefs d'industrie seront civilement responsables des condamnations prononcées contre leurs directeurs, gérants ou préposés.

7. En cas de récidive, les contrevenants seront poursuivis devant le tribunal correctionnel et punis d'une amende de seize à cent francs (16 à 100 fr.) pour chaque personne employée dans les conditions contraires à la présente loi, sans toutefois que le chiffre total des amendes puisse excéder deux mille francs (2000 fr.).

Il y aura récidive lorsque, dans les douze mois antérieurs aux faits poursuivis, les contrevenants auront déjà subi une condamnation pour contravention identique.

8. L'article 463 du Code pénal sera applicable aux condamnations prononcées en vertu de la présente loi.

Loi du 13 juillet 1906,

Établissant le repos hebdomadaire en faveur des employés et ouvriers
(D. P. 1906. 4. 105).

Art. 1er. Il est interdit d'occuper plus de six jours par semaine un même employé ou ouvrier dans un établissement industriel ou commercial ou dans ses dépendances, de quelque nature qu'il soit, public ou privé, laïque ou religieux, même s'il a un caractère d'enseignement professionnel ou de bienfaisance. (V. *infrà*, *L.* 13 *juill.* 1911, *art.* 95.)

Le repos hebdomadaire devra avoir une durée minima de vingt-quatre heures consécutives.

2. Le repos hebdomadaire doit être donné le dimanche.

Toutefois, lorsqu'il est établi que le repos simultané, le dimanche, de tout le personnel d'un établissement serait préjudiciable au public ou compromettrait le fonctionnement normal de cet établissement, le repos peut être donné, soit constamment, soit à certaines époques de l'année seulement, ou bien :

a) Un autre jour que le dimanche à tout le personnel de l'établissement ;

b) Du dimanche midi au lundi midi ;

c) Le dimanche après midi avec un repos compensateur d'une journée par roulement et par quinzaine ;

d) Par roulement à tout ou partie du personnel.

Des autorisations nécessaires devront être demandées et obtenues, conformément aux prescriptions des articles 8 et 9 de la présente loi.

3. Sont admis de droit à donner le repos hebdomadaire par roulement, les établissements appartenant aux catégories suivantes :

1° Fabrication de produits alimentaires destinés à la consommation immédiate;

2° Hôtels, restaurants et débits de boissons;

3° Débits de tabac et magasins de fleurs naturelles;

4° Hôpitaux, hospices, asiles, maisons de retraite et d'aliénés, dispensaires, maisons de santé, pharmacies, drogueries, magasins d'appareils médicaux et chirurgicaux ;

5° Établissements de bains ;

6° Entreprises de journaux, d'informations et de spectacles, musées et expositions ;

7° Entreprises de location de livres, de chaises, de moyens de locomotion ;

8° Entreprises d'éclairage et de distribution d'eau ou de force motrice ;

9° Entreprises de transport par terre autres que les chemins de fer, travaux de chargement et de déchargement dans les ports, débarcadères et stations ;

10° Industries où sont mises en œuvre des matières susceptibles d'altération très rapide ;

11° Industries dans lesquelles toute interruption de travail entraînerait la perte ou la dépréciation du produit en cours de fabrication.

Un règlement d'administration publique énumérera la nomenclature des industries comprises dans les catégories figurant sous les numéros 10 et 11, ainsi que les autres catégories d'établissements qui pourront bénéficier du droit de donner le repos hebdomadaire par roulement. (V. *infrà, Décr.* 14 *août* 1907.)

Un autre règlement d'administration publique déterminera également des dérogations particulières au repos des spécialistes occupés dans les usines à feu continu, telles que hauts fourneaux. (V. *infrà, Décr.* 31 *août* 1910.)

4. En cas de travaux urgents, dont l'exécution immédiate est nécessaire pour organiser des mesures de sauvetage, pour prévenir des accidents imminents ou réparer des accidents survenus au matériel, aux installations ou aux bâtiments de l'établissement, le repos hebdomadaire pourra être suspendu pour le personnel nécessaire à l'exécution des travaux urgents. Cette faculté de suspension s'applique non seulement aux ouvriers de l'entreprise où les travaux urgents sont nécessaires, mais aussi à ceux d'une autre entreprise faisant les réparations pour le compte de la première. Dans cette seconde entreprise, chaque ouvrier devra jouir d'un repos compensateur d'une durée égale au repos supprimé.

5. Dans tout établissement qui aura le repos hebdomadaire au même jour pour tout le personnel, le repos hebdomadaire pourra être réduit à une demi-journée pour les personnes employées à la conduite des générateurs et des machines motrices, au graissage et à la visite des transmissions, au nettoyage des locaux industriels, magasins ou bureaux, ainsi que pour les gardiens et concierges.

Dans les établissements de vente de denrées alimentaires au détail, le repos pourra être donné le dimanche après-midi, avec un repos compensateur, par roulement et par semaine, d'une autre après-midi pour les employés âgés de moins de vingt et un ans et logés chez leurs patrons, et, par roulement et par quinzaine, d'une journée entière pour les autres employés.

Dans les établissements occupant moins de cinq ouvriers ou employés et admis à donner le repos par roulement, le repos d'une journée par semaine pourra être remplacé par deux repos d'une demi-journée, représentant ensemble la durée d'une journée complète de travail.

Dans tout établissement où s'exerce un commerce de détail et dans lequel le repos hebdomadaire aura lieu le dimanche, ce repos pourra être supprimé lorsqu'il coïncidera avec un jour de fête locale ou de quartier désigné par un arrêté municipal.

6. Dans toutes les catégories d'entreprises où les intempéries déterminent des chômages, les repos forcés viendront, au cours de chaque mois, en déduction des jours de repos hebdomadaire.

Les industries de plein air, celles qui ne travaillent qu'à certaines époques de l'année, pourront suspendre le repos hebdomadaire quinze fois par an.

Celles qui emploient des matières périssables, celles qui ont à répondre, à certains moments, à un surcroît extraordinaire de travail, et qui ont fixé le repos hebdomadaire au même jour pour tout le personnel, pourront également suspendre le repos hebdomadaire quinze fois par an. Mais pour ces deux dernières catégories d'industrie, l'employé ou l'ouvrier devra jouir au moins de deux jours de repos par mois. — V. *infrà, Décr.* 16 *mars* 1908.

7. Dans les établissements soumis au contrôle de l'État, ainsi que dans ceux où sont exécutés les travaux pour le compte de l'État et dans l'intérêt de la défense nationale, les ministres intéressés pourront suspendre le repos hebdomadaire quinze fois par an.

8. Lorsqu'un établissement quelconque voudra bénéficier de l'une des exceptions prévues au paragraphe 2 de l'article 2, il sera tenu d'adresser une demande au préfet du département.

Celui-ci devra demander d'urgence les avis du conseil municipal, de la chambre de commerce de la région et des syndicats patronaux et ouvriers intéressés de la commune. Ces avis devront être donnés dans le délai d'un mois.

Le préfet statuera ensuite par un arrêté motivé qu'il notifiera dans la huitaine.

L'autorisation accordée à un établissement devra être étendue aux établissements de la même ville faisant le même genre d'affaires et s'adressant à la même clientèle.

9. L'arrêté préfectoral pourra être déféré au conseil d'État, dans la quinzaine de sa notification aux intéressés.

Le conseil d'État statuera dans le mois qui suivra la date du recours, qui sera suspensif.

10. Des règlements d'administration publique organiseront le contrôle des jours de repos pour tous les établissements, que le repos hebdomadaire soit collectif ou qu'il soit organisé par roulement.

Ils détermineront également les conditions du préavis qui devra être adressé à l'inspecteur du travail par le chef de tout établissement qui bénéficiera des dérogations.

11. Les inspecteurs et inspectrices du travail sont chargés, concurremment avec tous officiers de police judiciaire, de constater les infractions à la présente loi.

Dans les établissements soumis au contrôle du ministre des travaux publics, l'exécution de la loi est assurée par les fonctionnaires chargés de ce contrôle, placés à cet effet sous l'autorité du ministre *du commerce et de l'industrie* [du travail et de la prévoyance sociale]. Les délégués mineurs signalent les infractions sur leur rapport.

12. Les contraventions sont constatées dans des procès-verbaux qui font foi jusqu'à preuve contraire.

Ces procès-verbaux sont dressés en double exemplaire, dont l'un est envoyé au préfet du département et l'autre déposé au parquet.

13. Les chefs d'entreprises, directeurs ou gérants qui auront contrevenu aux prescriptions de la présente loi et des règlements d'administration publique relatifs à son exécution, seront poursuivis devant le tribunal de simple police et passibles d'une amende de cinq à quinze francs (5 à 15 fr.).

L'amende sera appliquée autant de fois qu'il y aura de personnes occupées dans des conditions contraires à la présente loi, sans toutefois que le maximum puisse dépasser cinq cents francs (500 fr.).

14. Les chefs d'entreprises seront civilement responsables des condamnations prononcées contre leurs directeurs ou gérants.

15. En cas de récidive, le contrevenant sera poursuivi devant le tribunal correctionnel et puni d'une amende de seize à cent francs (16 à 100 fr.).

Il y a récidive lorsque dans les douze mois antérieurs au fait poursuivi le contrevenant a déjà subi une condamnation pour une contravention identique.

En cas de pluralité de contraventions entraînant ces peines de la récidive, amende sera appliquée autant de fois qu'il aura été relevé de nouvelles contraventions, sans toutefois que le maximum puisse dépasser trois mille francs (3000 fr.).

16. Est puni d'une amende de cent à cinq cents francs (100 à 500 fr.) quiconque aura mis obstacle à l'accomplissement du service d'un inspecteur.

En cas de récidive dans les délais spécifiés à l'article précédent, l'amende era portée de cinq cents à mille francs (500 à 1000 fr.).

L'article 463 du Code pénal est applicable aux condamnations prononcées en ertu de cet article et des articles 13, 14 et 15.

17. Les dispositions de la présente loi ne sont pas applicables aux employés ouvriers des entreprises de transport par eau, non plus qu'à ceux des cheins de fer, dont les repos sont réglés par des dispositions spéciales.

18. Sont abrogées les dispositions des articles 5 et 7 de la loi du 2 novembre 1892 n ce qui touche le repos hebdomadaire.

Les dérogations prévues à l'article 4 et au premier paragraphe de l'article 5 de présente loi ne sont pas applicables aux enfants de moins de dix-huit ans et ux filles mineures.

Les dérogations prévues au paragraphe 3 de l'article 5 ne sont pas applicables ux personnes protégées par la loi du 2 novembre 1892.

Un règlement d'administration publique établira la nomenclature des indusies particulières qui devront être comprises dans les catégories générales énoncées à l'article 6 de la présente loi en ce qui concerne les femmes et les enfants. - V. *infrà, Décr.* 16 *mars* 1908.

V. *la discussion de cette loi à la Chambre des députés et au Sénat*, **D. P.** 1906. 4. 05.

Décret du 24 août 1906,

Organisant le contrôle de l'application de la loi du 13 *juillet* 1906 *sur le repos hebdomadaire.*

Art. 1er. (*Décr.* 13 *juillet* 1907.) Dans les établissements spécifiés à l'article 1er le la loi du 13 juillet 1906 qui ne donnent pas à tout le personnel sans excepion le repos de la journée entière du dimanche, les chefs d'entreprise, direceurs ou gérants sont soumis aux obligations ci-après :

1° Lorsque le repos est donné collectivement à la totalité ou à une partie du ersonnel soit un autre jour que le dimanche, soit du dimanche midi au lundi nidi, soit le dimanche après-midi sous réserve du repos compensateur, soit uivant tout autre mode exceptionnel permis par la loi, des affiches doivent ndiquer les jours et heures du repos collectif ainsi donné.

2° Lorsque le repos n'est pas donné collectivement à tout le personnel, soit endant la journée entière du dimanche, soit sous l'une des autres formes prévues par la loi, un registre spécial doit mentionner les noms des employés t ouvriers soumis à un régime particulier de repos et indiquer ce régime. n ce qui concerne chacune de ces personnes, le registre doit faire connaître le our et éventuellement les fractions de journées choisies pour le repos.

L'inscription sur ce registre des employés ou des ouvriers récemment embauchés devient obligatoire après un délai de six jours. Jusqu'à l'expiration de ce élai, et à défaut d'inscription sur le registre, il ne peut être réclamé par les gents chargés du contrôle qu'un cahier régulièrement tenu portant l'indication lu nom et la date d'embauchage de l'ouvrier ou employé.

2. (*Décr.* 13 *juillet* 1907.) L'affiche doit être facilement accessible et lisible.

Un duplicata en est envoyé avant sa mise en service à l'inspecteur du travail de la circonscription.

Le registre est tenu constamment à jour; la mention des journées de repos, dont bénéficie un employé ou un ouvrier, peut toujours être modifiée; il suffit que la modification de service soit portée au registre avant de recevoir exécution; toutefois, la modification ainsi faite ne peut en aucun cas priver le remplaçant du repos auquel il a droit.

Le registre reste à la disposition des agents chargés du contrôle et doit être communiqué aux employés et ouvriers qui en font la demande. Il est visé par les agents chargés du contrôle au cours de leurs visites.

3. Tout chef d'entreprise, directeur ou gérant, qui veut suspendre le repos hebdomadaire, en vertu soit de l'article 4, soit des paragraphes 2 et 3 de l'article 6 de la loi, doit en aviser immédiatement, et, sauf le cas de force majeure, avant le commencement du travail, l'inspecteur de la circonscription.

Il doit faire connaître à ce fonctionnaire les circonstances qui justifient la suspension du repos hebdomadaire, indiquer la date et la durée de cette suspension, et spécifier le nombre d'employés et d'ouvriers auxquels elle s'applique.

En outre, dans le cas prévu par l'article 4, lorsque des travaux urgents sont exécutés par une entreprise distincte, l'avis du chef, du directeur ou du gérant de cette entreprise mentionne la date du jour de repos compensateur assuré au personnel.

Pour les industries déterminées au paragraphe 3 de l'article 6, l'avis indique les deux jours de repos mensuel réservés aux employés et ouvriers.

4. Dans les établissements spécifiés au paragraphe 1er de l'article 6 de la loi, le chef d'entreprise, directeur ou gérant, doit, en cas de repos imposé par les intempéries, en prévenir, le jour même, l'inspecteur du travail et lui indiquer le nombre des personnes qui ont chômé. Il fait connaître, la veille au plus tard, à l'inspecteur, les jours où le repos hebdomadaire sera supprimé en compensation du chômage.

5. Dans les cas prévus par les articles 3 et 4 ci-dessus, copie de l'avis doit être affichée dans l'établissement pendant toute la durée de la dérogation.

Loi du 17 avril 1907,

Concernant la sécurité de la navigation maritime et la réglementation du travail à bord des navires de commerce (D. P. 1907. 4. 153).

. . . .

TITRE II. — RÉGLEMENTATION DU TRAVAIL A BORD DES NAVIRES.

CHAPITRE Ier. — DES OFFICIERS.

Art. 21. Les navires visés à l'article 1er, qui ont une jauge brute d'au moins 700 tonneaux et qui naviguent au long cours, doivent avoir à bord avec le capitaine, pour le service du pont, au moins un officier en second et un lieutenant diplômés.

Les navires d'une jauge brute supérieure à 1 000 tonneaux naviguant, au cabotage international ou au grand cabotage national et accomplissant des voyages les éloignant de plus de 400 milles de tout port français de la métropole, devront avoir à bord, avec le capitaine, pour le service du pont, au moins un officier en second et un lieutenant.

Les navires naviguant au long cours qui ont moins de 700 tonneaux, mais plus de 200 tonneaux de jauge brute, doivent avoir à bord, avec le capitaine, pour le service du pont, au moins un officier en second diplômé.

Les navires d'une jauge brute inférieure à 1 000 tonneaux, mais supérieure à 200 tonneaux, naviguant au cabotage international ou au grand cabotage national et accomplissant des voyages les éloignant de plus de 400 milles de tout port français de la métropole doivent avoir à bord, avec le capitaine, pour le service du pont, au moins un officier en second.

22. A la mer et dans les rades foraines, le personnel officier du pont et celui des machines marchent par quarts; il y a deux quarts au moins pour le personnel officier du pont; il y en a trois pour le personnel des machines, dans tous les cas où le personnel des machines comprend lui-même trois quarts.

Tout mécanicien chef de quart doit être breveté.

Aucun officier du bord ne peut refuser son concours, quelle que soit la durée des heures de service qui lui sont commandées. Mais l'organisation des quarts doit être réglée de façon qu'aucun officier du pont n'ait à faire plus de douze heures de service par jour et qu'aucun officier des machines n'ait à faire plus de huit heures, dans tous les cas où le personnel des machines comprend lui-même trois quarts.

Hors les circonstances de force majeure et celles où le salut du navire, des personnes embarquées ou de la cargaison est en jeu, circonstances dont le capitaine est seul juge, toute heure de service commandée au delà des limites fixées par le paragraphe précédent donne lieu à une allocation supplémentaire proportionnelle, qui ne peut être moindre de 1 franc par heure de service accomplie en plus du service normal.

23. Dans le port ou sur une rade abritée, le personnel officier ne doit, en dehors des circonstances de force majeure, qu'un service de dix heures par jour.

Cependant, le jour de l'arrivée, ainsi que le jour du départ, les périodes cumulées de service en rade ou dans le port et de service à la mer pourront atteindre douze heures pour tout le personnel officier, sans donner lieu obligatoirement à aucune rémunération supplémentaire, à la condition toutefois que ces jours d'arrivée ou de départ ne se reproduisent pas plus de deux fois par semaine; dans le cas contraire, les dispositions des paragraphes 2 et 3 de l'article précédent sont applicables.

CHAPITRE II. — DE L'ÉQUIPAGE.

24. A la mer et sur les rades foraines, l'équipage du pont et celui des machines marchent par quarts.

Le personnel du pont comprend deux quarts au moins. L'effectif de cette catégorie de personnel doit être calculé de manière à n'exiger de chaque homme en faisant partie que douze heures de travail par jour.

25. Le personnel des machines comprend trois quarts dans la navigation au long cours, ainsi que dans la navigation au cabotage international ou au grand cabotage national, lorsque le navire accomplit des voyages l'éloignant de 400 milles de tout port français de la métropole et si sa jauge brute est supérieure à 1 000 tonneaux. Le règlement d'administration publique, prévu à l'article 54 ci-après, déterminera les autres cas dans lesquels l'équipage des machines devra être réparti en trois quarts.

Chaque quart du personnel des machines doit comprendre au moins un homme par trois fourneaux.

Le chauffeur, pendant son quart, ne doit pas être distrait du service de la chauffe, si ce n'est pour les besoins urgents de la machine.

L'armateur ou le capitaine est tenu de faire connaître aux hommes qui vont s'engager et de déclarer lors de la confection du rôle d'équipage, à la suite des conditions d'engagement, la composition de l'équipage et le nombre des fourneaux existant dans la chaufferie.

A bord des navires à vapeur où le service de la machine comprend trois quarts, la tenue en état des machines est assurée par le personnel des machines, en dehors des heures de quart et sans qu'il puisse réclamer d'allocation supplémentaire, pourvu qu'aucun homme n'y soit employé plus d'une heure sur vingt-quatre.

A bord des navires où le personnel de la machine ne comprend que deux quarts, le travail de tenue en état des machines effectué en dehors des heures de quart donne lieu à l'allocation supplémentaire prévue ci-après.

Dans tous les cas, à chaque quart, le personnel des machines, de concert avec celui du pont, assure l'enlèvement des escarbilles.

26. Aucun homme de l'équipage du pont ou des machines ne peut refuser ses services, quelle que soit la durée des heures de travail qui lui sont commandées.

Mais, hors les cas de force majeure et ceux où le salut du navire, des personnes embarquées ou de la cargaison est en jeu, cas dont le capitaine est seul juge, toute heure de travail commandée au delà des limites fixées par les articles 24 et 25 donne lieu à une allocation supplémentaire dont le montant sera réglé par les contrats et usages.

Le capitaine du navire doit faire mention dans son rapport de mer, ainsi que sur le journal du bord, des circonstances exceptionnelles visées aux paragraphes 3 de l'article 22 et 2 du présent article. Cette mention sera visée sur le journal du bord par un représentant, soit du pont, soit des machines.

27. Si le navire est dans le port ou sur une rade abritée, l'homme d'équipage n'est tenu que dans les circonstances de force majeure à travailler plus de dix heures par jour, service de veille compris, pour le personnel du pont, et plus de huit heures pour le personnel des machines.

Cependant, le jour de l'arrivée ainsi que le jour du départ, les périodes cumulées de service en rade ou dans le port et de service à la mer pourront atteindre douze heures pour le personnel du pont, sans donner lieu obligatoirement à aucune rémunération supplémentaire, à la condition toutefois que ces jours d'arrivée et de départ ne se reproduisent pas plus de deux fois par semaine; dans le cas contraire, les dispositions du paragraphe 2 de l'article précédent sont applicables.

28. Le dimanche sera, autant que possible, le jour affecté au repos hebdomadaire. Toutefois, le capitaine pourra choisir un autre jour pour tout ou partie de l'équipage.

Dans les ports et rades abritées de France et des colonies, l'équipage du navire ne doit être employé le jour du repos hebdomadaire à un travail quelconque, que si ce travail ne peut être différé.

En mer, sauf les circonstances de force majeure et celles où le salut du navire, des personnes embarquées et de la cargaison est en jeu, circonstances dont le capitaine est seul juge, l'équipage ne doit être tenu d'exécuter, le jour du repos hebdomadaire, que les travaux indispensables pour la sécurité et la conduite du navire, le service des machines, les soins de propreté quotidiens, l'approvisionnement et le service des personnes embarquées. Les soins de propreté ne pourront occuper la bordée de quart plus de deux heures le matin.

Hors les circonstances de force majeure et celles où le salut du navire, des personnes embarquées ou de la cargaison est en jeu, et sauf la nécessité de pourvoir à l'approvisionnement et au service des personnes embarquées, toute heure de travail commandée le jour du repos hebdomadaire dans le port ou sur rade donne lieu à l'allocation supplémentaire prévue à l'article 26 de la présente loi.

. . . .

CHAPITRE IV. — DE LA NOURRITURE DU PERSONNEL EMBARQUÉ SUR LES NAVIRES.

31. Il est interdit à tout propriétaire de navire de charger à forfait le capitaine ou un membre quelconque de l'état-major de ce navire de la nourriture du personnel embarqué.

Les aliments destinés à l'équipage doivent être sains, de bonne qualité, en quantité suffisante et d'une nature appropriée au voyage entrepris.

La composition de la ration distribuée devra être équivalente à celle prévue pour les marins de la flotte. Pour l'accomplissement et le contrôle de cette prescription, un tableau d'équivalences sera établi par un arrêté ministériel ; ce tableau fixera la ration maximum de boissons alcooliques qui pourra être embarquée et distribuée.

Le tableau d'équivalence ci-dessus prévu et la composition des rations distribuées seront affichés d'une manière permanente dans les postes du personnel. A chaque distribution, le personnel du pont et celui des machines pourront faire choix à tour de rôle d'un de leurs membres pour vérifier les quantités distribuées.

Les retranchements opérés par le capitaine sur les distributions donneront lieu, sauf le cas de force majeure et celui de retranchement de boisson fermentée prononcé à titre de peine dans les conditions prévues par le décret du 24 mars 1852, à une indemnité représentative du retranchement opéré.

Les circonstances de force majeure sont constatées sur procès-verbaux signés du capitaine, du médecin du bord, s'il y en a un, et des deux représentants du personnel du navire ci-dessus indiqués.

CHAPITRE V. — DISPOSITIONS SPÉCIALES.

32. Les dispositions des articles 21, 22, 23, 24, 25, 26, 27 et 28 et le paragraphe *b* de l'article 30 ne sont pas applicables aux navires armés à la pêche, quel que soit le tonnage de ces navires et quel que soit le genre de pêche qu'ils pratiquent.

Il en est de même pour les bâtiments de commerce de moins de 200 tonneaux de jauge brute et pratiquant des navigations autres que le long cours et le cabotage international.

Le règlement d'administration publique prévu à l'article 54 ci-après déterminera les conditions dans lesquelles le travail sera organisé à bord des catégories de bâtiments visés aux deux paragraphes qui précèdent.

TITRE III. — PÉNALITÉS.

CHAPITRE Ier. — PROPRIÉTAIRES ET ARMATEURS.

33. Est puni d'une amende de 100 à 1 000 francs tout armateur ou propriétaire d'un navire visé à l'article 1er, qui a fait naviguer son navire sans qu'il soit muni du permis de navigation exigé par cet article.

Est également puni d'une amende de 100 à 1 000 francs, pour chaque infraction constatée, tout armateur ou propriétaire qui ne se conforme pas aux prescriptions des articles 21 à 31 de la présente loi et à celle des règlements d'administration publique prévus aux articles 53 et 54 ci-après.

34. Est puni d'une amende de 200 à 2000 francs et d'un emprisonnement de huit jours à six mois ou de l'une de ces deux peines seulement, tout armateur ou propriétaire qui a continué à faire naviguer un navire visé à l'article 1er dont le permis de navigation a été suspendu en vertu de l'article 14 de la présente loi.

Est puni, pour chaque infraction constatée, d'une amende de 400 à 4000 francs et d'un emprisonnement de un mois à un an ou de l'une de ces deux peines seulement, tout armateur ou propriétaire qui a fait naviguer un navire visé à l'article 1er pour lequel le permis de navigation a été refusé ou retiré par application des articles 13 et 14 de la présente loi.

35. Est puni d'une amende de 100 à 1000 francs tout armateur ou propriétaire qui a fait naviguer un navire visé à l'article 1er avec un permis de navigation périmé, à moins que la déchéance du permis ne soit survenue en cours de route.

36. Dans les cas prévus aux trois articles précédents, l'armateur ou propriétaire qui commande lui-même son navire peut, indépendamment des peines dont il est passible en vertu desdits articles, être puni par le ministre de la marine du retrait temporaire ou définitif de la faculté de commander.

CHAPITRE II. — CAPITAINES ET ÉQUIPAGES.

37. Le capitaine qui a commis personnellement, ou d'accord avec l'armateur ou propriétaire du navire, les infractions prévues et réprimées par les articles 33, 34 et 35, est passible des pénalités prévues auxdits articles.

38. Les peines prononcées contre le capitaine pourront être réduites au quart de celles prononcées contre l'armateur ou propriétaire, s'il est prouvé que le capitaine a reçu un ordre écrit ou verbal de cet armateur ou propriétaire.

39. Tout membre de l'équipage qui aura provoqué une visite à bord en s'appuyant sciemment sur des allégations inexactes, sera puni de six jours à trois mois de prison; s'il n'y a pas eu mauvaise foi de sa part, la peine de l'emprisonnement pourra descendre au-dessous de six jours.

CHAPITRE III. — RÉCIDIVE, COMPÉTENCE, PRESCRIPTION.

40. Les peines d'amende et d'emprisonnement prévues aux articles 33 à 35 inclus et aux articles 37, 38 et 39 peuvent être portées au double en cas de récidive.

Il y a récidive lorsque le contrevenant a subi, dans les douze mois qui précèdent, une condamnation pour des faits réprimés par la présente loi.

41. Les infractions prévues par la présente loi sont de la compétence des tribunaux correctionnels.

42. Les dispositions de l'article 463 du Code pénal et de la loi du 26 mars 1891 sur le sursis à l'exécution de la peine, sont applicables aux infractions prévues par la présente loi.

43. Dans les cas prévus par la présente loi, l'action publique et l'action civile se prescrivent dans les conditions fixées par les articles 636 et 638 du Code d'instruction criminelle.

44. En cas de négligence ou de manquement d'une nature quelconque dans l'exercice de leurs fonctions, commis par des membres de la commission prévue à l'article 4 ou des experts dont la nomination est prévue aux articles 6 et 8 et qui ne sont ni officiers, ni fonctionnaires en activité de service, le ministre de la marine ou le ministre du commerce et de l'industrie, suivant les cas, pourra prononcer la radiation momentanée ou définitive de ces membres de la liste générale prévue au paragraphe 13 de l'article 4.

La radiation est prononcée sur l'avis de la commission supérieure instituée par l'article 19.

Les dispositions des paragraphes 1 et 2 de l'article 177 du Code pénal sont applicables aux membres de la commission et aux experts visés au paragraphe 1er du présent article. Celles des articles 179 et 180 du même Code sont applicables aux armateurs et propriétaires de navires, ainsi qu'à leurs capitaines ou autres représentants.

45. Le montant des sommes provenant des amendes prononcées en vertu de la présente loi est versé pour moitié à la caisse des invalides de la marine, pour moitié à la caisse de prévoyance des marins français.

TITRE IV. — DISPOSITIONS GÉNÉRALES.

46. Toute clause de contrat d'engagement contraire aux dispositions des articles 21 à 30 précédents et aux règlements d'administration publique qui les concerne est nulle de plein droit.

47. Dans tous les articles de la présente loi, l'expression de capitaine qui y figure doit être comprise comme concernant le capitaine, maître ou patron, ou celui qui en remplit effectivement les fonctions.

48. A partir de la promulgation de la présente loi, le permis de navigation, institué pour la navigation d'agrément par l'article 1er de la loi du 20 juillet 1897, prend le nom de permis de plaisance.

49. La présente loi est applicable à la navigation de plaisance, sauf en ce qui concerne les articles 21 à 31 (tit. II, chap. 1, 2, 3 et 4).

Un règlement d'administration publique spécial, rendu après avis du conseil supérieur de la navigation maritime, déterminera pour les navires de plaisance de plus de 25 tonneaux les conditions d'application desdits articles 21 à 31 et celles auxquelles devront satisfaire les propriétaires de ces navires pour avoir le droit d'en exercer le commandement.

50. Indépendamment des dispositions de la présente loi, les navires affectés au transport des émigrants ou à un service postal restent soumis au régime spécial auquel ils sont assujettis, soit par les lois et décrets relatifs à l'émigration, soit par les cahiers des charges concernant l'exploitation de services maritimes postaux.

51. Les membres des commissions prévues aux articles 4, 6, 8 et 19, qui ne sont ni officiers ni fonctionnaires en activité de service, recevront des rétributions sur les fonds du budget du département de la marine. Ils ne seront pas assujettis, en raison de ces fonctions, à la contribution des patentes.

52. La visite avant mise en service et les visites périodiques donneront lieu à la perception d'un droit qui sera de 5 centimes par tonneau de jauge brute, pour les navires armés au long cours, et de 3 centimes pour les navires armés au cabotage ou à la pêche. Ce droit sera dû par le propriétaire du navire visité, qui sera exempt de tous autres frais.

Les visites de partance donneront lieu, quelle que soit la nationalité du navire, à la perception d'un droit de vingt francs (20 fr.) pour les navires armés au long cours ou au cabotage international, et de dix francs (10 fr.) pour les navires armés au cabotage national. Les visites de partance faites aux navires armés à la grande pêche seront gratuites, de même que celles facultativement faites aux navires armés au bornage ou à la petite pêche.

Il ne pourra pas être perçu plus d'un droit de visite par mois pour le même navire. La présentation du dernier certificat de visite, mentionnant que le droit a été acquitté, justifiera de son payement dans tout port français.

Les visites exceptionnelles donneront lieu : à la perception d'un droit de vingt francs (20 fr.) pour les navires armés au long cours ou au cabotage international; à la perception d'un droit de dix francs (10 fr.) pour les navires se livrant aux autres navigations. Ce droit sera à la charge des armateurs, sauf dans le cas de réclamation de l'équipage reconnue non fondée; dans ce cas, l'administrateur de l'inscription maritime retiendra le montant de ce droit sur les salaires des plaignants dont la mauvaise foi aura été reconnue.

53. Un règlement d'administration publique, rendu sur la proposition du ministre de la marine et du ministre du commerce et de l'industrie, après avis du conseil supérieur de la navigation maritime, fixera :

1° Les renseignements, dessins et plans que devra contenir toute demande adressée à l'administrateur de l'inscription maritime par le propriétaire d'un navire de plus de 25 tonneaux de jauge brute, en vue d'obtenir un permis de navigation;

2° Le cube d'air des locaux affectés à l'habitation de l'équipage et des personnes embarquées et les dispositions générales propres à en assurer la salubrité, l'installation des couchettes, lavabos et autres détails afférents à ces locaux, les mesures de propreté et d'entretien qui y seront observées et les aménagements nécessaires à la bonne conservation des vivres et des boissons;

3° Les conditions que devront remplir les appareils à vapeur, qu'il s'agisse d'un navire à vapeur, ou à propulsion mécanique, ou d'un navire comportant des appareils à vapeur;

4° L'énumération des instruments nautiques et de tous les objets d'armement et de rechange qui devront être obligatoirement à bord de tout navire, ainsi que les conditions auxquelles doivent satisfaire ces différents instruments ou objets pour remplir leur destination;

5° L'énumération des installations, embarcations, appareils ou engins de sauvetage que devra posséder le navire en vue d'assurer le sauvetage collectif ou individuel, ainsi que les communications, en cas de sinistre, du navire avec la terre;

6° Le détail du matériel médical et pharmaceutique établi d'après la durée de la navigation et le chiffre du personnel embarqué;

7° Les règles générales d'après lesquelles sera calculé le tirant d'eau maximum et seront apposées les marques qui devront indiquer ce maximum sur la coque des navires, règles pour la détermination desquelles il sera fait appel au concours de sociétés de classification reconnues par le ministre de la marine;

8° Les règles générales d'après lesquelles sera calculé, pour les navires à passagers, le nombre maximum de ceux-ci;

9° Les règles d'après lesquelles il pourra être exigé un médecin à bord des navires de commerce;

10° Les détails relatifs au fonctionnement de la commission supérieure et à la procédure à suivre pour les appels, avis, enquêtes et expertises;

11° Les conditions dans lesquelles la présente loi et les règlements d'administration publique rendus pour assurer son exécution seront portés à la connaissance des intéressés.

Les prescriptions de ce règlement d'administration publique qui entraîneraient des modifications notables d'aménagement, d'installation ou de construction ne seront pas applicables aux navires en service au moment de la mise en vigueur de la loi.

54. Un règlement d'administration publique rendu sur la proposition du ministre de la marine et du ministre du commerce et de l'industrie, après avis du conseil supérieur de la navigation maritime, déterminera :

1° Celles des prescriptions qui ne seront pas applicables, ou qui ne seront applicables que sous certaines réserves aux navires en service au moment de la mise en vigueur de la présente loi ;

2° Les circonstances dans lesquelles l'autorité maritime pourra exiger que le service du pont, pour les officiers, soit organisé en plus de deux quarts ;

3° Les cas autres que ceux indiqués au paragraphe 1er de l'article 25, dans lesquels le personnel des machines devra comprendre trois quarts ;

4° Les conditions dans lesquelles le travail sera organisé sur les navires visés à l'article 32 de la présente loi ;

5° Les exceptions que, d'une manière générale, devra comporter la réglementation du travail édictée par les articles 21 à 30 inclus, que ces exceptions soient motivées par la brièveté des traversées, la fréquence et la durée des séjours dans les ports, la nature du service auquel le navire est destiné, ou pour toute autre cause.

55. Les bâtiments de commerce ou de pêche de moins de 25 tonneaux de jauge brute seront soumis à une visite annuelle. Un règlement d'administration publique déterminera les formes dans lesquelles il sera procédé à ces visites, ainsi que les conditions dans lesquelles sera assurée la surveillance permanente des appareils à vapeur ou à propulsion mécanique.

56. Les navires de plus de 25 tonneaux ne seront plus soumis à d'autres visites que celles prescrites par les articles 1er, 5 et 7 de la présente loi.

La présente loi sera mise en vigueur six mois après la promulgation des règlements d'administration publique prévus aux articles 53 et 54.

Toutefois, pour les navires actuellement en service, le ministre de la marine pourra accorder des délais en raison de l'état actuel de leurs aménagements et de l'importance du matériel de la compagnie ou de la maison d'armement à laquelle ils appartiennent, de manière à faciliter l'application progressive des dispositions de la présente loi.

57. Sont abrogés, à partir de la mise en vigueur des règlements d'administration publique prévus par la présente loi, tous textes de lois, décrets, règlements, circulaires ayant pour objet la visite des bâtiments, et notamment les dispositions y relatives du règlement du roi du 13 février 1785, des décrets du 4 juillet 1853, du décret du 19 novembre 1859 et du décret du 2 juillet 1894.

Seront également abrogés, à partir de la mise en vigueur de la présente loi, le décret du 1er février 1893, et tous les actes relatifs à l'embarquement des novices et des mousses à bord des navires de commerce et de pêche, notamment les décret-loi et décrets des 23 mars 1852, 15 mars 1862 et 2 mai 1863.

Est abrogé le deuxième paragraphe de l'article 76 du décret-loi disciplinaire et pénal pour la marine marchande du 24 mars 1852.

Sont abrogées, d'une manière générale, toutes dispositions des lois, décrets et règlements antérieurs en ce qu'elles ont de contraire à la présente loi.

V. *la discussion de cette loi à la Chambre des députés et au Sénat*, D. P. 1907. 4. 153.

V. *le décret du 20 septembre 1908, portant règlement d'administration publique pour l'exécution de l'article 54, nos 2, 3, 4 et 5, de la loi du 17 avril 1907, concernant la sécurité de la navigation maritime et la réglementation du travail à bord des navires de commerce, précédé d'un arrêté désignant les sociétés de classification reconnues pour l'exécution de ladite loi* (*Journ. off. du 26 sept. 1908*) *et modifié dans ses art. 3, 7 et 11 par le décret du 4 août 1910* (*Journ. off. des 12 et 15 août 1910*); *le décret du 21 septembre 1908, portant règlement d'administration publique pour l'exécution des articles 53 et 54, n° 1, de la loi du 17 avril 1907, concernant la sécurité de la navigation maritime et la réglementation du travail à bord des navires de commerce* (*Journ. off. du 26 sept. 1908*) *modifié dans ses art.* 2, 20, 31,

101, 102, *et* 123 *par le décret du* 4 *août* 1910 (*Journ. off. des* 12 *et* 15 *août* 1910), *modifié dans ses art.* 1er, 66, 67 *et* 86 *par le décret du* 21 *juin* 1912 (*Journ. off. du* 25 *juin* 1912); *et le décret du* 10 *avril* 1909 *sur l'hygiène et la sécurité à bord des navires de commerce* (matériel médical et pharmaceutique) (*Journ. off. du* 20 *avr.* 1909).

Décret du 13 juillet 1907,

Modifiant le décret du 24 *août* 1906 *sur le contrôle de l'application de la loi sur le repos hebdomadaire.* — V. *suprà*, Décr. 24 août 1906, art. 1er et 2.

Décret du 14 août 1907,

Complétant la nomenclature des établissements admis à donner le repos hebdomadaire par roulement en vertu de l'article 3 *de la loi du* 13 *juillet* 1906.

Art. 1er. Les établissements énumérés ci-après sont admis, en exécution de l'avant-dernier paragraphe de l'article 3 de la loi du 13 juillet 1906, à donner le repos hebdomadaire par roulement au personnel employé aux travaux spécifiés dans le tableau suivant :

ÉTABLISSEMENTS	TRAVAUX
Abattoirs.	
Accumulateurs électriques (fabriques d'). . . .	Formation des plaques et surveillance des fours de fusion du plomb.
Acide azotique monohydraté (fabriques d').	
Acide arsénieux (fabrique de l') (*Décr.* 30 *avr.* 1909).	Conduite des fours.
Acide carbonique liquide (fabriques d').	
Acide chlorhydrique (fabriques d').	
Acides résiduels de la fabrication des produits nitrés (établissements traitant les).	
Acide sulfurique (fabriques d').	
Agglomérés de charbon (fabriques d').	
Air comprimé (chantiers de travaux à l'). . . .	Production et soufflage de l'air comprimé.
Alcools (voir distillation).	
Alun (établissement traitant les minerais d') (*Décr.* 30 *avr.* 1909).	Conduite des fours et des appareils de lessivage.
Amidonneries.	Opération de séchage et de décantation.
Ammoniaque liquide (fabriques d').	
Arrosage, balayage, nettoyage et enlèvement des ordures ménagères (entreprises d').	
Banques et établissements de crédit.	Service de garde.
Bauxite (traitement de la) (*Décr.* 30 *avr.* 1909).	Conduite des fours et des appareils de dissolution, de carbonatation et de purification.
Beurreries industrielles.	Traitement du lait.
Bioxyde de baryum (fabriques de).	
Bleu d'outremer (fabriques de).	Conduite des fours.
Bougies (fabriques de).	Préparation des acides gras.

ÉTABLISSEMENTS	TRAVAUX
Boyauderies, triperies, cordes à boyau (fabriques de).	
Brasseries (fabriques de bière).	
Cabinets publics d'aisance et de toilette.	
Câbles électriques (fabriques de).	Travaux d'isolation et conduite des étuves.
Caisses d'épargne.	
Camphre (fabriques de).	Raffinage.
Carbure de calcium (fabriques de) (voir four électrique).	
Caséine (fabriques de).	
Celluloïd (fabriques de).	
Céramique (Industrie).	Séchage des produits et conduite des fours.
Chamoiseries.	Traitements des peaux fraîches.
Chauffage (entreprise de).	
Chaux, ciments, plâtres (fabriques de).	Conduite des fours.
Chlore et produits dérivés (fabriques de).	
Chlorhydrate d'ammoniaque (fabriques de). . .	Sublimation.
Cidre (établissements industriels pour la fabrication du) (*Décr.* 10 *sept.* 1908).	
Coke (fabriques de).	Conduite des fours.
Colles et gélatines (fabriques de).	Traitement des matières premières, conduite des autoclaves et des séchoirs.
Conserves alimentaires (fabriques de).	
Corps gras (industrie de l'extraction des).	
Corroieries.	Travaux de séchage.
Cossettes de chicorée (sécheries de).	Conduite des fours.
Cuirs vernis (fabriques de).	Conduite des étuves.
Cyanamide calcique (fabrication de la) (*Décr.* 30 *avr.* 1909).	Préparation de l'azote pur; broyage du carbure; azotation du carbure broyé.
Cyanures alcalins (fabriques de).	
Délainage des peaux de mouton (industrie du). .	Travaux d'étuvage.
Désinfection (entreprise de).	
Distillation du bois (usines de).	Conduite des fours et appareils.
Distillation et rectification des produits de la fermentation alcoolique (usines de).	
Dolomie (établissements traitant la).	Conduite des fours.
Dynamite (fabriques de).	
Eau oxygénée (fabriques d').	
Électricité (fabriques de charbons pour l'). . .	Cuisson des charbons.
Électrolyse de l'eau (établissements pratiquant l').	Conduite des appareils.
Engrais animaux (fabriques d').	Transport et traitement des matières.
Équarrissage (entreprises d').	
Établissements industriels et commerciaux. . .	Service de transport pour livraisons. Service préventif contre l'incendie. — Soins aux chevaux et animaux de trait. Travaux de désinfection.
Éther (fabriques d').	
Expédition, transit et emballage (entreprises d').	
Extraits tannants et tinctoriaux (fabriques d').	
Fécule (fabriques de).	

ÉTABLISSEMENTS	TRAVAUX
Fer et fonte émaillés (usines de).	Service des fours de fabrication.
Feutre pour papeterie (fabriques de).	Conduite des foulons.
Fleurs naturelles (établissements de commerce en gros des).	
Fours électriques (établissements employant les).	Travaux effectués à l'aide des fours électriques.
Froid (usines de production du).	
Fromageries industrielles.	
Galvanisation et étamage du fer (établissements pratiquant la).	Conduite des fours.
Garages.	Services du garage. Réparations urgentes de véhicules.
Glace (fabriques de).	
Glaces (fabriques de).	Fabrication et doucissage des glaces.
Glycérine (distillation de la) (*Décr.* 10 *sept.* 1908).	
Goudron (usines de distillation du).	
Huiles de schiste (usines de distillation des).	
Hydrauliques (établissements utilisant les forces).	Opérations commandées par les forces hydrauliques.
Indigo (teinturerie à l').	
Iode (fabriques d').	
Kaolin (établissements de préparation du). . .	Service des fours.
Lait (établissements industriels pour le traitement du).	
Laminoirs et tréfileries de tous métaux.	
Levure (fabriques de).	
Litharge (fabriques de).	Service des fours.
Machines agricoles (ateliers de réparation de). .	Réparations urgentes de machines agricoles.
Malteries.	Opérations de maltage.
Marée (établissements faisant le commerce de la).	
Margarine (fabrique de).	
Maroquineries (voir mégisseries).	
Matières colorantes artificielles dérivées du goudron de houille (fabriques de).	
Mégisseries et maroquineries.	Mises à l'eau des peaux, levage des pelains et des confits, conduite des étuves.
Métaux (usines de production des).	
Minium (fabriques de).	Service des fours.
Minoterie et meunerie.	
Moulins à vent.	
Noir animal (fabriques de).	Conduite des fours de cuisson.
Noir d'aniline (fabriques de).	Conduite de l'oxydation dans la teinture.
Noir minéral (fabriques de).	
Oxyde d'antimoine (fabriques d') (*Décr.* 10 *sept.* 1908).	Conduite des fours.
Oxyde de zinc (fabriques d').	
Paille pour chapeaux (fabriques de).	Blanchiment de la paille.
Papier, carton et pâtes à papier (fabriques de).	
Parfumeries.	Extraction du parfum des fleurs.
Peaux fraîches et en poil (dépôts de) (*Décr.* 10 *sept.* 1908).	Salage des peaux.
Pelleteries (ateliers de).	Mouillage des peaux.

ÉTABLISSEMENTS	TRAVAUX
Pétrole (raffineries de)	Service des appareils de distillation et des appareils à paraffiner.
Phosphore (fabriques de).	
Photographie (ateliers de)	Prise des clichés.
Plaques, papiers et pellicules sensibles pour la photographie (fabriques de).	
Plumes métalliques (fabriques de)	Service des fours.
Poissons (ateliers de salage, saurage et séchage des).	
Pompes funèbres (entreprises de).	
Produits chimiques organiques par voie de synthèse (fabriques de).	
Pruneaux (fabriques de)	Étuvage des prunes.
Salines et raffineries de sel	Conduite des chaudières et des appareils d'évaporation.
Savonneries.	
Sécheries de bois d'ébénisterie	Conduite des feux et de la ventilation.
Sels ammoniacaux (fabriques de)	Conduite des appareils.
Silicates de soude et de potasse (fabriques de).	
Silice en poudre (fabrication de la) (*Décr.* 10 *sept.* 1908).	Conduite des fours de calcination.
Soude (fabriques de).	
Soufre (fabriques de)	Service des fours et sublimation du soufre.
Sucreries	Fabrication et raffinage.
Suifs (fonderies de)	Réception et traitement par l'acide ou le bain-marie.
Sulfates métalliques (fabriques de)	Conduite des appareils.
Sulfate de soude (fabriques de).	
Sulfate de carbone (fabriques de).	
Sulfure de sodium (fabriques de) (*Décr.* 10 *sept.* 1908).	
Superphosphates (fabriques de).	
Tanneries	Salage des cuirs frais, dessalage des cuirs, levage des pelains et des premières cuves de basserie.
Triperies (voir boyauderies).	
Toiles cirées (fabriques de)	Service des séchoirs et étuves.
Véhicules (ateliers de réparations de)	Réparations urgentes.
Verreries et cristalleries	Service des fours.
Vinaigre (fabriques de).	
Viscose (fabriques de).	

Dans les établissements où seraient en même temps exercées d'autres industries, la faculté de donner le repos hebdomadaire par roulement s'appliquerait exclusivement aux fabrications et aux travaux que détermine le précédent tableau.

2. Outre les catégories d'établissements compris dans l'énumération qui précède, sont admis à donner le repos hebdomadaire par roulement, les établissements qui, fonctionnant de jour et de nuit à l'aide d'équipes alternantes, auront suspendu, pendant douze heures consécutives au moins chaque dimanche, les

travaux autres que ceux visés à l'article 4 et à l'article 5, paragraphe 1er, de la loi du 13 juillet 1906.

Décret du 16 mars 1908,

Déterminant la nomenclature des catégories d'établissements admis à bénéficier des dérogations de l'article 6 de la loi du 13 juillet 1906, en ce qui concerne les femmes et les enfants.

Art. 1er. Les dispositions de l'article 6 de la loi du 13 juillet 1906 s'appliquent, dans les conditions indiquées ci-après, aux enfants de moins de dix-huit ans et aux femmes de tout âge occupés dans les industries énumérées au présent décret.

2. Sont admises au bénéfice du paragraphe 1er de l'article 6 de la loi les industries suivantes :

Bateaux de rivière (travaux extérieurs de construction et de réparation des);
Bâtiment (travaux extérieurs dans les chantiers de l'industrie du);
Briqueteries en plein air;
Conserves de fruits, de légumes et de poissons;
Corderies en plein air.

3. Sont admises au bénéfice du paragraphe 2 de l'article 6 de la loi les industries ci-après :

a) Comme industries de plein air :
Bateaux de rivière (travaux extérieurs de construction et de réparation des);
Bâtiment (travaux extérieurs dans les chantiers de l'industrie du);
Briqueteries en plein air
Corderies en plein air.

b) A la condition qu'elles ne travaillent qu'à certaines époques de l'année, les industries ci-après :
Conserves de fruits, de légumes et de poissons;
Hôtels, restaurants, traiteurs et rôtisseurs;
Établissements de bains des stations balnéaires, thermales ou climatériques.

4. Sont admises au bénéfice du paragraphe 3 de l'article 6 de la loi les industries ci-après, pour établissements dans lesquels le repos est fixé au même jour pour tout le personnel :

Ameublement, tapisserie, passementerie pour meubles;
Appareils orthopédiques;
Balnéaires (établissements);
Bijouterie et joaillerie;
Biscuits employant le beurre frais (fabriques de);
Blanchisseries de linge fin;
Boites de conserves (fabrication et imprimerie sur métaux pour);
Bonneterie fine;
Boulangeries;
Brochage des imprimés;
Broderie et passementerie pour confections;
Cartons (fabriques de) pour jouets, bonbons, cartes de visite, rubans
Chapeaux et casquettes (fabrication et confection de) en toutes matières pour hommes et pour femmes;
Charcuteries;
Chaussures (confections de);
Colle et gélatine (fabrication de);
Coloriage au patron ou à la main;
Confections, couture, lingerie pour hommes, femmes et enfants;

Confections pour hommes ;
Confections en fourrures ;
Conserves de fruits et confiserie, conserves de légumes et de poissons ;
Corsets (confection de) ;
Couronnes funéraires (fabriques de) ;
Délainage des peaux de mouton (industrie du) ;
Dorure pour ameublement ;
Dorure pour encadrements ;
Filature, retordage de fils crêpés, bouclés et à boutons, de fils moulinés et multicolores ;
Fleurs (extractions des parfums des) ;
Fleurs et plumes ;
Gainerie ;
Hôtels, restaurants, traiteurs et rôtisseurs ;
Impression de la laine peignée, blanchissage, teinture et impression des fils de laine, de coton et de soie destinés au tissage des étoffes de nouveauté ;
Imprimeries typographiques ;
Imprimeries lithographiques ;
Imprimeries en taille-douce ;
Jouets, bimbeloterie, petite tabletterie et articles de Paris (fabriques de) ;
Laiteries, beurreries et fromageries industrielles ;
Orfèvrerie (polissage, dorure, gravure, ciselage, guillochage et planage en) ;
Papier (transformation du), fabrication des enveloppes, du cartonnage, des cahiers d'école, des registres, des papiers de fantaisie ;
Papiers de tenture ;
Parfumerie ;
Pâtisseries ;
Porcelaine (ateliers de décor sur) ;
Reliure ;
Réparations urgentes de navires et de machines motrices ;
Soie (dévidage de la) pour étoffes de nouveauté ;
Teinture, apprêt, blanchiment, impression, gaufrage et moirage des étoffes ;
Tissage des étoffes de nouveauté destinées à l'habillement ;
Tulles, dentelles et laizes de soie ;
Voiles des navires armés pour la grande pêche (confection et réparation des).

5. Sont abrogées les dispositions des décrets des 15 juillet 1893, 26 juillet 1895, 29 juillet 1897, 24 février 1898, 1er juillet 1899, 18 avril 1901, 4 juillet 1902, 14 août 1903, 23 novembre et 24 décembre 1904, en ce qui concerne le repos hebdomadaire.

Décret du 10 septembre 1908,

Complétant la nomenclature des établissements énumérés et des travaux spécifiés dans le tableau annexé à l'article 1er du décret du 14 août 1907. — V. *suprà*, Décr. 14 août 1907 (Tableau).

Décret du 30 avril 1909,

Portant addition au décret du 14 août 1907, qui a complété la nomenclature des établissements admis au repos hebdomadaire par roulement en vertu de l'article 3 de la loi du 13 juillet 1906. — V. *suprà*, Décr. 14 août 1907 (Tableau).

Décret du 30 avril 1909,

Modifiant le décret du 28 mars 1902 en ce qui concerne la durée du travail du personnel des imprimeries typographiques, lithographiques et en taille-douce. — V. *suprà*, Décr. 28 mars 1902 (Tableau, paragraphe 8).

Décret du 31 août 1910,

Déterminant, en ce qui concerne les spécialistes occupés dans les usines à feu continu, des dérogations aux règles générales sur le repos hebdomadaire.

Art. 1er. Le repos des employés et ouvriers spécialistes travaillant dans les usines à feu continu et appartenant aux catégories énumérées ci-après, peut être organisé dans les conditions prévues par les articles 2 et 3 du présent décret :

1° *Hauts fourneaux et appareils connexes.*

Surveillants et contremaîtres préposés à la marche des appareils.

Basculeurs, chefs d'équipes, chargeurs au gueulard ou rouleurs au gueulard, chargeurs du bas, fondeurs, décrasseurs, granuleurs, gaziers du fourneau, chauffeurs et alimenteurs des chaudières chauffées au gaz de hauts fourneaux.

Personnel de l'épuration des gaz.

Machinistes des souffleries et des monte-charges.

Fondeurs des cubilots de déphosphoration et de désulfuration.

2° *Mélangeurs de fonte.*

Personnel de surveillance et de conduite.

3° *Fours à feu continu pour la fabrication de l'acier sur sole.*

Surveillants et contremaîtres préposés à la marche des appareils.

Chargeurs, fondeurs, gaziers, couleurs et décrasseurs.

Machinistes du service de coulée, préposés à la manœuvre des lingotières dans les fosses, démouleurs.

4° *Pits et fours à réchauffer les lingots d'acier.*

Surveillants préposés à la marche des appareils et chauffeurs.

5° *Fours divers de cémentation et fours continus pour la fabrication de l'acier au creuset.*

Surveillants préposés à la marche des appareils et chauffeurs.

6° *Fours à coke.*

Surveillants préposés à la marche des appareils, enfourneurs, régaleurs, pilonneurs, régleurs aux brûleurs et aux barillets.

Personnel de la récupération des sous-produits.

Machinistes des moteurs annexes.

7° *Gazogènes et fours à récupération autres que les fours à coke.*

Personnel de conduite lorsque cette conduite ne comporte pas le travail simultané de plus de deux ouvriers par équipe.

8° *Usines à gaz.*

Chauffeurs de cornues, lorsqu'il n'y a pas plus de deux ouvriers, par poste, employés à la production du gaz.

9° *Fours à zinc.*

Surveillants préposés à la marche des appareils.
Ouvriers employés au chargement et au déchargement des cornues ou creusets, mélangeurs de minerais et approvisionneurs de charbon.

10° *Fours à cuve pour la métallurgie du plomb ou du cuivre.*

Surveillants et contremaîtres préposés à la marche des appareils.
Personnel affecté à la conduite des fours, lorsque cette conduite ne comporte pas le travail simultané de plus de six ouvriers par équipe.

11° *Fours d'affinage du cuivre et de concentration des mattes.*

Deux fondeurs des fours d'affinage et de concentration.
Deux fondeurs et deux ouvriers des lits de fusion des fours à cuivre.

12° *Fours rotatifs continus pour frittage des minerais ou fabrication des ciments.*

Surveillants préposés à la marche des appareils et cuiseurs.

13° *Autres fours pour calcination ou grillage de minerais.*

Surveillants préposés à la marche des appareils.

14° *Fabrique de glaces.*

Personnel chargé d'assurer le chauffage et la conduite des fours, la coulée et le découpage.

15° *Fours à feu continu de l'industrie céramique.*

Surveillants préposés à la marche des appareils et cuiseurs.

16° *Fabrique de produits chimiques.*

Personnel affecté aux chambres ou autres appareils continus pour la fabrication de l'acide sulfurique.
Personnel chargé de la conduite des appareils continus de concentration, d'oxydation, de calcination, de décomposition, d'absorption et de condensation, lorsque cette conduite ne comporte pas le travail simultané de plus de deux hommes par équipe.
Mécanicien principal chargé des services généraux de distribution de force motrice ou d'une distribution d'air comprimé.

17° *Fabrique de papier et de carton possédant moins de trois machines.*

Conducteurs de défibreurs, gouverneurs de cylindre raffineur, chefs de coloration mélangeurs, conducteurs des machines à papier et sécheurs.

18° *Fabrications électrométallurgiques.*

Surveillants et contremaîtres préposés à la marche des appareils.

2. Dans les usines où le travail est organisé par alternance de deux équipes, chacun des employés ou ouvriers énumérés à l'article précédent doit avoir un repos périodique de vingt-quatre heures consécutives au moins toutes les deux semaines ou de dix-huit heures consécutives au moins chaque semaine au moment du changement de poste, et il doit jouir, en outre, de vingt-six jours de repos compensateur par an.

Dans les usines où le travail est organisé sans alternance des équipes, le nombre des jours de repos, auxquels ont droit les employés ou ouvriers classés comme spécialistes par l'article 1er, peut être réduit à vingt-six jours par an, si ces spécialistes ne travaillent qu'entre cinq heures du matin et neuf heures du soir et pendant une durée qui n'excède pas dix heures par vingt-quatre heures.

Dans le cas où, par suite de circonstances exceptionnelles, un ouvrier n'aurait pas intégralement bénéficié pendant une année des vingt-six jours de repos que lui réservent les deux paragraphes précédents, le chef d'établissement, directeur ou gérant, devrait lui en fournir le complément avant le 1er mars de l'année suivante, sans préjudice des repos dus pour la nouvelle année.

Pour les employés ou ouvriers qui entrent en service au cours de l'année, le nombre de jours de repos est calculé au prorata du nombre de semaines de présence.

3. Dans les usines à feu continu qui fonctionnent par postes de huit heures à l'aide de trois équipes et où l'alternance comporte chaque semaine deux postes consécutifs dont chacun n'excède pas douze heures, le repos hebdomadaire de chacun des ouvriers de ces équipes peut n'être que de vingt heures par semaine, pendant deux semaines consécutives, à condition qu'il atteigne vingt-quatre heures la semaine suivante.

4. Dans toutes les usines qui utilisent les dérogations prévues par le présent décret, le chef d'établissement, directeur ou gérant, est tenu d'inscrire sur un registre coté et paraphé les noms des employés et ouvriers admis à ces dérogations, ainsi que les catégories professionnelles auxquelles ils appartiennent.

Pour chacun d'eux, le registre fait connaître les jours et heures de repos périodiques prévus par les articles 2 et 3 et, dans le cas de l'article 2, les dates des jours de repos prévus par les paragraphes 1 et 2 dudit article, avant que ce repos ne soit accordé ou dès que l'absence de l'ouvrier a pu être constatée.

Ce registre doit être tenu à la disposition des ouvriers; il est visé par l'inspecteur du travail au cours de ses visites.

5. Le présent décret entrera en vigueur dans un délai de trois mois à dater de sa publication.

Par mesure transitoire, le repos compensateur prévu à l'article 2, paragraphe 1er, pourra être réduit à quinze jours pendant la première année d'application et à vingt jours pendant l'année suivante.

Jusqu'à l'expiration d'un délai de dix ans à compter de la publication du présent décret, le nombre de journées de repos compensateur accordé aux spécialistes visés au 15e de l'article 1er pourra être réduit à quinze jours par an dans les usines ne comportant pas plus de deux fours continus.

6. Les dispositions du présent décret ne s'appliquent pas au personnel protégé par la loi du 2 novembre 1892 sur le travail des enfants, des filles mineures et des femmes dans les établissements industriels.

Loi du 13 juillet 1911,

Portant fixation du budjet général des dépenses et des recettes de l'exercice 1911 (D. P. 1911, 4e partie).

Art. 95. La loi du 13 juillet 1906 sur le repos hebdomadaire est applicable aux clercs des études dans les offices ministériels.

Les chambres de discipline assureront, sous le contrôle du parquet, l'exécution du précédent paragraphe.

Décret du 10 août 1899,

Sur les conditions du travail dans les marchés passés au nom de l'État.

Art. 1er. Les cahiers des charges de marchés de travaux publics ou de fournitures passés au nom de l'État, par adjudication ou de gré à gré, devront contenir des clauses par lesquelles l'entrepreneur s'engagera à observer les conditions suivantes, en ce qui concerne la main-d'œuvre de ces travaux ou fournitures, dans les chantiers ou ateliers organisés ou fonctionnant en vue de l'exécution de ce marché :

1° Assurer aux ouvriers et employés un jour de repos par semaine ;

2° N'employer d'ouvriers étrangers que dans une proportion fixée par l'Administration selon la nature des travaux et la région où ils sont exécutés ;

3° Payer aux ouvriers un salaire normal égal, pour chaque profession, et dans chaque profession pour chaque catégorie d'ouvriers, au taux couramment appliqué dans la ville ou la région où le travail est exécuté ;

4° Limiter la durée du travail journalier à la durée normale du travail en usage, pour chaque catégorie, dans ladite ville ou région.

En cas de nécessité absolue, l'entrepreneur pourra, avec l'autorisation expresse et spéciale de l'Administration, déroger aux clauses prévues aux paragraphes 1° et 4° du présent article. Les heures supplémentaires de travail ainsi faites par les ouvriers donneront lieu à une majoration de salaire dont le taux sera fixé par le cahier des charges.

Dans les cas prévus à l'article 18, § 3 et 5, du décret du 18 novembre 1882, l'insertion des clauses et conditions ci-dessus énoncées sera facultative.

2. L'entrepreneur ne pourra céder à des sous-traitants aucune partie de son entreprise, à moins d'obtenir l'autorisation expresse de l'Administration et sous la condition de rester personnellement responsable, tant envers l'Administration que vis-à-vis des ouvriers et des tiers.

Une clause du cahier des charges rappellera l'interdiction du marchandage telle qu'elle résulte du décret du 2 mars 1848 et de l'arrêté du Gouvernement du 21 mars 1848.

3. La constatation ou la vérification du taux normal et courant des salaires et de la durée normale et courante de la journée du travail sera faite par les soins de l'Administration qui devra :

1° Se référer, autant que possible, aux accords existant entre les syndicats patronaux et ouvriers de la localité ou de la région ;

2° A défaut de cette entente, provoquer l'avis de commissions mixtes composées en nombre égal de patrons et d'ouvriers, et, en outre, se munir de tous renseignements utiles auprès des syndicats professionnels, conseils de prud'hommes, ingénieurs, architectes départementaux et communaux et autres personnes compétentes.

Les bordereaux résultant de cette constatation devront être joints à chaque cahier des charges, sauf dans les cas d'impossibilité matérielle. Ils seront affichés dans les chantiers ou ateliers où les travaux seront exécutés. Ils pourront être revisés sur la demande des patrons ou des ouvriers lorsque des variations dans le taux des salaires ou la durée du travail journalier auront reçu une application générale dans l'industrie en cause.

Cette revision sera faite dans les conditions indiquées sous les numéros 1° et 2° au présent article. Une revision correspondante des prix du marché pourra être réclamée par l'entrepreneur ou effectuée d'office par l'Administration, quand les variations ainsi constatées dans le taux des salaires ou la durée du travail journalier dépasseront les limites déterminées par le cahier des charges.

Lorsque l'entrepreneur aura à employer des ouvriers que leurs aptitudes physiques mettent dans une condition d'infériorité notoire sur les ouvriers de la même catégorie, il pourra leur appliquer exceptionnellement un salaire inférieur au salaire normal. La proportion maxima de ces ouvriers par rapport au total des ouvriers de la catégorie et le maximum de la réduction possible de leurs salaires seront fixés par le cahier des charges.

4. Le cahier des charges stipulera que l'Administration, si elle constate une différence entre le salaire payé aux ouvriers et le salaire courant déterminé conformément à l'article précédent, indemnisera directement les ouvriers lésés au moyen de retenues opérées sur les sommes dues à l'entrepreneur et sur son cautionnement.

5. Lorsque des infractions réitérées aux conditions du travail auront été relevées à la charge d'un entrepreneur, le ministre pourra, sans préjudice de l'application des sanctions habituelles prévues au cahier des charges, décider, par voie de mesure générale, de l'exclure, pour un temps déterminé ou définitivement, des marchés de son département.

Décret du 10 août 1899,

Sur les conditions du travail dans les marchés passés au nom des départements

Art. 1er. Les cahiers des charges de marchés de travaux publics ou de fournitures passés au nom des départements, par adjudication ou de gré à gré, pourront contenir des clauses par lesquelles l'entrepreneur s'engagera à observer les conditions suivantes, en ce qui concerne la main-d'œuvre de ces travaux ou fournitures, dans les chantiers ou ateliers organisés ou fonctionnant en vue de l'exécution du marché :

1° Assurer aux ouvriers et employés un jour de repos par semaine ;

2° N'employer d'ouvriers étrangers que dans une proportion fixée par décision préfectorale selon la nature des travaux et la région où ils sont exécutés ;

3° Payer aux ouvriers un salaire normal égal, pour chaque profession, et dans chaque profession pour chaque catégorie d'ouvriers, aux taux couramment appliqués dans la ville ou la région où le travail est exécuté ;

4° Limiter la durée du travail journalier à la durée normale de travail en usage, pour chaque catégorie, dans ladite ville ou région.

En cas de nécessité absolue, l'entrepreneur pourra, avec l'autorisation expresse et spéciale de l'Administration, déroger aux clauses prévues aux paragraphes 1° et 4° du présent article. Les heures supplémentaires de travail ainsi faites par les ouvriers donneront lieu à une majoration du salaire dont le taux sera fixé par le cahier des charges.

2. Les départements devront insérer dans les cahiers des charges une clause par laquelle l'entrepreneur s'engagera à ne céder à des sous-traitants aucune partie de son entreprise à moins d'obtenir l'autorisation expresse de l'Administration et sous la condition de rester personnellement responsable tant envers l'Administration que vis-à-vis des ouvriers et des tiers.

Une clause du cahier des charges rappellera l'interdiction du marchandage, telle qu'elle résulte du décret du 2 mars 1848 et de l'arrêté du Gouvernement du 21 mars 1848.

3. La constatation ou la vérification du taux normal et courant des salaires et de la durée normale et courante de la journée de travail sera faite par les soins du préfet qui devra :

1° Se référer, autant que possible, aux accords existant entre les syndicats patronaux et ouvriers de la localité ou de la région ;

2° A défaut de cette entente, provoquer l'avis de commissions mixtes composées en nombre égal de patrons et d'ouvriers et, en outre, se munir de tous renseignements utiles auprès des syndicats professionnels, conseils de prud'hommes, ingénieurs, architectes départementaux et communaux et autres personnes compétentes.

Les bordereaux résultant de cette constatation devront être joints à chaque cahier des charges stipulant les clauses 3° et 4° de l'article 1er du présent décret.

Ils seront affichés dans les chantiers ou ateliers où les travaux sont exécutés. Ils pourront être revisés sur la demande des patrons ou des ouvriers, lorsque des variations dans le taux des salaires ou la durée du travail journalier auront reçu une application générale dans l'industrie en cause.

Cette revision sera faite dans les conditions indiquées sous les numéros 1° et 2° au présent article. Une revision correspondante des prix du marché pourra être réclamée par l'entrepreneur ou effectuée d'office par l'Administration, quand les variations ainsi constatées dans le taux des salaires ou la durée du travail journalier dépasseront les limites déterminées par le cahier des charges.

Lorsque l'entrepreneur aura à employer des ouvriers que leurs aptitudes physiques mettent dans une condition d'infériorité notoire sur les ouvriers de la même catégorie, il pourra leur appliquer exceptionnellement un salaire inférieur au salaire normal. La proportion maxima de ces ouvriers par rapport au total des ouvriers de la catégorie et le maximum de la réduction possible de leurs salaires seront fixés par le cahier des charges.

4. Lorsqu'une clause relative au salaire courant aura été insérée dans le cahier des charges, ledit cahier stipulera que l'Administration, si elle constate une différence entre ce salaire courant et le salaire effectivement payé aux ouvriers, indemnisera directement les ouvriers lésés au moyen de retenues sur les sommes dues à l'entrepreneur et sur son cautionnement.

5. Lorsque des infractions réitérées aux conditions du travail auront été relevées à la charge d'un entrepreneur, contrairement à ses engagements, l'Administration compétente pourra, sans préjudice de l'application des sanctions habituelles prévues au cahier des charges, décider, par voie de mesure générale, de l'exclure de ses marchés, à l'avenir, pour un temps déterminé ou définitivement.

Décret du 10 août 1899,

Sur les conditions du travail dans les marchés passés au nom des communes et des établissements publics de bienfaisance.

Art. 1er. Les cahiers des charges de marchés de travaux publics ou de fournitures passés au nom des communes et des établissements de bienfaisance par adjudication ou de gré à gré, pourront contenir des clauses par lesquelles l'entrepreneur s'engagera à observer les conditions suivantes, en ce qui concerne la main-d'œuvre de ces travaux ou fournitures, dans les chantiers ou ateliers organisés ou fonctionnant en vue de l'exécution du marché :

1° Assurer aux ouvriers et employés un jour de repos par semaine ;

2° N'employer d'ouvriers étrangers que dans une proportion fixée par décision préfectorale selon la nature des travaux et la région où ils sont exécutés ;

3° Payer aux ouvriers un salaire normal égal, pour chaque profession, et dans chaque profession pour chaque catégorie d'ouvriers, au taux couramment appliqué dans la ville ou la région où le travail est exécuté ;

4° Limiter la durée du travail journalier à la durée normale de travail en usage, pour chaque catégorie, dans ladite ville ou région.

En cas de nécessité absolue, l'entrepreneur pourra, avec l'autorisation expresse et spéciale de l'Administration, déroger aux clauses prévues aux paragraphes 1° et 4° du présent article. Les heures supplémentaires de travail ainsi faites par les ouvriers donneront lieu à une majoration du salaire dont le taux sera fixé par le cahier des charges.

2. Les communes et les établissements de bienfaisance devront insérer dans les cahiers des charges une clause par laquelle l'entrepreneur s'engagera à ne céder à des sous-traitants aucune partie de son entreprise, à moins d'obtenir l'autorisation expresse de l'Administration et sous la condition de rester personnellement responsable tant envers l'Administration que vis-à-vis des ouvriers et des tiers.

Une clause du cahier des charges rappellera l'interdiction du marchandage telle qu'elle résulte du décret du 2 mars 1848 et de l'arrêté du Gouvernement du 21 mars 1848.

3. La constatation ou la vérification du taux normal et courant des salaires et de la durée normale et courante de la journée de travail sera faite sous le contrôle du préfet par l'Administration intéressée qui devra :

1° Se référer, autant que possible, aux accords existants entre les syndicats patronaux et ouvriers de la localité ou de la région ;

2° A défaut de cette entente, provoquer l'avis de commissions mixtes composées en nombre égal de patrons et d'ouvriers et, en outre, se munir de tous renseignements utiles auprès des syndicats professionnels, conseils de prud'hommes, ingénieurs, architectes départementaux et communaux et autres personnes compétentes.

Les bordereaux résultant de cette constatation devront être joints à chaque cahier des charges stipulant les clauses 3° et 4° de l'article 1er du présent décret.

Ils seront affichés dans les chantiers ou ateliers où les travaux seront exécutés. Ils pourront être revisés sur la demande des patrons ou des ouvriers, lorsque des variations dans le taux des salaires ou la durée du travail journalier auront reçu une application générale dans l'industrie en cause.

Cette revision sera faite dans les conditions indiquées sous les numéros 1° et 2° au présent article. Une revision correspondante des prix du marché pourra être réclamée par l'entrepreneur ou effectuée d'office par l'Administration quand les variations ainsi constatées dans le taux des salaires ou la durée du travail journalier dépasseront les limites déterminées par le cahier des charges.

Lorsque l'entrepreneur aura à employer des ouvriers que leurs aptitudes physiques mettent dans une condition d'infériorité notoire sur les ouvriers de la même catégorie, il pourra leur appliquer exceptionnellement un salaire inférieur au salaire normal. La proportion maxima de ces ouvriers par rapport au total des ouvriers de la catégorie et le maximum de la réduction possible de leurs salaires seront fixés par le cahier des charges.

4. Lorsqu'une clause relative au salaire courant aura été insérée dans le cahier des charges, ledit cahier stipulera que l'Administration, si elle constate une différence entre ce salaire courant et le salaire effectivement payé aux ouvriers, indemnisera directement les ouvriers lésés au moyen de retenues sur les sommes dues à l'entrepreneur et sur son cautionnement.

5. Lorsque des infractions réitérées aux conditions du travail auront été relevées à la charge d'un entrepreneur, contrairement à ses engagements, l'Administration compétente pourra, sans préjudice de l'application des sanctions habituelles prévues

au cahier des charges, décider, par voie de mesure générale, de l'exclure de ses marchés à l'avenir, pour un temps déterminé ou définitivement.

Sur le travail des adultes, V. R. v° *Industrie et commerce*, 98 s.; S. v° *Travail*, 1153 s.

C. — Hygiène et sécurité des travailleurs.

Loi du 12 juin 1893,

Concernant l'hygiène et la sécurité des travailleurs dans les établissements industriels (D. P. 94. 4. 32).

Art. 1er. (*L.* 11 *juillet* 1903.) « Sont soumis aux dispositions de la présente loi les manufactures, fabriques, usines, chantiers, ateliers, laboratoires, cuisines, caves et chais, magasins, boutiques, bureaux, entreprises de chargement et de déchargement et leurs dépendances, de quelque nature que ce soit, publics ou privés, laïques ou religieux, même lorsque ces établissements ont un caractère d'enseignement professionnel ou de bienfaisance. »

Sont seuls exceptés les établissements où ne sont employés que les membres de la famille sous l'autorité, soit du père, soit de la mère, soit du tuteur.

Néanmoins, si le travail s'y fait à l'aide de chaudière à vapeur ou de moteur mécanique, ou si l'industrie exercée est classée au nombre des établissements dangereux ou insalubres, l'inspecteur aura le droit de prescrire les mesures de sécurité et de salubrité à prendre conformément aux dispositions de la présente loi.

2. Les établissements visés à l'article 1er doivent être tenus dans un état constant de propreté et présenter les conditions d'hygiène et de salubrité nécessaires à la santé du personnel.

Ils doivent être aménagés de manière à garantir la sécurité des travailleurs. Dans tout établissement fonctionnant par des appareils mécaniques, les roues, les courroies, les engrenages ou tout autre organe pouvant offrir une cause de danger seront séparés des ouvriers, de telle manière que l'approche n'en soit possible que pour les besoins du service. Les puits, trappes et ouvertures doivent être clôturés.

Les machines, mécanismes, appareils de transmission, outils et engins doivent être installés et tenus dans les meilleures conditions possibles de sécurité.

(*L.* 11 *juillet* 1903.) « Les dispositions qui précèdent sont applicables aux théâtres, cirques et autres établissements similaires où il est fait emploi d'appareils mécaniques. »

3. (*L.* 11 *juillet* 1903.) « Des règlements d'administration publique, rendus après avis du comité consultatif des arts et manufactures, détermineront :

« 1° Les mesures générales de protection et de salubrité applicables à tous les établissements assujettis, notamment en ce qui concerne l'éclairage, l'aération ou la ventilation, les eaux potables, les fosses d'aisances, l'évacuation des poussières, vapeurs, les précautions à prendre contre les incendies, le couchage du personnel, etc. ;

« 2° Au fur et à mesure des nécessités constatées, les prescriptions particulières relatives, soit à certaines professions, soit à certains modes de travail.

« Le comité consultatif d'hygiène publique de France sera appelé à donner son avis en ce qui concerne les règlements généraux prévus sous le n° 1er du présent article. »

4. Les inspecteurs du travail sont chargés d'assurer l'exécution de la présente loi et des règlements qui y sont prévus; ils ont entrée dans les établissements spécifiés à l'article 1er et au dernier paragraphe de l'article 2, à l'effet de procéder à la surveillance et aux enquêtes dont ils sont chargés.

(*L.* 11 *juillet* 1903.) « Toutefois, pour les établissements de l'État dans lesquels l'intérêt de la défense nationale s'oppose à l'introduction d'agents étrangers au service, la sanction de la loi est exclusivement confiée aux agents désignés, à cet effet, par les ministres de la guerre et de la marine; la nomenclature de ces établissements sera fixée par règlement d'administration publique. »

5. Les contraventions sont constatées par les procès-verbaux des inspecteurs, qui font foi jusqu'à preuve contraire.

Les procès-verbaux sont dressés en double exemplaire, dont l'un est envoyé au préfet du département et l'autre envoyé au parquet.

Les dispositions ci-dessus ne dérogent point aux règles du droit commun quant à la constatation et à la poursuite des infractions commises à la présente loi.

6. Toutefois, en ce qui concerne l'application des règlements d'administration publique prévus par l'article 3 ci-dessus, les inspecteurs, avant de dresser procès-verbal, mettront les chefs d'industrie en demeure de se conformer aux prescriptions dudit règlement.

Cette mise en demeure sera faite par écrit sur le registre de l'usine; elle sera datée et signée, indiquera les contraventions relevées et fixera un délai à l'expiration duquel ces contraventions devront avoir disparu. Ce délai ne sera jamais inférieur à un mois.

Dans les quinze jours qui suivent cette mise en demeure, le chef d'industrie adresse, s'il le juge convenable, une réclamation au ministre du commerce et de l'industrie. Ce dernier peut, lorsque l'obéissance à la mise en demeure nécessite des transformations importantes portant sur le gros œuvre de l'usine, après avis conforme du comité des arts et manufactures, accorder à l'industriel un délai dont la durée, dans tous les cas, ne dépassera jamais dix-huit mois.

Notification de la décision est faite à l'industriel dans la forme administrative; avis en est donné à l'inspecteur.

7. Les chefs d'industrie, directeurs, gérants ou préposés, qui auront contrevenu aux dispositions de la présente loi et des règlements d'administration publique relatifs à son exécution seront poursuivis devant le tribunal de simple police et punis d'une amende de cinq à quinze francs (5 à 15 fr.). L'amende sera appliquée autant de fois qu'il y aura de contraventions distinctes constatées par le procès-verbal, sans toutefois que le chiffre total des amendes puisse excéder deux cents francs (200 fr.).

Le jugement fixera, en outre, le délai dans lequel seront exécutés les travaux de sécurité et de salubrité imposés par la loi.

Les chefs d'industrie sont civilement responsables des condamnations prononcées contre leurs directeurs, gérants ou préposés.

8. Si, après une condamnation prononcée en vertu de l'article précédent, les mesures de sécurité ou de salubrité imposées par la présente loi ou par les règlements d'administration publique n'ont pas été exécutées dans le délai fixé par le jugement qui a prononcé la condamnation, l'affaire est, sur un nouveau procès-verbal, portée devant le tribunal correctionnel, qui peut, après une nouvelle mise en demeure restée sans résultat, ordonner la fermeture de l'établissement.

Le jugement sera susceptible d'appel; la cour statuera d'urgence.

9. En cas de récidive, le contrevenant sera poursuivi devant le tribunal correctionnel et puni d'une amende de cinquante à cinq cents francs (50 à 500 fr.), sans que la totalité des amendes puisse excéder deux mille francs (2000 fr.).

Il y a récidive lorsque le contrevenant a été frappé, dans les douze mois qui

ont précédé le fait qui est l'objet de la poursuite, d'une première condamnation pour infraction à la présente loi ou aux règlements d'administration publique relatifs à son exécution.

10. Les inspecteurs devront fournir, chaque année, des rapports circonstanciés sur l'application de la présente loi dans toute l'étendue de leurs circonscriptions. Ces rapports mentionneront les accidents dont les ouvriers auront été victimes et leurs causes. Ils contiendront les propositions relatives aux prescriptions nouvelles qui seraient de nature à mieux assurer la sécurité du travail.

Un rapport d'ensemble, résumant ces communications, sera publié tous les ans par les soins du ministre du commerce et de l'industrie.

11. Tout accident ayant causé une blessure à un ou plusieurs ouvriers, survenu dans un des établissements mentionnés à l'article 1er et au dernier paragraphe de l'article 2, sera l'objet d'une déclaration par le chef de l'entreprise ou, à son défaut et en son absence, par le préposé.

Cette déclaration contiendra le nom et l'adresse des témoins de l'accident; elle sera faite dans les quarante-huit heures au maire de la commune, qui en dressera procès-verbal dans la forme à déterminer par un règlement d'administration publique. A cette déclaration sera joint, produit par le patron, un certificat du médecin indiquant l'état du blessé, les suites probables de l'accident et l'époque à laquelle il sera possible d'en connaître le résultat définitif.

Récépissé de la déclaration et du certificat médical sera remis, séance tenante, au déposant. Avis de l'accident est donné immédiatement par le maire à l'inspecteur divisionnaire ou départemental.

12. Seront punis d'une amende de cent à cinq cents francs (100 à 500 fr.) et, en cas de récidive, de cinq cents à mille francs (500 à 1 000 fr.), tous ceux qui auront mis obstacle à l'accomplissement des devoirs d'un inspecteur.

Les dispositions du Code pénal qui prévoient et répriment les actes de résistance, les outrages et les violences contre les officiers de la police judiciaire sont, en outre, applicables à ceux qui se rendront coupables de faits de même nature à l'égard des inspecteurs.

(*L.* 11 *juillet* 1903.) « Les articles 5, 6, 7, 8, 9, 12, paragraphes 1 et 2 et 14 de la présente loi ne sont pas applicables aux établissements de l'État. Un règlement d'administration publique fixera les conditions dans lesquelles seront communiquées, par le ministre *du commerce* [du travail et de la prévoyance sociale], aux administrations intéressées, les constatations des inspecteurs du travail dans ces établissements. »

13. Il n'est rien innové quant à la surveillance des appareils à vapeur.

14. L'article 463 du Code pénal est applicable aux condamnations prononcées en vertu de la présente loi.

15. Sont et demeurent abrogées toutes les dispositions des lois et règlements contraires à la présente loi.

V. **Suppl.** au **C. com. ann.**, p. 848 s. — V. aussi **S.** vo *Travail*, 1169 s.; **T.** (87-97), vo *Ouvriers*, 2 s., 19 s.; **D. P.** 1897 et suiv., Tables, vis *Manufactures et établissements industriels; Ouvrier.*

Décret du 20 novembre 1893,

Relatif à la déclaration des accidents survenus dans les établissements industriels.

Art. 1er. Le procès-verbal de la déclaration d'un accident à dresser, en vertu de l'article 11 de la loi du 12 juin 1893, par le maire de la commune où cet accident s'est produit, sera rédigé conformément au modèle annexé au présent décret.

DÉPARTEMENT
d

ARRONDISSEMENT
d

CANTON
d

COMMUNE
d

(1) Nom et prénoms.
(2) Indiquer la date et l'heure.
(3) Indiquer les nom, prénoms, profession et adresse; mentionner, en cas d'absence ou à défaut du chef de l'entreprise, que la déclaration a bien été faite par son préposé.
(4) Effacer *isolé* ou *multiple* suivant les cas.
(5) Indiquer la nature de l'établissement et le lieu où il est situé, ainsi que l'atelier où a eu lieu l'accident.
(6) Indiquer les nom, prénoms, âge, sexe, profession et adresse de la victime ou des victimes.
(7) Indiquer les noms, professions et adresses.

RÉPUBLIQUE FRANÇAISE

MAIRIE D

PROCÈS-VERBAL
DE DÉCLARATION D'ACCIDENT (*a*)
(Art. 11 de la loi du 12 juin 1893).

Par-devant nous (1), maire de la commune d , département d , soussigné, a comparu le (2) M. (3)

qui nous a remis, en vertu de l'article 11 de la loi du 12 juin 1893, une déclaration relative à un accident isolé *ou* multiple (4) survenu le (2) dans (5) à (6)

Cette déclaration constate : 1° que l'accident résulte de la circonstance suivante :

2° Que les témoins de l'accident sont (7)

A cette déclaration était joint un certificat de M. (1) , médecin à , donnant par victime les renseignements suivants :

NOMS et PRÉNOMS des victimes.	SEXE et AGE des victimes.	SUITES de L'ACCIDENT		SUITES PROBABLES de la blessure.	ÉPOQUE à laquelle il sera possible d'en connaître le résultat définitif.
		Morts.	Nature de la blessure.		

La déclaration et le certificat médical ont été annexés au présent procès-verbal pour être transmis à M. l'inspecteur départemental du travail en résidence à .

Fait et arrêté le présent procès-verbal les jour, mois et an que dessus, lequel a été signé avec nous par le déclarant après lecture faite.

(*Signatures.*)

(*a*) Sont seuls considérés comme accidents ceux qui paraissent devoir entraîner une incapacité de travail de *trois jours au moins*.

Décret du 29 juin 1895,

Qui prescrit les mesures particulières de protection et de salubrité à prendre dans les fabriques d'acéto-arsénite de cuivre.

Art. 1er. Dans les établissements où l'on fabrique l'acéto-arsénite de cuivre, dit vert de Schweinfurt, les chefs d'industrie, directeurs ou gérants sont tenus, indépendamment des mesures générales prescrites par le décret du 10 mars 1894, de prendre les mesures particulières de protection et de salubrité énoncées aux articles suivants.

2. Le sol et les murs des ateliers dans lesquels on fait la dissolution des produits employés, la précipitation et le filtrage du vert seront fréquemment lavés et maintenus en état constant d'humidité. La même prescription sera appliquée aux parois extérieures des cuves ou autres vases servant à celles de ces opérations qui se font à une température inférieure à l'ébullition.

3. Les appareils dans lesquels les liqueurs sont portées à l'ébullition seront ou bien clos ou au moins surmontés d'une hotte communiquant avec l'extérieur.

4. Le séchage du vert doit être pratiqué dans une étuve hermétiquement close, sauf le tuyau d'aération, et dans laquelle les ouvriers n'auront accès qu'après son refroidissement.

5. Les chefs d'industrie, directeurs ou gérants seront tenus de mettre à la disposition des ouvriers employés aux diverses opérations des masques, éponges mouillées ou autres moyens de protection efficaces des voies respiratoires; ils devront leur donner des gants de travail en toile pour protéger leurs mains. Les gants, éponges, masques, seront fréquemment lavés.

Ils doivent fournir, en outre, de la poudre de talc ou de fécule pour que les ouvriers s'en couvrent les mains ainsi que les autres parties du corps particulièrement aptes à l'absorption des poussières.

6. Les chefs d'industrie, directeurs ou gérants doivent fournir aux ouvriers des vêtements consacrés exclusivement au travail et susceptibles d'être serrés au col, aux poignets et aux chevilles. Ils assureront le lavage fréquent de ces vêtements.

7. Les chefs d'industrie, directeurs ou gérants sont tenus d'afficher le texte du présent décret dans un endroit apparent de leurs ateliers.

Décret du 18 juillet 1902,

Réglementant l'emploi de la céruse dans les travaux de peinture en bâtiment. — V. *infrà*, L. 20 juill. 1909.

Art. 1er. La céruse ne peut être employée qu'à l'état de pâte dans les ateliers de peinture en bâtiment.

2. Il est interdit d'employer directement avec la main les produits à base de céruse dans les travaux de peinture en bâtiment.

3. Le travail à sec au grattoir et le ponçage à sec des peintures au blanc de céruse sont interdits.

4. Dans les travaux de grattage et de ponçage humides, et généralement dans tous les travaux de peinture à la céruse, les chefs d'industrie devront mettre à la disposition de leurs ouvriers des surtouts exclusivement affectés au travail, et en prescriront l'emploi. Ils assureront le bon entretien et le lavage fréquent de ces vêtements.

Les objets nécessaires aux soins de propreté seront mis à la disposition des ouvriers sur le lieu même du travail.

Les engins et outils seront tenus en bon état de propreté, leur nettoyage sera effectué sans grattage à sec.

5. Les chefs d'industrie seront tenus d'afficher le texte du présent décret dans les locaux où se font le recrutement et la paye des ouvriers.

Décret du 21 novembre 1902,

Interdisant l'opération dite « pompage » dans l'industrie de la poterie d'étain.

Art. 1er. Dans l'industrie de la poterie d'étain, l'opération dite « pompage » consistant à aspirer avec la bouche à l'intérieur des pièces creuses pour s'assurer de leur étanchéité est interdite.

2. Les chefs d'industrie seront tenus de mettre à la disposition de leurs ouvriers les appareils nécessaires à l'essai des objets fabriqués.

Loi du 11 juillet 1903,

Portant modification de la loi du 12 juin 1893 sur l'hygiène et la sécurité des travailleurs dans les établissements industriels (**D. P.** 1903. 4. 69).

Art. 1er. Les articles 1er, paragraphe 1er; 2, paragraphe 3; 3, 4, paragraphe 2, et 12, paragraphe 3 de la loi du 12 juin 1893, concernant l'hygiène et la sécurité des travailleurs dans les établissements industriels, sont modifiés ou complétés ainsi qu'il suit : — V. *suprà*, L. 12 juin 1893, art. 1er, § 1er; 2, § 3; 3, 4, § 2; 12, § 3.

Décret du 15 juillet 1904,

Relatif à la réglementation de l'emploi du blanc de céruse.
— V. *infrà*, L. 20 juill. 1909.

Article unique. Les dispositions du décret du 18 juillet 1902 réglementant l'emploi du blanc de céruse dans l'industrie de la peinture en bâtiment sont étendues à tous les travaux de peinture.

Décret du 28 juillet 1904,

Portant règlement d'administration publique pour l'application de la loi des 12 juin 1893-11 juillet 1903 sur l'hygiène et la sécurité des travailleurs en ce qui concerne le couchage du personnel dans les établissements industriels et commerciaux.

Art. 1er. Le cube d'air des locaux affectés au couchage du personnel dans les établissements visés à l'article 1er de la loi du 12 juin 1893, modifiée par la loi du 11 juillet 1903, ne devra pas être inférieur à quatorze mètres cubes par personne. Ces locaux seront largement aérés; ils seront à cet effet munis de fenêtres ou autres ouvertures à châssis mobiles donnant directement sur le dehors. Ceux de ces locaux qui ne seraient pas ventilés par une cheminée devront être pourvus d'un mode de ventilation continue.

2. Les dortoirs devront avoir une hauteur moyenne de deux mètres soixante centimètres au moins; une hauteur moindre, mais supérieure à deux mètres quarante centimètres, pourra être tolérée dans les dortoirs des ateliers établis avant la promulgation du présent décret. Quand le plafond fera corps avec le toit de la maison, il devra être imperméable et revêtu d'un enduit sans interstices. A défaut d'une épaisseur de maçonnerie de trente centimètres au moins, les parois extérieures devront comprendre une couche d'air ou de matériaux isolants d'une épaisseur suffisante pour protéger l'occupant contre les variations brusques de la température.

3. Les ménages devront avoir chacun une chambre distincte. Les pièces à usage de dortoirs ne pourront contenir que des personnes d'un même sexe, disposant chacune, pour son usage exclusif, d'une literie comprenant : châssis, sommier ou paillasse, matelas, traversin, paire de draps, couverture et meuble ou placard pour les effets. Les lits seront séparés les uns des autres par une distance de quatre-vingts centimètres au moins.

4. Il est interdit de faire coucher le personnel dans les ateliers, magasins ou locaux quelconques affectés à un usage industriel ou commercial.

Cette disposition ne s'applique pas aux gardiens jugés nécessaires pour la surveillance de nuit.

5. Le sol des dortoirs sera formé d'un revêtement imperméable ou d'un revêtement jointif se prêtant facilement au lavage. Les murs seront recouverts soit d'un enduit permettant un lavage efficace, soit d'une peinture à la chaux. La peinture à la chaux sera refaite toutes les fois que la propreté l'exigera, et au moins tous les trois ans.

6. La literie sera maintenue constamment en bon état de propreté. Les draps servant au couchage seront blanchis tous les mois au moins, et, en outre, chaque fois que les lits changeront d'occupants. Les matelas seront cardés au moins tous les deux ans, et les paillasses renouvelées au moins deux fois par an.

7. Les dortoirs ne seront jamais encombrés et le linge sale ne devra pas y séjourner. Ils seront maintenus dans un état constant de propreté, soit par un lavage, soit par un nettoyage à l'aide de brosses ou de linges humides. Cette opération, ainsi que la mise en état des lits, devra être répétée tous les jours.

Toutes les mesures seront prises, le cas échéant, pour la destruction des insectes.

8. Il sera tenu à la disposition du matériel de l'eau potable et des lavabos, à raison d'un au moins pour six personnes. Ces lavabos seront munis de serviettes individuelles et de savon.

9. Les pièces affectées à l'usage de dortoir ne devront pas être traversées par des conduits de fumée autres qu'en maçonnerie étanche. Ces pièces n'auront pas de communication directe avec les cabinets d'aisance, égouts, plombs, puisards.

10. Le délai d'exécution des travaux de transformation qu'implique le présent règlement est fixé à un an à compter de sa promulgation.

11. Le texte du présent décret et une affiche (V. *infrà*, *Arrêté ministériel du 21 mars* 1906) indiquant en caractères facilement lisibles les mesures d'hygiène concernant la prophylaxie de la tuberculose seront affichés dans toutes pièces à usage de dortoirs.

Les termes de cette affiche seront fixés par arrêté ministériel.

Modèle de l'affiche prescrivant des mesures d'hygiène contre le développement de la tuberculose dans les dortoirs.

[ARRÊTÉ MINISTÉRIEL DU 21 MARS 1906.]

La tuberculose est, de toutes les maladies, celle qui tue le plus de monde. La tuberculose est causée par un microbe qui se trouve dans les crachats des personnes tuberculeuses. Ces crachats répandent la tuberculose. La contagion s'opère principalement quand on ingère ou quand on respire des parcelles liquides ou des poussières provenant de crachats, salives ou mucosités quelconques projetés par des tuberculeux.

Les précautions ci-après devront être observées dans les pièces à l'usage de dortoir :

Ne crachez pas à terre. — *Ne permettez pas que vos camarades crachent à terre, ni qu'ils toussent sans se couvrir la bouche.*

Ne respirez pas de poussières. — *Respirez de l'air pur. Aérez largement.*

Ne vous servez pas de ce qui a servi à un autre. — *Ne touchez qu'avec précaution au linge sali par un autre. Ne couchez pas dans les draps d'un autre.*

Veillez à la bonne tenue de vos dortoirs. — *Faites en sorte que votre dortoir soit tenu dans un état constant de propreté, et que toutes les prescriptions du décret du 28 juillet 1904 y soient observées.*

Décret du 29 novembre 1904,

Relatif à l'hygiène et à la sécurité du travail des ouvriers et employés.

Art. 1er. Les emplacements affectés au travail dans les établissements visés par l'article 1er de la loi du 12 juin 1893, modifiée par la loi du 11 juillet 1903, seront tenus en état constant de propreté.

Le sol sera nettoyé à fond au moins une fois par jour avant l'ouverture ou après la clôture du travail, mais jamais pendant le travail.

Ce nettoyage sera fait soit par un lavage, soit à l'aide de brosses ou de linges humides, si les conditions de l'exploitation ou la nature du revêtement du sol s'opposent au lavage. Les murs et les plafonds seront l'objet de fréquents nettoyages; les enduits seront refaits toutes les fois qu'il sera nécessaire.

2. Dans les locaux où l'on travaille des matières organiques altérables, le sol sera rendu imperméable et toujours bien nivelé; les murs seront recouverts d'un enduit permettant un lavage efficace.

En outre, le sol et les murs seront lavés aussi souvent qu'il sera nécessaire avec une solution désinfectante. Un lessivage à fond avec la même solution sera fait au moins une fois par an.

Les résidus putrescibles ne devront jamais séjourner dans les locaux affectés au travail et seront enlevés au fur et à mesure, à moins qu'ils ne soient déposés dans des récipients métalliques hermétiquement clos, vidés et lavés au moins une fois par jour.

3. L'atmosphère des ateliers et de tous les autres locaux affectés au travail sera tenue constamment à l'abri de toute émanation provenant d'égouts, fosses, puisards, fosses d'aisances ou de toute autre source d'infection.

Dans les établissements qui déverseront les eaux résiduaires ou de lavage dans un égout public ou privé, toute communication entre l'égout et l'établissement sera munie d'un intercepteur hydraulique fréquemment nettoyé et abondamment lavé au moins une fois par jour.

Les éviers seront formés de matériaux imperméables et bien joints, ils présenteront une pente dans la direction du tuyau d'écoulement et seront aménagés de façon à ne dégager aucune odeur. Les travaux dans les puits, conduites de gaz, canaux de fumée, fosses d'aisances, cuves ou appareils quelconques pouvant contenir des gaz délétères, ne seront entrepris qu'après que l'atmosphère aura été assainie par une ventilation efficace. Les ouvriers appelés à travailler dans ces conditions seront attachés par une ceinture de sûreté.

4. Les cabinets d'aisances ne devront pas communiquer directement avec les locaux fermés où le personnel est appelé à séjourner. Ils seront éclairés et aménagés de manière à ne dégager aucune odeur. Le sol et les parois seront en matériaux imperméables; les peintures seront d'un ton clair.

Il y aura au moins un cabinet pour cinquante personnes et des urinoirs en nombre suffisant.

Aucun puits absorbant, aucune disposition analogue ne pourra être établie qu'avec l'autorisation de l'administration supérieure et dans les conditions qu'elle aura prescrites.

5. Les locaux fermés affectés au travail ne seront jamais encombrés. Le cube d'air par personne employée ne pourra être inférieur à sept mètres cubes. Pendant un délai de trois ans, à dater de la promulgation du présent décret, ce cube pourra n'être que de six mètres.

Le cube d'air sera de dix mètres au moins par personne employée dans les laboratoires, cuisines, chais; il en sera de même dans les magasins, boutiques et bureaux ouverts au public.

Un avis affiché dans chaque local de travail indiquera sa capacité en mètres cubes.

Les locaux fermés affectés au travail seront largement aérés et, en hiver, convenablement chauffés.

Ils seront munis de fenêtres ou autres ouvertures à châssis mobiles donnant directement sur le dehors. L'aération sera suffisante pour empêcher une élévation exagérée de la température. Ces locaux, leurs dépendances et notamment les passages et escaliers seront convenablement éclairés.

(*Décr.* 6 *août* 1905.) Les gardiens de chantiers devront disposer d'un abri et, pendant l'hiver, de moyens de chauffage.

6. Les poussières ainsi que les gaz incommodes, insalubres ou toxiques, seront évacués directement au dehors des locaux de travail au fur et à mesure de leur production.

Pour les buées, vapeurs, gaz, poussières légères, il sera installé des hottes avec cheminées d'appel ou tout autre appareil d'élimination efficace.

Pour les poussières déterminées par les meules, les batteurs, les broyeurs et tous autres appareils mécaniques, il sera installé, autour des appareils, des tambours en communication avec une ventilation aspirante énergique.

Pour les gaz lourds, tels que les vapeurs de mercure, de sulfure de carbone, la ventilation aura lieu *per descensum*; les tables ou appareils de travail seront mis en communication directe avec le ventilateur.

La pulvérisation des matières irritantes et toxiques, ou autres opérations, telles que le tamisage et l'embarillage de ces matières, se feront mécaniquement en appareils clos.

L'air des ateliers sera renouvelé de façon à rester dans l'état de pureté nécessaire à la santé des ouvriers.

7. Pour les industries désignées par arrêté ministériel, après avis du comité consultatif des arts et manufactures, les vapeurs, les gaz incommodes et insalubres et les poussières seront condensés ou détruits.

8. Les ouvriers ou employés ne devront point prendre leurs repas dans les locaux affectés au travail.

Toutefois l'autorisation d'y prendre les repas pourra être accordée, en cas de besoin et après enquête, par l'inspecteur divisionnaire sous les justifications suivantes :

1° Que les opérations effectuées ne comportent pas l'emploi de substances toxiques;

2° Qu'elles ne donnent lieu à aucun dégagement de gaz incommodes, insalubres ou toxiques, ni de poussières;

3° Que les autres conditions d'hygiène soient jugées satisfaisantes.

Les patrons mettront à la disposition de leur personnel les moyens d'assurer la propreté individuelle, vestiaires avec lavabos, ainsi que de l'eau de bonne qualité pour la boisson.

9. Pendant les interruptions de travail, l'air des locaux sera entièrement renouvelé.

10. Les moteurs à vapeur, à gaz, les moteurs électriques, les roues hydrauliques, les turbines ne seront accessibles qu'aux ouvriers affectés à leur surveillance. Ils seront isolés par des cloisons ou barrières de protection.

Les passages entre les machines, mécanismes, outils mus par ces moteurs auront une largeur d'au moins quatre-vingts centimètres; le sol des intervalles sera nivelé.

Les escaliers seront solides et munis de fortes rampes.

Les puits, trappes, cuves, bassins, réservoirs de liquides corrosifs ou chauds seront pourvus de solides barrières ou garde-corps.

Les échafaudages seront munis sur toutes leurs faces de garde-corps rigides de quatre-vingt-dix centimètres de haut.

Les ponts volants, passerelles pour le chargement et le déchargement des navires devront former un tout rigide et être munis de garde-corps des deux côtés.

(*Décr. 4 avril* 1910.) « Les chefs d'établissement, par leurs règlements d'atelier, interdiront aux ouvriers de coucher sur les fours à plâtre. »

11. Les monte-charges, ascenseurs, élévateurs seront guidés et disposés de manière que la voie de la cage du monte-charge et des contre-poids soit fermée; que la fermeture du puits à l'entrée des divers étages ou galeries s'effectue automatiquement; que rien ne puisse tomber du monte-charge dans le puits.

Pour les monte-charges destinés à transporter le personnel, la charge devra être calculée au tiers de la charge admise pour le transport des marchandises, et les monte-charges seront pourvus de freins, chapeaux, parachutes ou autres appareils préservateurs.

Les appareils de levage porteront l'indication du maximum de poids qu'ils peuvent soulever.

12. Toutes les pièces saillantes mobiles et autres parties dangereuses des machines, et notamment les bielles, roues, volants, les courroies et câbles, les engrenages, les cylindres et cônes de frictions ou tous autres organes de transmission qui seraient reconnus dangereux seront munis de dispositifs protecteurs, tels que gaines et chéneaux de bois ou de fer, tambours pour les courroies et les bielles, ou de couvre-engrenage, garde-mains, grillages.

Les machines-outils à instruments tranchants tournant à grande vitesse, telles que machines à scier, fraiser, raboter, découper, hacher, les cisailles, coupe-chiffons et autres engins semblables, seront disposés de telle sorte que les ouvriers ne puissent, de leur poste de travail, toucher involontairement les instruments tranchants.

Sauf le cas d'arrêt du moteur, le maniement des courroies sera toujours fait par le moyen de systèmes, tels que monte-courroies, porte-courroies, évitant l'emploi direct de la main.

On devra prendre autant que possible des dispositions telles qu'aucun ouvrier ne soit habituellement occupé à un travail quelconque dans le plan de rotation ou aux abords immédiats d'un volant, d'une meule ou de tout autre engin pesant ou tournant à grande vitesse.

(*Décr. 7 décembre* 1907.) « Toute meule tournant à grande vitesse devra être montée ou enveloppée de telle sorte qu'en cas de rupture ses fragments soient retenus, soit par les organes de montage, soit par l'enveloppe.

Une inscription très apparente placée auprès des volants, des meules et de tout autre engin pesant et tournant à grande vitesse, indiquera le nombre de tours par minute qui ne doit pas être dépassé. »

13. La mise en train et l'arrêt des machines devront être toujours précédés d'un signal convenu.

14. (*Décr. 7 décembre* 1907.) « L'appareil d'arrêt des machines motrices sera toujours placé sous la main des conducteurs qui dirigent ces machines, et en dehors de la zone dangereuse. »

Les contremaîtres ou chefs d'atelier, les conducteurs de machines-outils, métiers, etc., auront à leur portée le moyen de demander l'arrêt des moteurs.

Chaque machine-outil, métier, etc., sera en outre installé et entretenu de manière à pouvoir être isolé par son conducteur de la commande qui l'actionne.

15. Des dispositifs de sûreté devront être installés dans la mesure du possible pour le nettoyage et le graissage des transmissions et mécanismes en marche.

En cas de réparation d'un organe mécanique quelconque, son arrêt devra être assuré par un calage convenable de l'embrayage ou du volant; il en sera de même pour les opérations de nettoyage qui exigent l'arrêt des organes mécaniques.

16. (*Décr.* 2 *juin* 1911.) § a (*Sorties*). — Les portes des ateliers, bureaux et magasins de dépôt, où séjournent plus de dix employés ou ouvriers et, quelle que soit l'importance du personnel, les portes des ateliers, magasins, bureaux où sont manipulées des matières inflammables, celles des magasins de vente doivent s'ouvrir de dedans en dehors, soit qu'elles assurent la sortie sur les cours, vestibules, couloirs, escaliers et autres dégagements intérieurs, soit qu'elles donnent accès à l'extérieur. Dans ce dernier cas, la mesure n'est obligatoire que lorsqu'elle est jugée indispensable à la sécurité. En cas de différend entre les chefs d'établissement et l'inspection du travail, il est statué par décision du ministre du travail.

Si les portes s'ouvrent sur un couloir ou sur un escalier, elles doivent être disposées de façon qu'une fois développées, elles ne soient en saillie sur ce dégagement que de leur épaisseur même.

Les sorties doivent être assez nombreuses pour permettre l'évacuation rapide de l'établissement; elles doivent être toujours libres et n'être jamais encombrées de marchandises, de matières en dépôts, ni d'objets quelconques.

Dans les établissements importants, des inscriptions bien visibles doivent indiquer le chemin vers la sortie la plus rapprochée. En outre, s'ils sont éclairés à la lumière électrique, ils doivent comporter, en même temps, un éclairage de secours.

Dans les ateliers, magasins ou bureaux où sont manipulées des matières inflammables, aucun poste habituel de travail ne doit se trouver à plus de dix mètres d'une sortie. Les portes de sortie qui ne servent pas habituellement de passages doivent, pendant les périodes de travail, pouvoir s'ouvrir très facilement de l'intérieur et être signalées par la mention « sortie de secours » inscrite en caractères bien visibles.

Dans les ateliers, magasins ou bureaux ou sont manipulées des matières inflammables, si les fenêtres sont munies de grilles ou grillages, ces grilles ou grillages doivent pouvoir s'ouvrir très facilement de l'intérieur.

§ b (*Escaliers*). — Les escaliers desservant les locaux de travail sont construits soit en matériaux incombustibles, soit en bois hourdé de plâtre sur trois centimètres au moins d'épaisseur, ou protégés par un revêtement d'une efficacité équivalente.

Le nombre de ces escaliers est calculé de manière que l'évacuation de tous les étages d'un corps de bâtiment contenant des ateliers puisse se faire immédiatement.

Tout escalier pouvant servir à assurer la sortie simultanée de vingt personnes au plus doit avoir une largeur minimum de 1 mètre; cette largeur doit s'accroître de 15 centimètres pour chaque nouveau groupe du personnel employé, variant de une à cinquante unités.

Une décision du ministre du travail et de la prévoyance sociale, prise après avis du comité consultatif des arts et manufactures, peut toujours, si la sécurité l'exige, prescrire un nombre minimum de deux escaliers.

La largeur minimum des passages ménagés à l'intérieur des pièces et celle des couloirs conduisant aux escaliers doivent être déterminées d'après la règle établie ci-dessus pour les escaliers.

Ces passages et ces couloirs doivent être libres de tout encombrement de meubles, sièges, marchandises ou matériel.

17. (*Décr.* 2 *juin* 1911.) § a (*Éclairage et chauffage*). — Il est interdit d'employer, pour l'éclairage et le chauffage, aucun liquide émettant, au-dessous de 35°, des vapeurs inflammables, à moins que l'appareil contenant le liquide ne soit solidement fixé pendant le travail; la partie de cet appareil contenant le liquide doit être étanche, de manière à éviter tout suintement du liquide.

Aux heures de présence du personnel, le remplissage des appareils d'éclairage, ainsi que des appareils de chauffage à combustible liquide, soit dans les locaux de travail, soit dans les passages ou escaliers servant à la circulation, ne peut se faire qu'à la lumière du jour et à la condition qu'aucun foyer ne soit allumé.

Les tuyaux de conduite amenant le gaz aux appareils d'éclairage et de chauffage doivent être soit en métal, soit enveloppés de métal, soit protégés efficacement par une matière incombustible.

Les flammes des appareils d'éclairage ou des appareils de chauffage portatifs doivent être distantes de toute partie combustible de la construction, du mobilier ou des marchandises en dépôt, d'au moins 1 mètre verticalement, et d'au moins 30 centimètres latéralement; des distances moindres peuvent être tolérées en cas de nécessité en ce qui concerne les murs et plafonds, moyennant l'interposition d'un écran incombustible qui ne doit pas toucher la paroi à protéger.

Les appareils d'éclairage portatifs doivent avoir un support stable et solide.

Les appareils d'éclairage fixes ou portatifs doivent, si la nécessité en est reconnue, être pourvus d'un verre, d'un globe, d'un réseau de toile métallique, ou de tout autre dispositif propre à empêcher la flamme d'entrer en contact avec des matières inflammables.

Tous les liquides inflammables, ainsi que les chiffons et cotons imprégnés de ces substances ou de substances grasses, doivent être enfermés dans des récipients métalliques, clos et étanches.

Ces récipients, ainsi que les gazomètres et les récipients pour les huiles, les essences et les pétroles lampants, doivent être placés dans des locaux séparés et jamais au voisinage des passages ou des escaliers.

Dans les établissements qui mettent en œuvre des courants électriques, les chefs d'établissement doivent, en outre, se conformer à toutes les prescriptions qui sont ou pourront être édictées par application de l'article 3 de la loi du 12 juin 1893, modifiée par la loi du 11 juillet 1903, pour la sécurité dans les établissements visés par le présent alinéa.

§ b (*Consignes pour le cas d'incendie*). — Les chefs d'établissements doivent prendre les précautions nécessaires pour que tout commencement d'incendie puisse être rapidement et efficacement combattu, dans l'intérêt du sauvetage du personnel.

Une consigne affichée dans chaque local de travail indique le matériel d'extinction et de sauvetage qui doit s'y trouver, et les manœuvres à exécuter en cas d'incendie, avec le nom des personnes désignées pour y prendre part.

La consigne doit prescrire des visites et essais périodiques destinés à constater que le matériel est en bon état et que le personnel est préparé à en faire usage.

Cette consigne doit être communiquée à l'inspection du travail; le chef d'établissement doit veiller à son exécution.

18. Les ouvriers et ouvrières qui ont à se tenir près des machines doivent porter des vêtements ajustés et non flottants.

19. Un arrêté ministériel déterminera pour chaque nature de locaux celles des prescriptions du présent décret qui doivent y être affichées.

20. (*Décr. 2 juin* 1911.) Le ministre du travail et de la prévoyance sociale peut, par arrêté pris sur le rapport des inspecteurs du travail et après avis du comité consultatif des arts et manufactures, accorder à un établissement dispense permanente ou temporaire de tout ou partie des prescriptions des articles 1er (alinéa 3), 5 (alinéas 2 et 5), 9 et 10 (alinéa 6), et 16 (§ a, dernier alinéa et § b, avant-dernier alinéa), dans le cas où il est reconnu que l'application de ces prescriptions est pratiquement impossible et que l'hygiène et la sécurité des travailleurs sont assurées dans des conditions au moins équivalentes à celles qui sont fixées par le présent décret.

21. Sous réserve du délai spécial fixé par l'article 5 et des délais supplémentaires qui seraient accordés par le ministre en vertu de l'article 20, le délai d'exécution des travaux de transformation qu'implique le présent règlement est fixé à un an à dater de sa promulgation, pour les établissements non visés par la loi du 12 juin 1893.

22. Les décrets des 10 mars 1894, 14 juillet 1901 et 6 août 1902 sont abrogés.

Décret du 2 mars 1905,

Relatif à l'application, dans les établissements de l'État, de la loi des 12 juin 1893-11 juillet 1903, concernant l'hygiène et la sécurité des travailleurs.

Art. 1er. Les résultats des constatations faites dans les établissements de l'Etat par les inspecteurs du travail en vertu de l'article 4, paragraphe 1er, de la loi des 12 juin 1893-11 juillet 1903, sont consignés sur un registre spécial fourni par l'administration intéressée et confié au directeur de l'établissement. Copie des inscriptions portées à ce registre est adressée immédiatement par l'inspecteur à l'inspecteur divisionnaire du travail.

2. Si l'inspecteur a formulé des observations, le directeur de l'établissement doit, dans le délai d'un mois, faire connaître par lettre, à l'inspecteur divisionnaire du travail, la suite qu'il compte leur donner. Copie de cette lettre est reportée par les soins du directeur sur le registre mentionné à l'article premier en regard des constatations de l'inspecteur.

3. Quand l'accord sur les mesures à prendre ne s'établit pas entre le directeur et l'inspecteur divisionnaire, ce dernier avise le ministre *du commerce et de l'industrie* [du travail et de la prévoyance sociale] qui saisit le ministre intéressé.

Celui-ci informe le ministre *du commerce et de l'industrie* [du travail et de la prévoyance sociale] de la suite qu'il donne à l'affaire.

4. Le ministre *du commerce et de l'industrie* [du travail et de la prévoyance sociale] peut, s'il le juge utile, demander l'avis du comité consultatif des arts et manufactures. Le comité est toujours consulté lorsque le ministre intéressé en fait la demande.

Décret du 4 avril 1905,

Relatif aux précautions édictées pour la manipulation du linge sale dans les ateliers de blanchissage de linge.

Art. 1er. Dans les ateliers de blanchissage de linge, les chefs d'industrie, directeurs ou gérants sont tenus, indépendamment des mesures générales prescrites par le décret du 29 novembre 1904, de prendre les mesures particulières de protection et de salubrité énoncées aux articles suivants.

2. Le linge sale ne doit être introduit dans l'atelier de blanchissage, par l'exploitant ou son personnel, que renfermé dans des sacs, enveloppes spéciales ou tous autres récipients soigneusement clos pendant le transport.

3. Le linge sale avec son contenant doit être désinfecté avant tout triage par un des procédés de désinfection admis pour l'exécution de la loi du 15 février 1902 sur la santé publique ou par l'ébullition dans une solution alcaline, soit, à défaut de l'une de ces opérations, tout au moins soumis à une aspersion suffisante pour fixer les poussières. Dans ce dernier cas, les sacs et enveloppes, ou tous autres récipients, doivent être lessivés ou désinfectés.

Les mesures de désinfection sont obligatoires pour le linge sale provenant des établissements hospitaliers où l'on reçoit des malades.

4. Les chefs d'industrie, directeurs ou gérants sont tenus de mettre, à la disposition du personnel employé à la manipulation du linge sale, des surtouts exclusivement affectés au travail; ils en assurent le bon entretien et le lavage fréquent; ces vêtements doivent être rangés dans un local séparé de la salle des blanchissages et de la salle où se trouve le linge propre.

5. Il est interdit de manipuler du linge sale non désinfecté ou non lessivé, soit dans les salles de repassage, soit dans les salles où se trouve du linge blanchi.

6. Les eaux d'essangeage doivent être évacuées directement hors de l'atelier par canalisation fermée, sans préjudice de toutes autres mesures de salubrité à prendre en exécution des articles 97 de la loi municipale du 5 avril 1884, et 1er de la loi du 15 février 1902 sur la santé publique.

7. Les chefs d'industrie, directeurs ou gérants sont tenus d'afficher dans un endroit apparent des locaux professionnels un règlement qui prescrira l'emploi des vêtements de travail, qui imposera au personnel l'obligation de prendre des soins de propreté à chaque sortie de l'atelier, et qui interdira de consommer aucun aliment ni aucune boisson dans les ateliers de manipulation du linge sale.

8. Le délai d'exécution des mesures édictées par le présent règlement est fixé à six mois à partir de sa promulgation, sauf en ce qui concerne les articles 5 et 6. Pour l'exécution des travaux de transformation qu'impliquent ces deux derniers articles, le délai est fixé à trois ans.

Décret du 6 août 1905,

Modifiant l'art. 5 du décret du 29 novembre 1904, sur l'hygiène et la salubrité des travailleurs. — V. *suprà*, Décr. 29 nov. 1904, art. 5.

Décret du 22 mars 1906,

Modifiant les dispositions (relatives à l'incendie) du décret du 29 novembre 1904 sur l'hygiène et la sécurité des travailleurs. — V. *suprà*, Décr. 29 nov. 1906, art. 16.

Loi du 17 avril 1907,

Concernant la sécurité de la navigation maritime et la réglementation du travail à bord des navires de commerce (D. P. 1907. 4. 153).

TITRE Ier. — DE LA SÉCURITÉ DE LA NAVIGATION MARITIME.

CHAPITRE Ier. — NAVIRES NOUVELLEMENT CONSTRUITS ET NAVIRES NOUVELLEMENT ACQUIS A L'ÉTRANGER.

Art. 1er. Aucun navire français à voiles, à vapeur ou à propulsion mécanique, de commerce ou de pêche ou de plaisance, de plus de 25 tonneaux de jauge brute, ne peut être mis en service sans un permis de navigation délivré par l'administrateur de l'inscription maritime après constatation, par la commission prévue à l'article 4 ci-après :

1o Que toutes les parties du navire sont dans de bonnes conditions de construction et de conservation de navigabilité et de fonctionnement, ou que le navire est coté à la première cote d'un des registres de classification désignés par arrêté du ministre de la marine, après avis du conseil supérieur de la navigation maritime;

2° Qu'il a été satisfait au règlement d'administration publique prévu à l'article 53 ci-après, concernant l'aménagement, l'habitabilité et la salubrité des locaux de toute nature ;

3° Que le navire est pourvu des instruments et documents nautiques, ainsi que des objets d'armement et de rechange énumérés dans le même règlement ;

4° Que l'installation à bord et le fonctionnement des embarcations et des appareils ou engins de sauvetage, ainsi que le matériel médical, sont conformes aux dispositions du même règlement ;

5° Que les prescriptions de ce règlement relatives au calcul du tirant d'eau maximum et aux marques indiquant ce maximum sur la coque du navire ont été observées. Le certificat de franc-bord délivré par une société de classification reconnue par le ministre de la marine pourra tenir lieu de cette constatation ;

6° S'il s'agit d'un bateau à vapeur, ou qui comporte des appareils à vapeur, que ces appareils satisfont aux conditions qui seront prescrites dans le règlement d'administration publique prévu à l'article 53 de la présente loi ;

7° Que le nombre maximum des passagers de toute catégorie, pouvant être embarqués sur le navire, est conforme aux prescriptions du règlement d'administration publique prévu à l'article 53 de la présente loi.

2. Pour les navires construits en France, les constatations prescrites au précédent article sont effectuées :

a) Pour celles qui sont relatives à la coque, dans le port de construction, où cette première visite a toujours lieu à sec. Les navires cotés à la première cote de l'un des registres de classification indiqués ci-dessus seront dispensés de cette constatation ;

b) Pour toutes les autres, dans le port où doit avoir lieu le premier armement du navire.

Pour les navires construits sous le régime de la loi du 19 avril 1906, les constatations ci-dessus dispensent de celles prévues par l'article 4 de la loi du 30 janvier 1893.

Pour les navires construits ou acquis à l'étranger, les mêmes constatations ont lieu dans les mêmes conditions, dans le port de France où le navire est conduit pour être francisé.

3. Aucun navire étranger ne pourra embarquer des passagers dans un port français s'il n'a fait constater par la commission prévue à l'article 4 ci-après qu'il satisfait aux conditions imposées aux navires français par l'article 1er de la présente loi.

Toutefois, les navires susvisés seront dispensés de ces constatations sur présentation, par les capitaines, de certificats de leur gouvernement reconnus, par le ministre de la marine, équivalents au permis de navigation français et à condition que les mêmes avantages soient assurés aux navires français dans les ports de leur nationalité.

4. Les différentes constatations visées à l'article 1er sont effectuées, partout où il y aura lieu d'en constituer, par des commissions de visite composées chacune comme suit :

L'administrateur de l'inscription maritime du quartier, ou, en cas d'empêchement, l'administrateur qui lui est adjoint ou qui peut lui être adjoint à cet effet ;

L'inspecteur de la navigation maritime prévu à l'article 7 de la présente loi ;

Un capitaine au long cours ayant accompli en cette qualité au moins quatre années de commandement ;

Un autre navigateur, soit capitaine au long cours s'il s'agit de navigation au long cours, soit maître au cabotage s'il s'agit de petit cabotage ou de pêche, ayant accompli quatre années au moins de navigation en l'une de ces qualités, les maîtres au cabotage devant être munis du brevet supérieur, lorsqu'il s'agit de navires à vapeur ou à propulsion mécanique; à défaut, un officier de marine en activité ou en retraite;

Un ingénieur des constructions navales, en activité ou en retraite, ou un ingénieur civil, de nationalité française;

Un représentant des compagnies françaises d'assurances maritimes;

Un expert, de nationalité française, appartenant à une société française de classification;

Un officier mécanicien breveté de la marine marchande ayant au moins quatre ans de navigation maritime en cette qualité; à défaut, un officier mécanicien de la marine, en activité ou en retraite;

Le directeur de la santé du port ou un médecin sanitaire le suppléant; à défaut, un médecin de la marine en activité ou en retraite, ou un médecin civil;

Un représentant des armateurs et un représentant du personnel soit du pont, soit des machines, soit du service général, selon la visite dont il s'agit, prennent part aux délibérations de la commission avec voix délibérative, le représentant du personnel devant avoir au moins soixante mois de navigation.

L'administrateur de l'inscription maritime est président de la commission.

Il devra dresser, au commencement de chaque année, une liste générale des personnes rentrant dans les catégories ci-dessus énoncées et susceptibles de faire partie des commissions de visite prévues au présent article. Cette liste sera soumise à l'approbation du ministre de la marine et à celle du ministre du commerce et de l'industrie en ce qui concerne la désignation des représentants des armateurs et des assureurs.

L'administrateur de l'inscription maritime désignera sur cette liste, par roulement, à moins d'impossibilité, en tenant compte des absences et autres empêchements, les membres de la commission qui sera chargée, pendant une période déterminée, de toutes les visites des bâtiments nouvellement construits ou nouvellement acquis à l'étranger.

Le représentant des armateurs, le capitaine au long cours, et le représentant du personnel naviguant seront désignés par l'administrateur de l'inscription maritime sur des listes dressées par chacun des groupements professionnels intéressés.

Ils ne devront pas avoir encouru de condamnation pour infractions à la présente loi.

CHAPITRE II. — NAVIRES EN SERVICE.

5. Après leur mise en service, les navires français visés à l'article 1er devront être examinés, dans les ports de France ou dans ceux des colonies qui auront été désignés par décret, lorsque douze mois se seront écoulés depuis la dernière visite qu'ils auront subie.

Les navires arrivant dans un de ces ports après le délai de douze mois pourront être dispensés de la visite ci-dessus prescrite dans ce port, s'ils n'y laissent qu'une partie de leur chargement, et s'ils se rendent, dans le délai d'un mois, à un des autres ports désignés par décret, où ils devront la subir.

Ils devront être visités également dans l'intervalle, par décision de l'administrateur de l'inscription maritime, toutes les fois qu'ils ont subi de graves avaries, ou de notables changements dans leur construction ou dans leurs aménagements, et chaque fois que l'armateur en fait la demande.

Ces visites porteront sur la coque, l'armement et les appareils à vapeur ou à propulsion mécanique.

Les navires à visiter seront laissés à flot, à moins que la commission chargée, conformément à l'article 6 ci-après, de la visite n'en décide autrement.

La commission pourra exiger, si elle le juge indispensable, que le navire lui soit présenté à l'état lège.

Toutefois, ceux qui sont affectés à une navigation au long cours ou de cabotage international, aux grandes pêches ou à la pêche au large, à voiles, à vapeur ou à propulsion mécanique, ne pourront passer plus de trois ans s'ils sont en bois, plus de dix-huit mois s'ils sont en fer ou en acier, sans être visités à sec, soit dans un port de France, soit dans un port des colonies désigné par décret, conformément aux prescriptions du premier paragraphe du présent article.

Pour l'exécution de cette prescription, les armateurs devront faire connaître à l'administrateur de l'inscription maritime le moment où leurs navires passeront en cale sèche. Les visites à sec prescrites devront coïncider, si les délais indiqués au paragraphe précédent le permettent, avec le passage des navires en cale sèche.

Les navires qui auront conservé la première cote à l'un des registres de classification désignés comme il est dit à l'article 1er ci-dessus seront dispensés de l'obligation des visites à sec.

Les navires étrangers prenant des passagers dans les ports français seront soumis dans ces ports aux visites annuelles et aux visites après avaries graves ou notables changements prescrites par le présent article.

Toutefois, ils seront dispensés de ces visites sur présentation, par les capitaines, de certificats de leur Gouvernement, reconnus par le ministre de la marine équivalents aux certificats de visite français et à condition que les mêmes avantages soient assurés aux navires français dans les ports de leur nationalité.

6. Les visites indiquées à l'article précédent sont effectuées par une commission composée de l'administrateur de l'inscription maritime, président, de l'inspecteur de la navigation maritime et d'au moins deux experts techniques pris par roulement, à moins d'impossibilité, par l'administrateur de l'inscription maritime sur la liste générale prévue au paragraphe 13 de l'article 4 de la présente loi, parmi les officiers de marine, capitaines au long cours, officiers mécaniciens de la marine marchande, ou parmi les ingénieurs, suivant le cas.

7. Il sera créé dans chacun des ports désignés par décret, sous l'autorité de l'administrateur de l'inscription maritime, un inspecteur de la navigation maritime qui visitera tout navire français ou étranger en partance pour un voyage au long cours, au cabotage national ou international, ou pour une campagne aux grandes pêches, et s'assurera que ce navire est dans de bonnes conditions de conservation et de navigabilité; que les générateurs de vapeur, l'appareil moteur et tous les appareils à vapeur ou autres appareils mécaniques accessoires sont en bon état; que les instruments nautiques sont en bon état de fonctionnement; que les cartes marines ou tous documents nécessaires peuvent être utilisés pour le voyage projeté; que l'effectif est suffisant pour assurer normalement l'exécution des articles 21 à 30 ci-après eu égard à la navigation entreprise, et, d'une manière générale, que le navire satisfait aux prescriptions des divers paragraphes de l'article 1er de la présente loi.

Il examinera les vivres, les boissons, l'eau potable et s'assurera que les prescriptions de l'article 31 ci-après sont observées; il pourra, à cet effet, ordonner tout prélèvement de vivres, de boissons ou d'eau potable, ainsi que toute analyse ou autre moyen de vérification.

Les visites de partance ne seront jamais obligatoires qu'une fois par mois, dans le même port, pour les navires y revenant à intervalles plus fréquents.

Toutefois, l'inspecteur de la navigation maritime pourra, quand il le jugera utile, visiter tout navire présent dans le port.

Il visitera tout navire qu'une plainte précise et circonstanciée envoyée en temps utile, pour que le départ du navire ne soit pas retardé, et signée par au moins trois hommes de l'équipage, lui aura signalé comme se trouvant dans de mauvaises conditions de navigabilité, d'hygiène ou d'approvisionnement en vivres et boissons.

Il interdira ou ajournera jusqu'à l'exécution de ses prescriptions le départ de tout navire, de quelque catégorie et de quelque nationalité qu'il soit, qui, par son état de vétusté, son défaut de stabilité, les conditions de son chargement ou pour toute autre cause prévue à l'article 1er de la présente loi, lui semblera ne pouvoir prendre la mer sans péril pour l'équipage ou les passagers.

Les motifs de l'interdiction seront notifiés immédiatement par écrit au capitaine du navire.

8. Le capitaine du navire à qui l'autorisation de départ aura été refusée, ou qui jugera excessives les prescriptions de l'inspecteur de la navigation maritime, pourra faire appel de cette décision auprès de l'administrateur de l'inscription maritime. Celui-ci, dans le délai de vingt-quatre heures, devra faire procéder à une contre-visite par une commission composée de trois experts pris par roulement, à moins d'impossibilité, sur la liste générale prévue au paragraphe 13 de l'article 4 de la présente loi, parmi les officiers de marine, capitaines au long cours, officiers mécaniciens de la marine marchande, ou parmi les ingénieurs, suivant le cas.

Cette commission statuera après avoir entendu l'inspecteur de la navigation maritime et l'appelant, et hors leur présence.

9. Les inspecteurs de la navigation maritime seront nommés par le ministre de la marine qui les choisira, autant que possible, parmi les capitaines au long cours et les maîtres au cabotage ayant exercé pendant au moins quatre ans un commandement à la mer, ou, au besoin, parmi les officiers de marine en retraite.

Les capitaines visiteurs actuels sont aptes à être nommés inspecteurs de la navigation maritime. Ils peuvent également être adjoints à l'inspecteur titulaire.

Un décret rendu sur la proposition du ministre de la marine et du ministre du commerce et de l'industrie après avis du conseil supérieur de la navigation maritime déterminera l'organisation, le recrutement et la hiérarchie de ces agents, dont le nombre et le traitement seront fixés par le même décret.

Leur traitement sera cumulable avec les pensions ou demi-soldes dont ils seraient titulaires.

CHAPITRE III. — DU PERMIS DE NAVIGATION.

10. Toute demande de permis de navigation est adressée par le propriétaire du navire à l'administrateur de l'inscription maritime du port d'armement de ce navire.

Dans sa demande, le propriétaire fait connaître :

1o Le nom du navire, son port d'attache ;

2o Ses principales dimensions, son tirant d'eau, lège et au maximum de charge, et le déplacement qui ne doit pas être dépassé, exprimé en tonneaux de 1 000 kilogrammes ;

3o Les hauteurs de la ligne de flottaison correspondant au déplacement maximum rapporté à des points de repère invariablement établis au-dessus de cette flottaison à l'avant, à l'arrière et au milieu du navire ;

4o Le service auquel le navire est destiné (transport des passagers ou marchandises, remorquage, etc.), et le genre de navigation qu'il est appelé à faire (long cours, cabotage, bornage, etc.) ;

5o Le nombre maximum de passagers qui pourront être reçus dans le navire.

S'il s'agit d'un navire à vapeur ou comportant des appareils à vapeur, le propriétaire devra fournir, en outre, les renseignements spéciaux qui seront indiqués dans le règlement d'administration publique prévu à l'article 53.

11. Toute visite qui sera faite, soit à un navire neuf ou nouvellement francisé, soit à un navire en service, devra être l'objet d'un procès-verbal où seront enregistrées toutes les constatations qui auront été faites.

Ce procès-verbal, signé par tous ceux, agents administratifs, officiers ou experts, qui auront pris part à la visite, sera transmis sans retard par l'administrateur de l'inscription maritime au ministre de la marine.

Toutefois, les procès-verbaux des visites faites aux navires en partance ne seront transmis au ministre de la marine que lorsque les constatations faites par l'inspecteur de la navigation maritime auront eu pour effet le refus ou l'ajournement de l'autorisation de départ.

Les constatations mentionnées dans chaque procès-verbal seront inscrites sur un registre spécial qui sera tenu à bord et devra être présenté à toute réquisition des officiers ou agents chargés de la police de la navigation maritime.

12. Sur le vu des procès-verbaux indiqués à l'article précédent, lorsqu'un navire neuf ou nouvellement francisé ou en service n'aura été l'objet d'aucune observation ou réserve de la part d'aucune des commissions qui l'auront visité, il sera délivré le plus rapidement possible et au plus tard dans les vingt-quatre heures, par l'administrateur de l'inscription maritime, un permis de navigation qui sera valable jusqu'à la visite suivante.

S'il s'agit d'un navire en partance et que la visite de l'inspecteur de la navigation maritime n'ait donné lieu à aucune opposition, l'autorisation de départ résultera simplement du certificat de visite.

13. Si, au cours de la visite d'un navire nouvellement construit ou nouvellement francisé, la commission instituée à l'article 4 estime que les conditions de sécurité ou de salubrité indiquées à l'article 1er ne sont pas toutes remplies ou ne le sont qu'insuffisamment, il en est fait mention détaillée au procès-verbal indiqué à l'article 11, et le permis de navigation ne peut être délivré sans que la commission, après une nouvelle expertise, ait spécifié dans un nouveau procès-verbal qu'il a été satisfait à toutes ses observations ou réserves.

Pour ces visites complémentaires, la commission sera en droit de déléguer un ou plusieurs de ses membres.

Dès qu'il a été satisfait aux prescriptions de la commission, il est délivré, aussitôt que possible et au plus tard dans les vingt-quatre heures, un permis de navigation qui est valable jusqu'à la visite suivante.

14. Si, au cours d'une des visites périodiques ou éventuelles indiquées à l'article 5, il est reconnu que les conditions de sécurité ou de salubrité, prescrites par l'article 1er, ne sont pas remplies ou ne le sont qu'insuffisamment, l'administrateur de l'inscription maritime suspend le permis de navigation jusqu'à ce qu'il ait été donné entière satisfaction à ses observations ou réserves.

S'il juge qu'il y a lieu d'en prononcer le retrait définitif, il en réfère immédiatement au ministre de la marine, qui statue dans les formes indiquées aux articles 18 et suivants ci-après.

15. Aux colonies, la visite des navires neufs ou nouvellement francisés sera faite par une commission dont fera partie l'officier chargé de la police de la navigation maritime et dont les membres seront nommés par le gouverneur.

Cette commission se composera, autant que possible, des mêmes éléments que celle prévue à l'article 4 de la présente loi.

Dans le cas où la constitution des commissions ou la nomination des experts présenteraient des difficultés, il en serait référé au ministre de la marine qui, après avoir pris l'avis de la commission instituée à l'article 19, fixera dans quelles conditions ces commissions pourront être constituées et les experts désignés.

La visite des navires en cours de service sera faite par une commission composée de l'officier ou fonctionnaire chargé de la police de la navigation maritime et de deux experts nommés par le gouverneur.

Le gouverneur désignera le président de cette commission.

La visite des navires en partance sera faite par l'officier ou le fonctionnaire chargé de la police de la navigation maritime, lequel possédera tous les pouvoirs conférés par l'article 7 de la présente loi à l'inspecteur de la navigation.

Le capitaine qui n'acceptera pas la décision prise par cet officier ou fonctionnaire pourra en appeler au gouverneur qui devra statuer dans les vingt-quatre heures. Il pourra être appelé de la décision du gouverneur au ministre de la marine.

16. A l'étranger, les visites des navires neufs ou nouvellement francisés sont effectuées sous l'autorité des consuls généraux, consuls ou vice-consuls de France, qui constitueront, dans les limites du possible, des commissions semblables à celles prévues à l'article 4 et à l'article 6 de la présente loi.

Ces visites auront lieu dans les mêmes formes et il en est de même pour la délivrance du permis de navigation.

Dans le cas où la constitution des commissions ou la nomination des experts présenteraient des difficultés, il en serait référé au ministre de la marine qui, après avoir pris l'avis de la commission instituée à l'article 19, fixera dans quelles conditions ces commissions pourront être constituées ou les experts désignés.

17. Lorsqu'un navire visé à l'article 1er et construit en France doit quitter le lieu où il a été construit pour se rendre dans le port de France ou d'Algérie où il doit effectuer son premier armement, il doit préalablement subir les formalités prescrites par les paragraphes 1er, 4 et 8 de l'article 1er et par l'article 4; il reçoit, dans les conditions indiquées aux articles 12, 13 et 14, un permis provisoire de navigation.

Lorsqu'un navire visé à l'article 1er construit en France, et destiné à une marine étrangère, doit quitter le lieu où il a été construit pour son port de destination, il doit préalablement, si le voyage doit durer plus de quarante-huit heures, subir les formalités prescrites par les paragraphes 1er, 4 et 8 de l'article 1er et par l'article 4 de la présente loi, et reçoit, dans les conditions des articles 12, 13 et 14, un permis provisoire de navigation; si le voyage dure moins de quarante-huit heures, les prescriptions du paragraphe 1er du présent article lui sont applicables.

CHAPITRE IV. — COMMISSION SUPÉRIEURE.

18. Les décisions prises par les commissions, visées aux articles 1er, 4, 6 et 8 de la présente loi, pourront faire l'objet de pourvois devant le ministre de la marine qui devra d'urgence transmettre, pour avis, les pourvois et réclamations du propriétaire ou du capitaine du navire à la commission supérieure instituée à l'article 19 ci-après;

Cette commission donne également au ministre de la marine son avis sur les dispositions spéciales que celui-ci peut être amené à prendre, pour l'application de la présente loi, et notamment pour la constitution des commissions prévues aux articles 4, 15 et 16 ou la nomination des experts prévue aux articles 6, 15 et 16, dans les colonies ou dans les ports étrangers.

19. La commission supérieure prévue à l'article précédent est composée ainsi qu'il suit :

Deux sénateurs;

Trois députés;

Un membre du conseil d'État;

Le directeur de la navigation et des pêches maritimes au ministère de la marine;

Le directeur de la marine marchande et des transports au ministère du commerce;

Un officier général de la marine;
Un officier général ou supérieur du génie maritime;
Un officier général ou supérieur mécanicien de la marine;
L'inspecteur général des services sanitaires de France;
Un membre du conseil supérieur de santé de la marine;
Deux armateurs ou représentants des sociétés d'armement;
Un négociant, représentant des chargeurs;
Un représentant des assureurs maritimes de nationalité française;
Un représentant d'une société française de classification, de nationalité française;
Un capitaine au long cours, ayant au moins quatre ans de commandement à la mer en cette qualité;
Un officier mécanicien breveté de première classe de la marine marchande, ayant au moins quatre ans de navigation maritime en cette qualité;
Deux inscrits maritimes appartenant, l'un au personnel du pont, l'autre au personnel de la machine, ayant au moins soixante mois de navigation.

Tous les membres de cette commission sont nommés par le ministre de la marine pour trois années, à l'exception des armateurs, du négociant et des assureurs, qui seront nommés, pour le même temps, par le ministre du commerce et de l'industrie.

Le capitaine au long cours, l'officier mécanicien de la marine marchande et les inscrits maritimes sont nommés par le ministre de la marine sur des listes présentées par les groupements intéressés.

Les deux armateurs ou représentants des sociétés d'armement sont nommés par le ministre du commerce et de l'industrie sur des listes présentées par les groupements intéressés.

Dans les cas prévus aux paragraphes 3 des articles 15 et 16, le directeur compétent au département des colonies ou le directeur des consulats au département des affaires étrangères, selon le cas, sont appelés à faire partie de la commission supérieure et ont voix délibérative pour les affaires qui les concernent.

20. Les intéressés sont avisés de la réunion de la commission et admis, s'ils le demandent, à présenter leurs observations, qui doivent être consignées au procès-verbal.

La commission doit donner son avis dans le délai de dix jours au plus, sauf le cas d'enquête ou d'expertises spéciales.

. . . .

TITRE III. — PÉNALITÉS.

V. suprà, v° TRAVAIL DES ADULTES.

. . . .

TITRE IV. — DISPOSITIONS GÉNÉRALES.

V. suprà, v° TRAVAIL DES ADULTES.

V. la discussion de cette loi à la Chambre des députés et au Sénat, D. P. 1907. 4. 153

Décret du 11 juillet 1907,

Modifiant le décret du 29 novembre 1904 relatif à l'hygiène et à la sécurité du travail des ouvriers et employés.

Art. 1er. L'article 17 du décret du 29 novembre 1904 est abrogé.

2. Les dispositions des paragraphes *c* et *d* de l'article 16 du décret du 29 novembre 1904, modifié par le décret du 22 mars 1906, formeront l'article 17, sous la désignation des paragraphes *a* et *b*.

Décret du 11 juillet 1907,

Sur la protection des travailleurs dans les établissements qui mettent en œuvre des courants électriques.

SECTION Ire. — *Prescriptions générales.*

Art. 1er. Les installations électriques doivent comporter des dispositifs de sécurité en rapport avec la plus grande tension de régime existant entre les conducteurs et la terre.

Suivant cette tension, les installations électriques sont classées en deux catégories.

1re *catégorie.*

A. *Courant continu.* — Installations dans lesquelles la plus grande tension de régime entre les conducteurs et la terre ne dépasse pas 600 volts.

B. *Courant alternatif.* — Installations dans lesquelles la plus grande tension efficace entre les conducteurs et la terre ne dépasse pas 150 volts.

2e *catégorie.*

Installations comportant des tensions respectivement supérieures aux tensions ci-dessus.

SECTION II. — *Installations de machines, appareils et lampes électriques.*

2. Les machines électriques sont soumises, en outre des prescriptions générales du décret du 29 novembre 1904, et notamment de celles des articles 12, 14 et 15 de ce décret, aux prescriptions spéciales suivantes :

Pour celles qui appartiennent à des installations de la 2e catégorie, les bâtis et pièces conductrices non parcourues par le courant doivent être reliés électriquement à la terre, ou isolés électriquement du sol. Dans ce dernier cas, les machines sont entourées par un plancher de service non glissant, isolé du sol et assez développé pour qu'il ne soit pas possible de toucher à la fois à la machine et à un corps conducteur quelconque relié au sol.

La mise à la terre ou l'isolement électrique est constamment maintenu en bon état.

Les mêmes prescriptions sont applicables aux transformateurs dépendant d'installations de la 2e catégorie ; ces appareils ne doivent être accessibles qu'au personnel qui en a la charge.

3. Si une machine ou un appareil électrique de la 2e catégorie se trouve dans un local ayant, en même temps, une autre destination, la partie du local affectée à cette machine ou à cet appareil est rendue inaccessible par un garde-corps ou un dispositif équivalent à tout autre personnel que celui qui en a la charge ; une mention indiquant le danger doit être affichée en évidence.

4. Dans les locaux destinés aux accumulateurs, dans les ateliers qui contiennent des corps explosifs et dans ceux où il peut se produire soit des gaz détonants, soit des poussières inflammables, il est interdit d'établir des machines électriques à découvert, des lampes à incandescence non munies de double enveloppe, des lampes à arc ou aucun appareil pouvant donner lieu à des étincelles, sans qu'ils soient pourvus d'une enveloppe de sûreté les isolant de l'atmosphère du local.

La ventilation des locaux destinés aux accumulateurs doit être suffisante pour assurer l'évacuation continue des gaz dégagés.

SECTION III. — *Tableaux de distribution et locaux.*

5. Pour les tableaux de distribution de courants appartenant à la 1re catégorie, les conducteurs doivent présenter les isolements et les écartements propres à éviter tout danger.

Pour les tableaux de distribution portant des appareils et pièces métalliques de la 2e catégorie, le plancher de service, sur la face avant (où se trouvent les poignées de manœuvres et les instruments de lecture), doit être isolé électriquement et établi comme il est dit ci-dessus au sujet des machines.

Quand des pièces métalliques ou appareils de la 2e catégorie sont établis à découvert sur la face arrière du tableau, un passage entièrement libre de 1 mètre de largeur et de 2 mètres de hauteur au moins est réservé derrière lesdits appareils et pièces métalliques; l'accès de ce passage est défendu par une porte fermant à clef, laquelle ne peut être ouverte que par ordre du chef de service ou par ses préposés à ce désignés; l'entrée en sera interdite à toute autre personne.

6. Les passages ménagés pour l'accès aux machines et appareils de la 2e catégorie placés à découvert ne peuvent avoir moins de 2 mètres de hauteur; leur largeur mesurée entre les machines, conducteurs ou appareils eux-mêmes aussi bien qu'entre ceux-ci et les parties métalliques de la construction, ne doit pas être inférieure à 1 mètre.

Dans tous les locaux, les conducteurs et appareils de la 2e catégorie doivent, notamment sur les tableaux de distribution, être nettement différenciés des autres par une marque très apparente (une couche de peinture par exemple).

Dans les locaux où le sol et les parois sont très conducteurs, soit par construction, soit par suite de dépôts salins résultant de l'exercice même de l'industrie ou par suite d'humidité, on ne doit jamais établir, à la portée de la main, des conducteurs ou des appareils placés à découvert.

7. Les salles des machines génératrices d'électricité et les sous-stations doivent posséder un éclairage de secours continuant à fonctionner en cas d'arrêt du courant.

SECTION IV. — *Installation des canalisations.*

8. Les canalisations nues appartenant à une installation de la 2e catégorie doivent être établies hors de la portée de la main sur des isolateurs convenablement espacés et être écartées des masses métalliques, telles que piliers ou colonnes gouttières, tuyaux de descente, etc.

Les canalisations nues appartenant à une installation de la 1re catégorie établies à l'intérieur, et qui sont à portée de la main, doivent être signalées à l'attention par une marque bien apparente; l'abord en est défendu par dispositif de garde.

Les enveloppes des autres canalisations doivent être convenablement isolantes.

Aucun travail n'est entrepris sur des conducteurs de la 1re catégorie en charge sans que des précautions suffisantes assurent la sécurité de l'opérateur.

Des dispositions doivent être prises pour éviter l'échauffement anormal des conducteurs, à l'aide de coupe-circuit, plombs fusibles ou autres dispositifs équivalents.

Toute installation reliée à un réseau comportant des lignes aériennes de plus de 500 mètres doit être suffisamment protégée contre les décharges atmosphériques.

9. Les colonnes, les supports, et, en général, toutes les pièces métalliques de la construction qui risqueraient, par suite d'un accident sur la canalisation, d'être accidentellement soumis à une tension de la 2e catégorie doivent être convenablement reliés à la terre.

10. Il est formellement interdit de faire exécuter aucun travail sur les lignes électriques de la 2e catégorie sans les avoir, au préalable, coupées de part et d'autre de la section à réparer. La communication ne peut être rétablie que sur l'ordre exprès du chef de service ; ce dernier doit avoir été au préalable avisé par chacun des chefs d'équipe que le travail est terminé et que le personnel ouvrier est réuni au point de ralliement fixé à l'avance.

Pendant toute la durée du travail, la coupure de la ligne doit être maintenue par un dispositif tel que le courant ne puisse être rétabli que sur l'ordre exprès du chef de service.

Dans les cas exceptionnels où la sécurité publique exige qu'un travail soit entrepris sur des lignes en charge de la deuxième catégorie, il ne doit y être procédé que sur l'ordre exprès du chef de service et avec toutes les précautions de sécurité qu'il indiquera.

11. Il est interdit de faire exécuter des élagages ou des travaux analogues pouvant mettre directement ou indirectement le personnel en contact avec des conducteurs ou pièces métalliques de la 2e catégorie, sans avoir pris des précautions suffisantes pour assurer la sécurité du personnel par des mesures efficaces d'isolement.

12. Les lignes téléphoniques, télégraphiques ou de signaux particulières aux établissements ayant des installations électriques et affectées à leur exploitation, qui sont montées, en tout ou en partie de leur longueur, sur les mêmes supports qu'une ligne électrique de la 2e catégorie, sont soumises aux prescriptions de l'article 8, paragraphes 1 et 6, et à celles des articles 10 et 11.

Leurs postes de communication, leurs appareils de manœuvres ou d'appel doivent être disposés de telle manière qu'il ne soit possible de les utiliser ou de les manœuvrer qu'en se trouvant dans les meilleures conditions d'isolement par rapport à la terre, à moins que leurs appareils soient disposés de manière à assurer l'isolement de l'opérateur par rapport à la ligne.

SECTION V. — *Affichage. — Dérogation. — Contrôle.*

13. Les chefs d'industrie, directeurs ou gérants sont tenus d'afficher dans un endroit apparent des salles contenant des installations de la 2e catégorie :

1° Un ordre de service indiquant qu'il est dangereux et formellement interdit de toucher aux pièces métalliques ou conducteurs soumis à une tension de la 2e catégorie, même avec des gants en caoutchouc, ou de se livrer à des travaux sur ces pièces ou conducteurs, même avec des outils à manche isolant.

2° Des extraits du présent règlement et une instruction sur les premiers soins à donner aux victimes des accidents électriques rédigés conformément aux termes qui seront fixés par un arrêté ministériel.

(*Décr.* 13 *août* 1912.) Ils (les chefs d'industrie, directeurs ou gérants) sont en outre tenus dans chacune des salles contenant des installations de la deuxième catégorie, de placer ou de tenir prêts à servir, pour parer aux accidents électriques, des crochets à manches isolants et un tabouret de bois vernis avec pieds terminés par des pièces de porcelaine ou de verre.

14. Dans les ateliers de construction ou de réparation de matériel électrique (machines, instruments, appareils, câbles et fils), où l'emploi des tensions de la 2e catégorie est d'un usage courant pour les essais du matériel en cours de fabrication, il peut être dérogé, pour ces essais, aux prescriptions du présent décret, à la condition que les organes dangereux ne soient accessibles qu'à un personnel expérimenté, désigné expressément par le chef d'établissement, et que la sécurité générale ne soit pas compromise.

Une consigne spéciale réglementant ces essais doit être rédigée par le chef d'établissement et portée à la connaissance du personnel.

15. Le ministre du travail et de la prévoyance sociale peut, par arrêté pris sur le rapport des inspecteurs du travail et après avis du comité consultatif des arts et manufactures, accorder dispense, pour un délai déterminé, de tout ou parties des prescriptions des articles 5, paragraphe 3, et 6, paragraphe 1er :

1° Aux installations créées avant la promulgation du présent décret;

2° Lorsque l'application de ces prescriptions est pratiquement impossible.

Dans les deux cas, la sécurité du personnel doit être assurée dans des conditions équivalentes à celles définies auxdits articles.

16. Dans les deux mois qui suivront la promulgation du présent règlement les chefs d'industrie, directeurs ou gérants devront adresser à l'inspecteur du travail un schéma de leurs installations électriques de la 2e catégorie indiquant : l'emplacement des usines, sous-stations, postes de transformateurs et canalisations.

Une note jointe indiquera :

a) Si par application de l'article 2, paragraphe 2, du présent règlement concernant les machines et transformateurs de la 2e catégorie, les bâtis et masses métalliques non parcourues par le courant, sont isolés électriquement du sol ou s'ils sont reliés à la terre.

b) Les renseignements techniques nécessaires pour assurer le contrôle de l'exécution des prescriptions du présent règlement (nature du courant, tensions des différentes parties de l'installation, pièces métalliques visées à l'article 9, etc.).

Dans la première quinzaine de chaque année, le schéma et les renseignements qui l'accompagnent sont complétés s'il y a lieu par les chefs d'industrie, directeurs, gérants ou préposés et les modifications transmises à l'inspecteur du travail.

En cas de modifications importantes ou d'installations nouvelles, le schéma et les renseignements complémentaires sont adressés à l'inspecteur du travail avant la mise en exploitation.

SECTION VI. — *Dispositions diverses.*

17. Le présent décret ne s'applique pas, en dehors de l'enceinte des usines de production, aux distributions d'énergie électrique réglementées en vertu de la loi du 15 juin 1906.

Décret du 7 décembre 1907,

Modifiant le décret du 29 novembre 1904 sur l'hygiène et la sécurité des travailleurs. — V. *suprà*, Décr. 29 nov. 1904, art. 12 et 14.

Décret du 23 avril 1908,

Prescrivant les mesures particulières d'hygiène dans les industries où le personnel est exposé à l'intoxication saturnine.

Art. 1er. Dans les travaux du plomb désignés ci-après : métallurgie, coupellation du plomb argentifère, fabrication d'accumulateurs, cristallerie, fabrication des émaux plombeux, leur application, fabrication des poteries, décoration de la porcelaine ou de la faïence, chromolithographie céramique, fabrication des alliages, des oxydes, des sels et des couleurs de plomb, les chefs d'industrie, directeurs ou gérants sont tenus, indépendamment des mesures générales prescrites par le décret du 29 novembre 1904, de prendre les mesures particulières de protection et de salubrité énoncées aux articles suivants.

2. Les chaudières de fusion du plomb doivent être installées dans un local aéré, séparé des autres ateliers.

Des hottes ou tous autres dispositifs d'évacuation efficace des fumées seront installées :

a) Au-dessus des trous de coulée du plomb et des scories dans l'industrie de la métallurgie du plomb ;

b) Devant la porte des fours, dans l'industrie de la fabrication des oxydes de plomb ;

c) Au-dessus des chaudières de fusion du plomb ou de ses alliages, dans les autres industries énumérées à l'article 1er.

3. Tout travail des oxydes et autres composés du plomb susceptibles de dégager des poussières doit être effectué, autant que possible, sur des matières à l'état humide.

Quand ce travail n'est pas praticable en présence de l'eau ou d'un autre liquide, il doit être exécuté mécaniquement, en appareil clos, étanche.

En cas d'impossibilité de se conformer aux prescriptions de l'un ou de l'autre des deux premiers paragraphes du présent article, le travail dont il s'agit doit être fait sous le vent d'une aspiration énergique établie de telle façon que les produits nocifs soient arrêtés par des appareils convenablement disposés.

Enfin, si aucun de ces systèmes n'est réalisable, les ouvriers recevront des masques respiratoires.

4. Il est interdit de manier avec la main nue les oxydes et les autres composés plombiques, qu'ils soient à l'état sec, à l'état humide, en suspension ou en dissolution. Le chef d'industrie est tenu de mettre gratuitement à la disposition de son personnel, pour ces manipulations, soit des gants en matière imperméable comme le caoutchouc, soit des outils appropriés, et d'en assurer le bon entretien et le nettoyage fréquent.

5. Les tables sur lesquelles ces produits sont manipulés doivent être recouvertes d'une matière imperméable, entretenue en parfait état d'étanchéité.

Il doit en être de même pour le sol des ateliers, qui sera en outre maintenu à l'état humide. Le sol sera légèrement incliné dans la direction d'un récipient étanche où seront retenues les matières plombiques entraînées.

Le travail sera organisé de manière qu'il n'y ait pas d'éclaboussures projetées. Les tables, le sol, les murs seront lavés une fois par semaine au moins.

6. Sans préjudice des prescriptions édictées par l'article 3, la pulvérisation des produits plombeux, leur mélange et leur emploi au poudrage seront effectués dans des locaux spéciaux où sera pratiquée une ventilation énergique.

S'il est impossible d'humecter les matières, les ouvriers recevront des masques respiratoires.

7. Est prohibé le trempage à la main nue des poteries dans les bouillies contenant en suspension de la litharge, du minium, de l'alquifoux, de la céruse.

8. Il est interdit d'introduire dans les ateliers aucun aliment ou aucune boisson.

9. Les chefs d'industrie sont tenus de mettre à la disposition du personnel employé et d'entretenir gratuitement des surtouts ou vêtements exclusivement affectés au travail, indépendamment des gants et masques respiratoires.

10. Dans une partie de la fabrique séparée des ateliers, sera établi, à l'usage des ouvriers exposés aux poussières ou aux émanations plombeuses, un vestiaire lavabo, soigneusement entretenu, pourvu de cuvettes ou de robinets en nombre suffisant, d'eau en abondance, ainsi que de savon et, pour chaque ouvrier, d'une serviette remplacée au moins une fois par semaine.

Ces vestiaires seront munis d'armoires ou de casiers fermés à clef ou par un cadenas, les vêtements de ville étant séparés des vêtements de travail.

11. Un bain chaud ou un bain-douche sera mis chaque semaine à la disposition du personnel exposé aux poussières ou aux émanations plombeuses.

Un bain chaud ou un bain-douche sera mis chaque jour, après le travail, à la disposition de tout ouvrier chargé : soit de vider ou de nettoyer les chambres et les carnaux de condensation; soit de réparer les fours dans les usines à plomb, soit de transporter le plomb sortant des fosses dans les fabriques de céruse; soit d'embariller du minium; soit enfin de pratiquer la pulvérisation des émaux plombeux et le poudrage à sec.

12. Les chefs d'industrie sont tenus d'afficher, dans un endroit apparent des locaux de travail, un règlement d'atelier imposant aux ouvriers les obligations suivantes : se servir des outils, gants, masques respiratoires, vêtements de travail mis gratuitement à leur disposition; n'introduire dans les ateliers ni nourriture ni boisson; veiller avec le plus grand soin, avant chaque repas, à la propreté de la bouche, des narines et des mains; prendre chaque semaine ou chaque jour les bains prévus à l'article 11.

13. Le ministre du travail et de la prévoyance sociale peut, par arrêté pris après avis du comité consultatif des arts et manufactures, accorder à un établissement, pour un délai déterminé, dispense de tout ou partie des prescriptions de l'article 2, paragraphes *a*, *b*, *c*, de l'article 5, paragraphe 2, et de l'article 6, paragraphe 1er, dans le cas où il est reconnu que l'application de ces prescriptions est pratiquement impossible et que l'hygiène et la sécurité des travailleurs sont assurées dans des conditions au moins équivalentes à celles qui sont fixées par le présent décret.

14. Sous réserve des délais supplémentaires qui seraient accordés par le ministre en vertu de l'article 6 de la loi du 12 juin 1893, modifiée par la loi du 11 juillet 1903, le délai d'exécution des travaux de transformation qu'implique le présent règlement est fixé à un an à dater de sa publication.

V. *les décrets des* 20 *et* 21 *septembre* 1908, *et celui du* 10 *avril* 1909, *mentionnés, suprà, p.* 59.

Décret du 15 décembre 1908,

Prescrivant les mesures particulières de protection et de salubrité dans les chantiers de travaux à l'air comprimé.

Art. 1er. Dans les chantiers de travaux à l'air comprimé, les chefs d'industrie, directeurs ou préposés, sont tenus, indépendamment des mesures générales prescrites par le décret du 29 novembre 1904, de prendre les mesures particulières de protection et de salubrité énoncées aux articles suivants.

2. (*Décr.* 21 *avril* 1910.) « Un médecin désigné par le chef d'entreprise procède aux examens et constatations prévus ci-après. Sa rémunération est à la charge de l'entreprise. »

Aucun ouvrier ne doit être admis au travail dans l'air comprimé, s'il n'est muni d'un certificat délivré par ce médecin et constatant qu'il n'est pas impropre à ce genre de travail.

Aucun ouvrier ne doit être maintenu au travail dans l'air comprimé si le certificat n'est pas renouvelé quinze jours après l'embauchage et ensuite une fois par mois.

En dehors des visites périodiques, le chef d'entreprise est tenu de faire examiner par le médecin tout ouvrier qui déclare souffrir du nez, de la gorge ou des oreilles ou qui exprime le désir d'être soumis à un examen.

Un registre du personnel ouvrier, tenu constamment à jour, mentionne les accidents et les indispositions même légères se rapportant au travail dans l'air comprimé.

3. Des mesures doivent être prises pour empêcher l'introduction sur le chantier de toutes boissons autres que les boissons hygiéniques.

Tout ouvrier en état d'ébriété doit être éloigné du chantier pendant vingt-quatre heures.

4. La compression et la décompression doivent être surveillées par un agent spécial que désigne un ordre de service.

A la compression, le temps employé doit être de quatre minutes au moins pour augmenter la pression de un kilogramme par centimètre carré jusqu'à deux kilogrammes de pression totale effective et de cinq minutes au moins pour chaque kilogramme de pression au delà de deux kilogrammes par centimètre carré.

Le temps employé à la décompression ne doit pas être inférieur aux valeurs indiquées ci-dessous :

Vingt minutes par kilogramme de pression au-dessus de trois kilogrammes effectifs par centimètre carré ;

Quinze minutes par kilogramme de pression entre trois et deux kilogrammes effectifs par centimètre carré ;

Dix minutes par kilogramme de pression au-dessous de deux kilogrammes effectifs pour abaisser la pression à zéro.

Si la pression ne dépasse pas un kilogramme effectif par centimètre carré, le temps nécessaire pour abaisser la pression à zéro peut être réduit à cinq minutes.

Il est interdit d'opérer la descente du caisson au moyen de diminutions brusques de pression sans avoir fait sortir préalablement les ouvriers.

Chaque écluse doit renfermer un manomètre.

Si la pression est supérieure à un kilogramme effectif par centimètre carré, le manomètre doit être du type enregistreur fonctionnant d'une manière ininterrompue.

5. La hauteur de la chambre de travail doit être telle que les ouvriers puissent se tenir debout ; en aucun cas cette hauteur ne doit être inférieure à un mètre quatre-vingts.

La quantité d'air envoyée dans la chambre de travail doit être de quarante mètres cubes au moins par heure et par homme. Elle est réglée de façon que la proportion d'acide carbonique dans l'air ne dépasse pas 1 pour 1 000.

Dans le cas où l'envoi de l'air se trouverait arrêté, le préposé de l'entrepreneur dans la chambre de travail doit prescrire la sortie de tous les ouvriers après une période d'attente de dix minutes au plus.

Il est interdit de tirer une mine dans la chambre de travail avant que celle-ci ait été évacuée par les ouvriers et de les faire rentrer avant que l'état de l'atmosphère soit redevenu normal.

6. Le cube d'air dans l'écluse doit être d'au moins six cents décimètres cubes par personne.

Le renouvellement de l'air des écluses pendant les périodes de décompression dépassant dix minutes doit être assuré par la mise en jeu simultanée des robinets d'entrée et de sortie de l'air comprimé.

En été les écluses exposées au soleil doivent être protégées par une tente ou par des paillassons maintenus humides.

Lorsque les chantiers occupent plus de vingt ouvriers à la fois dans l'air comprimé, la communication entre la chambre de travail et l'extérieur doit être assurée par téléphone.

7. Des précautions spéciales doivent être prises pour éviter, en cas de vertige, toute chute dangereuse des ouvriers à la sortie de l'écluse à air vers l'extérieur.

8. Les portes de communication et les tampons de fermeture des écluses à air doivent s'ouvrir du côté de la plus forte pression.

Les portes servant à l'évacuation des déblais et l'introduction des matériaux peuvent s'ouvrir du côté de la moins forte pression, mais elles doivent être munies d'un enclenchement de sûreté qui les empêche de s'ouvrir intempestivement.

9. Les cheminées doivent être d'accès facile et les échelles être constamment maintenues en parfait état d'entretien et de propreté.

Des apparaux de secours doivent être préparés pour remonter les ouvriers qui ne pourraient gravir les échelles.

L'écluse à air, les cheminées et la chambre de travail sont éclairées par la lumière électrique.

Des précautions spéciales doivent être prises dans la chambre de travail pour éviter la circulation des ouvriers sous les cheminées.

10. Chaque tuyau d'amenée d'air est pourvu à son entrée d'une soupape automatique se fermant dès que la pression de l'air envoyé tombe au-dessous de celle qui existe dans la chambre de travail.

L'installation servant à l'aérage (pompes, réservoirs ou tuyaux) doit être munie d'un dispositif réglant automatiquement la pression de l'air envoyé dans le caisson.

11. Le chantier doit être pourvu d'une boîte de secours renfermant notamment un tube d'oxygène sous pression ou des substances pouvant dégager rapidement et facilement des quantités notables d'oxygène pur.

Quand les travaux sont effectués sous une pression effective supérieure à un kilogramme deux cents par centimètre carré, une baraque de repos doit être aménagée à proximité du chantier pour recevoir les ouvriers à la sortie de la chambre de travail. Ses dimensions sont fixées d'après le nombre des ouvriers travaillant simultanément dans l'air comprimé à raison de six mètres cubes de capacité par homme. Elle doit être convenablement aérée, chauffée et pourvue de lavabos, avec savons et serviettes individuelles, d'un vestiaire et de lits de repos.

Quand la pression dans la chambre de travail dépasse deux kilogrammes par centimètre carré, il doit être installé une chambre de recompression de dimensions suffisantes pour contenir un lit et recevoir deux aides.

12. Tous les appareils, notamment les moteurs, réservoirs, tuyaux, soupapes, échelles et chaînes doivent être soumis à une vérification hebdomadaire.

Le boulonnage reliant les tronçons successifs des cheminées doit faire l'objet d'une vérification spéciale toutes les fois qu'il y aura été touché.

13. Le préfet peut, par arrêté pris sur le rapport des ingénieurs chargés de la surveillance ou des inspecteurs du travail, et à raison des conditions particulières dans lesquelles le travail doit être exécuté, accorder dispense permanente ou temporaire de tout ou partie des prescriptions relatives : au manomètre enregistreur (art. 4, dernier paragraphe), à la teneur maximum de l'air en acide carbonique (art. 5, 2ᵉ paragraphe), à l'installation du téléphone (art. 6, dernier paragraphe), au réglage de la pression par dispositif automatique art. 10, dernier paragraphe) et à la chambre de recompression (art. 11, dernier paragraphe); dans ce dernier cas, le médecin désigné conformément à l'article 2 est obligatoirement consulté.

14. Les chefs d'industrie, directeurs ou préposés sont tenus de faire afficher dans les locaux où se font le recrutement et la paye :

1° Le texte du présent règlement;

2° Le texte, arrêté par le ministre du travail, le comité des arts et manufactures entendu, des avis concernant la durée du travail dans l'air comprimé et les soins à donner en certains cas.

15. Le délai d'exécution des mesures édictées par le présent règlement est fixé à trois mois à partir de sa publication; toutefois, pour les travaux à l'air comprimé en cours au moment de la promulgation du présent règlement, ce délai est porté à un an.

Loi du 30 avril 1909,

Relative aux travaux interdits aux femmes et aux enfants employés dans les établissements commerciaux (D. P. 1909. 4. 93. — Bull. Dalloz, 1909, p. 284).

Art. 1er. Pour tous les établissements désignés à l'article 1er de la loi du 12 juin 1893, modifiée par la loi du 11 juillet 1903, les différents genres de travail présentant des causes de danger ou excédant les forces, ou dangereux pour la moralité, qui seront interdits aux enfants de moins de dix-huit ans et aux femmes, seront déterminés par des règlements d'administration publique, rendus après avis de la commission supérieure du travail et du comité consultatif des arts et manufactures.

2. Les inspecteurs et inspectrices du travail sont chargés d'assurer l'application des dispositions de la présente loi, dans les conditions prévues par les articles 17 à 21 de la loi du 2 novembre 1892. En cas d'infraction, les contrevenants sont passibles des pénalités prévues par les articles 26 à 29 de cette loi.

Loi du 20 juillet 1909,

Sur l'emploi de la céruse dans les travaux de peinture exécutés tant à l'intérieur qu'à l'extérieur des bâtiments (D. P. 1909. 4. 137; — Bull. Dalloz, 1909, p. 32).

Art. 1er. Dans les ateliers, chantiers, bâtiments en construction ou en réparation et généralement dans tout lieu de travail où s'exécutent des travaux de peinture en bâtiments, les chefs d'industrie, directeurs ou gérants sont tenus, indépendamment des mesures prescrites en vertu de la loi du 12 juin 1893 sur l'hygiène et la sécurité des travailleurs, de se conformer aux prescriptions suivantes.

2. A l'expiration de la cinquième année qui suivra la promulgation de la présente loi, l'emploi de la céruse, de l'huile de lin plombifère et de tout produit spécialisé renfermant de la céruse, sera interdit dans tous les travaux de peinture, de quelque nature qu'ils soient, exécutés par les ouvriers peintres, tant à l'extérieur qu'à l'intérieur des bâtiments.

3. Un règlement d'administration publique, rendu après avis du comité consultatif des arts et manufactures et de la commission d'hygiène industrielle, indiquera, s'il y a lieu, les travaux spéciaux pour lesquels il pourra être dérogé aux dispositions précédentes.

4. Les inspecteurs du travail sont chargés d'assurer l'exécution de la présente loi. A cet effet, ils ont entrée dans tous les établissements spécifiés à l'article 1er. Toutefois, dans le cas où les travaux de peinture sont exécutés dans les locaux habités, les inspecteurs ne pourront pénétrer dans ces locaux qu'après y avoir été autorisés par les personnes qui les occupent.

5. Les articles 5, 7, paragraphes 1 et 3, 9 et 12 de la loi du 12 juin 1893 sont applicables à la constatation des contraventions prévues par la présente loi, ainsi qu'à leur répression.

Décret du 28 décembre 1909,

Organisant le service médical dans les industries où le personnel est exposé à l'intoxication saturnine.

Art. 1er. Dans les établissements où sont exécutés les travaux dangereux énumérés à l'article 1er du décret du 23 avril 1908, les chefs d'industrie, directeurs ou gérants sont tenus d'assurer le service médical dans les conditions définies ci-après :

2. Un médecin désigné par le chef d'établissement procède aux examens et constatations prévues aux articles 3 et 4.

La rémunération de ces visites est à la charge de l'entreprise.

3. Aucun ouvrier ne doit être admis aux travaux visés à l'article 1er du décret du 23 avril 1908, s'il n'est muni d'un certificat délivré par le médecin, et constatant qu'il ne présente aucun symptôme d'affection saturnine ni de maladie susceptible d'être aggravée dangereusement par le saturnisme.

4. Aucun ouvrier ne doit être maintenu aux mêmes travaux, si le certificat n'est pas renouvelé un mois après l'embauchage et ensuite une fois par trimestre.

En dehors des visites périodiques, le chef d'établissement est tenu de faire examiner par le médecin tout ouvrier qui se déclare indisposé par les travaux auxquels il est occupé, ou qui exprime le désir d'être soumis à un examen médical.

5. Un registre spécial mis constamment à jour et tenu à la disposition de l'inspecteur du travail, mentionne pour chaque ouvrier :

1° Les dates et durées d'absence pour cause de maladie quelconque ;

2° Les dates des certificats présentés pour justifier de ces absences, les indications d'ordre médical qu'ils contiennent et la mention du médecin qui les a délivrés ;

3° Les avis donnés par le médecin de l'établissement par application des articles 3 et 4 ci-dessus.

6. Le délai d'exécution des mesures édictées par le présent décret est fixé à trois mois à partir de sa publication.

Décret du 4 avril 1910,

Portant addition à l'article 10 du décret du 29 novembre 1904 (interdiction aux ouvriers de coucher sur les fours à plâtre). — V. *suprà*, Décr. 29 nov. 1904, art. 10.

Décret du 21 avril 1910,

Modifiant le décret du 15 décembre 1908, relatif à l'organisation du service médical dans les chantiers de travaux à l'air comprimé. — V. *suprà*, Décr. 15 déc. 1908, art. 2, § 1er.

Décret du 22 août 1910,

Prescrivant les mesures particulières d'hygiène dans les établissements dont le personnel est exposé à l'infection charbonneuse.

Art. 1er. Dans les établissements visés à l'article 1er de la loi du 12 juin 1893, modifiée par la loi du 11 juillet 1903, et où sont manipulés, à l'état brut, des peaux, poils, crins, soies de porcs, laines, cornes, os ou autres dépouilles provenant d'animaux susceptibles d'être atteints d'infection charbonneuse, les chefs d'industrie, directeurs ou gérants, sont tenus, indépendamment des mesures générales prescrites par le décret du 29 novembre 1904, de prendre les mesures particulières de protection et de salubrité énoncées aux articles suivants :

Doivent être considérés comme à l'état brut, pour l'application du présent décret, les produits ou dépouilles qui n'ont pas subi les opérations ci-dessous :

Pour les crins, poils et soies de porcs : étuvage à 103 degrés pendant une heure ou séjour de deux heures dans l'eau bouillante, ou blanchiment ;

Pour les peaux : tannage ;

Pour les laines : dégraissage industriel ;

Pour les os et cornes : étuvage à 103 degrés pendant une heure ou séjour de deux heures dans l'eau bouillante, ou traitement par des antiseptiques actifs.

Pourront être également admis tous les autres procédés de désinfection que le ministre du travail, après avis du comité consultatif des arts et manufactures, reconnaîtra équivalents.

2. Un médecin désigné par le chef d'établissement procède aux examens et constatations ci-après ; sa rémunération est à la charge de l'entreprise.

Dès que les chefs d'industrie, directeurs ou gérants, ont connaissance qu'un ouvrier est atteint, soit d'un bouton, soit d'une coupure, écorchure ou gerçure non cicatrisée après trois jours de pansement à l'usine, ils doivent le faire examiner immédiatement par le médecin, qui indique les soins nécessaires. Le nom, l'âge de l'ouvrier et le travail auquel il était occupé, l'origine des matières reconnues susceptibles d'avoir déterminé l'infection, ainsi que le résultat des constatations du médecin, sont inscrits sur un registre spécial.

Chaque établissement doit être pourvu d'une boite de secours contenant les médicaments et objets de pansement déterminés par arrêté ministériel. Cette boîte doit être constamment tenue en bon état et placée dans un local facilement accessible.

3. Les chefs d'industrie, directeurs ou gérants sont tenus de mettre à la disposition du personnel ouvrier des tabliers et jambières imperméables pour toutes les opérations où le corps est exposé à être mouillé par les eaux employées au travail des produits ou dépouilles désignés à l'article 1er.

4. Doivent être considérées comme dangereuses pour l'application de l'article 5 ci-après, les industries suivantes, quand elles mettent en œuvre des matières provenant des régions qui seront désignées par un arrêté du ministre du travail et de la prévoyance sociale, après avis du ministre du commerce et de l'industrie et du ministre de l'agriculture :

1° La préparation des crins ;

2° Le délainage et le lavage, le triage des laines ;

3° La mégisserie, la tannerie, la pelleterie ;

4° Le triage et le travail des os et des cornes.

Sont considérés également comme dangereux, pour l'application du même article, le déballage, les manutentions et les autres opérations effectuées à sec, avant désinfection, sur les matières énumérées à l'article 1er, et provenant des régions déterminées par l'arrêté ci-dessus prévu.

5. Dans les parties d'établissement spécialement affectées à l'exercice des industries ou à l'exécution des travaux dangereux définis par l'article 4, les précautions ci-après doivent être observées :

1° Dans les ateliers, le sol sera formé d'un revêtement imperméable ou d'un revêtement jointif se prêtant facilement au lavage. Les murs seront recouverts soit d'un enduit permettant un lavage à fond, soit d'un badigeon à la chaux. Ce badigeon sera refait toutes les fois qu'il sera nécessaire, et notamment, lorsqu'un cas de charbon se sera manifesté. Les tables, établis et sièges, de même que le sol et les murs, seront lavés aussi souvent qu'il sera nécessaire au moyen d'une solution désinfectante.

Les outils seront soumis à des désinfections fréquentes ;

2° Dans les magasins où sont déposées les matières visées à l'article 1er, tout emplacement temporairement inutilisé doit être nettoyé avec emploi d'une substance désinfectante;

3° Pour les laines, crins, soies de porc et poils, les manipulations seront faites, autant que possible, en vase clos. Celles qu'il est impossible de faire de cette manière, comme l'ouverture des ballots et, s'il y a lieu, l'époussiérage, doivent être faites dans des conditions qui permettent de recueillir tous les détritus et de les détruire ultérieurement;

4° Dans des locaux séparés des ateliers et magasins où s'effectuent des opérations dangereuses, il sera établi, à l'usage des ouvriers, un vestiaire-lavabo, soigneusement entretenu, pourvu de cuvettes ou de robinets en nombre suffisant, d'eau en abondance ainsi que de savon, et pour chaque ouvrier, d'une serviette remplacée au moins une fois par semaine.

Ces vestiaires seront munis d'armoires ou de casiers fermés à clef ou par un cadenas, les vêtements de ville étant séparés des vêtements de travail.

A défaut d'armoire individuelle divisée en deux compartiments, tout ouvrier disposera de deux patères placées sur les côtés opposés du vestiaire et destinées à recevoir l'une les vêtements de ville, l'autre les vêtements de travail. Les patères seront séparées par un intervalle de 30 centimètres au minimum;

5° Le personnel aura à sa disposition des surtouts pour la manutention des marchandises brutes. Il disposera en outre de protège-nuque pour le transport de celles de ces marchandises qui devraient être portées sur l'epaule. Sauf impossibilité, toutes les matières brutes seront portées sur chariot ou sur civières.

6. Le ministre du travail et de la prévoyance sociale peut, par arrêté pris sur le rapport des inspecteurs du travail et après avis du comité consultatif des arts et manufactures, accorder à un établissement, pour un délai déterminé, dispense de tout ou partie des prescriptions de l'article 5, n° 3, s'il est reconnu que l'application de ces prescriptions est pratiquement impossible et que l'hygiène des travailleurs est assurée dans des conditions au moins équivalentes à celles qui sont fixées par le présent décret.

7. Les chefs d'industrie, directeurs ou gérants sont tenus de faire apposer dans un endroit apparent des locaux de travail :

1° Un règlement d'atelier imposant aux ouvriers les obligations suivantes : se servir des divers vêtements de travail et autres effets de travail mis gratuitement à leur disposition; utiliser le vestiaire et les lavabos visés par l'article 5-4°; prendre des soins de propreté à chaque sortie de l'atelier et ne pas apporter d'aliments dans l'atelier de travail;

2° Une affiche indiquant les dangers du charbon, ainsi que les précautions à prendre pour les éviter et la nécessité pour les ouvriers de faire la déclaration prévue par l'article 2;

3° Le nom et l'adresse du médecin chargé du service médical de l'établissement.

Les termes de l'affiche prévue au présent article sous le n° 2 seront fixés par un arrêté ministériel.

8. Le délai d'exécution des mesures édictées par le présent règlement est fixé à un an à dater de sa publication, sauf en ce qui concerne l'article 5, n°s 1°, 3° et 4°. Pour l'exécution des travaux de transformation qu'impliquent ces trois derniers numéros, le délai est fixé à trois ans.

V. *les deux arrêtés ministériels du* 11 *mars* 1912 *déterminant : 1° la composition de la boîte de secours prévue par le décret du* 22 *août* 1910 *sur l'infection charbonneuse ; 2° le texte de l'avis prévu par le décret du* 22 *août* 1910 *sur l'infection charbonneuse* (*Journ. off. du* 22 *mars* 1912).

Décret du 2 juin 1911,

Prescrivant les mesures particulières d'hygiène dans l'industrie de la couperie des poils.

Art. 1er. Dans les couperies de poils, les chefs d'industrie, directeurs ou gérants sont tenus de prendre, indépendamment des mesures générales prescrites par le décret du 29 novembre 1904, les mesures particulières de protection et de salubrité énoncées aux articles suivants.

2. Il est interdit d'entreposer des peaux, des déchets et des poils dans les ateliers. Ne peuvent y être déposées que les peaux nécessaires à une journée de travail.

3. Les eaux résiduaires de lavage des peaux doivent être évacuées immédiatement hors des locaux de travail par canalisation fermée.

4. La préparation du nitrate acide de mercure (secret) doit être organisée de telle sorte que l'ouvrier chargé de ce travail ne respire pas de vapeurs nitreuses.

Dans les locaux où s'effectue l'opération du secrétage, les tables à secréter, le revêtement des murs voisins jusqu'à hauteur d'homme et celui du sol doivent être imperméables.

Le nitrate liquide qui découle des peaux, des brosses et des tables à secréter doit être recueilli directement dans des récipients.

Il doit être procédé chaque semaine au nettoyage à grande eau des tables de secrétage, des murs voisins jusqu'à hauteur d'homme et du sol. Les eaux provenant de ce lavage sont évacuées dans les conditions prescrites par l'article précédent.

5. L'étuve de secrétage doit être disposée de façon qu'elle ne laisse dégager dans l'atelier ni gaz, ni vapeurs, ni poussières, même quand la porte de l'étuve est ouverte.

L'étuve doit être pourvue d'un dispositif tel que l'ouvrier ne soit pas obligé d'y pénétrer pour introduire ou retirer les peaux secrétées.

6. Le brossage des peaux secrétées, le coupage et la soufflerie des poils doivent être effectués en appareil clos ou à l'aide d'un dispositif s'opposant efficacement à la dissémination des poussières.

7. Les chefs d'industrie sont tenus de mettre gratuitement à la disposition du personnel occupé aux occupations visées à l'article 6 et d'entretenir gratuitement des blouses et couvre-têtes exclusivement affectés au travail.

8. Aucun ouvrier ne doit être admis au travail de secrétage s'il n'a les bras et les mains efficacement protégés au moyen d'un tissu ou d'un enduit approprié.

9. Les vestiaires et lavabos doivent être installés dans un local indépendant des ateliers où s'effectuent le secrétage, le brossage des peaux secrétées, le coupage et la soufflerie des poils.

Les lavabos sont pourvus d'eau potable pour les soins de la bouche et sont munis de savon.

10. Le ministre du travail et de la prévoyance sociale peut, par arrêté pris sur le rapport des inspecteurs du travail et après avis du comité consultatif des arts et manufactures, accorder à un établissement, pour un délai déterminé, dispense de tout ou partie des prescriptions de l'article 4, paragraphe 2, et des articles 5 et 9, s'il est reconnu que l'application de ces prescriptions est pratiquement impossible et que l'hygiène des travailleurs est assurée dans des conditions au moins équivalentes à celles qui sont fixées par le présent décret.

11. Aucun ouvrier ne doit être admis aux travaux visés aux articles 4 (§§ 1 et 2) et 6 du présent décret s'il n'est muni d'un certificat médical constatant qu'il ne présente pas de symptôme d'hydrargyrisme grave.

Aucun ouvrier ne doit être maintenu aux mêmes travaux si le certificat n'est pas renouvelé une fois par trimestre.

Ces certificats sont délivrés par un médecin désigné et rémunéré à cet effet par le chef d'industrie.

Un registre spécial, mis constamment à jour et tenu à la disposition de l'inspecteur du travail, mentionne les conclusions des certificats délivrés par le médecin en exécution du présent article.

12. Les chefs d'industrie sont tenus de faire afficher, dans un endroit apparent des locaux de travail

1° Le texte du présent décret;

2° Un règlement d'atelier imposant aux ouvriers les obligations suivantes :

Se servir des blouses et couvre-têtes prescrits par l'article 7 et se pourvoir des moyens de protection prévus à l'article 8;

Se servir des vestiaires et lavabos, se rincer la bouche et prendre des soins de propreté à chaque sortie des ateliers, ne pas apporter d'aliments ni de boissons dans l'atelier de travail;

3° Un avis indiquant les dangers de l'hydrargyrisme ainsi que les précautions à prendre pour les prévenir ou en éviter le retour;

4° Le nom et l'adresse du médecin chargé de délivrer les certificats.

Les termes de l'avis prévu par l'alinéa 3° seront fixés par arrêté ministériel.

L'affichage peut être remplacé par la distribution aux ouvriers d'un livret contenant le texte des règlements et les indications prescrites.

13. Le délai d'exécution des mesures édictées par le présent décret est fixé à six mois à partir de sa publication, sauf en ce qui concerne l'article 4, paragraphe 2, et les articles 5 et 9. Pour l'exécution des travaux de transformation qu'impliquent l'article 4, paragraphe 2, et les articles 5 et 9, le délai est fixé à trois ans.

Décret du 2 juin 1911,

Modifiant le décret du 29 novembre 1904 sur l'hygiène et la sécurité des travailleurs.

Art. 1er. Les articles 16, 17 et 20 du décret du 29 novembre 1904, modifié par le décret du 22 mars 1906, sont abrogés et remplacés par les dispositions suivantes : — V. *suprà*, Décr. 29 nov. 1904, art. 16, 17 et 20.

Décret du 8 octobre 1911,

Relatif au soufflage à la bouche dans les verreries.

Art. 1er. Dans les verreries où le soufflage se fait à la bouche, les chefs d'industrie, directeurs ou gérants, sont tenus, indépendamment des mesures générales prescrites par les lois et les règlements concernant l'hygiène et la sécurité des travailleurs, de prendre les mesures particulières de protection et de salubrité énoncées aux articles suivants.

2. Un médecin, désigné par le chef d'établissement, est chargé du service médical. La rémunération de ce médecin est à la charge de l'entreprise.

Les ouvriers ne peuvent être admis à un travail comportant l'usage en commun des cannes que sur l'attestation écrite de ce médecin constatant qu'ils ne sont atteints d'aucune maladie contagieuse à une période où cette maladie est susceptible de se transmettre par la canne.

Cette attestation doit être renouvelée :

1° Dans les verreries à bouteilles, une fois chaque quinzaine;

2° Dans les autres verreries, toutes les fois que l'ouvrier aura interrompu son travail pendant plus de quinze jours pour cause de maladie.

3. Un registre spécial mis constamment à jour et tenu à la disposition de l'inspecteur du travail mentionne, pour chaque ouvrier :

1° Les dates et durées d'absence pour cause de maladie quelconque;

2° Les dates des certificats présentés pour justifier de ces absences, les indications d'ordre médical qu'ils contiennent, précisées par la mention « apte » ou

« inapte », le nom du médecin qui les a délivrés, ainsi que le nom, l'âge et la spécialité professionnelle de chaque ouvrier examiné.

4. Dans les verreries où le soufflage est exécuté successivement par plusieurs ouvriers à l'aide d'une même canne, il doit être procédé, avant le commencement du travail de chaque équipe, à la désinfection de toutes les cannes ayant servi au travail de l'équipe précédente. Cette désinfection est effectuée soit par le passage au feu des cannes, soit par tout autre moyen efficace.

5. Les prescriptions qui précèdent ne sont point exigibles lorsqu'une même canne n'est utilisée que par un seul et même ouvrier. Les chefs d'établissement, directeurs ou gérants sont alors tenus de mettre à la disposition exclusive de chacun des ouvriers occupés dans ces conditions une ou plusieurs cannes portant une marque distinctive spéciale. Chacun de ces ouvriers doit également avoir à sa disposition exclusive une boîte ou armoire fermant à clef pour y enfermer ses cannes.

Décret du 12 octobre 1911,

Déterminant les prescriptions particulières relatives au travail du ciment à prise rapide.

Art. 1er. Les chefs d'industrie, directeurs ou gérants sont tenus de faire distribuer aux ouvriers qui emploient le ciment à prise rapide un avis leur indiquant les précautions hygiéniques à prendre.

Le texte de cet avis est déterminé par arrêté ministériel.

V. *l'arrêté ministériel du* 11 *décembre* 1911 *déterminant le texte de l'avis indiquant les précautions hygiéniques à prendre dans l'emploi du ciment* (*Journ. off. du* 23 *déc.* 1911).

Décret du 30 novembre 1911,

Interdisant l'emploi, dans les établissements de l'industrie textile, des cotons, ouates, gazes et autres objets ayant servi à des pansements.

Art. 1er. La manutention, le traitement et l'emploi des cotons, ouates, gazes, taffetas et autres matières similaires ayant servi à des pansements, sont interdits dans les dépôts et triages de chiffons, dans les blanchisseries de déchets, dans les ateliers d'effilochage, de déchiquetage, de cordage et autres ateliers de l'industrie textile.

2. Le délai d'exécution du présent règlement est fixé à trois mois, à partir de sa promulgation.

Décret du 13 août 1912,

Modifiant le décret du 11 *juillet* 1907 *sur la sécurité des travailleurs dans les établissements qui mettent en œuvre des courants électriques.* — V. *suprà*, Décr. 11 juill. 1907, art. 13, § 4.

D. — Accidents du travail.

[V. aussi notre **Petit Code des Accidents du travail.**]

Loi du 9 avril 1898,

Concernant les responsabilités des accidents dont les ouvriers sont victimes dans leur travail (**D. P.** 98. 4. 49). — V. *infrà*, L. 12 avr. 1906; L. 18 juill. 1907.

TITRE I. — INDEMNITÉS EN CAS D'ACCIDENTS.

Art. 1er. Les accidents survenus par le fait du travail, ou à l'occasion du travail, aux ouvriers et employés occupés dans l'industrie du bâtiment, les usines, manufactures, chantiers, les entreprises de transport par terre et par eau, de chargement et de déchargement, les magasins publics, mines, minières, carrières et, en outre, dans toute exploitation ou partie d'exploitation dans laquelle sont fabriquées ou mises en œuvre des matières explosives, ou dans laquelle il est fait usage d'une machine mue par une force autre que celle de l'homme ou des animaux, donnent droit, au profit de la victime ou de ses représentants, à une indemnité à la charge du chef d'entreprise, à la condition que l'interruption de travail ait duré plus de quatre jours.

Les ouvriers qui travaillent seuls d'ordinaire ne pourront être assujettis à la présente loi par le fait de la collaboration accidentelle d'un ou de plusieurs de leurs camarades.

En ce qui concerne la garantie des marins français contre les risques et accidents de leur profession, V. la loi du 21 avril 1898 (D. P. 98. 4. 86) *ayant pour objet la création d'une caisse de prévoyance entre marins français, et la loi du* 29 *décembre* 1905 (D. P. 1907. 4. 41) *sur la caisse de prévoyance des marins français avec le décret du* 14 *avril* 1906 (D. P. 1907. 4. 45) *pour l'exécution de cette dernière loi.*

2. (*L.* 22 *mars* 1902.) Les ouvriers et employés désignés à l'article précédent ne peuvent se prévaloir, à raison des accidents dont ils sont victimes dans leur travail, d'aucunes dispositions autres que celles de la présente loi.

Ceux dont le salaire annuel dépasse deux mille quatre cents francs (2400 fr.) ne bénéficient de ces dispositions que jusqu'à concurrence de cette somme. Pour le surplus, ils n'ont droit qu'au quart des rentes stipulées à l'article 3, à moins de conventions contraires élevant le chiffre de la quotité.

3. (*L.* 31 *mars* 1905.) Dans les cas prévus à l'article 1er, l'ouvrier ou employé a droit :

Pour l'incapacité absolue et permanente, à une rente égale aux deux tiers de son salaire annuel ;

Pour l'incapacité partielle et permanente, à une rente égale à la moitié de la réduction que l'accident aura fait subir au salaire ;

Pour l'incapacité temporaire, si l'incapacité de travail a duré plus de quatre jours, à une indemnité journalière, sans distinction entre les jours ouvrables et les dimanches et jours fériés, égale à la moitié du salaire touché au moment de l'accident, à moins que le salaire ne soit variable ; dans ce dernier cas, l'indemnité journalière est égale à la moitié du salaire moyen des journées de travail pendant le mois qui a précédé l'accident. L'indemnité est due à partir du cinquième jour après celui de l'accident ; toutefois, elle est due à partir du premier jour si l'incapacité de travail a duré plus de dix jours. L'indemnité journalière est payable aux époques et lieu de paye usités dans l'entreprise, sans que l'intervalle puisse excéder seize jours.

Lorsque l'accident est suivi de mort, une pension est servie aux personnes ci-après désignées, à partir du décès, dans les conditions suivantes :

a) Une rente viagère égale à 20 % du salaire annuel de la victime pour le conjoint survivant non divorcé ou séparé de corps, à la condition que le mariage ait été contracté antérieurement à l'accident.

En cas de nouveau mariage, le conjoint cesse d'avoir droit à la rente mentionnée ci-dessus ; il lui sera alloué, dans ce cas, le triple de cette rente à titre d'indemnité totale.

b) Pour les enfants, légitimes ou naturels, reconnus avant l'accident, orphelins de père ou de mère, âgés de moins de seize ans, une rente calculée sur le salaire annuel de la victime à raison de 15 % de ce salaire s'il n'y a qu'un enfant, de 25 % s'il y en a deux, de 35 % s'il y en a trois, et de 40 % s'il y en a quatre ou un plus grand nombre.

Pour les enfants, orphelins de père et de mère, la rente est portée, pour chacun d'eux, à 20 % du salaire.

L'ensemble de ces rentes ne peut, dans le premier cas, dépasser 40 % du salaire ni 60 % dans le second.

c) Si la victime n'a ni conjoint ni enfant dans les termes des paragraphes *a* et *b*, chacun des ascendants et descendants qui étaient à sa charge recevra une rente viagère pour les ascendants et payable jusqu'à seize ans pour les descendants. Cette rente sera égale à 10 % du salaire annuel de la victime, sans que le montant total des rentes ainsi allouées puisse dépasser 30 %.

Chacune des rentes prévues par le paragraphe *c* est, le cas échéant, réduite proportionnellement.

Les rentes constituées en vertu de la présente loi sont payables à la résidence du titulaire, ou au chef-lieu de canton de cette résidence, et, si elles sont servies par la Caisse nationale des retraites, chez le préposé de cet établissement désigné par le titulaire.

Elles sont payables par trimestre et à terme échu; toutefois, le tribunal peut ordonner le payement d'avance de la moitié du premier arrérage.

Ces rentes sont incessibles et insaisissables.

Les ouvriers étrangers, victimes d'accidents, qui cesseraient de résider sur le territoire français, recevront, pour toute indemnité, un capital égal à trois fois la rente qui leur avait été allouée.

Il en sera de même pour leurs ayants droit étrangers cessant de résider sur le territoire français, sans que toutefois le capital puisse alors dépasser la valeur actuelle de la rente d'après le tarif visé à l'article 28.

Les représentants étrangers d'un ouvrier étranger ne recevront aucune indemnité si, au moment de l'accident, ils ne résidaient pas sur le territoire français.

Les dispositions des trois alinéas précédents pourront, toutefois, être modifiées par traités dans la limite des indemnités prévues au présent article, pour les étrangers dont les pays d'origine garantiraient à nos nationaux des avantages équivalents.

4. (*L. 31 mars* 1905.) Le chef d'entreprise supporte, en outre, les frais médicaux et pharmaceutiques et les frais funéraires. Ces derniers sont évalués à la somme de 100 francs au maximum.

La victime peut toujours faire choix elle-même de son médecin et de son pharmacien. Dans ce cas, le chef d'entreprise ne peut être tenu des frais médicaux et pharmaceutiques que jusqu'à concurrence de la somme fixée par le juge de paix du canton où est survenu l'accident, conformément à un tarif qui sera établi par arrêté du ministre *du commerce* [du travail et de la prévoyance sociale], après avis d'une commission spéciale comprenant des représentants de syndicats de médecins et de pharmaciens, de syndicats professionnels ouvriers et patronaux, de sociétés d'assurances contre les accidents du travail et de syndicats de garantie, et qui ne pourra être modifié qu'à intervalles de deux ans.

Le chef d'entreprise est seul tenu dans tous les cas, en outre des obligations contenues en l'article 3, des frais d'hospitalisation qui, tout compris, ne pourront dépasser le tarif établi pour l'application de l'article 24 de la loi du 15 juillet 1893 majoré de 50 %, ni excéder jamais 4 fr. par jour pour Paris, ou 3 fr. 50 partout ailleurs.

Les médecins et pharmaciens ou les établissements hospitaliers peuvent actionner directement le chef d'entreprise.

Au cours du traitement, le chef d'entreprise pourra désigner au juge de paix un médecin chargé de le renseigner sur l'état de la victime. Cette désignation, dûment visée par le juge de paix, donnera audit médecin accès hebdomadaire auprès de la victime en présence du médecin traitant, prévenu deux jours à l'avance par lettre recommandée.

Faute par la victime de se prêter à cette visite, le payement de l'indemnité journalière sera suspendu par décision du juge de paix, qui convoquera la victime par simple lettre recommandée.

Si le médecin certifie que la victime est en état de reprendre son travail et que celle-ci le conteste, le chef d'entreprise peut, lorsqu'il s'agit d'une incapacité temporaire, requérir du juge de paix une expertise médicale qui devra avoir lieu dans les cinq jours.

5. Les chefs d'entreprise peuvent se décharger pendant les trente, soixante ou quatre-vingt-dix premiers jours à partir de l'accident, de l'obligation de payer aux victimes les frais de maladie et l'indemnité temporaire, ou une partie seulement de cette indemnité, comme il est spécifié ci-après, s'ils justifient :

1° Qu'ils ont affilié leurs ouvriers à des sociétés de secours mutuels et pris à leur charge une quote-part de la cotisation qui aura été déterminée d'un commun accord, et en se conformant aux statuts-type approuvés par le ministre compétent, mais qui ne devra pas être inférieure au tiers de cette cotisation;

2° Que ces sociétés assurent à leurs membres, en cas de blessures, pendant trente, soixante ou quatre-vingt-dix jours, les soins médicaux et pharmaceutiques et une indemnité journalière.

Si l'indemnité journalière servie par la société est inférieure à la moitié du salaire quotidien de la victime, le chef d'entreprise est tenu de lui verser la différence.

6. Les exploitants de mines, minières et carrières peuvent se décharger des frais et indemnités mentionnés à l'article précédent moyennant une subvention annuelle versée aux caisses ou sociétés de secours constituées dans ces entreprises en vertu de la loi du 29 juin 1894.

Le montant et les conditions de cette subvention devront être acceptés par la société et approuvés par le ministre des travaux publics.

Ces deux dispositions seront applicables à tous autres chefs d'industrie qui auront créé en faveur de leurs ouvriers des caisses particulières de secours en conformité du titre III de la loi du 29 juin 1894. L'approbation prévue ci-dessus sera, en ce qui les concerne, donnée par le ministre *du commerce et de l'industrie* [du travail et de la prévoyance sociale].

7. (*L. 22 mars 1902.*) Indépendamment de l'action résultant de la présente loi, la victime ou ses représentants conservent contre les auteurs de l'accident, autres que le patron et ses ouvriers et préposés, le droit de réclamer la réparation du préjudice causé, conformément aux règles du droit commun.

L'indemnité qui leur sera allouée exonérera à due concurrence le chef de l'entreprise des obligations mises à sa charge. Dans le cas où l'accident a entraîné une incapacité permanente ou la mort, cette indemnité devra être attribuée sous forme de rentes servies par la Caisse nationale des retraites.

En outre de cette allocation sous forme de rente, le tiers reconnu responsable pourra être condamné, soit envers la victime, soit envers le chef de l'entreprise, si celui-ci intervient dans l'instance, au payement des autres indemnités et frais prévus aux articles 3 et 4 ci-dessus.

Cette action contre les tiers responsables pourra même être exercée par le chef d'entreprise, à ses risques et périls, aux lieu et place de la victime ou de ses ayants droit si ceux-ci négligent d'en faire usage.

8. Le salaire qui servira de base à la fixation de l'indemnité allouée à l'ouvrier âgé de moins de seize ans ou à l'apprenti victime d'un accident ne sera pas inférieur au salaire le plus bas des ouvriers valides de la même catégorie occupés dans l'entreprise.

Toutefois, dans le cas d'incapacité temporaire, l'indemnité de l'ouvrier âgé de moins de seize ans ne pourra pas dépasser le montant de son salaire.

9. Lors du règlement définitif de la rente viagère, après le délai de revision prévu à l'article 19, la victime peut demander que le quart au plus du capital nécessaire à l'établissement de cette rente, calculé d'après les tarifs dressés pour les victimes d'accidents par la caisse des retraites pour la vieillesse, lui soit attribué en espèces.

Elle peut aussi demander que ce capital, ou ce capital réduit du quart au plus comme il vient d'être dit, serve à constituer sur sa tête une rente viagère réversible, pour moitié au plus, sur la tête de son conjoint. Dans ce cas, la rente viagère sera diminuée de façon qu'il ne résulte de la réversibilité aucune augmentation de charges pour le chef d'entreprise.

Le tribunal, en chambre du conseil, statuera sur ces demandes.

10. (*L.* 31 *mars* 1905.) Le salaire servant de base à la fixation des rentes s'entend, pour l'ouvrier occupé dans l'entreprise pendant les douze mois avant l'accident, de la rémunération effective qui lui a été allouée pendant ce temps, soit en argent, soit en nature.

Pour les ouvriers occupés pendant moins de douze mois avant l'accident, il doit s'entendre de la rémunération effective qu'ils ont reçue depuis leur entrée dans l'entreprise, augmentée de la rémunération qu'ils auraient pu recevoir pendant la période de travail nécessaire pour compléter les douze mois, d'après la rémunération moyenne des ouvriers de la même catégorie pendant ladite période.

Si le travail n'est pas continu, le salaire annuel est calculé, tant d'après la rémunération reçue pendant la période d'activité que d'après le gain de l'ouvrier pendant le reste de l'année.

Si, pendant les périodes visées aux alinéas précédents, l'ouvrier a chômé exceptionnellement et pour des causes indépendantes de sa volonté, il est fait état du salaire moyen qui eût correspondu à ces chômages.

TITRE II. — DÉCLARATION DES ACCIDENTS ET ENQUÊTE.

11. (*L.* 22 *mars* 1902.) Tout accident ayant occasionné une incapacité de travail doit être déclaré dans les quarante-huit heures non compris les dimanches et jours fériés, par le chef d'entreprise ou ses préposés, au maire de la commune qui en dresse procès-verbal et en délivre immédiatement récépissé.

La déclaration et le procès-verbal doivent indiquer, dans la forme réglée par décret, les nom, qualité et adresse du chef d'entreprise, le lieu précis, l'heure et la nature de l'accident, les circonstances dans lesquelles il s'est produit, la nature des blessures, les noms et adresses des témoins.

Dans les quatre jours qui suivent l'accident, si la victime n'a pas repris son travail, le chef d'entreprise doit déposer à la mairie, qui lui en délivre immédiatement récépissé, un certificat du médecin indiquant l'état de la victime, les suites probables de l'accident, et l'époque à laquelle il sera possible d'en connaître le résultat définitif.

La déclaration d'accident pourra être faite dans les mêmes conditions par la victime ou ses représentants jusqu'à l'expiration de l'année qui suit l'accident.

Avis de l'accident dans les formes réglées par décret, est donné immédiatement par le maire à l'inspecteur départemental du travail ou à l'ingénieur ordinaire des mines chargé de la surveillance de l'entreprise.

L'article 15 de la loi du 2 novembre 1892 et l'article 11 de la loi du 12 juin 1893 cessent d'être applicables dans les cas visés par la présente loi.

12. (*L.* 22 *mars* 1902.) Dans les vingt-quatre heures qui suivent le dépôt du certificat, et au plus tard dans les cinq jours qui suivent la déclaration de l'accident, le maire transmet au juge de paix du canton où l'accident s'est produit la déclaration et soit le certificat médical, soit l'attestation qu'il n'a pas été produit de certificat.

Lorsque, d'après le certificat médical produit en exécution du paragraphe précédent ou transmis ultérieurement par la victime à la justice de paix, la blessure paraît devoir entraîner la mort ou une incapacité permanente, absolue ou partielle de travail, ou lorsque la victime est décédée, le juge de paix, dans les vingt-quatre heures, procède à une enquête à l'effet de rechercher :

1° La cause, la nature et les circonstances de l'accident;

2° Les personnes victimes et le lieu où elles se trouvent, le lieu et la date de leur naissance;

3° La nature des lésions;

4° Les ayants droit pouvant, le cas échéant, prétendre à une indemnité, le lieu et la date de leur naissance;

5° Le salaire quotidien et le salaire annuel des victimes;

6° La société d'assurance à laquelle le chef d'entreprise était assuré ou le syndicat de garantie auquel il était affilié.

Les allocations tarifées pour le juge de paix et son greffier en exécution de l'article 29 de la présente loi et de l'article 31 de la loi de finances du 13 avril 1900 seront avancées par le Trésor.

13. L'enquête a lieu contradictoirement dans les formes prescrites par les articles 35, 36, 37, 38 et 39 du Code de procédure civile, en présence des parties intéressées ou celles-ci convoquées d'urgence par lettre recommandée.

Le juge de paix doit se transporter auprès de la victime de l'accident qui se trouve dans l'impossibilité d'assister à l'enquête.

Lorsque le certificat médical ne lui paraîtra pas suffisant, le juge de paix pourra désigner un médecin pour examiner le blessé.

Il peut aussi commettre un expert pour l'assister dans l'enquête.

Il n'y a pas lieu, toutefois, à nomination d'expert dans les entreprises administrativement surveillées, ni dans celles de l'État placées sous le contrôle d'un service distinct du service de gestion, ni dans les établissements nationaux où s'effectuent des travaux que la sécurité publique oblige à tenir secrets. Dans ces divers cas, les fonctionnaires chargés de la surveillance ou du contrôle de ces établissements ou entreprises et, en ce qui concerne les exploitations minières, les délégués à la sécurité des ouvriers mineurs, transmettent au juge de paix, pour être joint au procès-verbal d'enquête, un exemplaire de leur rapport.

Sauf les cas d'impossibilité matérielle dûment constatés dans le procès-verbal, l'enquête doit être close dans le plus bref délai et, au plus tard, dans les dix jours à partir de l'accident. Le juge de paix avertit, par lettre recommandée, les parties de la clôture de l'enquête et du dépôt de la minute au greffe, où elles pourront, pendant un délai de cinq jours, en prendre connaissance et s'en faire délivrer une expédition, affranchie du timbre et de l'enregistrement. A l'expiration de ce délai de cinq jours, le dossier de l'enquête est transmis au président du tribunal civil de l'arrondissement.

14. Sont punis d'une amende de un à quinze francs (1 à 15 fr.) les chefs d'industrie ou leurs préposés qui ont contrevenu aux dispositions de l'article 11.

En cas de récidive dans l'année, l'amende peut être élevée de seize à trois cents francs (16 à 300 fr.).

L'article 463 du Code pénal est applicable aux contraventions prévues par le présent article.

TITRE III. — COMPÉTENCE, JURIDICTIONS, PROCÉDURE, REVISION.

15. (*L.* 31 *mars* 1905.) Sont jugées en dernier ressort par le juge de paix du canton où l'accident s'est produit, à quelque chiffre que la demande puisse s'élever et dans les quinze jours de la demande, les contestations relatives tant aux frais funéraires qu'aux indemnités temporaires.

Les indemnités temporaires sont dues jusqu'au jour du décès ou jusqu'à la consolidation de la blessure, c'est-à-dire jusqu'au jour où la victime se trouve, soit complètement guérie, soit définitivement atteinte d'une incapacité permanente; elles continuent, dans ce dernier cas, à être servies jusqu'à la décision définitive prévue à l'article suivant, sous réserve des dispositions du quatrième alinéa dudit article.

Si l'une des parties soutient, avec un certificat médical à l'appui, que l'incapacité est permanente, le juge de paix doit se déclarer incompétent par une décision dont il transmet, dans les trois jours, expédition au président du tribunal civil. Il fixe en même temps, s'il ne l'a fait antérieurement, l'indemnité journalière.

Le juge de paix connait des demandes relatives au payement des frais médicaux et pharmaceutiques jusqu'à 300 francs en dernier ressort et à quelque chiffre que ces demandes s'élèvent, à charge d'appel dans la quinzaine de la décision.

Les décisions du juge de paix relatives à l'indemnité journalière sont exécutoires nonobstant opposition. Ces décisions sont susceptibles de recours en cassation pour violation de la loi.

Lorsque l'accident s'est produit en territoire étranger, le juge de paix compétent, dans les termes de l'article 12 et du présent article, est celui du canton où est situé l'établissement ou le dépôt auquel est attachée la victime.

Lorsque l'accident s'est produit en territoire français, hors du canton où est situé l'établissement ou le dépôt auquel est attachée la victime, le juge de paix de ce dernier canton devient exceptionnellement compétent, à la requête de la victime ou de ses ayants droit adressée, sous forme de lettre recommandée, au juge de paix du canton où l'accident s'est produit, avant qu'il n'ait été saisi dans les termes du présent article ou bien qu'il n'ait clos l'enquête prévue à l'article 13. Un récépissé est immédiatement envoyé au requérant par le greffe, qui avise, en même temps que le chef d'entreprise, le juge de paix devenu compétent et, s'il y a lieu, transmet à ce dernier le dossier de l'enquête, dès sa clôture, en avertissant les parties, conformément à l'article 13.

Si, après transmission du dossier de l'enquête au président du tribunal du lieu de l'accident et avant convocation des parties, la victime ou ses ayants droit justifient qu'ils n'ont pu, avant la clôture de l'enquête, user de la faculté prévue à l'alinéa précédent, le président peut, les parties entendues, se dessaisir du dossier et le transmettre au président du tribunal de l'arrondissement où est situé l'établissement ou le dépôt auquel est attachée la victime.

16. (*L. 31 mars 1905.*) En ce qui touche les autres indemnités prévues par la présente loi, le président du tribunal de l'arrondissement, dans les cinq jours de la transmission du dossier, si la victime est décédée avant la clôture de l'enquête, ou, dans le cas contraire, dans les cinq jours de la production par la partie la plus diligente, soit de l'acte de décès, soit d'un accord écrit des parties reconnaissant le caractère permanent de l'incapacité, ou bien de la réception de la décision du juge de paix visée au troisième alinéa de l'article précédent, ou enfin, s'il n'a été saisi d'aucune de ces pièces, dans les cinq jours précédant l'expiration du délai de prescription prévu à l'article 18, lorsque la date de cette expiration lui est connue, convoque la victime ou ses ayants droit, le chef d'entreprise, qui peut se faire représenter et, s'il y a assurance, l'assureur. Il peut, du consentement des parties, commettre un expert dont le rapport doit être déposé dans le délai de huitaine.

En cas d'accord entre les parties, conforme aux prescriptions de la présente loi, l'indemnité est définitivement fixée par l'ordonnance du président, qui en donne acte en indiquant, sous peine de nullité, le salaire de base et la réduction que l'accident aura fait subir au salaire.

En cas de désaccord, les parties sont renvoyées à se pourvoir devant le tribunal, qui est saisi par la partie la plus diligente et statue comme en matière sommaire, conformément au titre XXIV du livre II du Code de procédure civile. Son jugement est exécutoire par provision.

En ce cas, le président, par son ordonnance de renvoi et sans appel, peut substituer à l'indemnité journalière une provision inférieure au demi-salaire ou, dans la même limite, allouer une provision aux ayants droit. Ces provisions peuvent être allouées ou modifiées en cours d'instance par voie de référé sans appel. Elles sont incessibles et insaisissables et payables dans les mêmes conditions que l'indemnité journalière.

Les arrérages des rentes courent à partir du jour du décès ou de la consolidation de la blessure, sans se cumuler avec l'indemnité journalière ou la provision.

Dans les cas où le montant de l'indemnité ou de la provision excède les arrérages dus jusqu'à la date de la fixation de la rente, le tribunal peut ordonner que le surplus sera précompté sur les arrérages ultérieurs dans la proportion qu'il détermine.

S'il y a assurance, l'ordonnance du président ou le jugement fixant la rente allouée spécifie que l'assureur est substitué au chef d'entreprise dans les termes du titre IV de façon à supprimer tout recours de la victime contre ledit chef d'entreprise.

17. (*L.* 22 *mars* 1902.) Les jugements rendus en vertu de la présente loi sont susceptibles d'appel selon les règles du droit commun. Toutefois l'appel, sous réserve des dispositions de l'article 449 du Code de procédure civile, devra être interjeté dans les trente jours de la date du jugement s'il est contradictoire, et, s'il est par défaut, dans la quinzaine à partir du jour où l'opposition ne sera plus recevable.

L'opposition ne sera plus recevable en cas de jugement par défaut contre partie, lorsque le jugement aura été signifié à personne, passé le délai de quinze jours à partir de cette signification.

La cour statuera d'urgence dans le mois de l'acte d'appel. Les parties pourront se pourvoir en cassation.

Toutes les fois qu'une expertise médicale sera ordonnée, soit par le juge de paix, soit par le tribunal ou par la cour d'appel, l'expert ne pourra être le médecin qui a soigné le blessé, ni un médecin attaché à l'entreprise ou à la société d'assurance à laquelle le chef d'entreprise est affilié.

18. (*L.* 22 *mars* 1902.) L'action en indemnité prévue par la présente loi se prescrit par un an à dater du jour de l'accident, ou de la clôture de l'enquête du juge de paix, ou de la cessation du payement de l'indemnité temporaire.

L'article 55 de la loi du 10 août 1871 et l'article 124 de la loi du 5 avril 1884 ne sont pas applicables aux instances suivies contre les départements ou les communes, en exécution de la présente loi.

19. (*L.* 31 *mars* 1905.) La demande en revision de l'indemnité fondée sur une aggravation ou une atténuation de l'infirmité de la victime, ou son décès par suite des conséquences de l'accident, est ouverte pendant trois ans à compter, soit de la date à laquelle cesse d'être due l'indemnité journalière, s'il n'y a point eu attribution de rente, soit de l'accord intervenu entre les parties ou de la décision judiciaire passée en force de chose jugée, même si la pension a été remplacée par un capital en conformité de l'article 21.

Dans tous les cas, sont applicables à la revision les conditions de compétence et de procédure fixées par les articles 16, 17 et 22. Le président du tribunal est saisi par voie de simple déclaration au greffe.

S'il y a accord entre les parties, conforme aux prescriptions de la présente loi, le chiffre de la rente revisée est fixé par ordonnance du président, qui donne acte de cet accord en spécifiant, sous peine de nullité, l'aggravation ou l'atténuation de l'infirmité.

En cas de désaccord, l'affaire est renvoyée devant le tribunal, qui est saisi par la partie la plus diligente et qui statue comme en matière sommaire et ainsi qu'il est dit à l'article 16.

Au cours des trois années pendant lesquelles peut s'exercer l'action en revision, le chef d'entreprise pourra désigner au président du tribunal un médecin chargé de le renseigner sur l'état de la victime

Cette désignation, dûment visée par le président, donnera audit médecin accès trimestriel auprès de la victime. Faute par la victime de se prêter à cette visite, tout payement d'arrérages sera suspendu par décision du président qui convoquera la victime par simple lettre recommandée.

Les demandes prévues à l'article 9 doivent être portées devant le tribunal au plus tard dans le mois qui suit l'expiration du délai imparti pour l'action en revision.

20. Aucune des indemnités déterminées par la présente loi ne peut être attribuée à la victime qui a intentionnellement provoqué l'accident.

Le tribunal a le droit, s'il est prouvé que l'accident est dû à une faute inexcusable de l'ouvrier, de diminuer la pension fixée au titre Ier.

Lorsqu'il est prouvé que l'accident est dû à une faute inexcusable du patron ou de ceux qu'il s'est substitués dans la direction, l'indemnité pourra être majorée, mais sans que la rente ou le total des rentes allouées puisse dépasser soit la réduction, soit le montant du salaire annuel.

(*L.* 22 *mars* 1902.) En cas de poursuites criminelles, les pièces de procédure seront communiquées à la victime ou à ses ayants droit.

Le même droit appartiendra au patron ou à ses ayants droit.

21. (*L.* 31 *mars* 1905.) Les parties peuvent toujours, après détermination du chiffre de l'indemnité due à la victime de l'accident, décider que le service de la pension sera suspendu et remplacé, tant que l'accord subsistera, par tout autre mode de réparation.

En dehors des cas prévus à l'article 3, la pension ne pourra être remplacée par le payement d'un capital que si elle n'est pas supérieure à 100 francs et si le titulaire est majeur. Ce rachat ne pourra être effectué que d'après le tarif spécifié à l'article 28.

22. (*L.* 22 *mars* 1902.) Le bénéfice de l'assistance judiciaire est accordé de plein droit, sur le visa du procureur de la République, à la victime de l'accident ou à ses ayants droit devant le président du tribunal civil et devant le tribunal.

Le procureur de la République procède comme il est prescrit à l'article 13 (paragraphes 2 et suivants) de la loi du 22 janvier 1851, modifiée par la loi du 10 juillet 1901.

(*L.* 17 *avril* 1906.) « Le bénéfice de l'assistance judiciaire s'applique de plein droit à l'acte d'appel et, le cas échéant, à l'acte par lequel est signifié le désistement de l'appel. Le premier président de la cour, sur la demande qui lui sera adressée à cet effet, désignera l'avoué près la cour dont la constitution figurera dans l'acte d'appel, et commettra un huissier pour le signifier. »

Si la victime de l'accident se pourvoit devant le bureau d'assistance judiciaire pour en obtenir le bénéfice en vue de toute la procédure d'appel, elle sera dispensée de fournir les pièces justificatives de son indigence.

Le bénéfice de l'assistance judiciaire s'étend de plein droit aux instances devant le juge de paix, à tous les actes d'exécution mobilière et immobilière et à toute contestation incidente à l'exécution des décisions judiciaires.

L'assisté devra faire déterminer par le bureau d'assistance judiciaire de son domicile la nature des actes et procédure d'exécution auxquels l'assistance s'appliquera.

TITRE IV. — GARANTIES.

23. La créance de la victime de l'accident ou de ses ayants droit relative aux frais médicaux, pharmaceutiques et funéraires ainsi qu'aux indemnités allouées à la suite de l'incapacité temporaire de travail, est garantie par le privilège de l'article 2101 du Code civil et y sera inscrite sous le n° 6.

Le payement des indemnités pour incapacité permanente de travail ou accidents suivis de mort est garanti conformément aux dispositions des articles suivants.

24. A défaut, soit par les chefs d'entreprise débiteurs, soit par les sociétés d'assurances à primes fixes ou mutuelles, ou les syndicats de garantie liant solidairement tous leurs adhérents, de s'acquitter, au moment de leur exigibilité, des indemnités mises à leur charge à la suite d'accidents ayant entraîné la mort ou une incapacité permanente de travail, le payement en sera assuré aux intéressés par les soins de la Caisse nationale des retraites pour la vieillesse, au moyen d'un fonds spécial de garantie constitué comme il va être dit et dont la gestion sera confiée à ladite caisse.

25. Pour la constitution du fonds spécial de garantie, il sera ajouté au principal de la contribution des patentes des industriels visés par l'article 1er, quatre centimes (0 fr. 04) additionnels. Il sera perçu sur les mines une taxe de cinq centimes (0 fr. 05) par hectare concédé.

Ces taxes pourront, suivant les besoins, être majorées ou réduites par la loi de finances.

26. La Caisse nationale des retraites exercera un recours contre les chefs d'entreprise débiteurs, pour le compte desquels des sommes auront été payées par elles, conformément aux dispositions qui précèdent.

En cas d'assurance du chef d'entreprise, elle jouira, pour le remboursement de ses avances, du privilège de l'article 2102 du Code civil sur l'indemnité due par l'assureur et n'aura plus de recours contre le chef d'entreprise.

Un règlement d'administration publique déterminera les conditions d'organisation et de fonctionnement du service conféré par les dispositions précédentes à la Caisse nationale des retraites et, notamment, les formes du recours à exercer contre les chefs d'entreprise débiteurs ou les sociétés d'assurances et les syndicats de garantie, ainsi que les conditions dans lesquelles les victimes d'accidents ou leurs ayants droit seront admis à réclamer à la caisse le payement de leurs indemnités.

Les décisions judiciaires n'emporteront hypothèque que si elles sont rendues au profit de la caisse des retraites exerçant son recours contre les chefs d'entreprise ou les compagnies d'assurances.

27. (*L.* 31 *mars* 1905.) Les compagnies d'assurances mutuelles ou à primes fixes contre les accidents, françaises ou étrangères, sont soumises à la surveillance et au contrôle de l'État et astreintes à constituer des réserves ou cautionnements dans les conditions déterminées par un règlement d'administration publique.

Le montant des réserves mathématiques et des cautionnements sera affecté par privilège au payement des pensions et indemnités.

Les syndicats de garantie seront soumis à la même surveillance, et un règlement d'administration publique déterminera les conditions de leur création et de leur fonctionnement.

A toute époque, un arrêté du ministre *du commerce* [du travail et de la prévoyance sociale] peut mettre fin aux opérations de l'assureur qui ne remplit pas les conditions prévues par la présente loi ou dont la situation financière ne donne pas des garanties suffisantes pour lui permettre de remplir ses engagements. Cet arrêté est pris après avis conforme du comité consultatif des assurances contre les accidents du travail, l'assureur ayant été mis en demeure de fournir ses observations par écrit dans un délai de quinzaine. Le comité doit émettre son avis dans la quinzaine suivante.

Le dixième jour, à midi, à compter de la publication de l'arrêté au *Journal officiel*, tous les contrats contre les risques régis par la présente loi cessent de plein droit d'avoir effet, les primes restant à payer ou les primes payées d'avance n'étant acquises à l'assureur qu'en proportion de la période d'assurance réalisée, sauf stipulation contraire dans les polices.

Le comité consultatif des assurances contre les accidents du travail est composé de vingt-quatre membres, savoir : deux sénateurs et trois députés élus par leurs collègues ; le directeur de l'assurance et de la prévoyance sociales ; le directeur du travail ; le directeur général de la Caisse des dépôts et consignations ; trois membres agrégés de l'institut des actuaires français ; le président du tribunal de commerce de la Seine ou un président de section délégué par lui ; le président de la chambre de commerce de Paris ou un membre délégué par lui ; deux ouvriers membres du conseil supérieur du travail ; un professeur de la faculté de droit de Paris ; deux directeurs ou administrateurs de sociétés mutuelles d'assurances contre les accidents du travail ou syndicats de garantie ; deux directeurs ou administrateurs de sociétés anonymes ou en commandite d'assurances contre les accidents du travail ; quatre personnes spécialement compétentes en matière d'assurances contre les accidents du travail. Un décret détermine le mode de nomination et de renouvellement des membres ainsi que la désignation du président, du vice-président et du secrétaire.

Les frais de toute nature résultant de la surveillance et du contrôle seront couverts au moyen de contributions proportionnelles au montant des réserves ou cautionnements, et fixés annuellement, pour chaque compagnie ou association, par arrêté du ministre *du commerce* [du travail et de la prévoyance sociale].

28. Le versement du capital représentatif des pensions allouées en vertu de la présente loi ne peut être exigé des débiteurs.

Toutefois, les débiteurs qui désireront se libérer en une fois pourront verser le capital représentatif de ces pensions à la Caisse nationale des retraites, qui établira à cet effet, dans les six mois de la promulgation de la présente loi, un tarif tenant compte de la mortalité des victimes d'accidents et de leurs ayants droit.

Lorsqu'un chef d'entreprise cesse son industrie, soit volontairement, soit par décès, liquidation judiciaire ou faillite, soit par cession d'établissement, le capital représentatif des pensions à sa charge devient exigible de plein droit et sera versé à la Caisse nationale des retraites. Ce capital sera déterminé au jour de son exigibilité, d'après le tarif visé au paragraphe précédent.

Toutefois, le chef d'entreprise ou ses ayants droit peuvent être exonérés du versement de ce capital, s'ils fournissent des garanties qui seront à déterminer par un règlement d'administration publique.

TITRE V. — DISPOSITIONS GÉNÉRALES.

29. Les procès-verbaux, certificats, actes de notoriété, significations, jugements et autres actes faits ou rendus en vertu et pour l'exécution de la présente loi, sont délivrés gratuitement, visés pour timbre et enregistrés gratis lorsqu'il y a lieu à la formalité de l'enregistrement.

Dans les six mois de la promulgation de la présente loi, un décret déterminera les émoluments des greffiers de justice de paix pour leur assistance et la rédaction des actes de notoriété, procès-verbaux, certificats, significations, jugements, envois de lettres recommandées, extraits, dépôts de la minute d'enquête au greffe, et pour tous les actes nécessités par l'application de la présente loi, ainsi que les frais de transport auprès des victimes et d'enquête sur place.

30. (*L.* 31 *mars* 1905.) Toute convention contraire à la présente loi est nulle de plein droit. Cette nullité, comme la nullité prévue au deuxième alinéa de l'article 16 et au troisième alinéa de l'article 19, peut être poursuivie par tout intéressé devant le tribunal visé auxdits articles.

Toutefois, dans ce cas, l'assistance judiciaire n'est accordée que dans les conditions du droit commun.

La décision qui prononce la nullité fait courir à nouveau, du jour où elle devient définitive, les délais impartis soit pour la prescription, soit pour la revision.

Sont nulles de plein droit et de nul effet les obligations contractées, pour rémunération de leurs services, envers les intermédiaires qui se chargent, moyennant émoluments convenus à l'avance, d'assurer aux victimes d'accidents ou à leurs ayants droit le bénéfice des instances ou des accords prévus aux articles 15, 16, 17 et 19.

Est passible d'une amende de 16 francs à 300 francs et, en cas de récidive dans l'année de la condamnation, d'une amende de 500 francs à 2000 francs, sous réserve de l'application de l'article 463 du Code pénal : 1° tout intermédiaire convaincu d'avoir offert les services spécifiés à l'alinéa précédent ; 2° tout chef d'entreprise ayant opéré, sur le salaire de ses ouvriers ou employés, des retenues pour l'assurance des risques mis à sa charge par la présente loi ; 3° toute personne qui, soit par menace de renvoi, soit par refus ou menace de refus des indemnités dues en vertu de la présente loi, aura porté atteinte ou tenté de porter atteinte au droit de la victime de choisir son médecin ; 4° tout médecin ayant, dans des certificats délivrés pour l'application de la présente loi, sciemment dénaturé les conséquences des accidents.

31. Les chefs d'entreprise sont tenus, sous peine d'une amende de un à quinze francs (1 à 15 fr.), de faire afficher dans chaque atelier la présente loi et les règlements d'administration relatifs à son exécution.

En cas de récidive dans la même année, l'amende sera de seize à cent francs (16 à 100 fr.).

Les infractions aux dispositions des articles 11 et 31 pourront être constatées par les inspecteurs du travail.

32. Il n'est point dérogé aux lois, ordonnances et règlements concernant les pensions des ouvriers, apprentis et journaliers appartenant aux ateliers de la marine et celles des ouvriers immatriculés des manufactures d'armes dépendant du ministère de la guerre.

33. La présente loi ne sera applicable que trois mois après la publication officielle des décrets d'administration publique qui doivent en régler l'exécution.

34. Un règlement d'administration publique déterminera les conditions dans lesquelles la présente loi pourra être appliquée à l'Algérie et aux colonies.

V. *le commentaire* 1° *de la loi du* 9 *avril* 1898, **D. P.** 98. 4. 49; 2° *de la loi du* 22 *mars* 1902, **D. P.** 1902. 4. 33; *de la loi du* 31 *mars* 1905, **D. P.** 1905. 4. 101.

Loi du 30 juin 1899,

Concernant les accidents causés dans les exploitations agricoles par l'emploi de machines mues par des moteurs inanimés (**D. P.** 99. 4. 92).

Article unique. Les accidents occasionnés par l'emploi de machines agricoles mues par des moteurs inanimés et dont sont victimes, par le fait ou à l'occasion du travail, les personnes quelles qu'elles soient, occupées à la conduite ou au service de ces moteurs ou machines, sont à la charge de l'exploitant dudit moteur.

Est considéré comme exploitant l'individu ou la collectivité qui dirige le moteur ou le fait diriger par ses préposés.

Si la victime n'est pas salariée ou n'a pas un salaire fixe, l'indemnité due est calculée, selon les tarifs de la loi du 9 avril 1898, d'après le salaire moyen des ouvriers agricoles de la commune.

En dehors du cas ci-dessus déterminé, la loi du 9 avril 1898 n'est pas applicable à l'agriculture.

V. *le commentaire de la loi du* 30 *juin* 1899, D. P. 99. 4. 92.

Loi du 22 mars 1902,

Modifiant divers articles de la loi du 9 avril 1898, concernant les responsabilités des accidents dont les ouvriers sont victimes dans leur travail (D. P. 1902. 4. 33).

Art. 1er. Les articles 2, 7, 11, 12, 17, 18, 20 et 22 de la loi du 9 avril 1898 sont modifiés ainsi qu'il suit : V. *suprà*, L. 9 avr. 1898, art. 2, 7, 11, 12, 17, 18, 20 et 22.

2. La présente loi est applicable aux accidents visés par la loi du 30 juin 1899.

V. *le commentaire de la loi du 22 mars* 1902, D. P. 1902. 4. 33.

Loi du 31 mars 1905,

Modifiant divers articles de la loi du 9 avril 1898 sur les accidents du travail (D. P. 1905. 4. 101).

Art. 1er. Les articles 3, 4, 10, 15, 16, 19, 21, 27 et 30 de la loi du 9 avril 1898 sont modifiés ainsi qu'il suit : — V. *suprà*, L. 9 avr. 1898, art. 3, 4, 10, 15, 16, 19, 21, 27 et 30.

2. Le tarif visé à l'article 4 de la loi du 9 avril 1898, ci-dessus modifié, devra être établi dans un délai de six mois à compter de la promulgation de la présente loi et publié au *Journal officiel*. Il sera appliqué un mois après cette publication, et jusque-là les tarifs d'assistance médicale gratuite resteront transitoirement applicables.

3. La présente loi sera applicable aux accidents visés par la loi du 30 juin 1899.

V. *le commentaire de la loi du* 31 *mars* 1905, D. P. 1905. 4. 101.

Loi du 12 avril 1906,

Étendant à toutes les exploitations commerciales les dispositions de la loi du 9 avril 1898 sur les accidents du travail (D. P. 1906. 4. 116).

Art. 1er. La législation sur les responsabilités des accidents du travail est étendue à toutes les entreprises commerciales.

2. A partir de la promulgation du décret prévu à l'article 4 et pendant les trois mois qui suivront, les contrats d'assurance contre les accidents, souscrits antérieurement à cette promulgation pour des entreprises visées à l'article 1er et ne garantissant pas le risque prévu par les lois des 9 avril 1898, 22 mars 1902 et 31 mars 1905, pourront être dénoncés par l'assureur ou par l'assuré.

La dénonciation s'effectuera, soit au moyen d'une déclaration au siège social ou chez l'agent local, dont il sera donné récépissé, soit par acte extrajudiciaire, soit par lettre recommandée. Le contrat se trouvera ainsi intégralement résilié le dixième jour, à midi, à compter du jour de la déclaration, de la signification de l'acte extrajudiciaire ou du dépôt à la poste de la lettre recommandée.

Les primes restant à payer ne seront acquises à l'assureur qu'en proportion de la période d'assurance réalisée jusqu'au jour de la résiliation. Les primes payées d'avance pour assurances à forfait ne lui resteront acquises, et seulement jusqu'à concurrence de six mois de risque au maximum à compter du jour de la résiliation, que si le contrat n'a pas été dénoncé par lui; le surplus sera restitué à l'assuré.

3. Les contrats mixtes par lesquels l'assureur s'est engagé, d'une part, à garantir l'assuré contre le risque de la loi de 1898, si celle-ci était déclarée applicable, et, dans le cas contraire, à le couvrir du risque de la responsabilité civile, seront intégralement résiliés, s'ils ont été dénoncés dans les formes et délais prévus à l'article précédent. La dénonciation de l'assuré restera toutefois sans effet si, dans la huitaine de cette dénonciation, l'assureur lui remet un avenant garantissant expressément, sans aucune augmentation de prime, le risque défini par les lois des 9 avril 1898, 22 mars 1902 et 31 mars 1905.

A l'expiration du délai de trois mois visé à l'article précédent, le silence des deux parties aura pour effet, sans autres formalités, de rendre le contrat applicable au risque déterminé par les lois des 9 avril 1898, 22 mars 1902 et 31 mars 1905.

4. La taxe prévue par l'article 25 de la loi du 9 avril 1898 continuera à être perçue pour les exploitations assujetties par ladite loi, y compris tous les ateliers.

Elle sera réduite à un centime et demi pour les exploitations exclusivement commerciales, y compris les chantiers de manutention ou de dépôt. La liste desdites exploitations sera arrêtée dans les six mois de la promulgation de la présente loi par décret rendu sur la proposition des ministres *du commerce* [du travail et de la prévoyance sociale] et des finances, après avis du comité consultatif des assurances contre les accidents du travail. Elle sera soumise tous les cinq ans à la sanction législative.

Des décrets rendus dans la même forme pourront modifier le taux de la taxe spécifiée à l'alinéa précédent, dans les limites du maximum prévu à l'article 25 de la loi du 9 avril 1898 ou fixé par la loi de finances; ils devront être publiés au *Journal officiel* au moins trois mois avant l'ouverture de l'exercice à partir duquel la modification deviendrait applicable (V. *infrà*, *L.* 29 *mai* 1909; *Décr.* 29 *mai* 1909).

5. Les exploitations régies par les lois du 9 avril 1898 et du 30 juin 1899, qui ne sont pas soumises à l'impôt des patentes, contribueront au fonds de garantie dans les conditions ci-après.

Il sera perçu annuellement sur chaque contrat d'assurance une contribution dont le montant sera fixé tous les cinq ans par la loi de finances en proportion des primes, et sera recouvré, en même temps que les primes, par les sociétés d'assurances, les syndicats de garantie ou la caisse nationale d'assurances en cas d'accidents, qui en opéreront le versement au fonds de garantie (V. *infrà*, *L.* 30 *janv.* 1907, *art.* 2).

(*L.* 26 *mars* 1908.) « En ce qui concerne les exploitants non assurés, il sera perçu une contribution dont le taux sera fixé dans les mêmes formes, en proportion du capital constitutif des rentes mises à leur charge. Cette contribution sera liquidée lors de l'enregistrement des ordonnances, jugements et arrêts allouant lesdites rentes et recouvrée comme en matière d'assistance judiciaire, pour le compte du fonds de garantie, par l'administration de l'enregistrement.

Le capital constitutif de la rente sera déterminé, pour la perception de la contribution, d'après un barème et dans les conditions qui seront fixées par un règlement d'administration publique. — V. *infrà*, *Décr.* 11 *juin* 1909.

Les ordonnances, jugements et arrêts allouant des rentes, en exécution de la loi du 9 avril 1898 devront indiquer si le chef d'entreprise est, ou non, assuré et patenté. »

Un règlement d'administration publique déterminera les conditions dans lesquelles seront effectués les versements des sociétés d'assurances, des syndicats de garantie ou de la caisse nationale d'assurance en cas d'accidents et les recouvrements de l'administration de l'enregistrement, ainsi que toutes les mesures nécessaires pour assurer l'exécution du présent article (V. *infrà*, *Décr.* 18 *févr.* 1907; *Décr.* 9 *mars* 1907).

Toute contravention aux prescriptions de ce règlement sera punie d'une amende de cent francs à mille francs (100 fr. à 1 000 fr.).

6. Les syndicats de garantie prévus à l'article 24 de la loi du 9 avril 1898 doivent, qu'il s'agisse d'entreprises industrielles ou commerciales, comprendre au moins cinq mille ouvriers assurés et dix chefs d'entreprise adhérents, dont cinq ayant au moins trois cents ouvriers, ou bien deux mille ouvriers assurés et trois cents chefs d'entreprise adhérents, dont trente ayant au moins chacun trois ouvriers.

Ces syndicats sont autorisés par décrets rendus en conseil d'État, après avis du comité consultatif des assurances contre les accidents du travail. Ils peuvent être autorisés par arrêtés ministériels, lorsque leurs statuts sont conformes à des statuts types approuvés par décret rendu en conseil d'État, après avis du comité susvisé (V. *infrà*, *Décr.* 27 *déc.* 1906).

7. Un règlement d'administration publique déterminera les conditions dans lesquelles la présente loi pourra être appliquée à l'Algérie et aux colonies.

8. La présente loi entrera en vigueur trois mois après la promulgation du décret prévu au deuxième alinéa de l'article 4.

V. *le commentaire de la loi du* 12 *avril* 1906, **D. P.** 1906. 4. 116.

Loi du 18 juillet 1907,

Ayant pour objet la faculté d'adhésion à la législation des accidents du travail (**D. P.** 1907. 4. 151).

Art. 1er. Tout employeur non assujetti à la législation concernant les responsabilités des accidents du travail peut se placer sous le régime de ladite législation pour tous les accidents qui surviendraient à ses ouvriers, employés ou domestiques, par le fait du travail ou à l'occasion du travail.

Il dépose à cet effet à la mairie du siège de son exploitation ou, s'il n'y a pas exploitation, à la mairie de sa résidence personnelle, une déclaration dont il lui est remis gratuitement récépissé et qui est immédiatement transcrite sur un registre spécial tenu à la disposition des intéressés. Il doit présenter en même temps un carnet destiné à recevoir l'adhésion de ses salariés, sur lequel le maire appose son visa en faisant mention de la déclaration et de sa date.

Les formes de la déclaration et du carnet sont déterminées par décret (V. *infrà*, *Décr.* 30 *juill.* 1907). Le carnet doit être conservé par l'employeur pour être, le cas échéant, représenté en justice.

2. La législation sur les accidents du travail devient alors de plein droit applicable à tous ceux de ses ouvriers, employés ou domestiques qui auront donné leur adhésion, signée et datée en toutes lettres par eux, au carnet prévu par l'article précédent.

Si l'ouvrier, employé ou domestique, ne sait ou ne peut signer, son adhésion est reçue par le maire qui la mentionne sur le carnet. Il en est de même pour l'adhésion des mineurs et des femmes mariées, sans qu'ils aient besoin, à cet effet, de l'autorisation du père, tuteur ou mari.

3. L'employeur peut, pour l'avenir, faire cesser son assujettissement à la législation sur les accidents du travail par une déclaration spéciale à la mairie. Cette déclaration, dont il lui est immédiatement donné récépissé, est transcrite sur le registre visé à l'article 1er, à la suite de la déclaration primitive, ainsi que sur le carnet.

La cessation d'assujettissement n'a point effet vis-à-vis des ouvriers, employés ou domestiques qui ont accepté, dans les formes prévues à l'article précédent, d'être soumis à la législation sur les accidents du travail.

4. Si l'employeur n'est point par ailleurs obligatoirement assujetti à la législation sur les accidents du travail, il contribue au fonds de garantie dans les conditions spécifiées par l'article 5 de la loi du 12 avril 1906.

V. *le commentaire de la loi du* 18 *juillet* 1907, D. P. 1907. 4. 151.

Loi du 26 mars 1908,

Modifiant l'article 5 *de la loi du* 12 *avril* 1906, *relatif à la contribution imposée aux exploitants non patentés pour l'alimentation du fonds de garantie institué par la loi du* 9 *avril* 1898 *sur les accidents du travail* (D. P. 1908. 4. 36; — Bull. Dalloz 1908, p. 225). — V. *suprà*, L. 12 avr. 1906, art. 5, § 3 à 5.

Loi du 29 mai 1909,

Modifiant la quotité des taxes pour la contribution au fonds de garantie prévues à l'article 25 *de la loi du* 9 *avril* 1898 *et à l'article* 4 *de la loi du* 12 *avril* 1906, *en matière d'accidents du travail* (D. P. 1909. 4. 95).

Article unique. La quotité des taxes prévues à l'article 25 de la loi du 9 avril 1898 et à l'article 4 de la loi du 12 avril 1906 sera, dans la limite des fixations de l'article 25 précité, modifiée chaque année, avant le 1er juin, pour l'année suivante, par décret rendu sur la proposition des ministres du travail et des finances, d'après les dépenses de toute nature effectuées par le fonds de garantie dans la dernière année écoulée.

Le coefficient de modification à appliquer à la quotité des taxes imposées pendant cette dernière année sera égal au rapport existant entre le montant desdites dépenses et le produit total des taxes encaissées pour l'alimentation du fonds de garantie pendant la même année.

Toutefois, pour les années 1910 et 1911, le coefficient de modification sera majoré de 20 pour 100.

V. *le décret du* 29 *mai* 1909 *fixant pour l'année* 1910 *la quotité des taxes pour la contribution au fonds de garantie en matière d'accidents du travail* (Petit Code des accidents du travail).

1er Décret du 28 février 1899,

Portant règlement d'administration publique pour l'exécution de l'article 26 *de la loi du* 9 *avril* 1898, *concernant les responsabilités des accidents dont les ouvriers sont victimes dans leur travail.*

TITRE Ier. — CONDITIONS DANS LESQUELLES LES VICTIMES D'ACCIDENTS OU LEURS AYANTS DROIT SONT ADMIS A RÉCLAMER LE PAYEMENT DE LEURS INDEMNITÉS.

Art. 1er. Tout bénéficiaire d'une indemnité liquidée en vertu de l'article 16 de la loi du 9 avril 1898, à la suite d'un accident ayant entraîné la mort ou une incapacité permanente de travail, qui n'aura pu obtenir le payement, lors de leur exigibilité, des sommes qui lui sont dues, doit en faire la déclaration au maire de la commune de sa résidence.

2. La déclaration est faite soit par le bénéficiaire de l'indemnité ou son représentant légal, soit par un mandataire; elle est exempte de tous frais.

3. La déclaration doit indiquer :

1° Les nom, prénoms, âge, nationalité, état civil, profession, domicile du bénéficiaire de l'indemnité;

2° Les nom et domicile du chef d'entreprise débiteur ou la désignation et l'indication du siège de la société d'assurances ou du syndicat de garantie qui aurait dû acquitter la dette à ses lieu et place;

3° La nature de l'indemnité et le montant de la créance réclamée;

4° L'ordonnance ou le jugement en vertu duquel agit le bénéficiaire;

5° Le cas échéant, les nom, prénoms, profession et domicile du représentant légal du bénéficiaire ou du mandataire.

4. La déclaration, rédigée par les soins du maire, est signée par le déclarant.

Le maire y joint toutes les pièces qui lui sont remises par le réclamant à l'effet d'établir l'origine de la créance, ses modifications ultérieures et le refus de payement opposé par le débiteur, chef d'entreprise, société d'assurance ou syndicat de garantie.

5. Récépissé de la déclaration et des pièces qui l'accompagnent est remis par le maire au déclarant.

La déclaration et les pièces produites à l'appui sont transmises par le maire au directeur général de la Caisse des dépôts et consignations dans les vingt-quatre heures.

6. Le directeur général de la Caisse des dépôts et consignations adresse, dans les quarante-huit heures à partir de sa réception, le dossier au juge de paix du domicile du débiteur, en l'invitant à convoquer celui-ci d'urgence par lettre recommandée.

7. Le débiteur doit comparaître au jour fixé par le juge de paix soit en personne, soit par mandataire.

Il lui est donné connaissance de la réclamation formulée contre lui.

Procès-verbal est dressé par le juge de paix des déclarations faites par le comparant, qui appose sa signature sur le procès-verbal.

8. Le comparant qui ne conteste ni la réalité, ni le montant de la créance, est invité par le juge de paix soit à s'acquitter par-devant lui, soit à expédier au réclamant la somme due au moyen d'un mandat-carte et à communiquer au greffe le récépissé de cet envoi.

Cette communication doit être effectuée au plus tard le deuxième jour qui suit la comparution devant le juge de paix.

Le juge de paix statue sur le payement des frais de convocation.

Il constate, s'il y a lieu, dans son procès-verbal la déclaration du débiteur.

9. Dans le cas où le comparant, tout en reconnaissant la réalité et le montant de sa dette, déclare ne pas être en état de s'acquitter immédiatement, le juge de paix est autorisé, si les motifs invoqués paraissent légitimes, à lui accorder pour sa libération un délai qui ne peut excéder un mois.

Dans ce cas, en vue du payement immédiat prévu à l'article 13 ci-dessous, le procès-verbal dressé par le juge de paix constate la reconnaissance de dette et l'engagement pris par le comparant de se libérer, dans le délai qui lui a été accordé, au moyen soit d'un versement entre les mains du caissier de la Caisse des dépôts et consignations à Paris ou des préposés de la Caisse dans les départements, soit de l'expédition d'un mandat-carte payable au caissier général à Paris.

10. Si le comparant déclare ne pas être débiteur du réclamant ou n'être que partiellement son débiteur, le juge de paix constate dans son procès-verbal le refus total ou partiel de payement et les motifs qui en ont été donnés.

Il est procédé pour l'acquittement de la somme non contestée suivant les dispositions des articles 8 ou 9, tous droits restant réservés pour le surplus.

11. Au cas où le débiteur convoqué ne comparaît pas au jour fixé, le juge de paix procède dans la huitaine à une enquête à l'effet de rechercher :

1° Si le débiteur convoqué n'a pas changé de domicile;

2° S'il a cessé son industrie soit volontairement, soit par cession d'établissement, soit par suite de faillite ou de liquidation judiciaire et, dans ce cas, quel est le syndic ou le liquidateur, soit par suite de décès et, dans l'affirmative, par qui sa succession est représentée.

Le procès-verbal dressé par le juge de paix constate la non-comparution et les résultats de l'enquête.

12. Dans les deux jours qui suivent soit la libération immédiate du débiteur, soit sa comparution devant le juge de paix au cas où il a refusé le payement ou obtenu un délai, soit la clôture de l'enquête dont il est question en l'article précédent, le juge de paix adresse au directeur général de la Caisse des dépôts et consignations le dossier et y joint le procès-verbal par lui dressé.

13. Dès la réception du dossier, s'il résulte du procès-verbal dressé par le juge de paix que le débiteur n'a pas contesté sa dette, mais ne s'en est pas libéré, ou si les motifs invoqués pour refuser le payement ne paraissent pas légitimes, le directeur général de la Caisse des dépôts et consignations remet au réclamant ou lui adresse, par mandat-carte, la somme à laquelle il a droit. Il fait parvenir également au greffier de la justice de paix le montant de ses débours et émoluments.

Il est procédé de même, si le débiteur ne s'est pas présenté devant le juge de paix et si la réclamation du bénéficiaire de l'indemnité paraît justifiée.

14. Dans le cas où les motifs invoqués par le comparant pour refuser le payement paraissent fondés ou, en cas de non-comparution, si la réclamation formulée par le bénéficiaire ne semble pas suffisamment justifiée, le directeur général de la Caisse des dépôts et consignations renvoie, par l'intermédiaire du maire, au réclamant le dossier par lui produit en lui laissant le soin d'agir contre la personne dont il se prétend le créancier, conformément aux règles du droit commun.

Le montant des débours et émoluments du greffier est, en ce cas, acquitté par les soins du directeur général et imputé sur les fonds de garantie.

TITRE II. — DU RECOURS DE LA CAISSE DES RETRAITES POUR LE RECOUVREMENT DE SES AVANCES ET POUR L'ENCAISSEMENT DES CAPITAUX EXIGIBLES.

15. Le recours de la Caisse nationale des retraites est exercé aux requête et diligence du directeur général de la Caisse des dépôts et consignations, dans les conditions énoncées aux articles suivants.

16. Dans les cinq jours qui suivent le payement fait au bénéficiaire de l'indemnité et au greffier de la justice de paix, conformément aux articles 13 et 14, ou à l'expiration du délai dont il est question à l'article 9, si le remboursement n'a pas été opéré dans ce délai, le directeur général de la Caisse des dépôts et consignations informe le débiteur, par lettre recommandée, du payement effectué pour son compte.

La lettre recommandée fait en même temps connaître que, faute par le débiteur d'avoir remboursé dans un délai de quinzaine le montant de la somme payée, d'après un des modes prévus au dernier alinéa de l'article 9, le recouvrement sera poursuivi par la voie judiciaire.

17. A l'expiration du délai imparti par le deuxième alinéa de l'article 16 ci-dessus, il est délivré par le directeur général de la Caisse des dépôts et consignations, à l'encontre du débiteur qui ne s'est pas acquitté, une contrainte pour le recouvrement.

18. La contrainte décernée par le directeur général de la Caisse des dépôts et consignations est visée et déclarée exécutoire par le juge de paix du domicile du débiteur.

Elle est signifiée par ministère d'huissier.

19. L'exécution de la contrainte ne peut être interrompue que par une opposition formée par le débiteur et contenant assignation donnée au directeur général de la Caisse des dépôts et consignations devant le tribunal civil du domicile du débiteur.

20. L'instance à laquelle donne lieu l'opposition à contrainte est suivie dans les formes et délais déterminés par l'article 65 de la loi du 22 frimaire an VII sur l'enregistrement.

21. Les frais de poursuites et dépens de l'instance auxquels a été condamné le débiteur débouté de son opposition sont recouvrés par le directeur général de la Caisse des dépôts et consignations au moyen d'un état de frais taxé sur sa demande et rendu exécutoire par le président du tribunal.

22. Lorsque le capital représentatif d'une pension est, conformément aux termes de l'article 28 de la loi du 9 avril 1898, devenu exigible par suite de la faillite ou de la liquidation judiciaire du débiteur, le directeur général de la Caisse des dépôts et consignations, représentant la Caisse nationale des retraites pour la vieillesse, demande l'admission au passif pour le montant de sa créance.

Il est procédé, dans ce cas, conformément aux dispositions des articles 491 et suivants du Code de commerce et de la loi du 4 mars 1889 sur la liquidation judiciaire.

23. En cas d'exigibilité du capital par suite d'une des circonstances prévues en l'article 28 de la loi du 9 avril 1898 autre que la faillite ou la liquidation judiciaire du débiteur, le directeur général de la Caisse des dépôts et consignations, par lettre recommandée, met en demeure le débiteur ou ses représentants d'opérer dans les deux mois qui suivront la réception de la lettre le versement à la Caisse nationale des retraites du capital exigible, à moins qu'il ne soit justifié que les garanties prescrites par le décret du 28 février 1899, portant règlement d'administration publique en exécution de l'article 28 de la loi ci-dessus visée, ont été fournies.

24. Si, à l'expiration du délai de deux mois, le versement n'a pas été effectué ou les garanties exigées n'ont pas été fournies, il est procédé au recouvrement dans les mêmes conditions et suivant les formes énoncées aux articles 17 à 21 du présent décret.

25. En dehors des délais fixés par les dispositions qui précèdent, le directeur général de la Caisse des dépôts et consignations peut accorder au débiteur tous délais ou toutes facilités de payement.

Le directeur général peut également transiger.

TITRE III. — ORGANISATION DU FONDS DE GARANTIE.

26. Le fonds de garantie institué par les articles 24 et 25 de la loi du 9 avril 1898 fait l'objet d'un compte spécial ouvert dans les écritures de la Caisse des dépôts et consignations.

27. Le ministre *du commerce* [du travail et de la prévoyance sociale] adresse au Président de la République un rapport annuel, publié au *Journal officiel*, sur le fonctionnement général du fonds de garantie visé par les articles 24 à 26 de la loi du 9 avril 1898.

28. Les recettes du fonds de garantie comprennent :

1° Les versements effectués par le Trésor public, représentant le montant des taxes recouvrées en conformité de l'article 25 de la loi du 9 avril 1898 ;

2° Les recouvrements effectués sur les débiteurs d'indemnités dans les conditions prévues aux titres 1er et 2 du présent décret ;

3° Les revenus et arrérages et le produit du remboursement des valeurs acquises en conformité de l'article 30 du présent décret ;

4° Les intérêts du fonds de roulement prévu au deuxième alinéa du même article.

29. Les dépenses du fonds de garantie comprennent :

1° Les sommes payées aux bénéficiaires des indemnités ;

2° Les sommes versées sur des livrets individuels à la Caisse nationale des retraites pour la vieillesse et représentant des capitaux de pensions exigibles dans les cas prévus par l'article 28, § 3, de la loi du 9 avril 1898 ;

3° Le montant des frais de toute nature auxquels donne lieu le fonctionnement du fonds de garantie.

30. Les ressources du fonds de garantie sont employées dans les conditions prescrites par l'article 22 de la loi du 20 juillet 1886.

Les sommes liquides reconnues nécessaires pour assurer le fonctionnement du fonds de garantie sont bonifiées d'un intérêt calculé à un taux égal à celui qui est adopté par le compte courant ouvert à la Caisse des dépôts et consignations dans les écritures du Trésor public.

2e Décret du 28 février 1899,

Portant règlement d'administration publique pour l'exécution de l'article 27 de la loi du 9 avril 1898.

TITRE Ier. — SOCIÉTÉS D'ASSURANCES MUTUELLES OU A PRIMES FIXES.

CHAPITRE Ier. — CAUTIONNEMENTS ET RÉSERVES.

Art. 1er. Toutes les sociétés qui pratiquent, dans les termes de la loi du 9 avril 1898, l'assurance mutuelle ou à primes fixes contre le risque des accidents de travail ayant entraîné la mort ou une incapacité permanente sont astreintes, pour ce risque, aux dispositions du présent titre.

2. Indépendamment des garanties spécifiées aux articles 2 et 4 du décret du 22 janvier 1868 et de la réserve mathématique, les sociétés anonymes d'assurances françaises ou étrangères à primes fixes doivent justifier de la constitution préalable d'un cautionnement fixé d'après des bases que détermine le ministre, sur l'avis du comité consultatif prévu à l'article 16 ci-après, et affecté par privilège au payement des pensions et indemnités, conformément à l'article 27 de la loi.

3. Le cautionnement est constitué, dans les quinze jours de la notification de la décision du ministre, à la Caisse des dépôts et consignations en valeurs énumérées au troisième paragraphe de l'article 8 ci-dessous. Il est revisé chaque année. Les titres sont estimés au cours moyen de la Bourse de Paris au jour du dépôt.

4. Le cautionnement est versé au lieu où la société a son siège principal, dans les conditions déterminées par les lois et règlements en vigueur sur la consignation des valeurs mobilières.

Les intérêts des valeurs déposées peuvent être retirés par la société. Il en est de même, en cas de remboursement des titres avec primes ou lots, de la différence entre le prix de remboursement et le cours moyen à la Bourse de Paris, au jour fixé pour le remboursement, de la valeur sortie au tirage.

Le montant des remboursements, déduction faite de cette différence, doit être immédiatement remployé en achat de valeurs visées au troisième paragraphe de l'article 8, sur l'ordre de la société, ou d'office en rentes sur l'État, si la société n'a pas donné d'ordres dans les quinze jours de la notification de remboursement faite, sous pli recommandé, par la Caisse des dépôts et consignations.

Il en est de même pour les fonds provenant d'aliénations de titres demandées par la société.

5. Les valeurs déposées ou les valeurs acquises en remploi de ces valeurs ne peuvent être retirées que :

1° Dans le cas où le cautionnement exigible a été fixé, pour l'année courante, à un chiffre inférieur à celui de l'année précédente et jusqu'à concurrence de la différence.

2° Dans les cas où la société ayant versé à la Caisse nationale des retraites les capitaux constitutifs des rentes et indemnités assurées justifie qu'elle a complètement rempli toutes ses obligations. Dans les deux cas, une décision du ministre *du commerce* [du travail et de la prévoyance sociale] est nécessaire.

6. Indépendamment des garanties spécifiées à l'article 29 du décret du 22 janvier 1868, les sociétés d'assurances mutuelles sont soumises aux dispositions des articles 2, 3, 4 et 5 ci-dessus.

Toutefois, le cautionnement qu'elles auront à verser est réduit de moitié pour celles de ces sociétés dont les statuts stipulent :

1° Que la société ne peut assurer que tout ou partie des risques prévus par l'article 3 de la loi du 9 avril 1898 ;

2° Qu'elle assure exclusivement soit les ouvriers d'une seule profession, soit les ouvriers de professions appartenant à un même groupe d'industries, d'après une classification générale arrêtée à cet effet par le ministre *du commerce* [du travail et de la prévoyance sociale], après avis du comité consultatif.

3° Que le maximum de contribution annuelle dont chaque sociétaire est passible pour le payement des sinistres est au moins double de la prime totale fixée par son contrat pour l'assurance de tous les risques, et triple de la prime partielle déterminée par le ministre *du commerce* [du travail et de la prévoyance sociale], après avis du comité consultatif, pour les mêmes professions et pour les risques définis à l'article 23 de la loi.

7. Les sociétés anonymes d'assurances à primes fixes et les sociétés mutuelles d'assurances sont tenues de justifier, dès la deuxième année d'exploitation, de la constitution d'une *réserve mathématique* ayant pour minimum de valeur le montant des capitaux représentatifs des rentes et indemnités à servir à la suite d'accidents ayant entraîné la mort ou une incapacité permanente.

Les capitaux représentatifs sont calculés d'après un barème minimum déterminé par le ministre *du commerce* [du travail et de la prévoyance sociale], après avis du comité consultatif.

8. Le montant de la réserve mathématique est arrêté chaque année, la société entendue, par le ministre *du commerce* [du travail et de la prévoyance sociale] et à l'époque qu'il détermine.

Cette réserve reste aux mains de la société. Elle ne peut être placée que dans les conditions suivantes :

1° Pour les deux tiers au moins de la fixation annuelle, en valeurs de l'État ou jouissant d'une garantie de l'État, en obligations négociables et entièrement libérées des départements, des communes et des chambres de commerce ; en obligations foncières et communales du Crédit foncier ;

2° Jusqu'à concurrence du tiers au plus de la fixation annuelle, en immeubles situés en France et en premières hypothèques sur ces immeubles, pour la moitié au maximum de leur valeur estimative ;

3° Jusqu'à concurrence d'un dixième, confondu dans le tiers précédent, en commandites industrielles ou en prêts des exploitations industrielles de solvabilité notoire.

Pour la fixation prévue au paragraphe 1er du présent article, les valeurs mobilières sont estimées à leur prix d'achat. Si leur valeur totale descend au-dessous de ces prix de plus d'un dixième, un arrêté du ministre *du commerce* [du travail et de la prévoyance sociale] oblige la société à parfaire la différence en titres nouveaux, dans un délai qui ne peut être inférieur à deux ans ni supérieur à cinq ans.

Les immeubles sont estimés à leur prix d'achat ou de revient ; les prêts hypothécaires, les commandites industrielles ou les prêts à des sociétés industrielles, aux prix établis par actes authentiques.

9. Si les sociétés visées aux articles 2 et 6 ci-dessus ne font point elles-mêmes le service des rentes et indemnités attribuables aux termes de l'article 3 de la loi du 9 avril 1898 pour les accidents ayant entraîné la mort ou une incapacité permanente de travail, et si elles opèrent immédiatement le versement des capitaux constitutifs de ces rentes et indemnités à la Caisse nationale des retraites, il n'y a pas lieu pour elles à constitution de réserve mathématique.

Si ces sociétés versent seulement, dans les conditions susdésignées, une partie des capitaux constitutifs dont il s'agit, leur réserve mathématique est réduite proportionnellement.

CHAPITRE II. — SURVEILLANCE ET CONTROLE.

10. Les sociétés visées à l'article 1er qui assurent d'autres risques que celui résultant de l'application de la loi du 9 avril 1898 pour le cas de mort ou d'incapacité permanente ou qui assurent concurremment un risque analogue dans des pays étrangers doivent établir, pour les opérations se rattachant à ce risque en France, une gestion et une comptabilité absolument distinctes.

11. (*Décr. 27 décembre* 1906.) Toutes les sociétés doivent communiquer immédiatement au ministre du travail et de la prévoyance sociale dix exemplaires de tous les règlements, tarifs, polices, prospectus et imprimés distribués ou utilisés par elles.

Les polices doivent :

1° Reproduire textuellement les articles 3, 9, 19 et 30 de la loi du 9 avril 1898, modifiée par celle du 31 mars 1905;

2° Spécifier qu'aucune clause de déchéance ne pourra être opposée aux ouvriers créanciers;

3° Stipuler que les contrats se trouveraient résiliés de plein droit dans le cas et dans les conditions prévus par l'article 27 de la loi du 9 avril 1898, modifié par la loi du 31 mars 1905.

12. Les sociétés doivent produire au ministre *du commerce* [du travail et de la prévoyance sociale], aux dates fixées par lui :

1° Le compte rendu détaillé annuel de leurs opérations, avec des tableaux financiers et statistiques annexes dans les conditions déterminées par arrêté ministériel, après avis du comité consultatif. Ce compte rendu doit être délivré par les sociétés intéressées à toute personne qui en fait la demande, moyennant payement d'une somme qui ne peut excéder 1 franc;

2° L'état des salaires assurés et l'état des rentes et indemnités correspondant au risque spécifié à l'article 1er, ainsi que tous autres états ou documents manuscrits que le ministre juge nécessaires à l'exercice du contrôle.

13. Elles sont soumises à la surveillance permanente de commissaires-contrôleurs, sous l'autorité du ministre *du commerce* [du travail et de la prévoyance sociale], et peuvent être, en outre, contrôlées par toute personne spécialement déléguée à cet effet par le ministre.

14. Les commissaires-contrôleurs sont recrutés, dans les conditions déterminées, par arrêté du ministre *du commerce* [du travail et de la prévoyance sociale], après avis du comité consultatif.

Ils prêtent serment de ne pas divulguer les secrets commerciaux dont ils auraient connaissance dans l'exercice de leurs fonctions.

Ils sont spécialement accrédités, pour des périodes fixées, auprès des sociétés qu'ils ont mission de surveiller.

Ils vérifient, au siège des sociétés, l'état des assurés et des salaires assurés, les contrats intervenus, les écritures et pièces comptables, la caisse, le portefeuille, les calculs des réserves et tous les éléments de contrôle propres, soit à établir les opérations dont résultent des obligations pour les sociétés, soit à constater la régulière exécution tant des statuts que des prescriptions contenues dans le décret du 22 janvier 1868, dans le présent décret et dans les arrêtés ministériels qu'il prévoit.

Ils se bornent à ces vérifications et constatations, sans pouvoir donner aux sociétés aucune instruction ni apporter à leur fonctionnement aucune entrave.

Ils rendent compte au ministre *du commerce* [du travail et de la prévoyance sociale], qui seul prescrit, dans les formes et délais qu'il fixe, les redressements nécessaires.

15. A l'aide des rapports de vérification et des contre-vérifications auxquelles il peut faire procéder soit d'office, soit à la demande des sociétés intéressées, le ministre *du commerce* [du travail et de la prévoyance sociale] présente chaque année au Président de la République un rapport d'ensemble établissant la situation de toutes les sociétés soumises à la surveillance.

Il adresse, le cas échéant, à chacune des sociétés les injonctions nécessaires et la met en demeure de s'y conformer.

16. (*Décr. 27 décembre* 1906.) Le comité consultatif des assurances contre les accidents du travail, institué auprès du ministre du travail et de la prévoyance sociale, doit être consulté dans les cas spécifiés par le présent décret et par les décrets du 28 février 1899, rendus pour l'exécution des articles 26 et 28 de la loi du 9 avril 1898. Il peut être saisi par le ministre de toutes autres questions relatives à l'application de ladite loi.

17. Le décret du 22 janvier 1868 demeure applicable aux sociétés régies par le présent décret, en toutes celles de ses dispositions qui ne lui sont pas contraires.

18. (*Décr. 27 décembre* 1906.) Dès que, après fixation du cautionnement, dans les conditions déterminées par les articles 2 et 6 ci-dessus, une société a effectué à la Caisse des dépôts et consignations le versement du montant de ce cautionnement, mention de cette formalité est faite au *Journal officiel* par les soins du ministre du travail et de la prévoyance sociale.

19. Les sociétés étrangères doivent accréditer auprès du ministre *du commerce* [du travail et de la prévoyance sociale] et de la Caisse des dépôts et consignations un agent spécialement préposé à la direction de toutes les opérations faites en France pour les assurances visées par l'article 1er.

Cet agent représente seul la société auprès de l'Administration. Il doit être domicilié en France.

TITRE II. — SYNDICATS DE GARANTIE.

20. (*Décr. 27 décembre* 1906.) Les syndicats de garantie prévus par la loi du 9 avril 1898 et par celle du 12 avril 1906, lient solidairement tous leurs adhérents pour le payement des rentes et indemnités attribuables en vertu desdites lois à la suite d'accidents ayant entraîné la mort ou une incapacité permanente.

La solidarité ne prend fin que lorsque le syndicat de garantie a liquidé entièrement ses opérations soit directement, soit en versant à la caisse nationale des retraites l'intégralité des capitaux constitutifs des rentes et indemnités dues.

La liquidation peut être périodique.

21. (*Décr. 27 décembre* 1906.) Le fonctionnement de chaque syndicat est réglé par des statuts, qui doivent être soumis, avant toute opération, à l'approbation de l'autorité compétente.

Cette approbation est donnée par décret rendu en conseil d'État, sur le rapport du ministre du travail et de la prévoyance sociale, au vu des adhésions souscrites et des pièces justifiant des conditions prévues tant par l'article 6 de la loi du 12 avril 1906 que par l'article 20 ci-dessus.

Toutefois, si les statuts sont conformes aux statuts types annexés au décret du 27 décembre 1906, l'approbation est donnée par arrêté du ministre du travail et de la prévoyance sociale, au vu des mêmes justifications.

22. (*Décr. 27 décembre* 1906.) Les syndicats de garantie sont tenus de communiquer immédiatement au ministre du travail et de la prévoyance sociale dix exemplaires de leur règlement intérieur ou de ses modifications successives, de tous tarifs, tableaux de risques, actes d'adhésion, convocations, ordres du jour d'assemblées générales et généralement tous imprimés ou documents quelconques mis à la disposition des adhérents ou du public.

Ils doivent produire au ministre aux dates qu'il fixe :

1° Le compte rendu annuel des opérations ;

2° L'état des adhérents et des salaires assurés, l'état des payements faits ou à faire en exécution de la loi et tous autres états et documents que le ministre juge utiles à l'exercice du contrôle.

Ils sont soumis à la même surveillance que les sociétés d'assurances contre les accidents du travail.

23. (*Décr. 27 décembre* 1906.) L'approbation visée à l'article 21 ci-dessus peut être révoquée par décret du conseil d'État en cas d'inexécution des dispositions de la loi, des décrets et arrêtés ou des statuts.

24. (*Décr. 27 décembre* 1906.) Le décret ou l'arrêté portant révocation de l'autorisation détermine le mode de liquidation du syndicat et désigne un ou plusieurs liquidateurs.

En cas de révocation d'autorisation, comme dans le cas de dissolution volontaire, toutes les charges pouvant incomber au syndicat font immédiatement l'objet d'un inventaire soumis à l'approbation du ministre du travail et de la prévoyance sociale, qui peut prescrire la consignation des valeurs composant l'actif.

La liquidation s'opère par voie de versements en capitaux à la caisse nationale des retraites. L'état de ces versements est apuré par le ministre du travail et de la prévoyance sociale, sous réserve des droits des tiers.

25. (*Décr. 27 décembre* 1906.) Les contributions pour frais de surveillance sont fixées d'après le montant du cautionnement auquel serait astreinte une société d'assurance pour le même chiffre de salaires assurés.

26. (*Décr. 27 décembre* 1906.) Le décret ou l'arrêté portant approbation des statuts est publié au *Journal officiel* de la République française, au *Bulletin des lois* et dans un journal du département du siège du syndicat. Il est enregistré, avec les statuts, aux greffes du tribunal de commerce et de la justice de paix du même siège.

Le décret portant révocation de l'approbation est publié dans les conditions susindiquées. Il en est fait mention sur les registres des greffes susvisés, en marge du décret ou de l'arrêté d'autorisation.

3° Décret du 28 février 1899,

Portant règlement d'administration publique pour l'exécution du dernier alinéa de l'article 28 de la loi du 9 avril 1898.

Art. 1er. Lorsqu'un chef d'entreprise cesse son industrie dans les cas prévus par l'avant-dernier alinéa de l'article 28 de la loi du 9 avril 1898, ce chef d'entreprise ou ses ayants droit peuvent être exonérés du versement à la caisse nationale des retraites du capital représentatif des pensions à leur charge s'ils justifient :

1° Soit du versement de ce capital à une des sociétés visées à l'article 18 du décret du 28 février 1899, portant règlement d'administration publique en exécution de l'article 27 de la loi ci-dessus visée ;

2° Soit de l'immatriculation d'un titre de rente pour l'usufruit au nom des titulaires de pensions, le montant de la rente devant être au moins égal à celui de la pension ;

3° Soit du dépôt à la Caisse des dépôts et consignations, avec affectation à la garantie des pensions, de titres spécifiés au paragraphe 3 de l'article 8 du décret précité. La valeur de ces titres, établie d'après le cours moyen de la Bourse de Paris au jour du dépôt, doit correspondre au chiffre maximum qu'est susceptible d'atteindre le capital constitutif exigible par la caisse nationale des retraites.

Elle peut être revisée tous les trois ans à la valeur actuelle des pensions, d'après le cours moyen des titres au jour de la revision;

4° Soit de l'affiliation du chef de l'entreprise à un syndicat de garantie liant solidairement tous ses membres et garantissant le payement des pensions;

5° Soit, en cas de cession d'établissement, de l'engagement pris par le cessionnaire, vis-à-vis du directeur général de la Caisse des dépôts et consignations, d'acquitter les pensions dues et de rester solidairement responsable avec le chef d'entreprise.

2. Des arrêtés du ministre *du commerce* [du travail et de la prévoyance sociale], pris après avis du comité consultatif des assurances contre les accidents, règlent les mesures nécessaires à l'application du présent décret.

Décret du 23 mars 1902,

Relatif à l'exécution des articles 11 et 12 de la loi du 22 mars 1902.

Art. 1er. Pour chaque victime d'un accident ayant occasionné une incapacité de travail, dans les cas prévus par la loi du 9 avril 1898, la déclaration de l'accident, le récépissé de cette déclaration, le procès-verbal du maire, le dépôt du certificat médical, le récépissé de ce dépôt, la transmission de pièces à la justice de paix, l'avis au service d'inspection, seront établis conformément aux sept modèles annexés au présent décret. (V. ces modèles au *Journal officiel* du 27 mars 1902; — et à notre **Petit Code des accidents du travail.**)

2. Le présent décret aura effet à dater du 1er mai 1902.

Sont rapportés, à la même date, les décrets des 30 juin et 18 août 1899.

Arrêté ministériel du 28 novembre 1906,

Étendant aux professions commerciales la classification prévue au quatrième alinéa de l'article 6 du décret du 28 février 1899 pour les sociétés d'assurances contre les accidents du travail.

Art. 1er. La classification en groupes de professions déterminée par l'arrêté ministériel du 30 mars 1899 est étendue aux professions commerciales correspondantes.

2. Cette classification comportera, en outre, un dixième groupe, qui sera formé des professions suivantes : banques, assurances et autres professions similaires.

Décret du 27 décembre 1906,

Modifiant le règlement d'administration publique du 28 février 1899, relatif aux responsabilités des accidents dont les ouvriers sont victimes dans leur travail. — V. *suprà*, 2e Décr. 28 févr. 1899, art. 11, 16, 18, 20 et suiv.

Décret du 30 juillet 1907,

Déterminant les formes des déclarations et du carnet prévus par la loi du 18 juillet 1907 ayant pour objet la faculté d'adhésion à la législation des accidents du travail.

Art. 1er. Les déclarations d'adhésion ou de cessation d'adhésion à la législation sur les accidents du travail, dans les termes de la loi du 18 juillet 1907, ainsi que les récépissés correspondants, doivent être établis conformément aux modèles I à IV annexés au présent décret.

2. Le carnet d'adhésions prévu par la loi du 18 juillet 1907 doit être établi conformément au modèle V annexé au présent décret.

MODÈLES ANNEXÉS

MODÈLE I

Déclaration d'adhésion à la législation sur les accidents du travail.

(1) Nom, prénoms, profession et adresse de l'employeur.

(2) Date en toutes lettres.

(3) Date en toutes lettres.

Le soussigné (1) . . . .
déclare à M. le maire de la commune d . . . .
canton d . . . .
arrondissement d . . . .
département d . . . .
conformément à l'article 1er de la loi du 18 juillet 1907, qu'il adhère à la législation sur les accidents du travail pour tous les accidents qui surviendraient à ses ouvriers, employés ou domestiques par le fait du travail ou à l'occasion du travail, à partir du (2) . . . .

A. . . . . ., le (3). . . . . 19. .

(*Signature.*)

MODÈLE II

DÉPARTEMENT
d . . . .

ARRONDISSEMENT
d . . . .

CANTON
d . . . .

République française.

Mairie d. . . . .

Récépissé de déclaration d'adhésion à la législation sur les accidents du travail
(Art. 1er de la loi du 18 juillet 1907).

(1) Nom et prénoms.

(2) Nom, prénoms, profession et adresse du déclarant.

(3) Date en toutes lettres.

Nous, soussigné (1) . . . .
maire de la commune d . . . .
donnons récépissé à M (2). . . . .
de sa déclaration d'adhésion à la législation sur les accidents du travail qu'il a déposée ce jour à la mairie.

Fait à. . . . . ., le (3). . . . . 19. .

(*Signature.*)

MODÈLE III

Déclaration de cessation d'adhésion à la législation sur les accidents du travail.

Le soussigné (1). . . . .
déclare à M. le maire de la commune d . . . .
canton d . . . .
arrondissement d . . . .
département d . . . .
qu'à partir du (2) . . . .
il cesse par la présente déclaration d'adhérer à la législation sur les accidents du travail, dans les termes de l'article 3 de la loi du 18 juillet 1907, et qu'il annule par suite, pour l'avenir, la déclaration d'adhésion à ladite législation qu'il avait faite le . . . .

A . . . . . ., le . . . . 19. .

(*Signature.*)

(1) Nom, prénoms, profession et adresse de l'employeur.

(2) Date en toutes lettres.

MODÈLE IV

DÉPARTEMENT
d . . . .

ARRONDISSEMENT
d . . . .

CANTON
d . . . .

République française.

Mairie d . . . .

Récépissé de cessation d'adhésion à la législation sur les accidents du travail.
(Art. 3 de la loi du 18 juillet 1907).

Nous, soussigné (1) . . . .
maire de la commune d . . . .
donnons récépissé à M. (2) . . . .
de sa déclaration de cessation d'adhésion à la législation sur les accidents du travail qu'il a déposée ce jour à la mairie.

Fait à . . . . ., le (3) . . . . . 19. . .

(*Signature.*)

(1) Nom et prénoms.

(2) Nom, prénoms, profession et adresse du déclarant.

(3) Date en toutes lettres.

MODÈLE V

Carnet d'adhésions

(1) Nom, prénoms, profession et adresse de l'employeur.

à la législation sur les accidents du travail en ce qui concerne les salariés employés par M. (1). . . . . . .
. . . .

(Le présent carnet doit être conservé par l'employeur pour être, le cas échéant, représenté en justice.)

Extraits de la loi du 9 avril 1898.

(Reproduire ici le texte des articles 2, 3, 4, 7, 8, 9, 10, 11, 12, 13, 14, 15, 16, 17, 18, 19, 20, 21, 22, 23 et 24 de la loi du 9 avril 1898 modifiée par celles des 22 mars 1902, 31 mars 1905 et 12 avril 1906.)

Texte de la loi du 18 juillet 1907.

(Reproduire ici le texte de la loi.)

Mention de la déclaration d'adhésion.

(1) Nom et prénoms.

(2) Nom, prénoms, profession et adresse du déclarant.

(3) Date en toutes lettres.

(4) Date en toutes lettres.

(5) Date en toutes lettres.

Nous, soussigné (1). . . . .
maire de la commune d . . . .
canton d . . . .
arrondissement d . . . .
département d . . . .
certifions au présent carnet d'adhésions que M. (2) . .
. . . .
. . . .
a déclaré le (3) . . . .
adhérer à la législation sur les accidents du travail à partir du (4) . . . .

Fait à . . . ., le (5) . . . . 19. .

(*Signature.*)

Mention de la déclaration de cessation d'adhésion.

(1) Nom et prénoms.

(2) Nom, prénoms, profession et adresse du déclarant.

(3) Date en toutes lettres.

(4) Date en toutes lettres.

Nous, soussigné (1)
maire de la commune d . . . .
canton d. . . . .
arrondissement d . . . .
département d . . . .
certifions au présent carnet d'adhésions que M. (2) . .
. . . .
a déclaré le (3) . . . .
cesser d'adhérer à la législation sur les accidents du travail.

Fait à . . . . . . le (4) . . . . 19.

(*Signature.*)

Adhésions.

Adhésion n° 1 (1).

(1) Ces formules d'adhésion peuvent être en nombre illimité.

Le soussigné (nom). . . . .
Prénoms. . . . .
Né à . . . ., le . . . .
de nationalité. . . . .
Profession . . . .
demeurant à (lieu). . . . . département d . . . . .
rue. . . . . n° . . . .

Vu la déclaration ci-dessus relatée faite par M. . . .
. . . .
le . . . .
à la mairie d . . . .
par laquelle il adhère, conformément à l'article 1er de la loi du 18 juillet 1907, à la législation des accidents du travail, déclare adhérer également à ladite législation, conformément à l'article 2 de ladite loi.

A . . . ., le (2). . . . . . . 19. . .

(2) Date en toutes lettres.

(*Signature.*)

(Dans le cas où l'adhérent ne sait ou ne peut signer, ou bien s'il s'agit d'un mineur ou d'une femme mariée, le maire doit remplir et signer la formule complémentaire suivante :)

Nous, soussigné (1) . . . .
Maire de la commune d. . . . .
canton d. . . . .
arrondissement d . . . .
département d . . . .
certifions avoir reçu l'adhésion ci-dessus de M. . . . .
. . . .
qui nous a déclaré expressément (2). . . . .
. . . .
de laquelle déclaration nous lui avons donné acte par la présente.

Fait à . . . . le (3). . . . . . 19. .

(*Signature.*)

(1) Nom et prénoms.

(2) Être femme mariée, ou être mineur, ou ne savoir ou ne pouvoir signer.

(3) Date en toutes lettres.

Décret du 11 juin 1909,

Portant règlement d'administration publique pour l'exécution de la loi du 26 mars 1908, relative à la contribution imposée aux exploitants non patentés pour l'alimentation du fonds de garantie institué par la loi du 9 avril 1898, sur les accidents du travail.

Art. 1er. Le capital constitutif de la rente qui sert de base à la perception de la contribution pour le fonds de garantie, fixée par le troisième alinéa de l'article 5 de la loi du 12 avril 1906, modifié par la loi du 26 mars 1908, est déterminé d'après le barème suivant :

AGE DU CRÉDIRENTIER À LA DATE DE LA DÉCISION JUDICIAIRE OU DE L'ORDONNANCE ALLOUANT LA RENTE. DIFFÉRENCE ENTRE LE MILLÉSIME DE CETTE DATE ET CELUI DE LA DATE DE NAISSANCE.	NOMBRE par lequel la rente attribuée à chaque crédirentier doit être multipliée pour obtenir le capital constitutif imposable à la taxe de garantie.
BARÈME I	
Accidents ayant entraîné la mort.	
1re *section. — Rentes attribuées aux conjoints et ascendants des victimes.*	
Jusqu'à 20 ans	21
Au delà de 20 ans jusqu'à 30 ans	20
— 30 — 40 ans	17
— 40 — 50 ans	14
— 50 — 60 ans	11
— 60 — 70 ans	7
— 70 — 80 ans	4
— 80 ans	2
2e *section. — Rentes attribuées aux enfants et descendants des victimes.*	
Jusqu'à 2 ans	10
Au delà de 2 ans jusqu'à 5 ans	9
— 5 — 8 ans	7
— 8 — 10 ans	5
— 10 — 12 ans	
— 12 — 14 ans	
— 14 ans	
BARÈME II	
Accidents ayant entraîné une incapacité de travail permanente, absolue ou partielle.	
Jusqu'à 20 ans	20
Au delà de 20 ans jusqu'à 30 ans	18
— 30 — 40 ans	16
— 40 — 50 ans	14
— 50 — 60 ans	10
— 60 — 70 ans	7
— 70 ans	5

2. L'âge du crédirentier est calculé en se reportant à l'époque de la décision judiciaire définitive, ou de l'ordonnance allouant la rente, et en prenant la différence entre le millésime de cette date et celui de la date de naissance. Le chiffre des rentes est toujours arrondi par excès, à un franc près.

Lorsqu'il y a plusieurs ayants droit, la rente collective qui leur a été attribuée est, pour ce calcul, divisée par portions égales sur chaque tête, et le capital représentatif total résulte de la somme des capitaux calculés séparément, comme si chaque fraction de rente était individuelle et sans reversion.

3. Le barème ci-dessus sera revisé dans le cas où le tarif de la Caisse nationale des retraites actuellement en vigueur, depuis le 1er janvier 1905, pour la constitution des pensions d'accidents du travail, viendrait à être modifié.

4. La contribution pour le fonds de garantie, liquidée dans les conditions fixées par la loi du 26 mars 1908 et par le présent décret, sera comprise dans l'exécutoire de dépens délivré contre le chef de l'entreprise et recouvrée, en même temps que les frais de l'instance, par le receveur de l'enregistrement du siège du tribunal ou de la cour d'appel.

Sont rapportées les dispositions de l'article 5 du décret du 18 février 1907.

V., *en outre, à notre* **Petit Code des accidents du travail**, *les textes ci-après:* 1° *le décret du 5 mars 1899 fixant les émoluments alloués aux greffiers des justices de paix pour l'assistance aux actes de notoriété et pour les actes de la procédure réglée par la loi du 9 avril 1898;* 2° *le décret du 8 juin 1899 admettant à circuler en franchise certaines correspondances échangées en exécution de la loi du 9 avril 1898 sur les accidents du travail;* 3° *la loi de finances du 13 avril 1900, art. 31 (délivrance d'actes visés dans l'art. 29 de la loi du 9 avril 1898, émoluments des greffiers et officiers ministériels; frais de transport des juges de paix);* 4° *le décret du 31 mai 1900 relatif aux frais de transport des juges de paix en matière d'accidents du travail;* 5° *l'arrêté ministériel du 30 septembre 1905 fixant le tarif des frais médicaux et pharmaceutiques en matière d'accidents du travail, prévu par l'article 4 de la loi du 9 avril 1898, modifié par la loi du 31 mars 1905;* 6° *l'arrêté ministériel du 26 juillet 1906 relatif au tarif transitoire prévu par l'arrêté ministériel du 30 septembre 1905 sur les frais médicaux et pharmaceutiques en matière d'accidents du travail.*

En ce qui concerne les caisses d'assurances en cas d'accidents, V. *infrà*, V° *Caisses d'assurances et de retraites ouvrières.*

E. — Ouvriers mineurs.

Loi du 8 juillet 1890,

Sur les délégués à la sécurité des ouvriers mineurs
(D. P. 90. 4. 116).

Art. 1er. (*L. 23 juillet 1907.*) « Des délégués à la sécurité des ouvriers mineurs sont institués, conformément aux dispositions de la présente loi, pour visiter les travaux souterrains des mines, minières ou carrières, dans le but exclusif d'en examiner les conditions de sécurité et d'hygiène pour le personnel qui y est occupé et, d'autre part, en cas d'accident, les conditions dans lesquelles cet accident se serait produit. »

Un délégué et un délégué suppléant exercent leurs fonctions dans une circonscription souterraine dont les limites sont déterminées par un arrêté du préfet rendu sous l'autorité du ministre des travaux publics, après rapport des ingénieurs des mines, l'exploitant entendu.

Tout ensemble de puits, galeries et chantiers dépendant d'un même exploitant et dont la visite détaillée n'exige pas plus de six jours ne constitue qu'une seule circonscription. Les autres exploitations sont subdivisées en deux, trois, etc., circonscriptions, selon que la visite n'exige pas plus de douze, dix-huit, etc., jours. Un même arrêté statue sur la délimitation des diverses circonscriptions entre lesquelles est ainsi divisé, s'il y a lieu, l'ensemble des puits, galeries et chantiers voisins dépendant d'un même exploitant, sous le territoire d'une même commune ou de plusieurs communes contiguës.

(*L. 9 mai 1905.*) « A toute époque, le préfet peut, par suite des changements survenus dans les travaux, modifier, sur le rapport des ingénieurs des mines, l'exploitant et le délégué entendus, le nombre et les limites des circonscriptions. »

A l'arrêté préfectoral est annexé un plan donnant la délimitation de chaque circonscription et portant les limites des communes sous le territoire desquelles elle s'étend. Ce plan est fourni par l'exploitant en triple expédition, sur la demande du préfet et conformément à ses indications.

L'arrêté préfectoral est notifié dans la huitaine à l'exploitant, auquel est remis en même temps un des plans annexés audit arrêté.

Ampliation de l'arrêté préfectoral, avec un des plans annexés, reste déposée à la mairie de la commune qui est désignée dans l'arrêté parmi celles sous lesquelles s'étendent les circonscriptions qu'il délimite; elle y est tenue, sans déplacement, à la disposition de tous les intéressés.

Un arrêté du préfet, rendu sur le rapport des ingénieurs des mines, peut dispenser de délégués toute concession de mines, ou tout ensemble de concessions de mines contiguës, ou tout ensemble de travaux souterrains de minières ou carrières qui, dépendant d'un même exploitant, emploierait moins de vingt-cinq ouvriers travaillant au fond.

2. Le délégué doit visiter deux fois par mois tous les puits, galeries et chantiers de sa circonscription. Il visitera également les appareils servant à la circulation et au transport des ouvriers.

Il doit, en outre, procéder sans délai à la visite des lieux où est survenu un accident ayant occasionné la mort ou des blessures graves à un ou plusieurs ouvriers, ou pouvant compromettre la sécurité des ouvriers. Avis de l'accident doit être donné sur-le-champ au délégué par l'exploitant.

Le délégué, dans ses visites, est tenu de se conformer à toutes les mesures prescrites par les règlements en vue d'assurer l'ordre et la sécurité dans les travaux.

Le délégué suppléant ne remplace le délégué qu'en cas d'empêchement motivé de celui-ci, sur l'avis que le délégué en a donné tant à l'exploitant qu'au délégué suppléant.

3. Les observations relevées par le délégué dans chacune de ses visites doivent être, le jour même ou au plus tard le lendemain, consignées par lui sur un registre spécial fourni par l'exploitant, et constamment tenu sur le carreau de l'exploitation à la disposition des ouvriers.

Le délégué inscrit sur le registre les heures auxquelles il a commencé et terminé sa visite, ainsi que l'itinéraire suivi par lui.

L'exploitant peut consigner ses observations et dires sur le même registre, en regard de ceux du délégué.

Des copies des uns et des autres sont immédiatement et respectivement envoyées par les auteurs au préfet, qui les communique aux ingénieurs des mines.

Lors de leurs tournées, les ingénieurs des mines et les contrôleurs des mines doivent viser le registre de chaque circonscription. Ils peuvent toujours se faire accompagner dans leurs visites par le délégué de la circonscription.

4. Le délégué et le délégué suppléant sont élus au scrutin de liste dans les formes prévues aux articles suivants.

5. Sont électeurs dans une circonscription les ouvriers qui y travaillent au fond, à la condition :

1° D'être Français et de jouir de leurs droits politiques;

2° D'être inscrits sur la feuille de la dernière paye effectuée pour la circonscription avant l'arrêté de convocation des électeurs.

6. (*L. 9 mai 1905.*) Sont éligibles dans une circonscription, à la condition de savoir lire et écrire, et, en outre, de n'avoir jamais encouru de condamnation pour infraction aux dispositions soit de la présente loi, soit de la loi du 21 avril 1810 et du décret du 3 janvier 1813, soit des articles 414 et 415 du Code pénal :

1° Les électeurs ci-dessus désignés, âgés de vingt-cinq ans accomplis, travaillant au fond depuis cinq ans au moins et depuis deux ans au moins dans la circonscription ou dans l'une des circonscriptions voisines dépendant du même exploitant;

2° Les anciens ouvriers domiciliés dans les communes sous le territoire desquelles s'étend l'ensemble des circonscriptions comprises avec la circonscription en question dans le même arrêté de délimitation, conformément au § 3 de l'article 1er, à la condition qu'ils soient âgés de vingt-cinq ans accomplis, qu'ils soient Français, qu'ils jouissent de leurs droits politiques, qu'ils aient travaillé au fond depuis cinq ans au moins, dont deux années dans l'une des circonscriptions ci-dessus, et enfin qu'ils n'aient pas cessé d'y être employés depuis plus de dix ans, soit comme ouvriers du fond, soit comme délégués ou délégués suppléants. Les anciens ouvriers ne seront éligibles que s'ils ne sont pas déjà délégués pour une autre circonscription quelle qu'elle soit.

Pendant les deux premières années qui suivront l'ouverture d'une nouvelle exploitation, pourront être élus les électeurs justifiant de cinq ans de travail au fond dans une mine, minière ou carrière souterraine de même nature.

Les délégués élus ne pourront être débitants lorsqu'ils toucheront un salaire correspondant à vingt journées de travail mensuel.

7. Dans les huit jours qui suivent la publication de l'arrêté préfectoral convoquant les électeurs, la liste électorale de la circonscription, dressée par l'exploitant, est remise par lui en trois exemplaires au maire de chacune des communes sous lesquelles s'étend la circonscription. Le maire fait immédiatement afficher cette liste à la porte de la mairie et dresse procès-verbal de cet affichage; il envoie les deux autres exemplaires au préfet et au juge de paix avec copie du procès-verbal d'affichage. (*L. 25 mars 1901.*) « Dans le même délai de huit jours, l'exploitant fait afficher ladite liste aux lieux habituels pour les avis donnés aux ouvriers, et remet les cartes électorales au maire de la commune désignée comme lieu de vote. Ces cartes, déposées à la mairie, seront retirées par les électeurs. »

« Si l'exploitant ne fait pas afficher la liste électorale et ne la remet pas aux maires, ainsi que les cartes électorales, dans les délais et conditions ci-dessus prévus, le préfet fait dresser et afficher cette liste et assure la distribution des cartes électorales, le tout aux frais de l'exploitant, sans préjudice des peines qui pourront être prononcées contre ce dernier pour contravention à la présente loi. »

En cas de réclamation des intéressés, le recours doit être formé cinq jours au plus après celui où l'affichage a été effectué par le maire le moins diligent, devant le juge de paix qui statue d'urgence et en dernier ressort.

Si une circonscription s'étend sous deux ou plusieurs cantons, le juge de paix compétent est celui dont le canton comprend la mairie de la commune désignée comme lieu du vote par l'arrêté préfectoral de convocation des électeurs.

8. Les électeurs d'une circonscription sont convoqués par un arrêté du préfet.

L'arrêté doit être publié et affiché dans les communes sous le territoire desquelles s'étend la circonscription, quinze jours au moins avant l'élection, qui doit toujours avoir lieu un dimanche.

L'arrêté fixe la date de l'élection, ainsi que les heures auxquelles sera ouvert et fermé le scrutin.

Le vote a lieu à la mairie de la commune désignée par l'arrêté de convocation parmi celles sur le territoire desquelles s'étend la circonscription.

9. Le bureau électoral est présidé par le maire, qui prend comme assesseurs le plus âgé et le plus jeune des électeurs présents au moment de l'ouverture du scrutin et, à défaut d'électeurs présents ou consentant à siéger, deux membres du conseil municipal.

Chaque bulletin porte deux noms, avec l'indication de la qualité de délégué ou de délégué suppléant à chaque candidat. Nul n'est élu au premier tour de scrutin s'il n'a obtenu la majorité absolue des suffrages exprimés et un nombre de voix au moins égal au quart du nombre des électeurs inscrits.

Au deuxième tour de scrutin, la majorité relative suffit, quel que soit le nombre des votants.

En cas d'égalité de suffrages, le plus âgé des candidats est élu.

Si un second tour de scrutin est nécessaire, il y est procédé le dimanche suivant dans les mêmes conditions de forme et de durée.

Le vote a lieu, sous peine de nullité, sous enveloppe d'un type uniforme déposé à la préfecture.

(L. 25 mars 1901.) « Avant de déposer son vote, l'électeur doit passer par un compartiment d'isolement où il puisse mettre son bulletin sous enveloppe.

« L'exploitant ne peut se faire représenter simultanément dans le local du vote, pendant les opérations électorales, par plus de deux personnes.

10. Ceux qui, soit par voies de fait, violences, menaces, dons ou promesses, soit en faisant craindre à un électeur de perdre son emploi, d'être privé de son travail, ou d'exposer à un dommage sa personne, sa famille ou sa fortune, auront influencé le vote, seront punis d'un emprisonnement d'un mois à un an et d'une amende de 100 francs à 2 000 francs.

L'article 463 du Code pénal pourra être appliqué.

11. Pourra être annulée toute élection dans laquelle les candidats élus auraient influencé le vote en promettant de s'immiscer dans des questions ou revendications étrangères à l'objet des fonctions de délégué, telles qu'elles sont définies au paragraphe 1er de l'article 1er.

12. Après le dépouillement du scrutin, le président proclame le résultat du vote; il dresse et transmet au préfet le procès-verbal des opérations.

Les protestations doivent être consignées au procès-verbal ou être adressées, à peine de nullité, dans les trois jours qui suivent l'élection, au préfet qui en accuse réception.

Les exploitants peuvent, comme les électeurs, adresser dans le même délai leurs protestations au préfet.

En cas de protestation, ou si le préfet estime que les conditions prescrites par la loi ne sont pas remplies, le dossier est transmis, au plus tard le cinquième jour après l'élection, au conseil de préfecture, qui doit statuer dans les huit jours suivants.

En cas d'annulation, il est procédé à l'élection dans le délai d'un mois.

13. Les délégués et délégués suppléants sont élus pour trois ans; toutefois, ils doivent continuer leurs fonctions tant qu'ils n'ont pas été remplacés.

A l'expiration de trois ans, il est procédé à de nouvelles élections dans le délai d'un mois.

Il est pourvu, dans le mois qui suit la vacance, au remplacement du délégué ou du délégué suppléant décédé ou démissionnaire, ou révoqué, ou déchu des qualités requises pour l'éligibilité.

Le nouvel élu est nommé pour le temps restant à courir jusqu'au terme qui était assigné aux fonctions de celui qu'il remplace.

Il devra être procédé à de nouvelles élections pour les circonscriptions qui seront créées ou modifiées par application du paragraphe 4 de l'article 1er de la présente loi.

(*L.* 9 *mai* 1905.) Dans tous les cas où une élection devra avoir lieu pendant une suspension de l'exploitation résultant soit d'un accident, soit d'une coalition autorisée par la loi du 25 mai 1864, l'élection sera renvoyée à un mois après la reprise normale de l'exploitation.

14. L'article 7, paragraphe 3, du décret du 3 janvier 1813 est ainsi modifié :

En cas de contestations, trois experts seront chargés de procéder aux vérifications nécessaires. Le premier sera nommé par le préfet, le second par l'exploitant, et le troisième sera de droit le délégué de la circonscription, ou sera désigné par le juge de paix, s'il n'existe pas de circonscription.

Si la vérification intéresse plusieurs circonscriptions, les délégués de ces circonscriptions nommeront parmi eux le troisième expert.

15. Tout délégué ou délégué suppléant peut, pour négligence grave ou abus dans l'exercice de ses fonctions, ou à la suite de condamnations prononcées en vertu des articles 414 et 415 du Code pénal, être suspendu pendant trois mois au plus par arrêté du préfet, pris, après enquête, sur avis motivé des ingénieurs des mines et le délégué entendu.

L'arrêté de suspension est, dans la quinzaine, soumis par le préfet au ministre des travaux publics, lequel peut lever ou réduire la suspension et, s'il y a lieu, prononcer la révocation du délégué.

Les délégués et délégués suppléants révoqués ne peuvent être réélus avant un délai de trois ans.

16. Les visites prescrites par la présente loi sont payées par le Trésor au délégué comme journées de travail.

(*L.* 9 *mai* 1905.) « Au mois de décembre de chaque année, le préfet, sur l'avis des ingénieurs des mines et sous l'autorité du ministre des travaux publics, fixe pour l'année suivante et pour chaque circonscription le nombre maximum des journées que le délégué doit employer à ses visites et le prix de la journée. Il fixe également le minimum de l'indemnité mensuelle pour les circonscriptions comprenant au plus deux cent cinquante ouvriers.

« Dans les autres cas, l'indemnité à accorder aux délégués pour les visites réglementaires sera calculée sur un nombre de journées double de celui des journées effectivement employées aux visites, sans que ce nombre double puisse être inférieur à vingt.

« Les visites supplémentaires faites par un délégué, soit pour accompagner les ingénieurs ou contrôleurs des mines, soit à la suite d'accidents, lui seront payées en outre et au même prix, sans que pourtant l'indemnité mensuelle puisse jamais être supérieure au prix de trente journées de travail. »

Le délégué dresse mensuellement un état des journées employées aux visites tant par lui-même que par son suppléant. Cet état est vérifié par les ingénieurs des mines et arrêté par le préfet.

La somme due à chaque délégué lui est payée par le Trésor sur mandat mensuel délivré par le préfet.

Les frais avancés par le Trésor sont recouvrés sur les exploitants comme en matière de contributions directes.

17. Seront poursuivis et punis conformément à la loi du 21 avril 1810 :

Tous ceux qui apporteraient une entrave aux visites et constatations, ou contreviendraient aux dispositions de la présente loi.

18. Les exploitations de mines, minières et carrières à ciel ouvert pourront, en raison des dangers qu'elles présenteront, être assimilées aux exploitations souterraines pour l'application de la présente loi, par arrêté du préfet, rendu sur le rapport des ingénieurs des mines.

Dans ce cas, les ouvriers attachés à l'extraction devront être assimilés aux ouvriers du fond pour l'électorat et l'éligibilité.

Loi du 25 mars 1901,

Modifiant la loi du 8 juillet 1890 sur les délégués à la sécurité des ouvriers mineurs (**D. P.** 1901. 4. 75). — V. *suprà*, L. 8 juill. 1890, art. 7 et 9.

En ce qui concerne les caisses de secours et de retraites des ouvriers mineurs, V. infrà, v° *Caisse de secours et de retraite des ouvriers mineurs*.

Sur les textes rapportés ci-dessus, V. **S.** v° *Travail*, 2 s.; **T.** (87-97), v° *Ouvrier*, 3 s., 26 s.; **D. P.** 1897 et suiv., Tables, v° *Ouvrier*; **C. adm. ann.**, t. 3, v° *Mines*, p. 959, n°s 2527 s.

Loi du 9 mai 1905,

Portant modification de la loi du 8 juillet 1890 sur les délégués à la sécurité des ouvriers mineurs (**D. P.** 1905. 4. 127). — V. *suprà*, L. 8 juill. 1890, art. 1er, 6, 13 et 16.

Loi du 23 juillet 1907,

Relative à l'hygiène et à la salubrité des mines (**D. P.** 1907. 4. 178). — V. *suprà*, L. 8 juill. 1890, art. 1er, § 1er.

Loi du 12 mars 1910,

Sur les délégués mineurs (**D. P.** 1910. 4. 41; — **Bull. Dalloz**, 1910, p. 273).

Article unique. Les délégués institués par la loi du 8 juillet 1890 sont chargés de signaler, dans les formes prévues à l'article 3 de ladite loi, les infractions aux lois des 2 novembre 1892, 30 mars 1900 et 29 juin 1905, relevées par eux au cours de leurs visites.

II. GROUPEMENTS PROFESSIONNELS

SYNDICATS PROFESSIONNELS; UNIONS DE SYNDICATS; CHAMBRES SYNDICALES.

Loi du 21 mars 1884,

Relative à la création des syndicats professionnels (D. P. 84. 4. 129).

Art. 1er. Sont abrogés la loi des 14-27 juin 1791 et l'article 416 du Code pénal. Les articles 291, 292, 293, 294 du Code pénal et la loi du (10) 18 avril 1834 ne sont pas applicables aux syndicats professionnels.

2. Les syndicats ou associations professionnelles, même de plus de vingt personnes exerçant la même profession, des métiers similaires, ou des professions connexes concourant à l'établissement de produits déterminés, pourront se constituer librement sans l'autorisation du Gouvernement.

3. Les syndicats professionnels ont exclusivement pour objet l'étude et la défense des intérêts économiques, industriels, commerciaux et agricoles.

4. Les fondateurs de tout syndicat professionnel devront déposer les statuts et les noms de ceux qui, à un titre quelconque, seront chargés de l'administration ou de la direction.

Ce dépôt aura lieu à la mairie de la localité où le syndicat est établi, et, à Paris, à la préfecture de la Seine.

Ce dépôt sera renouvelé à chaque changement de la direction ou des statuts.

Communication des statuts devra être donnée par le maire ou par le préfet de la Seine au procureur de la République.

Les membres de tout syndicat professionnel chargés de l'administration ou de la direction de ce syndicat devront être Français et jouir de leurs droits civils.

5. Les syndicats professionnels régulièrement constitués, d'après les prescriptions de la présente loi, pourront librement se concerter pour l'étude et la défense de leurs intérêts économiques, industriels, commerciaux et agricoles.

Ces unions devront faire connaître, conformément au deuxième paragraphe de l'article 4, les noms des syndicats qui les composent.

Elles ne pourront posséder aucun immeuble ni ester en justice.

6. Les syndicats professionnels de patrons ou d'ouvriers auront le droit d'ester en justice.

Ils pourront employer les sommes provenant des cotisations.

Toutefois, ils ne pourront acquérir d'autres immeubles que ceux qui seront nécessaires à leurs réunions, à leurs bibliothèques et à des cours d'instruction professionnelle.

Ils pourront, sans autorisation, mais en se conformant aux autres dispositions de la loi, constituer entre leurs membres des caisses spéciales de secours mutuels et de retraites.

Ils pourront librement créer et administrer des offices de renseignements pour les offres et les demandes de travail.

Ils pourront être consultés sur tous les différends et toutes les questions se rattachant à leur spécialité.

Dans les affaires contentieuses, les avis du syndicat seront tenus à la disposition des parties, qui pourront en prendre communication et copie.

7. Tout membre d'un syndicat professionnel peut se retirer à tout instant de l'association, nonobstant toute clause contraire, mais sans préjudice du droit pour le syndicat de réclamer la cotisation de l'année courante.

Toute personne qui se retire d'un syndicat conserve le droit d'être membre des sociétés de secours mutuels et de pensions de retraites pour la vieillesse à l'actif desquelles elle a contribué par des cotisations ou versements de fonds.

8. Lorsque les biens auront été acquis contrairement aux dispositions de l'article 6, la nullité de l'acquisition ou de la libéralité pourra être demandée par le procureur de la République ou par les intéressés. Dans le cas d'acquisition à titre onéreux, les immeubles seront vendus et le prix en sera déposé à la caisse de l'association. Dans le cas de libéralité, les biens feront retour aux disposants ou à leurs héritiers ou ayants cause.

9. Les infractions aux dispositions des articles 2, 3, 4, 5 et 6 de la présente loi seront poursuivies contre les directeurs ou administrateurs des syndicats et punies d'une amende de 16 à 200 francs. Les tribunaux pourront, en outre, à la diligence du procureur de la République, prononcer la dissolution du syndicat et la nullité des acquisitions d'immeubles faites en violation des dispositions de l'article 6.

Au cas de fausse déclaration relative aux statuts et aux noms et qualités des administrateurs ou directeurs, l'amende pourra être portée à 500 francs.

10. La présente loi est applicable à l'Algérie.

Elle est également applicable aux colonies de la Martinique, de la Guadeloupe et de la Réunion. Toutefois, les travailleurs étrangers et engagés sous le nom d'immigrants ne pourront faire partie des syndicats.

V. *la circulaire ministérielle du* 25 *août* 1884 *pour l'application de la loi du* 21 *mars* 1884 (*Journ. off. du* 28 *août* 1884; *Bull. off. min. int.* 1884, p. 109 s.).

V. aussi **S.** v^is *Organ. économique*, 88; *Travail*, 743 s.; **T.** (87-97), v^o *Syndicat professionnel*, 1 s.; **D. P.** 1907 et suiv., Tables, *eod. v^o*.

Loi du 30 novembre 1892,

Sur l'exercice de la médecine (**D. P.** 93. 4. 8 — et 38).

. . . .

Art. 13. A partir de la promulgation de la presente loi, les medecins, chirurgiens-dentistes et sages-femmes jouiront du droit de se constituer en associations syndicales, dans les conditions de la loi du 21 mars 1884, pour la défense de leurs intérêts professionnels, à l'égard de toutes personnes autres que l'État, les départements et les communes.

III. CORPS ET CONSEILS DU TRAVAIL.

A. — Conseil supérieur du travail.

Décret du 14 mars 1903,

Portant réorganisation du conseil supérieur du travail.

Art. 1er. Le conseil supérieur du travail est présidé par le ministre du travail et de la prévoyance sociale.

En l'absence du ministre, le conseil est présidé par l'un des vice-présidents élus en conformité de l'article 3 ci-après.

(*Décr.* 24 *juin* 1907.) « Le directeur du travail, le directeur de l'assurance et de la prévoyance sociales, et, à leur défaut, les sous-directeurs de ces services ont entrée au conseil pour assister ou représenter le ministre du travail. Ils participent aux délibérations sans prendre part aux votes. »

Chaque ministre peut également, d'accord avec le ministre du travail, désigner un chef de service pour prendre part dans les mêmes conditions aux délibérations de nature à intéresser spécialement son département.

2. (*Décr.* 30 *avril* 1909.) Le conseil est composé de soixante-douze membres, savoir :

Vingt-neuf membres nommés par les patrons dans les conditions fixées par les articles 5 et suivants;

Vingt-neuf membres nommés par les ouvriers dans les conditions fixées par les articles 6 et suivants;

Trois sénateurs élus par le Sénat;

Cinq députés élus par la Chambre des députés;

Un membre de la chambre de commerce de Paris désigné par cette chambre;

Un membre élu par les commissions administratives ou conseils d'administration des bourses du travail ;

Un membre élu par les associations ouvrières de production satisfaisant aux conditions qui seront déterminées par arrêté ministériel;

Trois membres choisis par le ministre parmi les membres de l'Institut et les professeurs de la faculté de droit de l'université de Paris.

3. Le conseil choisit parmi ses membres deux vice-présidents.

Le ministre désigne, par arrêté, dans le personnel de l'administration du travail, trois secrétaires et trois secrétaires adjoints du conseil.

4. Les sénateurs élus par le Sénat pour faire partie du conseil sont soumis à réélection après chaque renouvellement partiel du Sénat.

Les députés élus par la Chambre conservent leur mandat pendant la durée de la législature.

Les autres membres restent en fonctions pendant trois ans.

5. (*Décr. 30 avril 1909.*) Les vingt-neuf délégués élus par les patrons se répartiront en trois séries :

1° Dix-neuf délégués élus dans les conditions déterminées aux articles 8 et 9, par les membres des chambres de commerce et ceux des chambres consultatives des arts et manufactures ;

2° Deux agriculteurs membres du conseil supérieur de l'agriculture élus par ce conseil ;

3° Huit conseillers prud'hommes patrons élus dans les conditions fixées par l'article 7.

6. (*Décr. 30 avril 1909.*) Les vingt-neuf délégués élus par les ouvriers et employés se répartissent en deux séries :

1° Vingt et un délégués élus dans les conditions déterminées aux articles 10, 11, 12 et 13, par les syndicats ouvriers ;

2° Huit conseillers prud'hommes ouvriers élus dans les conditions fixées par l'article 7.

7. Les conseils de prud'hommes sont divisés en trois catégories comprenant : « (*Décr. 30 avril 1909.*) la première, les cinq sections du conseil de prud'hommes de Paris » ; la deuxième, ceux siégeant dans les villes d'au moins 40000 habitants ; la troisième, ceux des autres villes.

La première catégorie fournit deux prud'hommes patrons et deux prud'hommes ouvriers ; la deuxième catégorie fournit trois prud'hommes patrons et trois prud'hommes ouvriers ; la troisième catégorie fournit trois prud'hommes patrons et trois prud'hommes ouvriers.

Pour l'élection des deux prud'hommes patrons et des deux prud'hommes ouvriers de la première catégorie, les conseillers prud'hommes de Paris forment deux assemblées électorales distinctes comprenant : « (*Décr. 30 avril 1909*) l'une, les membres patrons ; l'autre, les membres ouvriers des cinq sections du conseil ». La présidence de chaque assemblée électorale appartient au doyen d'âge des présidents ou vice-présidents en fonctions.

Un tirage au sort fait au ministère du travail désigne trois tribunaux de la deuxième catégorie et trois tribunaux de la troisième catégorie dans chacun desquels les prud'hommes patrons nomment un représentant ; celui-ci peut d'ailleurs être choisi par eux dans l'un quelconque des conseils de prud'hommes de la catégorie.

Trois autres tribunaux de la deuxième catégorie et trois autres tribunaux de la troisième catégorie, désignés dans les mêmes conditions, procèdent, d'après les mêmes règles, à l'élection de six prud'hommes ouvriers.

La présidence de la séance où les patrons des conseils de prud'hommes désignés par le sort élisent leur représentant, appartient au président ou vice-président patron de ce conseil.

De même, pour l'élection du représentant des ouvriers, la présidence appartient au président ou vice-président ouvrier.

La convocation des électeurs est faite, dans chacune des trois catégories, au moins huit jours à l'avance, par le président de l'assemblée électorale. L'élection a lieu à la majorité des membres présents. La majorité relative est suffisante au troisième tour. En cas de partage des voix au troisième tour, le bénéfice de l'élection est acquis au plus âgé. Le procès-verbal de l'élection est transmis au ministère sous une enveloppe portant la mention « Élection au conseil supérieur du travail ».

8. (*Décr. 27 janvier 1904.*) « Les membres des chambres de commerce et ceux des chambres consultatives des arts et manufactures élisent au scrutin de liste les dix-neuf représentants des dix-huit groupes professionnels ci-après : »

1. Mines, carrières, salines;
2. Alimentation : grandes industries et commerces de gros;
3. Alimentation : petites industries et commerces de détail;
4. Industries chimiques, céramique et verrerie, fabrication du papier;
5. Industrie des cuirs et peaux;
6. Industrie de la laine, du lin, du jute et leurs mélanges, y compris les industries similaires et succédanées;
7. Industrie du coton et ses mélanges, y compris les industries similaires et succédanées;
8. Industrie de la soie et ses mélanges, y compris les industries similaires et succédanées;
9. Travail des étoffes, vêtement, toilette (département de la Seine);
10. Travail des étoffes, vêtement, toilette (départements autres que la Seine);
11. Industries du bois et du bâtiment (bois), commerce et manutention non compris;
12. Métallurgie et construction mécanique;
13. Travail des métaux communs et bâtiment (métaux);
14. Bâtiment (pierre, enduits, canalisations);
15. Transports par voies ferrées;
16. Transports par terre et par eau, manutention;
17. Industries relatives aux lettres, sciences, arts (industrie du livre, photographie, instruments de précision, orfèvrerie, bijouterie, arpenteurs-géomètres, etc.);
18. (*Décr. 27 janvier 1904.*) « Banque et commerces autres que celui de l'alimentation (département de la Seine);
19. « Banque et commerces autres que ceux de l'alimentation (départements autres que celui de la Seine). »

Pour être éligible, il faut être Français, âgé de vingt-cinq ans au moins, et non déchu de ses droits civils et civiques.

La candidature des femmes est admise suivant les mêmes conditions d'âge et de nationalité.

Nul ne peut représenter un autre groupe professionnel que celui auquel il appartient ou a appartenu.

9. Le ministre fait connaître, un mois au moins à l'avance, à chaque président de chambre de commerce ou de chambre consultative, les dates extrêmes entre lesquelles doit avoir lieu l'élection. Il lui fait parvenir en même temps les bulletins de vote destinés aux membres de la chambre.

Au jour fixé par le président pour l'élection, chaque membre de la chambre lui remet son bulletin de vote dans une enveloppe fermée. Le nom de chaque candidat est inscrit sur ce bulletin en regard du groupe auquel il appartient. Au cas où plusieurs noms seraient portés en regard du même groupe, le premier seul entrerait en ligne de compte.

Les membres empêchés d'assister à la séance où a lieu le vote peuvent faire parvenir au président l'enveloppe fermée contenant leur bulletin de vote sous une deuxième enveloppe signée qui sera ouverte au cours de la séance.

Les enveloppes contenant les bulletins de vote sont adressées, avec le procès-verbal de la séance, au ministère du travail sous un pli portant la mention : « Élection au conseil supérieur du travail. » Le procès-verbal mentionne la date de l'élection, les noms des membres présents à la séance, le nombre des membres de la chambre, le nombre des votants, les protestations qui se seraient produites et les observations auxquelles elles donnent lieu.

Il est procédé à un nouveau tour de scrutin pour les groupes professionnels dont aucun candidat n'a obtenu au premier tour la majorité des suffrages exprimés. Cette fois, l'élection a lieu à la majorité relative, et, en cas de partage, le bénéfice en est acquis au plus âgé.

10. (*Décr.* 30 *avril* 1909.) « Pour procéder à l'élection de leurs vingt et un représentants, les syndicats d'ouvriers et d'employés sont répartis dans les vingt et un groupes professionnels ci-après : »

1. Mines, carrières, salines;
2. Alimentation : grandes industries et commerces de gros;
3. Alimentation : petites industries et commerces de détail;
4. Industries chimiques, allumettes et tabacs, céramique et verrerie, fabrication du papier;
5. Industrie des cuirs et peaux;
6. Industries de la laine, du lin, du jute et leurs mélanges, y compris les industries similaires et succédanées;
7. Industrie du coton et ses mélanges, y compris les industries similaires et succédanées;
8. Industrie de la soie et ses mélanges, y compris les industries similaires et succédanées;

9 et 10. Travail des étoffes, vêtement, toilette.

11. Industries du bois et du bâtiment (bois), commerce et manutention non compris;
12. *a*) Métallurgie et construction mécanique;
    b) Chauffeurs, conducteurs, mécaniciens;
13. Travail des métaux communs et bâtiment (métaux).
14. Bâtiment.
15. Transport par voies ferrées;
16. Transport par terre et par eau, manutention, garçons de magasin;
17. Industries relatives aux lettres, sciences et arts (industrie du livre, instruments de précision, bijouterie, orfèvrerie, ingénieurs, artistes, etc.).

18 et 19. (*Décr.* 30 *avril* 1909.) « Administrations privées et commerces autres que ceux de l'alimentation;

20. Forêts, pépiniéristes, horticulteurs;
21. Agriculture. »

(*Décr.* 27 *janvier* 1904.) « Les deux représentants des groupes 2 et 3 (industries et commerces de l'alimentation) sont élus par l'ensemble des syndicats inscrits à ces deux groupes. »

Il en est de même : 1° pour les deux représentants des groupes 6 et 7 (industrie de la laine et industrie du coton); 2° pour les deux représentants des groupes 9 et 10 (travail des étoffes, vêtement, toilette); 3° pour les deux représentants des groupes 12 et 13 (métallurgie et travail des métaux); (*Décr.* 4 *août* 1904) pour les deux représentants des groupes 18 et 19 (administrations et commerces autres que ceux de l'alimentation).

Pour être éligible, il faut être Français, âgé de vingt-cinq ans au moins, et non déchu de ses droits civils et civiques.

La candidature des femmes est admise suivant les mêmes conditions d'âge et de nationalité.

L'un des deux représentants des groupes 9 et 10 doit être du sexe féminin.

Nul ne peut représenter un autre groupe professionnel que celui auquel il appartient ou a appartenu.

11. (*Décr.* 27 *janvier* 1904.) Sont électeurs les syndicats ouvriers régulièrement constitués au 1er janvier de l'année où ont lieu les élections.

Chaque syndicat dispose d'un nombre de voix proportionnel au nombre de ses membres à ladite date, à raison d'une voix par vingt-cinq membres et par fraction supplémentaire de un à vingt-cinq.

Les syndicats qui n'ont pas fourni de renseignements suffisants pour cette évaluation voient, quel que soit le nombre de leurs membres, leur droit de suffrage réduit à une voix.

L'évaluation est faite en appliquant les statuts du syndicat. Toutefois il n'est, en aucun cas, tenu compte des membres n'ayant pas payé de cotisation dans les six mois précédant le 1er janvier de l'année où ont lieu les élections.

12. (*Décr. 27 janvier* 1904.) Il est procédé dans le courant de mai, et dans les formes suivantes, à la vérification du nombre des membres des syndicats.

La liste électorale provisoire, dressée au ministère du travail, contient, pour chaque groupe professionnel, le nom de chaque syndicat électeur et le nombre de ses membres.

Le préfet fait déposer un exemplaire de cette liste à la mairie de chacune des communes où ladite liste mentionne des syndicats électeurs. En même temps, il porte ce dépôt à la connaissance du public par voie d'affiches.

Un exemplaire de la liste provisoire est communiqué aux bourses du travail et aux conseils de prud'hommes.

Les protestations relatives aux diverses énonciations contenues dans la liste provisoire, ainsi qu'au classement des syndicats dans les groupes professionnels, sont reçues jusqu'au 15 juin. Il en est donné connaissance aux syndicats électeurs par des états envoyés aux bourses du travail, aux conseils de prud'hommes et aux communes intéressées.

Les protestations sont instruites par le préfet et jugées par le ministre du travail.

Sont seules admises les protestations émanant de syndicats électeurs et de leurs unions.

Les modifications apportées à la liste électorale provisoire à la suite de réclamations reconnues fondées, sont inscrites sur un état rectificatif que le préfet joint à la liste provisoire. La liste ainsi rectifiée devient définitive.

13. Lorsque la liste électorale est définitive, le ministère du travail fait parvenir à chaque syndicat un bulletin de vote indiquant le groupe auquel il appartient et le nombre de voix dont il dispose.

Il doit s'écouler au moins dix jours entre la date d'envoi de ces bulletins aux syndicats et celle à laquelle ils doivent être renvoyés au ministère du travail. Ces deux dates sont annoncées par le *Journal officiel*.

Chaque syndicat adresse, dans le délai ci-dessus indiqué, sous le couvert du ministère du travail, son bulletin de vote renfermé dans une enveloppe portant la mention : « Élection au conseil supérieur du travail. »

L'élection des représentants des syndicats a lieu à la majorité absolue des suffrages exprimés. Dans le cas où dans l'un quelconque des groupes énumérés à l'article 10 aucun candidat n'obtient la majorité absolue, il est procédé, dans un délai d'un mois et dans les mêmes formes, à un deuxième tour de scrutin. Cette fois, l'élection a lieu à la majorité relative. En cas de partage, le bénéfice du vote est acquis au candidat le plus âgé.

14. (*Décr. 27 janvier* 1904.) La commission permanente du conseil supérieur du travail dépouille les bulletins et recense les votes des chambres de commerce, des chambres consultatives et des syndicats ouvriers « (*Décr. 30 avril* 1909) des bourses du travail et des associations ouvrières de production ». Elle procède à la vérification de toutes les opérations électorales.

Les résultats des élections sont publiés au *Journal officiel*.

Les réclamations relatives aux élections doivent être faites dans le délai de quinze jours qui suit leur insertion au *Journal officiel*. Elles sont jugées par le ministre.

En cas d'annulation, il est procédé à une nouvelle élection.

15. (*Décr. 27 janvier* 1904.) Les « cinquante-huit (*Décr. 30 avril* 1909) » délégués des patrons et des ouvriers désignés aux articles 5 et 6 conservent leur mandat, même s'ils viennent à perdre la qualité en raison de laquelle ils ont été appelés à siéger au conseil supérieur du travail.

Au cas où des membres du conseil supérieur du travail décéderaient, seraient démissionnaires ou perdraient leurs droits civils ou civiques, il serait procédé à leur remplacement dans les conditions ci-après :

1° Pour les élus des chambres de commerce et des chambres consultatives, dans le cas seulement où il se produirait parmi eux trois vacances;

2° Pour les représentants des syndicats ouvriers, au cas où il se produirait parmi eux trois vacances;

3° Pour les représentants patrons ou ouvriers des conseils de prud'hommes, au cas où deux vacances se produiraient soit chez les prud'hommes patrons, soit chez les prud'hommes ouvriers;

4° Pour les autres membres du conseil supérieur du travail, à chaque vacance.

Le mandat des membres ainsi élus prend fin à la date à laquelle aurait expiré le mandat du membre remplacé.

16. Le conseil se réunit chaque année, le deuxième lundi de novembre. La session dure quinze jours. Le conseil fixe lui-même, dans ces limites, les jours et heures des séances.

L'ordre du jour de la session, arrêté par le ministre, est communiqué aux membres quinze jours avant l'ouverture de cette session.

Le ministre peut convoquer le conseil en session extraordinaire à toute époque de l'année; il fixe lui-même la date, la durée et l'objet de chaque session extraordinaire.

17. La commission permanente du conseil supérieur du travail, aux travaux de laquelle prennent part, dans les conditions fixées par l'article 1er, les chefs de service mentionnés audit article, comprend : sept patrons, sept ouvriers, un sénateur, un député, tous élus par le conseil supérieur, et trois membres de droit, savoir :

Le représentant de la chambre de commerce de Paris;

(*Décr. 24 juin 1907.*) « Le représentant des associations ouvrières de production; »

Le représentant des bourses de travail.

(*Décr. 30 avril 1909.*) « La commission permanente élit deux présidents, l'un pris parmi les membres patrons, l'autre parmi les membres ouvriers; ils président alternativement les séances.

« La commission a à sa disposition les secrétaires et secrétaires adjoints du conseil supérieur.

« Elle se réunit jusqu'à la clôture des travaux entrepris ».

18. La commission permanente étudie, à la demande du ministre, les conditions du travail, la condition des travailleurs, les rapports entre patrons et ouvriers. Elle prend connaissance des documents et des statistiques qui doivent servir de base à ses travaux, demande des compléments d'enquête, provoque les témoignages écrits ou oraux des personnes compétentes, et fait ressortir, « (*Décr. 30 avril 1909*) devant le conseil » les faits qu'elle a observés, les abus qu'elle a constatés, les réformes que l'enquête indique comme efficaces. « (*Décr. 30 avril 1909.*) Elle peut aussi, à la demande du ministre, donner son avis sur les causes et circonstances d'une grève ou d'une coalition patronale. » « (*Décr. 30 avril 1909.*) Pour chaque question à soumettre au conseil supérieur du travail, la commission permanente peut, soit désigner un rapporteur unique, soit à la demande des membres patrons ou des membres ouvriers, désigner deux rapporteurs, l'un pour soutenir l'avis de la majorité, l'autre pour soutenir l'avis de la minorité. »

En cas d'urgence, la commission permanente peut, sans les soumettre au conseil supérieur, émettre les avis qui lui sont demandés par le ministre. Il en est rendu compte au conseil supérieur lors de sa prochaine session.

19. Les comptes rendus des enquêtes de la commission permanente sont envoyés à chaque membre du conseil supérieur du travail. Ils doivent leur parvenir quinze jours au moins avant l'ouverture de la session où ils seront discutés.

Le conseil peut, au besoin, provoquer de nouveaux témoignages, recevoir des dépositions.

La discussion est close par une résolution énumérant les inconvénients et les abus démontrés par l'enquête et les réformes appropriées à chacun d'eux.

(*Décr.* 30 *avril* 1909.) « Cette résolution est adoptée à la majorité des votants. Sur la demande de la moitié des membres patrons ou de la moitié des membres ouvriers présents, le compte rendu doit faire connaître, en même temps que le résultat du scrutin, le nombre des membres patrons, le nombre des membres ouvriers et le nombre des autres membres qui composent la majorité et la minorité ou qui se sont abstenus. »

20. (*Décr.* 30 *avril* 1909.) Les élus des syndicats ouvriers, des conseils de prud'hommes, des bourses du travail et des associations ouvrières de production ont droit aux allocations suivantes :

Pour les sessions du conseil supérieur du travail :

(*Décr.* 27 *octobre* 1911.) « Ceux qui résident hors du département de la Seine : 1° à une indemnité de quinze francs par jour depuis la veille de la séance d'ouverture jusques et y compris la séance de clôture des sessions du conseil supérieur auxquelles ils assistent ; 2° à des frais de déplacement s'élevant à dix-huit centimes par kilomètre de la distance par voie ferrée, entre Paris et la gare la plus voisine de leur résidence » ;

Ceux qui habitent le département de la Seine, à une indemnité de dix francs pour chaque journée où ils assistent aux séances du conseil supérieur ;

Pour chacune des séances de la commission permanente tenue en dehors des sessions du conseil supérieur : 1° à un jeton de présence de cinq francs ; 2° s'ils résident hors du département de la Seine, au remboursement de la somme effectivement payée par eux pour le parcours par voie ferrée, aller et retour, en seconde classe, entre la gare la plus voisine de leur résidence et Paris.

21. Les décrets des 22 janvier 1891, 9 juin 1892, 1er septembre 1899, 20 octobre 1900 et 23 mars 1902 sont et demeurent abrogés.

22. Les membres du conseil supérieur du travail actuellement en exercice conserveront leurs fonctions jusqu'à l'époque où expire le mandat qui leur a été confié en vertu du décret du 1er septembre 1899.

Les représentants des chambres de commerce et des chambres consultatives des arts et manufactures et ceux des conseils de prud'hommes qui seront élus en 1903, pour porter la représentation patronale et la représentation prud'homale aux nombres fixés par les articles 5 à 8 du présent décret, cesseront leurs fonctions en même temps que les autres membres de leur catégorie.

Décret du 27 janvier 1904,

Portant modifications à la constitution du conseil supérieur du travail. — V. *suprà*, Décr. 14 mars 1903, art. 2, 5, 6, 8, 10, 11, 12, 14 et 15.

Décret du 4 août 1904,

Relatif à la réorganisation du conseil supérieur du travail. — V. *suprà*, Décr. 14 mars 1903, art. 10.

Décret du 27 juin 1907,

Modifiant le décret du 14 mars 1903, relatif à l'organisation du conseil supérieur du travail. — V. *suprà*, Décr. 14 mars 1903, art. 1er, 2 et 17.

(*Par le présent décret les mots* « ministre du commerce, de l'industrie, des postes et des télégraphes », « ministre du commerce », « administration du commerce », « ministère du commerce » *du décret du 14 mars 1903, sont remplacés respectivement, partout où ils se rencontrent, par les mots* « ministre du travail et de la prévoyance sociale », « ministre du travail », « administration du travail », « ministère du travail »].

Décret du 30 avril 1909,

Modifiant le décret du 14 mars 1903, portant organisation du conseil supérieur du travail. — V. *suprà*, Décr. 14 mars 1903, art. 2, 5, 6, 7, 10, 11, 15, 17, 18, 19 et 20.

Décret du 27 octobre 1911,

Modifiant le décret organique du conseil supérieur du travail du 14 mars 1903. — V. *suprà*, Décr. 14 mars 1903, art. 20.

B. — Conseils du travail.

Décret du 17 septembre 1900,

Portant création et organisation des conseils du travail.

Art. 1er. Il est institué des conseils du travail par arrêté du ministre *du commerce et de l'industrie* [du travail et de la prévoyance sociale] dans toute région industrielle où l'utilité en est constatée.

2. Les conseils du travail ont pour mission :

1° De donner leur avis, soit à la demande des intéressés, soit à la demande du Gouvernement, sur toutes les questions du travail ;

2° De collaborer aux enquêtes réclamées par le conseil supérieur du travail et ordonnées par le ministre *du commerce et de l'industrie* [du travail et de la prévoyance sociale] ;

3° D'établir dans chaque région, pour les professions représentées dans le conseil, et autant que possible en provoquant des accords entre syndicats patronaux et ouvriers, un tableau constatant le taux normal et courant des salaires et la durée normale et courante de la journée de travail ; ce tableau, établi dans les formes prévues sous les numéros 1 et 2 des articles 3 des décrets du 10 août 1899, tiendra lieu, le cas échéant, aux administrations intéressées, des constatations prescrites sous lesdits numéros ;

4° De rechercher et de signaler aux pouvoirs publics les mesures de nature à remédier, le cas échéant, au chômage des ouvriers de la région ;

5° De présenter aux administrations compétentes des rapports sur la répartition et l'emploi des subventions accordées aux institutions patronales et ouvrières de la circonscription ;

6° De présenter sur l'exécution des lois, décrets et arrêtés réglementant le travail, et sur les améliorations dont ils seraient susceptibles, un rapport annuel qui sera transmis au ministre *du commerce et de l'industrie* [du travail et de la prévoyance sociale].

Les rapports, avis, comptes rendus d'enquête, bordereaux établis par les conseils du travail sont transmis aux administrations intéressées par les soins des préfets.

3. Les conseils du travail sont divisés en sections.

Les sections sont composées de représentants de la même profession ou de professions similaires.

La compétence territoriale et professionnelle des conseils du travail, leurs sièges, le nombre et la composition de leurs sections sont déterminés par l'arrêté d'institution.

4. Chaque section est composée en nombre égal de patrons et d'ouvriers ou employés. Le nombre total des membres de la section ne peut être inférieur à six ni supérieur à douze.

5. (*Décr. 2 janvier* 1901.) Dans chaque section sont éligibles les Français de l'un ou de l'autre sexe, âgés de vingt-cinq ans au moins, domiciliés ou résidant dans la circonscription de cette section, non déchus de leurs droits civils et civiques, appartenant ou ayant appartenu pendant dix années comme patrons, employés ou ouvriers, à l'une des professionsi nscrites dans la section.

Les électeurs patrons et les électeurs ouvriers forment deux collèges distincts élisant séparément leurs représentants.

Dans chaque section sont electeurs patrons, les associations professionnelles constituées en conformité de la loi du 21 mars 1884, ayant effectué les dépôts prescrits par l'article 4 de cette loi douze semaines au moins avant l affichage prevu par l'article 6 du présent décret et comprenant des patrons, directeurs ou chefs d'établissement exerçant dans la circonscription une profession inscrite à ladite section du conseil.

Dans chaque section, sont électeurs ouvriers les associations professionnelles légalement constituées en conformité de la loi du 21 mars 1884, ayant effectué les dépôts prescrits par l'article 4 de cette loi douze semaines au moins avant l'affichage prévu à l'article 6 du présent décret, et comprenant des ouvriers ou employés exerçant dans la circonscription une profession inscrite à ladite section du conseil.

Une même association peut être electeur dans plusieurs sections soit du même conseil, soit de conseils différents.

Chaque association dispose, dans toute section où elle est électeur patron, d'une voix par dix membres ou fraction de dix membres patrons ou assimilés exerçant dans la circonscription une profession inscrite à ladite section du conseil.

Chaque association dispose, dans toute section où elle est électeur ouvrier, d'une voix par vingt-cinq membres ou fraction de vingt-cinq membres ouvriers ou employés exerçant dans la circonscription une profession inscrite à ladite section du conseil.

6. (*Décr. 2 janvier* 1901.) Le préfet prescrit toutes dispositions nécessaires pour assurer la régularité des opérations électorales.

La date des élections est fixée par arrêté préfectoral; elle peut être différente pour les diverses sections d'un même conseil et dans chaque section, en cas de nécessité, pour les patrons et pour les ouvriers.

Le deuxième tour de scrutin a lieu dans un délai maximum de quinze jours après le premier tour.

L'arrêté convoquant les électeurs est, dans les communes intéressées, affiché à la mairie et porté à la connaissance du public par les soins des maires, deux mois au moins avant la date fixée pour le premier tour.

Pendant quinze jours à dater de l'affichage, les listes électorales dressées par le préfet ou, sous son contrôle, par les maires, à l'aide des renseignements fournis antérieurement par les associations professionnelles, sont tenues à la disposition des intéressés pour être revisées d'après leurs déclarations : 1° à la mairie de la commune où est situé le siège de la section qui élit ses représentants; 2° aux mairies des sièges desdites associations, lorsqu'ils sont situés dans la circonscription de cette section. Les déclarations doivent être faites par un mandataire autorisé des associations.

Pendant les trois semaines à dater de l'affichage, les réclamations des associations intéressées au sujet de la liste primitive ou revisée, rédigées en double exemplaire par un mandataire autorisé, sont reçues à la mairie de la commune où est situé le siège de l'association dont les droits électoraux sont contestés. Si ce siège n'est pas situé dans la circonscription qui élit ses représentants, les réclamations sont reçues dans la même forme à la mairie du siège de la section. Un exemplaire de la protestation est envoyé par la mairie à l'association mise en cause.

Dans le délai de trente jours à dater de l'affichage, les listes revisées, les réclamations et les réponses sont transmises au préfet avec l'avis du maire. Le préfet arrête la liste électorale définitive; en cas de contestation recevable, il inscrit l'association pour le nombre de voix seulement que celle-ci aura accepté de justifier.

7. (*Décr.* 2 *janvier* 1901.) Le préfet désigne les locaux où aura lieu le vote. Il fixe l'heure de l'ouverture et celle de la fermeture du scrutin. Il désigne la personne chargée de présider le bureau électoral. Le bureau est formé du président, du plus jeune et du plus âgé parmi les mandataires des associations ayant droit de prendre part au vote, présents à l'ouverture du scrutin.

L'élection a lieu au scrutin de liste.

Le mandataire de toute association prenant part au vote dépose entre les mains du président un bulletin portant les indications suivantes : nom de l'association, noms des candidats choisis par elle, date et lieu où s'est tenue l'assemblée générale ayant désigné les candidats, signature du secrétaire et d'un administrateur de l'association certifiant l'exactitude de ces mentions.

Aucune condition n'est requise du mandataire. Si les désignations portées au bulletin, autres que les noms des candidats choisis par l'association, sont réputées incomplètes par le bureau, celui-ci en avertit le mandataire et l'invite à faire compléter le bulletin avant la fermeture du scrutin.

Dès la réception du bulletin, le président y inscrit en présence du mandataire le nombre de suffrages attribués à l'association par la liste électorale définitive communiquée au bureau par le préfet.

Le vote est acquis au premier tour à la majorité absolue des suffrages exprimés; au deuxième tour, à la majorité relative. En cas de partage des voix au deuxième tour, le plus âgé des deux candidats est élu.

Le résultat du vote est proclamé par le président du bureau et transmis par ses soins au préfet, avec le procès verbal des opérations et les bulletins de vote.

Les protestations doivent être consignées au procès verbal ou être adressées, à peine de nullité, dans les trois jours qui suivent l'élection, au préfet, qui en accuse réception.

En cas de protestation, ou si le préfet estime que les conditions prescrites ne sont pas remplies, le dossier est transmis avec son avis, au plus tard quinze jours après l'élection, au ministre *du commerce et de l'industrie* (du travail et de la prévoyance sociale), qui statue.

En cas d'annulation, il est procédé à de nouvelles élections dans le délai d'un mois.

8. Des représentants des conseils de prud'hommes fonctionnant dans la région sont appelés, dans les conditions fixées par l'arrêté instituant le conseil du travail, à faire partie des sections correspondant à la profession exercée par eux.

Les conseillers prud'hommes ne peuvent en aucun cas former plus de moitié de l'effectif de la section.

Ils seront désignés : les patrons, par le vote des prud'hommes patrons; les ouvriers, par le vote des prud'hommes ouvriers de chaque conseil de prud'hommes ainsi représenté.

9. (*Décr.* 2 *janvier* 1901.) Les membres des sections du conseil du travail sont nommés pour deux ans et renouvelables par moitié tous les ans.

Sera considéré comme démissionnaire celui qui, sans excuse valable, ne répondra pas à trois convocations successives ou qui cessera d'être éligible par le collège électoral qu'il représente.

Il est pourvu à la vacance lors du renouvellement annuel.

10. Chaque section se réunit au moins une fois par trimestre.

Elle peut être, en outre, convoquée lorsqu'elle est saisie d'un différend ou sur la demande de la moitié de ses membres.

11. Dans les délibérations relatives aux objets énumérés à l'article 2, § 3, ou si, en vertu des dispositions de l'article 2, § 1er, elles sont appelées à intervenir comme conciliateur ou comme arbitre dans les différends collectifs entre les patrons et leurs ouvriers ou employés, les sections doivent être composées effectivement d'un nombre égal de patrons et d'ouvriers ou d'employés. Lorsque, pour une cause quelconque, les uns et les autres ne sont plus en nombre égal, le ou les plus jeunes membres de la partie la plus nombreuse n'ont que voix consultative.

12. Chaque section nomme tous les ans, un président et un secrétaire, l'un des deux parmi les patrons et l'autre parmi les ouvriers ou employés.

A défaut d'élection ou par suite d'absence des titulaires, la section sera présidée par le plus âgé des membres présents; le plus jeune membre de la catégorie qui n'aura pas fourni le président remplira les fonctions de secrétaire.

13. La convocation d'un conseil du travail en assemblée plénière, toutes sections réunies, est faite par le préfet. Cette assemblée a lieu au moins une fois par an.

La lettre de convocation fixe l'ordre du jour et la durée de la session.

Le conseil nomme son bureau, conformément aux dispositions de l'article 10 ci-dessus.

14. Le conseil du travail ou la section qui sort de ses attributions peut être dissous par arrêté du ministre *du commerce et de l'industrie* [du travail et de la prévoyance sociale].

Décret du 2 janvier 1901,

Portant modifications au décret du 17 septembre 1900 qui a institué des conseils du travail. -- V. *suprà*, Décr. 17 sept. 1900, art. 5, 6, 7 et 9.

Loi du 17 juillet 1908,

Relative à l'institution des conseils consultatifs du travail

(D. P. 1908. 4. 69).

Art. 1er. Il peut être institué par décret rendu en conseil d'État, sous le nom de conseils consultatifs du travail, partout où l'utilité en sera reconnue, soit à la demande des intéressés, soit d'office, après avis du conseil général, des chambres de commerce et des chambres consultatives des arts et manufactures du département, des conseils composés en nombre égal de patrons et d'ouvriers.

Leur mission est d'être les organes des intérêts matériels et moraux de leurs commettants;

De donner, soit d'office, soit sur la demande du Gouvernement, des avis sur toutes les questions qui concernent ces intérêts;

De répondre aux demandes d'enquête ordonnées par le Gouvernement.

2. Chaque conseil est divisé en deux sections comprenant, l'une les patrons, l'autre les ouvriers.

Les sections nomment chacune, pour la durée de chaque session, un président et un secrétaire pris dans leur sein. Elles peuvent délibérer séparement. Les réunions du conseil sont alternativement présidées : pour la durée de la délibération, par le président de chaque section, en commençant par le plus âgé des deux. Le secrétaire de l'autre section devient celui du conseil.

En cas de partage des voix dans le conseil, les sections peuvent désigner un ou plusieurs membres choisis d'accord entre elles, et qui auront voix délibérative.

3. Il y a autant de conseils que de professions. Toutefois, lorsque le nombre des professions de même nature est insuffisant, un certain nombre de professions similaires peuvent, sur l'avis conforme des intéressés, être réunies en un même groupe.

Le ressort de chaque conseil est détermine par le décret qui l'institue.

4. Le décret d'institution fixe le nombre des membres du conseil. Il varie de six à douze par section, suivant l'importance des industries représentées.

Des délégués suppleants seront nommés dans chaque section en nombre égal à la moitié des titulaires.

La durée des pouvoirs des délégués et des suppléants est de quatre ans.

Sera considéré comme démissionnaire celui qui, sans excuse valable, ne repondra pas à trois convocations successives, qui quittera la region ou qui cessera d'être éligible par le collège electoral qu'il represente.

5. Sont électeurs à la condition d'être inscrits sur la liste électorale politique :

Pour la section patronale :

1° Tous les patrons exerçant une des professions fixées par le décret d'institution ;

2° Les directeurs et les chefs de services appartenant à la même profession et l'exerçant effectivement depuis deux ans.

Pour la section ouvrière :

Tous les ouvriers et contremaitres appartenant à la même profession et l'exerçant effectivement depuis deux ans.

Sont éligibles les électeurs de la section âgés de vingt-cinq ans accomplis.

Les femmes françaises, ayant l'exercice de leurs droits civils, non frappées de condamnations entrainant la perte des droits politiques et résidant dans la commune depuis six mois au moins, sont electeurs à vingt et un ans et éligibles à vingt-cinq ans accomplis, après deux ans d'exercice effectif de la même profession.

L'élection a lieu au scrutin de liste.

Pour la composition des listes, les opérations électorales et les recours dont elles peuvent être l'objet, il sera procedé conformément aux règles en vigueur pour les conseils de prud'hommes.

6. Dans le cas où les électeurs patrons sont en nombre égal à celui qui est fixé pour la composition des conseils, tous en sont membres.

S'ils sont en nombre inférieur, ils désignent entre eux, pour se completer, des électeurs appartenant à la même profession ou à des professions similaires dans les circonscriptions voisines.

Dans les circonscriptions où la profession est représentée par des sociétés par actions, les membres du conseil d'administration ayant la capacité électorale politique sont électeurs patronaux.

7. Chaque section se réunit au moins une fois par trimestre à la mairie de la commune de son siège, et à la convocation de son bureau, chaque fois qu'il y aura lieu de lui soumettre un objet de sa compétence.

8. Toutes discussions politiques et religieuses sont interdites.

9. Toute délibération excédant la limite des attributions fixées par la loi est annulée par le ministre.

Si le conseil ou la section, une fois averti, persiste à sortir de son rôle, sa dissolution peut être prononcée.

10. Un décret rendu en la forme d'administration publique déterminera les conditions de fonctionnement de la présente loi.

Décret du 10 mai 1909,

Portant règlement d'administration publique pour l'exécution de la loi du 17 *juillet* 1908, *relative à l'institution des conseils consultatifs du travail.*

TITRE Ier. — INSTITUTION, ORGANISATION ET DISSOLUTION.

Art. 1er. Lorsque, soit à la demande des patrons et des ouvriers d'une même industrie et d'une même région, soit d'office, le ministre du travail et de la prévoyance sociale estime qu'il y a lieu d'instituer un conseil consultatif du travail, il est procédé à une instruction administrative auprès du conseil général, des chambres de commerce, des chambres consultatives des arts et manufactures et des conseils municipaux de la région intéressée.

L'instruction porte :

1° Sur l'opportunité de cette création ;

2° Sur l'étendue de la circonscription à donner au conseil et sur le choix du siège du conseil ;

3° S'il y a lieu, sur la réunion de plusieurs professions similaires dans le conseil ;

4° Sur le nombre des membres titulaires et suppléants à attribuer à chaque section ;

5° Sur les offres de concours aux dépenses devant résulter de la création et du fonctionnement du conseil.

Sont jointes au dossier les observations qui seraient présentées par les syndicats patronaux et ouvriers et les unions de ces syndicats.

2. Le décret d'institution fixe le siège du conseil, sa circonscription, le nombre de ses membres tant titulaires que suppléants et, s'il y a lieu, la nomenclature des professions similaires ressortissant au conseil.

La circonscription doit être fixée de telle sorte que les électeurs patrons ou ouvriers d'un seul établissement ne soient pas en nombre supérieur à la moitié des électeurs patrons ou ouvriers du conseil.

Les deux sections, patronale et ouvrière, qui composent le conseil doivent être constituées chacune avec un même nombre de membres titulaires et un même nombre de membres suppléants.

3. Lorsque le conseil s'étend sur plus d'un département, il appartient au préfet du département où siège le conseil d'exercer vis-à-vis de celui-ci les attributions confiées à l'administration préfectorale par le présent décret.

Pour les opérations électorales et pour toutes les mesures d'exécution exigeant l'intervention de l'autorité administrative locale ou départementale, le préfet du département où siège le conseil se concerte, sous l'autorité du ministre du travail et de la prévoyance sociale, avec les préfets des départements intéressés.

4. Les dispositions des articles 8, 9, paragraphes 2 et 3, et des articles 10, 12, 13, paragraphes 1 et 3, de la loi du 27 mars 1907, concernant les conseils de prud'hommes, s'appliquent à la composition des listes électorales, aux opérations électorales et aux recours dont elles peuvent être l'objet.

5. Dans chaque section, les délégués titulaires et les délégués suppléants sont élus sur une liste unique.

Les premiers élus sont proclamés titulaires dans la limite du nombre des sièges à pourvoir ; les autres sont proclamés suppléants.

Il est dressé un tableau comprenant les noms des candidats élus au premier tour de scrutin et, à la suite de ceux-ci, les noms des candidats élus au second tour. Pour chacun des tours de scrutin, l'inscription a lieu dans l'ordre du nombre des voix obtenues; si plusieurs candidats ont obtenu le même nombre de voix, l'inscription a lieu par rang d'âge.

6. Dans tous les cas prévus à l'article 4, dernier paragraphe, de la loi du 17 juillet 1908, à défaut de démission de l'intéressé, celui-ci est appelé par le bureau de sa section à fournir des explications. Si elles ne sont pas jugées satisfaisantes, il est procédé conformément aux paragraphes 5 et 6 de l'article 15 de la loi du 27 mars 1907 sur les conseils de prud'hommes.

7. Dans le cas où une vacance se produit parmi les membres titulaires d'une section du conseil par suite de décès, de démission, ou pour toute autre cause, le suppléant de cette section qui se trouve en tête du tableau devient titulaire.

8. Lorsqu'il ne reste plus de suppléants au tableau, il est procédé à des élections pour compléter le conseil.

Toutefois, il n'est pas procédé à des élections complémentaires dans les six mois qui précèdent le renouvellement général.

9. La dissolution d'un conseil ou d'une section est prononcée par décret rendu en Conseil d'État, sur la proposition du ministre du travail et de la prévoyance sociale.

Le décret fixe la date des nouvelles élections qui doivent intervenir dans un délai maximum de six mois.

Si la dissolution n'atteint qu'une des sections, les nouveaux membres élus restent en fonctions jusqu'à la date du renouvellement général du conseil.

La suppression d'un conseil est prononcée dans la même forme que sa dissolution.

TITRE II. — FONCTIONNEMENT DES CONSEILS CONSULTATIFS DU TRAVAIL.

10. Les conseils consultatifs du travail se réunissent en sessions ordinaires ou extraordinaires à la mairie de la commune de leur siège.

Le conseil se réunit en session ordinaire une fois par trimestre.

Les sessions extraordinaires ont lieu soit sur l'initiative du Gouvernement, soit sur la demande des bureaux des deux sections ou de la moitié des membres titulaires de chaque section. La demande doit faire connaître l'objet de la session.

Le conseil est convoqué par le préfet, tant en session ordinaire qu'en session extraordinaire.

11. La convocation aux sessions est adressée aux délégués titulaires et aux délégués suppléants.

Elle fixe la date d'ouverture et la durée maximum de la session ; elle fait connaître les questions portées à l'ordre du jour.

Cet ordre du jour n'est pas limitatif en ce qui concerne les sessions ordinaires.

Dans les sessions extraordinaires, ne peuvent être discutées que les questions ayant motivé la convocation.

12. Au début de chaque session ordinaire, chacune des sections, réunie sous la présidence de son doyen d'âge, nomme son bureau.

Le président et le secrétaire restent en fonctions jusqu'à la prochaine session ordinaire.

Aussitôt après l'élection de leurs bureaux, les sections se réunissent, une fois au moins, en séance plénière du conseil.

13. Le conseil, réuni en assemblée plénière, arrête son règlement intérieur. Ce règlement confère au président les pouvoirs nécessaires pour assurer l'ordre des délibérations.

Il est procédé de même dans chaque section.

Ces règlements sont communiqués au ministre du travail et de la prévoyance sociale.

14. Pendant la durée des sessions, les membres de chaque section sont convoqués par leur bureau soit pour les séances plénières, soit pour les séances de section.

Pour les séances plénières, la date, l'heure et l'objet de la réunion sont préalablement fixés d'accord entre les bureaux.

A défaut d'accord, le préfet peut convoquer le conseil en réunion plénière, mais seulement dans les cas où une délibération prise en commun est obligatoire.

15. En dehors des cas prévus aux articles 12 et 13, les sections sont tenues de délibérer en commun lorsque le conseil est appelé par l'administration :

1° A donner des avis sur les conflits économiques survenus entre patrons et ouvriers et sur les moyens d'y mettre fin ;

2° A donner les avis qui doivent être demandés, en vertu de l'article 3 des décrets du 10 août 1899, à des commissions mixtes composées en nombre égal de patrons et d'ouvriers, par l'administration chargée de constater ou vérifier le taux normal et courant du salaire et la durée normale et courante de la journée de travail.

16. Les membres suppléants peuvent assister à toutes les séances. Ils n'ont que voix consultative; toutefois, ils sont appelés, dans l'ordre du tableau, à voter à la place des membres titulaires de leur section qui n'assistent pas à la séance.

17. Les délibérations du conseil et des sections ne sont valables que si le nombre des membres présents, titulaires ou suppléants, appartenant à chaque section est au moins égal à la moitié du nombre des membres titulaires de la section, tel qu'il est fixé par le décret d'institution.

18. Chaque fois que le conseil doit formuler un avis en séance plénière, les patrons et les ouvriers prenant part au vote doivent être en nombre égal.

Si le nombre des membres présents ayant qualité pour voter soit comme titulaires, soit en vertu de l'article 16, est moins élevé dans l'une des sections, les derniers membres de l'autre section dans l'ordre du tableau doivent s'abstenir.

19. Le conseil dresse chaque année au début de sa première session ordinaire une liste de personnes qui, le cas échéant et de préférence à toutes autres, lui seront adjointes dans l'ordre d'inscription, en cas de partage des voix en assemblée plénière.

Elles sont choisies soit à la majorité simple obtenue dans chacune des deux sections, soit par les deux tiers des voix en séance plénière du conseil.

Dans le cas où toutes les personnes inscrites sur la liste auraient été récusées et où aucun autre choix n'aurait été fait par le conseil, le désaccord est mentionné aux registres visés à l'article 21.

20. Lorsque le conseil ou les sections ne se jugent pas suffisamment éclairés pour émettre en connaissance de cause les avis qui leur sont demandés, ils peuvent soit charger un ou plusieurs rapporteurs de recueillir des informations, soit entendre toute personne qui consentirait à donner des renseignements.

21. Les séances du conseil du travail et de ses sections ne sont pas publiques.

Il est tenu un registre des avis du conseil et un registre des avis de chaque section. Ces registres, déposés au secrétariat de la mairie, sont mis à la disposition du public.

22. L'arrêté du ministre du travail annulant une délibération en vertu de l'article 9 de la loi doit être motivé. Il est transmis par le préfet aux présidents des sections en cause pour être transcrit sur les registres prévus à l'article précédent. Le préfet, en le transmettant, rappelle les dispositions de la loi pour le cas de récidive.

23. Les fonds de toute origine, destinés à couvrir les dépenses des conseils du travail, sont centralisés, au compte des cotisations municipales, par le trésorier-payeur général du département dans lequel ces conseils ont leur siège.

Dans le dernier trimestre de chaque année, les présidents soumettent au préfet des propositions pour l'emploi des fonds pendant l'année suivante.

Les dépenses sont ordonnancées par le préfet, sur la proposition des deux présidents et, dans le cas où la dépense ne concerne qu'une section, sur la proposition du président de cette section.

C. — Office du travail.

Loi du 20 juillet 1891,

Tendant à la création d'un office du travail (D. P. 91. 4. 70).

Art. 1er. Il est créé au ministère *du commerce, de l'industrie et des colonies* [du travail et de la prévoyance sociale] un office du travail destiné à rassembler, coordonner et vulgariser tous les renseignements concernant la statistique du travail.

2. Un règlement d'administration publique déterminera les attributions et le fonctionnement de l'office du travail.

Décret du 19 août 1891,

Organisant l'office du travail.

Art. 1er. L'office du travail a pour mission :

De recueillir, de coordonner et de publier, dans les limites et conditions indiquées au présent décret, toutes informations relatives au travail, notamment en ce qui concerne l'état et le développement de la production, l'organisation et la rémunération du travail, ses rapports avec le capital, la condition des ouvriers, la situation comparée du travail en France et à l'étranger;

Et d'effectuer tous travaux, se rattachant à cet ordre d'idées, qui lui seraient demandés par le ministre *du commerce, de l'industrie et des colonies* [du travail et de la prévoyance sociale].

2. (*Décr. 6 juin* 1897.) L'office du travail se divise en service central et service extérieur.

Le personnel du service central est soumis aux mêmes règles et conditions d'organisation que l'administration centrale du ministère *du commerce et de l'industrie* [du travail et de la prévoyance sociale].

3. (*Décr. 6 juin* 1897.) Le personnel du service extérieur de l'office du travail se compose d'enquêteurs permanents et d'enquêteurs temporaires.

4. (*Décr. 6 juin* 1897 *modifié par Décr. 25 janvier* 1906.) Le nombre des enquêteurs permanents ne peut être supérieur à trois. Ils sont nommés par le ministre et pris parmi les enquêteurs temporaires ayant rempli des missions spéciales pendant trois ans au moins. Ils reçoivent un traitement de 4 000 à 8 000 francs et débutent au minimum d'appointements. Les conditions d'avancement sont réglées par arrêtés ministériels.

5. (*Décr. 6 juin* 1897.) Les enquêteurs temporaires sont désignés par le ministre, qui fixe l'indemnité à leur attribuer et la durée de la mission spéciale qui leur est confiée.

6. (*Décr. 6 juin* 1897.) Des fonctionnaires ou agents des diverses administrations publiques peuvent, avec l'autorisation du ministre duquel ils relèvent, être attachés à l'office du travail en qualité d'enquêteurs temporaires.

Les allocations qu'ils reçoivent à cette occasion sont imputées sur les crédits de l'office.

7. Le service central recueille, soit par correspondance avec des administrations publiques, des fonctionnaires, des collectivités ou des particuliers, soit par voie de recherches dans les publications françaises ou étrangères, les renseignements utiles aux travaux de l'office. Il les coordonne avec ceux qui lui sont fournis par le service extérieur, et met le tout en œuvre, pour la rédaction des documents à publier ou à fournir au ministre.

8. (*Décr. 6 juin* 1897.) Les enquêtes à faire et les informations à recueillir dans les établissements ou industries placés sous la direction ou le contrôle de l'État restent exclusivement confiées à l'Administration compétente, à moins qu'elle ne réclame elle-même le concours de l'office du travail.

9. Les renseignements recueillis et élaborés par l'office du travail servent d'éléments à une publication périodique intitulée : *Bulletin de l'Office du travail.*

Ils peuvent aussi donner lieu à des publications spéciales sur des questions déterminées.

Décret du 6 juin 1897,

Portant modifications à l'organisation de l'office du travail. — V. *suprà*, Décr. 19 août 1891, art. 2, 3, 4, 5, 6 et 8.

Décret du 25 janvier 1906,

Modifiant le décret du 6 juin 1897 et portant de deux à trois le nombre des enquêteurs permanents de l'office du travail. — V. *suprà*, Décr. 19 août 1891, art. 4.

S. v° *Organ. économique*, 7; **C.** adm. ann., t. 3, v° *Commerce et industrie*, p. 209, n°s 209 s.

D. — Comité consultatif des assurances contre les accidents du travail.

Arrêté ministériel du 1er mars 1899,

Instituant un comité consultatif des assurances contre les accidents du travail.

Art. 1er. Le comité consultatif des assurances contre les accidents du travail institué auprès du ministre *du commerce* [du travail et de la prévoyance sociale] est composé de vingt-quatre membres, savoir : 1° deux sénateurs ; 2° (*Arr. 10 mai* 1902) « deux députés ; » 3° (*Arr. 10 mai* 1902) « cinq personnes spécialement désignées par leur compétence juridique ou statistique en matière d'accidents; » 4° trois membres agrégés de l'institut des actuaires français; 5° l'actuaire de la Caisse des dépôts et consignations; 6° un membre du comité permanent international du congrès des accidents du travail et des assurances sociales; 7° le président du tribunal de commerce de la Seine ou un président de section délégué par lui; 8° le président de la chambre de commerce de Paris ou un membre de la chambre délégué par lui; 9° un président ou administrateur de société d'assurances mutuelles contre les accidents; 10° le président du syndicat des compagnies d'assurances à primes fixes contre les accidents; 11° un ouvrier membre du conseil supérieur du travail; 12° le président d'un syndicat professionnel ouvrier; 13° (*Arr.* 10 *octobre* 1900) « le directeur de l'assurance et de la prévoyance sociales; 14° le directeur du travail; 15° le conseiller d'État, directeur de l'enseignement technique; » 16° (*Arr.* 19 *juillet* 1902) « le directeur général de la Caisse des dépôts et consignations. »

2. Les membres ci-dessus désignés sous les numéros 1° à 4°, 6°, 9°, 11° et 12° sont nommés par le ministre pour quatre ans. Par exception, le premier renouvellement a lieu au bout de deux ans par moitié, à la suite d'un tirage au sort. Les membres sortants peuvent être renommés.

Sont remplacés immédiatement les membres du comité qui perdent la qualité en raison de laquelle ils avaient été nommés.

3. Le ministre nomme le président du comité parmi ses membres, et désigne les secrétaires.

En cas de partage, la voix du président est prépondérante.

4. Il peut, avec l'autorisation spéciale du ministre, procéder à des enquêtes et entendre les personnes qu'il jugerait en état de l'éclairer sur les questions qui lui sont soumises.

Décret du 2 mai 1899,

Instituant au ministère du commerce une commission consultative en vue de l'application de l'article 5 de la loi du 9 avril 1898 sur la responsabilité des accidents du travail.

Art. 1er. Il est institué une commission consultative chargée d'examiner les questions qui lui sont soumises, soit par le ministre de l'intérieur, soit par le ministre *du commerce* [du travail et de la prévoyance sociale], en vue de l'application de l'article 5 de la loi du 9 avril 1898, susvisée.

2. Cette commission a son siège au ministère *du commerce* [du travail et de la prévoyance sociale].

Elle est composée de trois membres désignés par le ministre de l'intérieur, de trois membres désignés par le ministre *du commerce* [du travail et de la prévoyance sociale] et d'un président désigné de concert par les deux ministres.

3. Un arrêté du ministre *du commerce* [du travail et de la prévoyance sociale] désigne le secrétaire de la commission.

Décret du 10 mai 1899,

Conférant au comité consultatif des assurances contre les accidents du travail la gestion de certaines caisses de secours constituées en vertu de l'article 6 de la loi du 9 avril 1898.

Art. 1er. Pour les caisses de secours constituées dans les industries autres que les mines, minières et carrières, en vertu de l'article 6 de la loi du avril 1898 susvisée et conformément à la loi du 29 juin 1894, les attributions conférées par le titre III de cette dernière loi au conseil général des mines et aux ingénieurs des mines sont respectivement exercées, sous l'autorité du ministre du commerce et de l'industrie, par le comité consultatif des assurances contre les accidents du travail et par des agents de surveillance spécialement délégués à cet effet.

Arrêté ministériel du 10 octobre 1900,

Modifiant la composition du comité consultatif des assurances contre les accidents du travail. — V. *suprà*, Arr. 1er mars 1899, art. 1er, nos 13 à 15.

Arrêté ministériel du 10 mai 1902,

Modifiant l'arrêté du 1er mars 1899, organisant le comité consultatif des assurances contre les accidents du travail. — V. *suprà*, Arr. 1er mars 1899, art. 1er, nos 2 et 3.

Arrêté ministériel du 19 juillet 1902,

Complétant l'arrêté du 1er mars 1899, relatif au comité consultatif des assurances contre les accidents du travail. — V. *suprà*, Arr. 1er mars 1899, art. 1er, no 16.

Décret du 20 mai 1905,

Relatif à la composition et au fonctionnement du comité consultatif des assurances contre les accidents du travail.

Art. 1er. Les membres du comité consultatif des assurances contre les accidents du travail autres que les membres de droit sont respectivement élus ou nommés par décret pour quatre ans.

Le comité est renouvelé par moitié tous les deux ans.

Pour le premier renouvellement, le sort désigne les membres dont le mandat expire, par exception, au bout de deux ans.

Les membres sortants peuvent être renommés.

2. Sont remplacés immédiatement les membres du comité qui perdent la qualité en raison de laquelle ils avaient été nommés.

3. Le ministre désigne le président et le vice-président du comité parmi ses membres. En cas de partage, la voix du président est prépondérante.

4. Le secrétariat du comité est assuré par un secrétaire et, s'il y a lieu, par un secrétaire adjoint, qui sont désignés par le ministre.

5. Le comité peut, avec l'autorisation du ministre, entendre les personnes qu'il jugerait en état de l'éclairer sur les questions qui lui sont soumises.

IV. CONSEILS DE PRUD'HOMMES

Loi du 18 mars 1806,

Portant établissement d'un conseil de prud'hommes à Lyon
(**R.** v° *Prud'homme*, p. 529).

Art. 1er à 9. *Abrogés par L. 27 mars 1907.*

SECTION II. — *Des contraventions aux lois et règlements.*

10. Le conseil de prud'hommes sera spécialement chargé de constater, d'après les plaintes qui pourraient lui être adressées, les contraventions aux lois et règlements nouveaux ou remis en vigueur.

11. Les procès-verbaux dressés par les prud'hommes pour constater ces contraventions, seront renvoyés aux tribunaux compétents, ainsi que les objets saisis.

12. Le conseil de prud'hommes constatera également, sur les plaintes qui lui seront portées, les soustractions de matières premières qui pourraient être faites par les ouvriers au préjudice des fabricants, et des infidélités commises par les teinturiers.

13. Les prud'hommes, dans les cas ci-dessus, et sur la réquisition verbale ou écrite des parties, pourront, au nombre de deux au moins assistés d'un officier public, dont un fabricant et un chef d'atelier, faire des visites chez les fabricants, chefs d'atelier, ouvriers et compagnons.

Les procès-verbaux constatant les soustractions ou infidélités, seront adressés au bureau général des prud'hommes, et envoyés, ainsi que les objets formant pièces de conviction, aux tribunaux compétents.

SECTION III. — *De la conservation de la propriété des dessins.*

14. V. Appendice au **C. com.**, v° DESSINS DE FABRIQUE.

TITRE IV. — DISPOSITIONS DIVERSES.

29 à 35. *Abrogés par L. 27 mars 1907.*

R. v° *Prud'homme*, 11 s. — **S.** *cod. v°*, 19 s. — **T.** (87-97), *cod. v°*, 1 s.

Loi du 7 août 1850,

Sur le timbre et l'enregistrement des actes concernant les conseils de prud'hommes (**D. P.** 50. 4. 186). — V. *infrà*, **L.** 27 mars 1907, art. 73.

Art. 1er. Dans les contestations entre patrons et ouvriers devant les conseils de prud'hommes, les actes de procédure ainsi que les jugements et les actes nécessaires à leur exécution seront rédigés sur papier visé pour timbre, conformément à l'article 70 de la loi du 22 frimaire an VII.

L'enregistrement aura lieu en *débet*.

2. Les dispositions de l'article 1er sont applicables aux causes du ressort du conseil des prud'hommes portées en appel ou devant la Cour de cassation.

3. Le visa pour timbre sera donné sur l'original au moment de son enregistrement.

4. La partie qui succombera sera condamnée aux dépens envers le Trésor; le recouvrement aura lieu suivant les règles ordinaires contre les parties condamnées.

Loi du 27 mars 1907,

Concernant les conseils de prud'hommes (D. P. 1907. 4. 89).

TITRE I. — ATTRIBUTIONS, INSTITUTION ET ORGANISATION DES CONSEILS DE PRUD'HOMMES.

Art. 1er. Les conseils de prud'hommes sont institués pour terminer, par voie de conciliation, les différends qui peuvent s'élever à l'occasion du contrat de louage d'ouvrage dans le commerce et l'industrie entre les patrons ou leurs représentants et les employés, ouvriers et apprentis de l'un et de l'autre sexe qu'ils emploient.

Ils jugent dans les conditions de compétence déterminées par les articles 32, 33, 34 et 35 de la présente loi les différends à l'égard desquels la conciliation a été sans effet.

Leur mission, comme conciliateurs et comme juges, s'applique également aux différends nés entre ouvriers à l'occasion du travail.

Néanmoins, ils ne peuvent connaître des actions en dommages-intérêts motivés par des accidents dont les ouvriers, ou employés, ou apprentis auraient été victimes.

Ils doivent donner leur avis sur les questions qui leur seront posées par l'autorité administrative.

Ils exercent, en outre, les attributions qui leur sont confiées par des lois spéciales.

2. Les conseils de prud'hommes sont établis par décrets rendus en la forme des règlements d'administration publique, sur la proposition du ministre de la justice et du ministre du travail et de la prévoyance sociale, après avis des chambres de commerce et des chambres consultatives des arts et manufactures et des conseils municipaux des communes intéressées, dans les villes où l'importance de l'industrie ou du commerce en démontre la nécessité.

La création d'un conseil de prud'hommes est de droit lorsqu'elle est demandée par le conseil municipal de la commune où il doit être établi, avec avis favorable des chambres de commerce et des chambres consultatives des arts et manufactures, du conseil général du département, du ou des conseils d'arrondissement du ressort indiqué et de la majorité des conseils municipaux des communes devant composer la circonscription projetée.

3. Le décret d'institution détermine le ressort du conseil, le nombre des catégories dans lesquelles sont répartis les commerces et les industries soumis à sa juridiction et le nombre des prud'hommes affectés à chaque catégorie, sans que le nombre total des membres du conseil puisse être impair ou inférieur à douze. Les ouvriers et les employés sont classés dans des catégories distinctes.

Le décret détermine, s'il y a lieu, les sections des conseils et leur composition.

Des modifications pourront être apportées dans la même forme au décret d'institution.

4. Les membres des conseils de prud'hommes sont élus pour six ans. Ils sont renouvelés par moitié tous les trois ans. Néanmoins, ils conservent leurs fonctions jusqu'à l'installation de leurs successeurs.

5. A condition : 1° d'être inscrits sur les listes électorales politiques; 2° d'être âgés de vingt cinq ans révolus; 3° d'exercer depuis trois ans, apprentissage compris, une profession dénommée dans le décret d'institution du conseil et de résider dans le ressort de ce conseil depuis un an :

Sont électeurs ouvriers : les ouvriers, les chefs d'équipe ou contremaîtres prenant part à l'exécution matérielle des travaux industriels et les chefs d'atelier de famille travaillant eux-mêmes;

Électeurs employés : les employés de commerce et d'industrie et les contremaîtres ne remplissant que des fonctions de surveillance ou de direction ;

Électeurs patrons : les patrons occupant pour leur compte un ou plusieurs ouvriers ou employés, les associés en nom collectif, ceux qui gèrent ou dirigent pour le compte d'autrui une fabrique, une manufacture, un atelier, un magasin, une mine et généralement une entreprise industrielle ou commerciale quelconque; les présidents et membres des conseils d'administration, les ingénieurs et chefs de service tant dans les exploitations minières que dans les diverses industries.

Sont inscrites également sur les listes électorales, suivant la distinction ci-dessus, les femmes possédant la qualité de Française, réunissant les conditions d'âge, d'exercice de la profession et de résidence et n'ayant encouru aucune des condamnations prévues aux articles 15 et 16 du décret organique du 2 février 1852.

6. (*L. 15 novembre* 1908.) « Sont éligibles, à condition de résider depuis trois ans dans le ressort du conseil :

1° Les électeurs âgés de trente ans, sachant lire et écrire, inscrits sur les listes électorales spéciales ou justifiant des conditions requises pour y être inscrits ;

2° Les anciens électeurs n'ayant pas quitté la profession depuis plus de cinq ans et l'ayant exercée cinq ans dans le ressort. »

7. Les conseils de prud'hommes sont composés d'un nombre égal, pour chaque catégorie, d'ouvriers ou d'employés et de patrons. Il doit y avoir au moins deux prud'hommes patrons et deux prud'hommes ouvriers ou employés dans chaque catégorie.

8. Les prud'hommes ouvriers ou employés sont élus par les électeurs ouvriers ou employés, les prud'hommes patrons par les électeurs patrons, réunis dans des assemblées distinctes présidées chacune par le juge de paix ou l'un de ses suppléants.

Dans le cas où, pour la commodité du vote, il est établi plusieurs bureaux de scrutin, le préfet peut désigner dans son arrêté un maire ou un adjoint pour présider un ou plusieurs bureaux.

9. Les élections ont lieu au scrutin de liste et par catégorie.

Au premier tour de scrutin, aucune élection ne sera valable si les candidats n'ont pas obtenu la majorité absolue des suffrages exprimés et si cette majorité n'est pas égale au quart des électeurs inscrits; la majorité relative suffira au deuxième tour.

En cas d'égalité de suffrages au deuxième tour, le candidat le plus âgé sera proclamé élu.

10. Chaque année, dans les vingt jours qui suivent la revision des listes électorales politiques, le maire de chaque commune du ressort, assisté d'un électeur ouvrier, d'un électeur employé et d'un électeur patron désignés par le conseil municipal, inscrit sur des tableaux différents le nom, la profession et le domicile des électeurs ouvriers, employés et patrons.

Pendant la même période se fera l'inscription des femmes électeurs, et seront reçues les déclarations des employés concernant le genre de commerce ou industrie auquel ils sont attachés.

Ces tableaux sont adressés au préfet, qui dresse et arrête la liste de chaque catégorie d'électeurs.

Les listes sont déposées tant au secrétariat du conseil des prud'hommes qu'au secrétariat de chacune des mairies du ressort. Les électeurs sont avisés du dépôt par affiches apposées à la porte des mairies. Dans la quinzaine qui suit la publication, des réclamations peuvent être formées contre la confection des listes; elles sont portées devant le juge de paix du canton, instruites et jugées conformément aux articles 5 et 6 de la loi du 8 décembre 1883 sur les élections consulaires.

Les rectifications sont opérées conformément à l'article 7 de la même loi.

11. Le renouvellement triennal doit porter sur la moitié des membres ouvriers ou employés et sur la moitié des membres patrons, compris dans chaque catégorie du conseil. Dans chacune de ces catégories, le sort désigne les prud'hommes qui sont remplacés la première fois.

Les prud'hommes sortants sont rééligibles.

12. Lorsqu'il y a lieu de procéder à des élections, le préfet convoque les électeurs au moins vingt jours d'avance, en indiquant le jour et l'endroit de leur réunion. Il fixe les heures d'ouverture et de clôture de chaque tour de scrutin.

Il peut y avoir plusieurs sections de vote.

Les élections se font toujours un dimanche. Le deuxième tour de scrutin aura lieu le dimanche suivant.

13. Les règles établies par les articles 13, 18 à 25, 26, paragraphes 1er et 3, 27 à 29 de la loi du 5 avril 1884 sur les élections municipales s'appliquent aux opérations électorales pour les conseils de prud'hommes.

Dans les trois jours qui suivent la réception du procès-verbal des élections, le préfet transmet des copies certifiées de ce procès-verbal au procureur général et au secrétaire du conseil de prud'hommes.

Les protestations contre les élections sont formées, instruites et jugées conformément à l'article 11, paragraphes 5, 6 et 7, et à l'article 12 de la loi du 8 décembre 1883.

Avis de l'arrêt est donné au préfet.

14. Dans la quinzaine de la réception du procès-verbal, s'il n'y a pas de réclamation, ou dans les quinze jours qui suivent la décision définitive, le procureur de la République invite les élus à se présenter à l'audience du tribunal civil, qui procède publiquement à leur réception et en dresse procès-verbal consigné dans ses registres.

Au cours de cette réception, les élus prêtent individuellement le serment suivant :

« Je jure de remplir mes devoirs avec zèle et intégrité et de garder le secret des délibérations. »

Le jour de l'installation publique du conseil de prud'hommes, il est donné lecture du procès-verbal de réception.

15. Dans le cas où une ou plusieurs vacances se produisent dans le conseil par suite de décès, de démission, d'annulation des premières élections ou de toute autre cause, il est procédé à des élections complémentaires dans le délai d'un mois à dater du fait qui y donne lieu, à moins qu'il n'y ait pas plus de trois mois entre le fait et l'époque du prochain renouvellement triennal.

Tout membre élu dans ces conditions ne demeure en fonctions que pendant la durée du mandat qui avait été confié à son prédécesseur.

Tout conseiller prud'homme ouvrier ou employé qui devient patron, et réciproquement, doit déclarer au procureur de la République et au président du conseil qu'il a perdu la qualité en laquelle il a été élu. Cette déclaration a pour effet nécessaire la démission.

A défaut de déclaration, l'assemblée générale est saisie de la question par son président ou par le procureur de la République. Le membre du conseil auquel elle s'applique est appelé à cette réunion pour y fournir ses explications.

Le procès-verbal est transmis dans la huitaine par le président au procureur de la République, et par celui-ci dans un semblable délai au président du tribunal civil.

Sur le vu du procès-verbal, la démission est déclarée, s'il y a lieu, par le tribunal civil en chambre du conseil, sauf appel devant la cour du ressort. Avis de la décision est donnée au préfet par le procureur de la République et, en cas d'appel, par le procureur général.

16. S'il y a lieu de procéder à des élections complémentaires, soit parce que les premières élections n'ont pas donné de résultats satisfaisants pour la constitution ou le complément du conseil, soit parce qu'un ou plusieurs prud'hommes élus ont refusé de se faire installer, ont donné leur démission ou ont été déclarés démissionnaires par application de l'article 44, et si l'un de ces divers faits vient à se produire, il n'est pourvu aux vacances qui peuvent en résulter que lors du prochain renouvellement triennal, et le conseil ou la section fonctionne quelle que soit la qualité des membres régulièrement élus ou en exercice, pourvu que leur nombre soit au moins égal à la moitié du nombre total des membres dont il doit être composé.

La même disposition est applicable au cas où une ou plusieurs élections ont été annulées pour cause d'inéligibilité des élus.

17. Les prud'hommes, réunis en assemblée générale de section sous la présidence du doyen d'âge, élisent parmi eux, au scrutin secret, à la majorité absolue des membres présents, un président et un vice-président.

Après deux tours de scrutin, sans qu'aucun des candidats ait obtenu la majorité absolue des membres présents, si, au troisième tour de scrutin, il y a partage des voix, le conseiller le plus ancien en fonctions sera élu. Si les deux candidats avaient un temps de service égal, la préférence serait accordée au plus âgé; il en sera de même dans le cas de création d'un nouveau conseil.

18. Lorsque le président est choisi parmi les prud'hommes ouvriers ou employés, le vice-président ne peut l'être que parmi les prud'hommes patrons, et réciproquement.

Le président sera alternativement un ouvrier ou employé, ou un patron.

Le sort décidera si c'est un patron ou si c'est un ouvrier ou employé qui présidera le premier.

Exceptionnellement, dans le cas prévu par l'article 16, le président et le vice-président peuvent être pris tous deux soit parmi les prud'hommes ouvriers ou employés, soit parmi les prud'hommes patrons si le conseil ne se trouve composé que de l'un ou de l'autre élément.

Les réclamations contre l'élection des membres du bureau sont soumises à la cour d'appel, dans les conditions déterminées par l'avant-dernier alinéa de l'article 13; elles doivent être faites dans la quinzaine.

19. Le président et le vice-président sont élus pour une année; ils sont rééligibles sous la condition d'alternance de l'article précédent.

Ils restent en fonctions jusqu'à l'installation de leurs successeurs.

20. Chaque section des conseils de prud'hommes comprend :

1° Un bureau de conciliation;

2° Un bureau de jugement.

21. Le bureau de conciliation est composé d'un prud'homme ouvrier ou employé et d'un prud'homme patron; la présidence appartient alternativement à l'ouvrier ou à l'employé et au patron, suivant un roulement établi par le règlement particulier de chaque section.

Celui des deux qui préside le bureau le premier est désigné par le sort.

Exceptionnellement et dans les cas prévus par l'article 16, les deux membres composant le bureau peuvent être pris parmi les prud'hommes ouvriers ou employés ou parmi les prud'hommes patrons, si la section ne se trouve composée que d'un seul élément.

22. Les séances du bureau de conciliation ont lieu au moins une fois par semaine. Elles ne sont pas publiques.

23. Le bureau de jugement se compose d'un nombre toujours égal de prud'hommes patrons et de prud'hommes ouvriers ou employés, y compris le président ou le vice-président siégeant alternativement. Ce nombre est au moins de deux patrons et de deux ouvriers ou employés. A défaut du président ou du vice-président, la présidence appartiendra au conseiller le plus ancien en fonctions; s'il y a égalité dans la durée des fonctions, au plus âgé.

Exceptionnellement, dans les cas prévus à l'article 16, le bureau de jugement peut valablement délibérer, un nombre de membres pair et au moins égal à quatre étant présents, alors même qu'il ne serait pas formé d'un nombre égal d'ouvriers ou d'employés et de patrons.

Les délibérations du bureau de jugement sont prises à la majorité absolue des membres présents.

En cas de partage, l'affaire est renvoyée dans le plus bref délai devant le même bureau de jugement, présidé par le juge de paix de la circonscription ou l'un de ses suppléants.

Si la circonscription du conseil comprend plusieurs cantons ou arrondissements de justice de paix, le juge de paix appelé à faire partie du bureau de jugement et à en exercer la présidence sera le plus ancien en fonctions ou le plus âgé, ainsi qu'il est dit ci-dessus pour la présidence.

Toutefois, le président du tribunal civil dans le ressort duquel le conseil de prud'hommes a son siège devra, dans le cas où il en sera ainsi ordonné par le ministre de la justice, établir entre les juges de paix de la circonscription du conseil un roulement aux termes duquel ils feront le service à leur tour pendant un temps déterminé.

En seront dispensés, s'ils le demandent, les juges de paix des cantons hors desquels le siège du conseil est fixé.

Les séances du bureau de jugement sont publiques. Si les débats sont de nature à produire du scandale, le conseil peut ordonner le huis clos.

Le prononcé du jugement devra toujours avoir lieu en audience publique.

24. Il est attaché à chaque conseil un ou plusieurs secrétaires et, s'il y a lieu, un ou plusieurs secrétaires adjoints nommés par décret rendu sur la proposition du ministre de la justice et sur une liste de trois candidats arrêtée en assemblée générale à la majorité absolue. Ils prêtent serment devant le tribunal civil. Leurs traitements sont fixés pour les conseils existants par un règlement d'administration publique et par décret pour les conseils qui seront créés à l'avenir.

Le secrétaire assiste et tient la plume aux audiences des bureaux de conciliation et de jugement.

Les secrétaires et secrétaires adjoints ne pourront être révoqués de leurs fonctions que par décret rendu sur la proposition du ministre de la justice, soit d'office, soit sur une délibération signée par les deux tiers des prud'hommes, réunis en assemblée générale.

25. Il ne peut exister dans chaque ville qu'un conseil de prud'hommes.

Le conseil peut être divisé en sections. Les catégories d'ouvriers et les catégories d'employés sont classées dans des sections distinctes. Chaque section est autonome.

Les présidents et vice-présidents des sections se réunissent chaque année pour élire parmi les premiers, dans les formes prévues à l'article 17, le président du conseil de prud'hommes qui est chargé des rapports avec l'administration, et entre les sections, de l'administration intérieure et de la discipline générale.

TITRE II. — DE LA PROCÉDURE DEVANT LES CONSEILS DE PRUD'HOMMES.

26. Les parties sont tenues de se rendre en personne au jour et à l'heure fixés devant le bureau de conciliation ou le bureau de jugement.

Elles peuvent se faire assister et, en cas d'absence ou de maladie, se faire représenter par un ouvrier ou employé ou par un patron exerçant la même profession.

Les chefs d'entreprises industrielles ou commerciales peuvent toujours se faire représenter par le directeur gérant ou par un employé de leur établissement.

Le mandataire doit être porteur d'un pouvoir sur papier libre; ce pouvoir pourra être donné au bas de l'original ou de la copie de l'assignation.

Les parties peuvent déposer des conclusions écrites; elles ne peuvent faire signifier aucunes défenses.

Les parties pourront se faire représenter ou assister par un avocat régulièrement inscrit au barreau ou par un avoué exerçant près du tribunal civil de l'arrondissement.

L'avocat et l'avoué seront dispensés de présenter une procuration.

27. Le défendeur est appelé devant le bureau de conciliation par une simple lettre du secrétaire qui jouira de la franchise postale.

La lettre doit contenir les jour, mois et an, les nom, profession et domicile du demandeur, l'indication de l'objet de la demande, le jour et l'heure de la comparution. Elle est remise à la poste par les soins du secrétaire ou portée par le demandeur, au choix de ce dernier.

28. Les parties peuvent toujours se présenter volontairement devant le bureau de conciliation, et, dans ce cas, il est procédé à leur égard comme si l'affaire avait été introduite par une demande directe.

29. Si, au jour fixé par la lettre du secrétaire, le demandeur ne comparait pas, la cause est rayée du rôle et ne peut être reprise qu'après un délai de huit jours.

Si le défendeur ne comparait pas, ni personne ayant qualité pour lui, ou si la conciliation n'a pu avoir lieu, l'affaire est renvoyée à la prochaine audience du bureau de jugement.

Le secrétaire convoque alors les parties soit par lettres recommandées, avec avis de réception, soit par ministère d'huissier.

Dans le cas de convocation par lettres recommandées, à défaut d'avis de réception, le défendeur est cité par huissier. La citation contient les énonciations prescrites pour la lettre par l'article 27.

Le délai pour la comparution sera dans les deux cas d'un jour franc. Si la convocation a lieu par lettre recommandée, le point de départ du délai sera la date de la remise figurant à l'avis de réception.

Les témoins seront appelés dans les mêmes formes et délais.

30. Dans les cas où la conciliation n'a pu avoir lieu, la cause, au lieu d'être renvoyée à une prochaine audience, peut être immédiatement jugée par le bureau de jugement, si les deux parties y consentent.

31. Au jour fixé, si l'une des parties ne comparaît pas, la cause est jugée par défaut.

32. Les jugements des conseils de prud'hommes sont définitifs et sans appel, sauf du chef de la compétence, lorsque le chiffre de la demande n'excède pas trois cents francs (300 fr.) en capital.

Les différends entre les employés et leurs patrons sont de la compétence des tribunaux ordinaires lorsque le chiffre de la demande excède mille francs (1000 fr.). Cette limitation ne s'applique pas aux différends entre les ouvriers et leurs patrons.

33. Les conseils de prud'hommes connaissent de toutes les demandes reconventionnelles ou en compensation qui, par leur nature, rentrent dans leur compétence.

Lorsque chacune des demandes principales, reconventionnelles ou en compensation, sera dans les limites de la compétence du conseil en dernier ressort, il prononcera sans qu'il y ait lieu à appel.

Si l'une de ces demandes n'est susceptible d'être jugée qu'à charge d'appel, le conseil ne prononcera sur toutes qu'en premier ressort. Néanmoins, il statuera en dernier ressort si seule la demande reconventionnelle en dommages-intérêts, fondée exclusivement sur la demande principale, dépasse sa compétence en premier ressort.

Dans les différends entre les employés et leurs patrons, si la demande principale excède la compétence du conseil en dernier ressort, il statuera à charge d'appel sur la demande reconventionnelle en dommages-intérêts fondée exclusivement sur la demande principale, même si elle est supérieure à mille francs (1000 fr.).

Toutes les demandes dérivant du contrat de louage entre les mêmes parties doivent faire l'objet d'une seule instance, à peine d'être déclarées non recevables, à moins que le demandeur ne justifie que les causes des demandes nouvelles ne sont nées à son profit ou n'ont été connues de lui que postérieurement à l'introduction de la demande primitive.

Les jugements susceptibles d'appel peuvent être déclarés exécutoires par provision avec dispense de caution jusqu'à concurrence du quart de la somme, sans que ce quart puisse dépasser cent francs (100 fr.). Pour le surplus, l'exécution provisoire peut être ordonnée à la charge par le demandeur de fournir caution.

34. Si la demande est supérieure à trois cents francs (300 fr.), il peut être fait appel des jugements des conseils de prud'hommes devant le tribunal civil.

L'appel ne sera recevable ni avant les trois jours qui suivront celui de la prononciation du jugement, à moins qu'il y ait lieu à exécution provisoire, ni après les dix jours qui suivront la signification.

L'appel sera instruit et jugé comme en matière commerciale, sans assistance obligatoire d'un avoué. Si les parties intéressées ne comparaissent pas en personne, elles ne peuvent être représentées que dans les conditions indiquées à l'article 26. Elles peuvent notamment se faire représenter et défendre devant le tribunal civil soit par un avoué près ledit tribunal, soit par un avocat inscrit à un barreau. Dans ce cas une procuration ne sera pas exigée.

Le tribunal civil devra statuer dans les trois mois à partir de l'acte d'appel.

35. Les jugements rendus en dernier ressort par les conseils de prud'hommes pourront être attaqués par la voie du recours en cassation pour excès de pouvoir ou violation de la loi.

Les pourvois seront formés au plus tard le cinquième jour à dater de la signification du jugement par déclaration au secrétariat du conseil, et notifiés dans la huitaine à peine de déchéance.

Dans la quinzaine de la notification, les pièces seront adressées à la cour de cassation; aucune amende ne sera consignée; le ministère d'avocat ne sera pas obligatoire.

Le pourvoi sera porté directement devant la chambre civile.

La cour de cassation statuera dans le mois qui suivra la réception des pièces.

Les jugements des tribunaux civils ayant statué sur appel, par application de l'article 34 de la présente loi, pourront être attaqués par la voie du recours en cassation pour incompétence, excès de pouvoir ou violation de la loi.

Les pourvois en cassation contre ces jugements sont soumis aux règles prescrites par les deuxième, troisième, quatrième et cinquième alinéas du présent article. Mais la déclaration du pourvoi sera faite au greffe du tribunal.

36. Le conseil, en cas d'absence, d'empêchement ou de refus d'autorisation du mari, peut autoriser la femme mariée à se concilier, demander ou défendre devant lui.

37. Les mineurs qui ne peuvent être assistés de leur père ou tuteur peuvent être autorisés par le conseil à se concilier, demander ou défendre devant lui.

38. Les membres des conseils de prud'hommes peuvent être récusés :

1° Quand ils ont un intérêt personnel à la contestation;

2° Quand ils sont parents ou alliés d'une des parties, jusqu'au degré de cousin germain inclusivement;

3° Si, dans l'année qui a précédé la récusation, il y a eu action judiciaire, criminelle ou civile entre eux et l'une des parties ou son conjoint, ou ses parents et alliés en ligne directe;

4° S'ils ont donné un avis écrit dans l'affaire;

5° S'ils sont patrons, ouvriers ou employés de l'une des parties en cause.

La partie qui veut récuser un prud'homme est tenue de former la récusation avant tout débat et d'en exposer les motifs dans une déclaration revêtue de sa signature, qu'elle remet au secrétaire du conseil de prud'hommes, ou verbalement faite au même secrétaire, et dont il lui est délivré récépissé.

Le prud'homme récusé sera tenu de donner au bas de la déclaration, dans le délai de deux jours, sa réponse par écrit, portant ou son acquiescement à la récusation ou son opposition avec ses observations sur les moyens de récusation.

Dans les trois jours de la réponse du prud'homme qui refuse d'aquiescer à la récusation, ou faute par lui de répondre, une copie de la déclaration de récusation et des observations du prud'homme, s'il y en a, sera envoyée par le président du conseil au président du tribunal civil dans le ressort duquel le conseil est situé.

La récusation y sera jugée en dernier ressort dans la huitaine, sans qu'il soit besoin d'appeler les parties. Avis de la décision sera immédiatement donné au président du conseil par les soins du procureur de la République.

39. Les fonctions de prud'homme sont entièrement gratuites vis-à-vis des parties; ils ne peuvent réclamer aucuns frais des parties pour les formalités remplies par eux.

40. Les actes de procédure, les jugements et actes nécessaires à leur exécution sont rédigés sur papier visé pour timbre et enregistrés en débet. Le visa pour timbre est donné sur l'original au moment de son enregistrement.

Par exception, les procès-verbaux, jugements et actes, seront enregistrés gratis toutes les fois qu'ils constateront que l'objet de la contestation ne dépasse pas la somme de vingt francs (20 fr.).

Ces dispositions sont applicables aux causes portées en appel ou devant la cour de cassation.

La partie qui succombe est condamnée aux dépens envers le Trésor.

Les paragraphes qui précèdent sont applicables à toutes les causes qui sont de la compétence des conseils de prud'hommes et dont les juges de paix sont saisis dans les lieux où ces conseils ne sont pas établis, et ce, conformément à l'article 27 de la loi du 22 janvier 1851.

L'assistance judiciaire peut être accordée devant les conseils de prud'hommes dans les mêmes formes et conditions que devant les justices de paix.

La partie assistée judiciairement pourra obtenir du bâtonnier de l'ordre la commission d'un avocat pour présenter ses moyens de défense devant le bureau de jugement du conseil de prud'hommes.

(*L.* 13 *novembre* 1908.) « Les demandes qui sont de la compétence de conseils de prud'hommes et dont les juges de paix sont saisis dans les lieux où ces conseils ne sont pas établis, sont formées, instruites et jugées tant devant la juridiction de première instance que devant les juges d'appel ou la cour de cassation, conformément aux règles établies par les dispositions du présent titre. »

41. La compétence des conseils de prud'hommes est fixée, pour le travail dans un établissement, par la situation de cet établissement et, pour le travail en dehors de tout établissement, par le lieu où l'engagement a été contracté. Lorsque le conseil est divisé en sections, la section compétente est déterminée par le genre de travail, quelle que soit la nature de l'établissement.

42. Dans les cas urgents, les conseils de prud'hommes peuvent ordonner telles mesures qui seront jugées nécessaires pour empêcher que les objets qui donnent lieu à une réclamation ne soient enlevés ou déplacés, ou détériorés.

43. Les articles 5, 7, 10, 11, 12, 13, 14, 15, 18, 20, 21, 22, 28, 29, 31, 32, 33, 34, 35, 36, 37, 38, 39, 40, 41, 42, 43, 46, 47, 54, 55, 73, 130, 131, 156, 168, 169, 170, 171, 172, 442, 452, 453, 454, 455, 456, 457, 458, 459, 460, 474, 480 et 1033 du Code de procédure civile, 63 du décret du 20 avril 1810, 17 de la loi du 30 août 1883 sont applicables à la juridiction des prud'hommes en tout ce qu'ils n'ont pas de contraire à la présente loi.

TITRE III. — DE LA DISCIPLINE DES CONSEILS DE PRUD'HOMMES.

44. Tout membre d'un conseil de prud'hommes qui, sans motifs légitimes et après mise en demeure, se refuserait à remplir le service auquel il est appelé peut être déclaré démissionnaire.

45. Le président constate le refus de service par un procès verbal contenant l'avis motivé du conseil ou de la section, le prud'homme préalablement entendu ou dûment appelé.

Si le conseil ou la section n'émet pas son avis dans le délai d'un mois à dater de la convocation, le président fait mention de cette abstention dans le procès-verbal qu'il transmet au procureur de la République, lequel en saisit le tribunal civil.

46. Sur le vu du procès-verbal, la démission est déclarée par le tribunal en chambre du conseil, soit que le conseil de prud'hommes ait délibéré ou non. En cas de réclamation, il est statué en chambre du conseil par la cour d'appel. La réclamation doit être faite dans la quinzaine du jugement. Devant le tribunal comme devant la cour, l'intéressé doit être appelé.

47. Tout membre d'un conseil de prud'hommes qui aura gravement manqué à ses devoirs, dans l'exercice de ses fonctions, sera appelé devant le conseil ou la section pour s'expliquer sur les faits qui lui sont reprochés.

L'initiative de cet appel appartient au président du conseil de prud'hommes et au procureur de la République.

Dans le délai d'un mois à dater de la convocation, le procès-verbal de la séance de comparution est adressé par le président du conseil de prud'hommes au procureur de la République.

Le procès-verbal est transmis par le procureur de la République, avec son avis, au ministre de la justice. Les peines suivantes peuvent être prononcées selon les cas.

La censure;
La suspension pour un temps qui ne peut excéder six mois;
La déchéance.

48. La censure et la suspension peuvent être prononcées par arrêté du ministre de la justice. La déchéance est prononcée par décret.

49. Tout prud'homme élu, qui refuse de se faire installer, donne sa démission ou est déclaré démissionnaire en vertu de l'article 44, ne peut être réélu avant le délai de trois ans à partir de son refus, de sa démission ou de la décision du tribunal qui le déclare démissionnaire. V. *infrà*, L. 8 mars 1912.

50. Tout prud'homme contre lequel la déchéance a été prononcée ne peut plus être réélu aux mêmes fonctions. V. *infrà*, L. 8 mars 1912.

51. L'acceptation du mandat impératif, à quelque époque et sous quelque orme qu'elle se produise, constitue de la part d'un conseiller prud'homme un manquement grave à ses devoirs.

Si le fait est reconnu par les juges chargés de statuer sur la validité des opérations électorales, il entraîne de plein droit l'annulation de l'élection de celui qui s'en est rendu coupable.

Si la preuve n'est rapportée qu'ultérieurement, il est procédé conformément aux dispositions des articles 47 et 48.

L'acceptation du mandat impératif ainsi reconnue a pour conséquence nécessaire, dans le premier cas l'inéligibilité, dans le second la déchéance.

52. En cas de plainte en prévarication contre les membres des conseils de prud'hommes, il sera procédé contre eux suivant la forme établie à l'égard des juges par l'article 483 du Code d'instruction criminelle.

53. Les articles 4 et 5 du Code civil, 505 à 508, 510 à 516 du Code de procédure civile, 126, 127 et 185 du Code pénal sont applicables aux conseils de prud'hommes et à leurs membres individuellement.

La prise à partie sera portée devant la cour d'appel.

54. Les conseils de prud'hommes ou leurs sections peuvent être dissous par un décret rendu sur la proposition du ministre de la justice.

Dans ce cas, les élections générales devront avoir lieu dans le délai de deux mois à partir de la date du décret de dissolution.

Jusqu'à l'installation du nouveau conseil ou de la nouvelle section, les litiges seront portés devant le juge de paix du domicile du défendeur.

Les conseils de prud'hommes peuvent être également supprimés par décret rendu en la forme des règlements d'administration publique, sur la proposition du ministre de la justice et du ministre du travail et de la prévoyance sociale.

TITRE IV. — DISPOSITIONS GÉNÉRALES.

55. Chaque conseil de prud'hommes prépare en assemblée générale un règlement pour son régime intérieur.

Ce règlement n'est exécutoire qu'après l'approbation du ministre de la justice, et après celle du ministre du travail et de la prévoyance sociale en ce qui concerne les attributions administratives et consultatives du conseil.

56. Les conseils de prud'hommes se réunissent en assemblée générale toutes les fois que la demande en est faite par l'autorité supérieure, par la moitié plus un des membres en exercice, ou lorsque le président le juge utile. Le procès-verbal de chaque assemblée générale est transmis dans la quinzaine, par le président, au ministre de la justice et, s'il y a lieu, au ministre du travail et de la prévoyance sociale.

57. Les membres des conseils de prud'hommes portent, soit à l'audience, soit dans les cérémonies publiques, sur le côté gauche de la poitrine et attachée par un ruban, une médaille en argent, signe de leurs fonctions. Un arrêté ministériel indiquera le module et les mentions de la médaille, ainsi que la couleur du ruban.

58. Il est payé aux secrétaires du conseil de prud'hommes, en dehors de leurs traitements, les sommes suivantes :

Pour la convocation, par simple lettre, devant le bureau de conciliation, quinze centimes (0 fr. 15);

Pour la convocation, par lettre recommandée, avec avis de réception, devant le bureau de jugement, soixante-quinze centimes (0 fr. 75);

Pour chaque extrait de jugement délivré au Trésor, vingt-cinq centimes (0 fr. 25);

Pour chaque rôle d'expédition qu'ils livreront et qui contiendra vingt lignes à la page et douze syllabes en moyenne à la ligne, quarante centimes (0 fr. 40);

Pour l'expédition, si elle est requise, du procès-verbal de non-conciliation et qui ne contiendra que la mention sommaire que les parties n'ont pu s'accorder, quatre-vingts centimes (0 fr. 80);

Pour la rédaction du procès-verbal de chaque dépôt de dessins ou modèles et pour l'émolument de l'expédition, un franc (1 fr.).

Les frais de papier, — de registre, d'expédition ou autres, — seront à la charge du secrétaire, à l'exception du timbre des procès-verbaux et expéditions prévus à l'alinéa précédent.

Le secrétaire touche directement des parties les droits qui lui sont alloués, même ceux provenant des expéditions qu'il délivre.

Il est alloué à l'huissier :

Pour chaque citation, un franc vingt-cinq centimes (1 fr. 25);

Pour la signification d'un jugement, un franc soixante-quinze centimes (1 fr. 75).

S'il y a une distance de plus d'un demi-myriamètre entre la demeure de l'huissier et le lieu où devront être remises la citation et la signification, il sera payé par myriamètre et fraction de myriamètre en sus, aller et retour

Pour la citation, un franc soixante-quinze centimes (1 fr. 75);

Pour la signification, deux francs (2 fr.);

Pour la copie des pièces qui pourra être donnée avec les jugements rendus, il sera alloué, pour chaque rôle d'expédition de vingt lignes à la page et de douze syllabes à la ligne, vingt centimes (0 fr. 20).

59. Il est alloué, aux témoins entendus par les conseils de prud'hommes qui en font la demande, une somme de deux francs (2 fr.) comme indemnité pour perte de temps. Les témoins domiciliés hors du canton, à plus de 2 myriamètres et demi et moins de 5, reçoivent quatre francs (4 fr.); au-dessus de 5 myriamètres, ils reçoivent quatre francs (4 fr.) par 5 myriamètres ou fraction de 5 myriamètres.

60. Tout secrétaire d'un conseil de prud'hommes convaincu d'avoir exigé une taxe plus forte que celle qui lui est allouée, est puni comme concussionnaire.

TITRE V. — DÉPENSES DES CONSEILS DE PRUD'HOMMES.

61. Le local nécessaire aux conseils de prud'hommes est fourni par la ville où ils sont établis.

62. Les dépenses obligatoires pour les communes comprises dans la circonscription d'un conseil de prud'hommes sont les suivantes :

1° Frais de premier établissement;

2° Achat des insignes;

3° Chauffage;

4° Éclairage et menus frais;

5° Frais d'élection;

6° Rétribution du ou des secrétaires et du ou des secrétaires adjoints attachés u conseil.

63. Le président de chaque conseil de prud'hommes soumet, dans le courant u mois de décembre de chaque année, à l'approbation du préfet du département, l'état des dépenses désignées dans l'article ci-dessus.

TITRE VI. — DES CONSEILS DE PRUD'HOMMES AUX COLONIES ET EN ALGÉRIE.

64. La présente loi est applicable aux colonies de la Guadeloupe, de la Martinique et de la Réunion.

65. Elle est applicable à l'Algérie avec les modifications ci-après.

66. Sont éligibles les électeurs âgés de trente ans, domiciliés depuis deux ans t sachant lire et écrire le français.

67. Dans les circonscriptions où l'importance de la population musulmane le omporte, les conseils de prud'hommes comprennent des assesseurs musulmans. Les décrets d'institution indiquent le nombre des prud'hommes assesseurs musulmans.

Les patrons assesseurs musulmans et les ouvriers ou employés assesseurs musulmans sont toujours en nombre égal dans chaque catégorie.

68. Dans les causes où se trouvent un ou plusieurs musulmans non admis à a jouissance des droits de citoyen français, le bureau de conciliation et le ureau de jugement comprennent, en outre des membres prévus aux articles 21 t 23, deux prud'hommes assesseurs musulmans, l'un patron, l'autre ouvrier u employé, ayant voix délibérative.

69. Les prud'hommes assesseurs musulmans sont élus par les musulmans non dmis à la jouissance des droits de citoyen français, inscrits sur la liste électorale municipale et remplissant les conditions indiquées à l'article 5 de la présente loi.

La liste de ces électeurs est dressée séparément.

70. Les prud'hommes assesseurs musulmans sont élus dans la même forme que les autres prud'hommes.

Ils sont soumis aux mêmes conditions d'éligibilité.

Toutefois, pour l'assessorat, il suffit aux candidats de savoir parler français, 'ils savent lire et écrire leur langue maternelle.

Ils ne peuvent faire partie du bureau, mais ils prennent part à sa nomination u même titre que les autres membres.

71. Il peut être attaché aux conseils de prud'hommes d'Algérie des interprètes qui sont nommés dans la même forme que le secrétaire ; avant d'entrer en onctions, ils prêtent le serment professionnel devant le tribunal civil.

Leur traitement est fixé dans les formes prescrites par l'article 24.

72. Les prud'hommes assesseurs musulmans sont renouvelés par moitié, tous es trois ans, conformément à l'article 11.

TITRE VII. — DISPOSITIONS SPÉCIALES.

73. Sont abrogés :

1° Les articles 1er à 9, 29 et suivants de la loi du 18 mars 1806 ;

2° Le décret du 11 juin 1809 ;

3° Le décret du 3 août 1810 ;

4° Les décrets des 27 mai et 6 juin 1848 ;

5° La loi du 7 août 1850, sous réserve de son application aux contestations prévues par l'article 27, paragraphe 2, de la loi du 22 janvier 1851 ;

6° L'article 18 premier alinéa, de la loi du 22 février 1851 ;

7° La loi du 1er juin 1853 ;

8° La loi du 4 juin 1864;
9° La loi du 7 février 1880;
10° La loi du 23 février 1881;
11° La loi du 24 novembre 1883;
12° La loi du 10 décembre 1884;
13° La loi du 15 juillet 1905;
Et généralement toutes les dispositions contraires à la présente loi.

TITRE VIII. — DISPOSITION TRANSITOIRE.

74. Les secrétaires et commis secrétaires, en exercice au moment de la promulgation de la présente loi, seront maintenus dans leurs fonctions avec le titre de secrétaires et de secrétaires adjoints.

V. *la discussion de cette loi à la Chambre des députés et au Sénat,* **D. P.** 1907. 4. 89; — **Bull. Dalloz,** 1907, p. 135.

V. *le décret du 4 avril* 1908 *portant règlement d'administration publique pour l'application de la loi du* 27 *mars* 1907 *sur les conseils de prud'hommes et fixant les traitements des secrétaires et des secrétaires adjoints* (**Bull. Dalloz,** 1908, p. 174; — *Journ. off. du* 7 *avril* 1908); *et l'arrêté du ministre de la justice du* 11 *mai.* 1908 *concernant la médaille des conseillers prud'hommes* (*Journ. off. du* 30 *juin* 1908).

Loi du 13 novembre 1908,

Modifiant l'article 40 *de la loi du* 27 *mars* 1907, *concernant les conseils de prud'hommes* (**D. P.** 1908. 4. 102; — **Bull. Dalloz,** 1909, p. 307.) — V. *suprà,* L. 27 mars 1907, art. 40.

Loi du 15 novembre 1908,

Conférant aux femmes l'éligibilité aux conseils de prud'hommes (**D. P.** 1908. 4. 103). — V. *suprà*, L. 27 mars 1908, art. 6.

Loi du 8 mars 1912,

Ayant pour objet le relèvement des incapacités prévues par les articles 49 *et* 50 *de la loi du* 27 *mars* 1907, *relative aux conseils de prud'hommes* (**D. P.** 1912, 4e partie).

Art. 1er. Les membres des conseils de prud'hommes qui auront refusé de se faire installer ou donné leur démission ou qui auront été, soit déclarés démissionnaires, soit déchus de leurs fonctions, peuvent d'office ou sur leur demande être relevés des incapacités prévues par les articles 49 et 50 de la loi du 27 mars 1907.

2. Les demandes en relèvement sont adressées au ministre de la justice. Elles ne sont recevables que s'il s'est écoulé un délai d'un an depuis le refus d'installation, la démission ou la déclaration de démission, ou de six ans à partir de la déchéance.

Toute demande rejetée après un examen au fond ne pourra être renouvelée qu'après un nouveau délai, qui sera d'un an dans le premier cas et de six ans dans le second.

3. Le relèvement ne peut, en aucun cas, être prononcé soit d'office, soit sur la demande des intéressés, que par décret rendu après avis du conseil d'administration du ministère de la justice.

V. CONCILIATION ET ARBITRAGE

Loi du 27 décembre 1892,

Sur la conciliation et l'arbitrage facultatifs en matière de différends collectifs entre patrons et ouvriers ou employés (D. P. 93. 4. 33).

Art. 1er. Les patrons, ouvriers ou employés entre lesquels s'est produit un différend d'ordre collectif, portant sur les conditions du travail, peuvent soumettre les questions qui les divisent à un comité de conciliation et, à défaut d'entente dans ce comité, à un conseil d'arbitrage, lesquels seront constitués dans les formes suivantes.

2. Les patrons, ouvriers ou employés adressent, soit ensemble, soit séparément, en personne ou par mandataires, au juge de paix du canton ou de l'un des cantons où existe le différend, une déclaration écrite contenant :

1° Les noms, qualités et domiciles des demandeurs ou de ceux qui les représentent;

2° L'objet du différend, avec l'exposé succinct des motifs allégués par la partie;

3° Les noms, qualités et domiciles des personnes auxquelles la proposition de conciliation ou d'arbitrage doit être notifiée;

4° Les noms, qualités et domiciles des délégués choisis parmi les intéressés par les demandeurs pour les assister ou les représenter, sans que le nombre des personnes désignées puisse être supérieur à cinq.

3. Le juge de paix délivre récépissé de cette déclaration, avec indication de la date et de l'heure du dépôt, et la notifie sans frais, dans les vingt-quatre heures, à la partie adverse ou à ses représentants, par lettre recommandée ou au besoin par affiches apposées aux portes de la justice de paix des cantons et à celles de la mairie des communes sur le territoire desquelles s'est produit le différend.

4. Au reçu de cette notification, et au plus tard dans les trois jours, les intéressés doivent faire parvenir leur réponse au juge de paix. Passé ce délai, leur silence est tenu pour refus.

S'ils acceptent, ils désignent dans leur réponse les noms, qualités et domiciles des délégués choisis pour les assister ou les représenter, sans que le nombre des personnes désignées puisse être supérieur à cinq.

Si l'éloignement ou l'absence des personnes auxquelles la proposition est notifiée, ou la nécessité de consulter des mandants, des associés ou un conseil d'administration, ne permettent pas de donner une réponse dans les trois jours, les représentants desdites personnes doivent, dans ce délai de trois jours, déclarer quel est le délai nécessaire pour donner cette réponse.

Cette déclaration est transmise par le juge de paix aux demandeurs dans les vingt-quatre heures.

5. Si la proposition est acceptée, le juge de paix invite d'urgence les parties ou les délégués désignés par elles à se réunir en comité de conciliation.

Les réunions ont lieu en présence du juge de paix, qui est à la disposition du comité pour diriger les débats.

6. Si l'accord s'établit dans ce comité sur les conditions de la conciliation, ces conditions sont consignées dans un procès-verbal dressé par le juge de paix et signé par les parties ou leurs délégués.

7. Si l'accord ne s'établit pas, le juge de paix invite les parties à désigner, soit chacune un ou plusieurs arbitres, soit un arbitre commun.

Si les arbitres ne s'entendent pas sur la solution à donner au différend, ils pourront choisir un nouvel arbitre pour les départager.

8. Si les arbitres n'arrivent à s'entendre ni sur la solution à donner au différend, ni pour le choix de l'arbitre départiteur, ils le déclareront sur le procès-verbal, et cet arbitre sera nommé par le président du tribunal civil, sur le vu du procès-verbal qui lui sera transmis d'urgence par le juge de paix.

9. La décision sur le fond, prise, rédigée et signée par les arbitres, est remise au juge de paix.

10. En cas de grève, à défaut d'initiative de la part des intéressés, le juge de paix invite d'office, et par les moyens indiqués à l'article 3, les patrons, ouvriers ou employés, ou leurs représentants, à lui faire connaître dans les trois jours :

1° L'objet du différend avec l'exposé succinct des motifs allégués ;

2° Leur acceptation ou refus de recourir à la conciliation et à l'arbitrage ;

3° Les noms, qualités et domiciles des délégués choisis, le cas échéant, par les parties, sans que le nombre des personnes désignées de chaque côté puisse être supérieur à cinq.

Le délai de trois jours pourra être augmenté pour les causes et dans les conditions indiquées à l'article 4.

Si la proposition est acceptée, il sera procédé conformément aux articles 5 et suivants.

11. Les procès-verbaux et décisions mentionnés aux articles 6, 8 et 9 ci-dessus sont conservés en minute au greffe de la justice de paix, qui en délivre gratuitement une expédition à chacune des parties et en adresse une autre au ministre *du commerce et de l'industrie* [du travail et de la prévoyance sociale] par l'entremise du préfet.

12. La demande de conciliation et d'arbitrage, le refus ou l'absence de réponse de la partie adverse, la décision du comité de conciliation ou celle des arbitres, notifiés par le juge de paix au maire de chacune des communes où s'étendait le différend, sont, par chacun de ces maires, rendus publics par affichage à la place réservée aux publications officielles.

L'affichage de ces décisions pourra en outre se faire par les parties intéressées.

Les affiches seront dispensées du timbre.

13. Les locaux nécessaires à la tenue des comités de conciliation et aux réunions des arbitres sont fournis, chauffés et éclairés par les communes où ils siègent.

Les frais qui en résultent sont compris dans les dépenses obligatoires des communes.

Les dépenses des comités de conciliation et d'arbitrage seront fixées par arrêté du préfet du département et portées au budget départemental comme dépenses obligatoires.

14. Tous actes faits en exécution de la présente loi seront dispensés du timbre et enregistrés gratis.

15. Les arbitres et les délégués nommés en exécution de la présente loi devront être citoyens français.

Dans les professions ou industries où les femmes sont employées, elles pourront être désignées comme déléguées, à la condition d'appartenir à la nationalité française.

16. La présente loi est applicable aux colonies de la Guadeloupe, de la Martinique et la Réunion.

V. *la circulaire ministérielle (ministre du commerce aux préfets) du* 23 *janvier* 1893 (**D. P.** 93. 4. 35), *et celle du* 19 *février* 1893 (*ministre de la justice aux procureurs généraux*) (**D. P.** 93. 4. 36) *pour l'application de la loi du* 27 *décembre* 1892.

Sur la loi du 27 *décembre* 1892, V. **Suppl.** au **C. com. ann.**, p. 851 s.; **S.** v° *Travail*, 684 s.

Loi du 22 juillet 1909,

Autorisant le Gouvernement à suspendre temporairement par décret, en cas de circonstances exceptionnelles, l'application de la loi du 2 *avril* 1889 *et à déroger, dans les mêmes circonstances, à l'article* 1er *de la loi du* 17 *juillet* 1867, *concernant le régime commercial et maritime entre l'Algérie et la métropole, et instituant un conseil permanent d'arbitrage* (**D. P.** 1910. 4. 12).

. . . .

Art. 2. Il sera institué, par décret du Président de la République, un conseil permanent d'arbitrage qui devra être saisi sans délai des différends d'ordre collectif entre les compagnies de transports maritimes et leurs équipages.

Un règlement d'administration publique déterminera la composition de ce conseil, dont feront partie, en nombre égal, des représentants désignés par les employeurs et par les employés, la procédure de ce conseil et le délai dans lequel il devra rendre sa sentence.

V. *le décret du* 19 *mars* 1910 *portant règlement d'administration publique pour l'application de la loi du* 22 *juillet* 1909, *instituant un conseil permanent d'arbitrage auquel devront être soumis les différends d'ordre collectif entre les compagnies de transports maritimes et leurs équipages* (*Journ. off. du* 22 *mars* 1910), *modifié dans ses articles* 10, 11, 13, 14, 16, 17, 21, 23, 24, 37, 38, 39 *et* 40 *par le décret du* 7 *août* 1911 (*Journ. off. du* 11 *août* 1911).

VI. CAISSES D'ASSURANCES

ET

CAISSES DE RETRAITES

A. — Caisse nationale des retraites pour la vieillesse.

Loi du 20 juillet 1886,

Relative à la Caisse nationale des retraites pour la vieillesse
(D. P. 86. 4. 49).

Art. 1er. A partir du 1er janvier 1887, la caisse des retraites, créée par la loi du 18 juin 1850, prendra le nom de : Caisse nationale des retraites pour la vieillesse ; elle fonctionnera, sous la garantie de l'État, dans les conditions ci-après énoncées.

2. La Caisse nationale des retraites pour la vieillesse est gérée par l'administration de la Caisse des dépôts et consignations, qui pourvoit aux frais de gestion. — V. *la loi du 26 décembre 1890, art. 58, qui énonce :* « A partir du 1er janvier 1891, les frais de gestion de la Caisse des retraites pour la vieillesse seront remboursés par cette caisse à la Caisse des dépôts et consignations. »

3. Il est formé, auprès du ministère *du commerce* [du travail et de la prévoyance sociale] une commission supérieure chargée de l'examen de toutes les questions qui concernent la Caisse nationale des retraites pour la vieillesse.

Cette commission présente chaque année au président de la République, sur la situation morale et matérielle de la caisse, un rapport qui est distribué au Sénat et à la Chambre des députés.

(*L.* 13 *juillet* 1911, art. 124). — Elle est composée de dix-neuf membres, ainsi qu'il suit : « 2 sénateurs nommés par le Sénat ;

2 députés nommés par la Chambre ;

2 conseillers d'État nommés par le Conseil d'État ;

2 présidents de sociétés de secours mutuels désignés par le ministre de l'intérieur. »

(*L.* 13 *juillet* 1911, *art.* 124). « Deux des représentants du conseil supérieur du travail au conseil supérieur des retraites, choisis l'un parmi les patrons, l'autre parmi les ouvriers ;

Deux des représentants du conseil supérieur de l'agriculture au conseil supérieur des retraites, choisis l'un parmi les patrons, l'autre parmi les ouvriers ou employés d'exploitations agricoles. »

Ces membres sont nommés pour trois ans.

Font partie de droit de la commission :

Le président de la chambre de commerce de Paris ;

Le directeur général de la Caisse des dépôts et consignations;
Le directeur du commerce intérieur au ministère du commerce;
Le directeur général de la comptabilité publique au ministère des finances;
Le directeur du mouvement général des fonds au ministère des finances;
Le directeur de la dette inscrite au ministère des finances;
Le directeur du secrétariat et de la comptabilité au ministère de l'intérieur.
La commission élit son président.

4. Le capital des rentes viagères est formé par les versements volontaires des déposants.

5. Les versements sont reçus et liquidés à partir d'un franc (1 fr.) et sans fraction de franc.

Ils peuvent être faits soit à capital aliéné, soit à capital réservé.

6. Le maximum de la rente viagère que la Caisse nationale des retraites est autorisée à inscrire sur la même tête est fixé à douze cents francs (1200 fr.). — V. *infrà, 27 mars* 1911.

7. (*L.* 26 *juillet* 1893, *art.* 61.) A partir du 1er janvier 1894, les sommes versées la Caisse nationale des retraites pour la vieillesse dans une année, au compte de la même personne, ne pourront dépasser cinq cents francs (500 fr.).

Ne sont pas astreints à cette limite :

1° Les versements effectués en vertu d'une décision judiciaire;

2° Les versements effectués par les administrations publiques avec les fonds provenant des cotisations annuelles des agents non admis au bénéfice de la loi du 9 juin 1853 sur les pensions civiles;

3° Les versements effectués par les sociétés de secours mutuels avec les fonds de retraite inaliénables déposés par elles à la Caisse des dépôts et consignations.

En aucun cas, ces versements ne pourront donner lieu à l'ouverture d'une pension supérieure à douze cents francs (1200 fr.).

8. Les rentes viagères constituées par la Caisse nationale des retraites sont incessibles et insaisissables jusqu'à concurrence de trois cent soixante francs (360 fr.).

9. Le montant de la rente viagère à servir est calculé conformément à des tarifs tenant compte pour chaque versement :

1° De l'intérêt composé du capital, fixé conformément à l'article 12 de la présente loi;

2° Des chances de mortalité, en raison de l'âge des déposants et de l'âge auquel commence la retraite, calculées d'après les tables dites de Deparcieux. Ces tables seront ultérieurement rectifiées d'après les résultats dûment constatés des opérations de la caisse;

3° Du remboursement, au décès, du capital versé, si le déposant en a fait la demande au moment du versement.

10. L'entrée en jouissance de la pension est fixée, au choix du déposant, à partir de chaque année d'âge accomplie de cinquante à soixante-cinq ans.

Les tarifs sont calculés jusqu'à ce dernier âge.

Les rentes viagères au profit des personnes âgées de plus de soixante-cinq ans sont liquidées suivant les tarifs déterminés pour l'âge de soixante-cinq ans.

11. Dans le cas de blessures graves ou d'infirmités prématurées régulièrement constatées, conformément au décret du 27 juillet 1861 (*aujourd'hui Décr.* 28 *déc.* 1886), et entraînant incapacité absolue de travail, la pension peut être liquidée même avant cinquante ans et en proportion des versements faits avant cette époque.

Les pensions ainsi liquidées pourront être bonifiées à l'aide d'un crédit ouvert chaque année au budget du ministère de l'intérieur.

Dans aucun cas, le montant des pensions bonifiées ne pourra être supérieur au triple du produit de la liquidation, ni dépasser un maximum de trois cent soixante francs (360 fr.), bonification comprise.

La commission supérieure statuera sur toutes les demandes de bonification et devra en maintenir les concessions dans la limite des crédits disponibles.

12. Les tarifs établis en conformité de l'article 9 sont calculés sur un taux d'intérêt gradué par quart de franc.

Un décret du président de la République fixe, au mois de décembre de chaque année, en tenant compte du taux moyen des placements de fonds en rentes sur l'État effectués par la caisse pendant l'année, celui de ces tarifs qui doit être appliqué l'année suivante.

Ce décret est rendu sur la proposition du ministre des finances, après avis de la commission supérieure.

13. Les versements peuvent être faits au profit de toute personne âgée de plus de trois ans.

Les versements opérés par les mineurs âgés de moins de seize ans doivent être autorisés par leur père, mère ou tuteur.

Le versement opéré antérieurement au mariage reste propre à celui qui l'a fait.

Les femmes mariées, quel que soit le régime de leur contrat de mariage, sont admises à faire des versements sans l'assistance de leur mari.

Le versement fait pendant le mariage, par l'un des deux conjoints, profite séparément à chacun d'eux par moitié.

Peut, néanmoins, profiter à celui des conjoints qui l'effectue le versement opéré après que l'autre conjoint a atteint le maximum de rente ou après que les versements faits dans l'année au profit exclusif de celui-ci, soit antérieurement au mariage, soit par donation, ont atteint le maximum des versements annuels.

Le déposant marié qui justifiera, soit de sa séparation de corps, soit de sa séparation de bien contractuelle ou judiciaire, sera admis à effectuer des versements à son profit exclusif.

En cas d'absence ou d'éloignement d'un des deux conjoints depuis plus d'une année, le juge de paix peut accorder l'autorisation de faire des versements au profit exclusif du déposant.

Sa décision peut être frappée d'appel devant la chambre du conseil du tribunal de première instance.

14. Les étrangers résidant en France sont autorisés à faire des versements à la caisse des retraites pour la vieillesse aux mêmes conditions que les nationaux.

Toutefois, ces étrangers ne pourront jouir, en aucun cas, des bonifications dont il est parlé au deuxième paragraphe de l'article 11.

15. Le déposant qui a stipulé le remboursement à son décès du capital versé peut, à toute époque, faire abandon de tout ou partie de ce capital, à l'effet d'obtenir une augmentation de rente, sans qu'en aucun cas le montant total puisse excéder douze cents francs (1 200 fr.).

Le donateur qui a stipulé le retour du capital, soit à son profit, soit au profit des ayants droit du donataire, peut également, à toute époque, faire l'abandon du capital, soit pour augmenter la rente du donataire, soit pour se constituer à lui-même une rente, si la réserve avait été stipulée à son profit.

16. (*L. 29 mars 1897, art. 45.*) L'ayant droit à une rente viagère qui a fixé son entrée en jouissance à un âge inférieur à soixante-cinq ans peut, dans le trimestre qui précède l'ouverture de la rente, retarder de cinq années son entrée en jouissance, sans qu'elle puisse d'ailleurs être reportée au delà de soixante-cinq ans et sans que la rente, augmentée d'après les tarifs en vigueur, puisse excéder 1200 francs, et enfin sans qu'il y ait lieu au remboursement d'une partie du capital déposé.

Le titulaire qui a invoqué le bénéfice du paragraphe 1er du présent article conserve néanmoins le droit d'obtenir, sur sa simple demande, la liquidation de sa pension à toute année d'âge accomplie pendant la période de cinq ans fixée par le dernier ajournement. Toutefois, cette demande de liquidation ne sera reçue que pendant les trois mois qui suivront la date à laquelle le déposant aura atteint l'âge définitivement choisi pour l'entrée en jouissance de sa rente. Chacune des rentes produite tant par l'ajournement antérieurement souscrit que par les versements ou abandons de capitaux postérieurs à cet ajournement est calculée à nouveau d'après les tarifs, aux époques où les différentes opérations, soit de versements, soit d'abandon ou d'ajournement, ont été effectuées.

17. Au décès du titulaire de la rente, avant ou après l'époque d'entrée en jouissance, le capital déposé est remboursé sans intérêt aux ayants droit si la réserve a été faite au moment du dépôt et s'il n'a pas été fait usage de la faculté accordée par l'article 15 ci-dessus.

Les certificats de propriété destinés aux retraits de fonds versés à la caisse des retraites de la vieillesse doivent être délivrés dans les formes et suivant les règles prescrites par la loi du 28 floréal an VII.

18. Le capital réservé reste acquis à la caisse des retraites en cas de déshérence ou par l'effet de la prescription, s'il n'a pas été réclamé dans les trente années qui auront suivi le décès du titulaire de la rente.

19. Sont remboursées sans intérêts les sommes qui, lors de la liquidation définitive, seraient insuffisantes pour produire une rente viagère de deux francs (2 fr.) ou qui dépasseraient soit la somme de mille francs (1 000 fr.) par année, soit le capital nécessaire pour produire une rente de douze cents francs (1 200 fr.).

Est également remboursée sans intérêts par la caisse toute somme versée irrégulièrement par suite de fausse déclaration sur les qualités civiles, noms et âge des déposants; ces irrégularités ne peuvent être invoquées par le titulaire du livret ou ses représentants pour exiger le remboursement du capital.

20. Il est tenu à la Caisse des dépôts et consignations un grand-livre sur lequel les rentes viagères pour la vieillesse sont enregistrées.

(*L.* 13 *mars* 1912.) « Les bordereaux d'émission et d'annulation desdites rentes sont conservés par la Caisse des dépôts et consignations dans une localité distincte de celle où est tenu le grand-livre. »

L'extrait d'inscription à délivrer à la partie doit, pour former titre valable contre l'État, être revêtu du visa du contrôle institué près la Caisse des dépôts et consignations par la loi du 24 juin 1833.

21. Il est remis à chaque déposant un livret sur lequel sont inscrits les versements par lui effectués et les rentes viagères correspondantes.

22. Les fonds de la Caisse nationale des retraites sont employés en rentes sur l'État, en valeurs du Trésor ou, sur la proposition de la commission supérieure et avec l'autorisation du ministre des finances, soit en valeurs garanties par le Trésor, soit en obligations départementales et communales.

Les sommes nécessaires pour assurer le service des arrérages sont déposées en compte courant au Trésor.

Le taux de l'intérêt dudit compte est fixé par le ministre des finances et ne peut être inférieur au taux d'après lequel est calculé, pour l'année, le montant des rentes viagères à servir aux déposants.

23. La Caisse nationale des retraites établit chaque année le bilan de ses opérations.

24. Les certificats, actes de notoriété et autres pièces exclusivement relatives à l'exécution de la présente loi, seront délivrés gratuitement et dispensés des droits de timbre et d'enregistrement. (V. *L.* 30 *mai* 1899, *art.* 3.)

25. Un règlement d'administration publique déterminera les mesures propres à assurer l'exécution de la présente loi et notamment : 1° les attributions et le mode de fonctionnement de la commission supérieure; 2° la forme des livrets et des extraits d'inscription; 3° le mode d'après lequel les versements seront faits soit directement par les déposants, soit pour leur compte par les caisses d'épargne et les associations de prévoyance mutuelle.

26. Dans un délai qui ne pourra excéder une année après la promulgation de la présente loi, l'administration de la Caisse des retraites devra s'être entendue avec les ministres des finances et des postes et télégraphes pour permettre les versements chez les comptables directs du Trésor et chez les receveurs des postes, soit en espèces, soit en timbres-poste.

27. Dans le délai de six mois après la promulgation de la présente loi, une instruction pratique résumant les avantages et le fonctionnement de la Caisse nationale des retraites sera rédigée, après avis de la commission supérieure, par l'administration de la caisse; cette instruction sera affichée :

1° Dans toutes les mairies;

2° Dans tous les bureaux des comptables directs du Trésor;

3° Dans tous les bureaux de postes;

4° Dans toutes les écoles publiques.

28. A partir du 1er janvier 1887, seront abrogées les lois des 18 juin 1850, 28 mai 1853, 7 juillet 1856, 12 juin 1861, 4 mai 1864, 20 décembre 1872, ainsi que toutes autres dispositions qui seraient contraires à la présente loi.

V. *le commentaire de cette loi*, C. adm. ann., t. 2, v° *Établissements de bienfaisance et de prévoyance*, p. 1171, n°s 5542 s. — V. aussi S. v° *Secours publics*, 249 s.

Décret du 28 décembre 1886,

Portant règlement d'administration publique sur le fonctionnement de la Caisse des retraites pour la vieillesse (D. P. 87. 4. 51), *complété dans son article 16 par le décret du 15 avril 1908* (D. P. 1908. 4. 47; — Bull. Dalloz, 1908, p. 226; — *Journ. off. du 30 avr. 1908*).

Loi du 27 mars 1911,

Portant modification de l'article 7 de la loi du 20 juillet 1886, relative à la caisse nationale des retraites pour la vieillesse, modifié par l'article 61 de la loi du 26 juillet 1893 (D. P. 1911. 4. 122).

Article unique. Par dérogation à l'article 6 de la loi du 20 juillet 1886, les retraites constituées à la caisse nationale des retraites pour la vieillesse par les administrations publiques au profit de leurs agents non admis au bénéfice de la loi du 9 juin 1853 sur les pensions civiles, ainsi que de leurs conjoints, ne sont pas soumises à la limite de 1200 francs par tête, fixée dans cet article.

Loi du 13 juillet 1911,

Portant fixation du budget général des dépenses et des recettes de l'exercice 1911 (D. P. 1911. 4. 132).

. . . .

Art. 124. Les alinéas 1 et 6 du paragraphe 3 de l'article 3 de la loi du 20 juillet 1886 sont ainsi modifiés : V. *suprà*, L. 20 juill. 1886, art. 3.

Loi du 13 mars 1912,

Modifiant le paragraphe 2 de l'article 20 de la loi du 20 juillet 1886, relative à la Caisse nationale des retraites pour la vieillesse (D. P. 1912, 4e partie).

Article unique. Le paragraphe 2 de l'article 20 de la loi du 20 juillet 1886 est abrogé et remplacé par les dispositions suivantes : — V. *suprà*, L. 20 juill. 1886, art. 20, § 2.

B. — Caisses d'assurances et de retraites ouvrières.

1°. — Caisses d'assurances en cas de décès et d'accidents.

[V. aussi notre Petit Code des Accidents du travail.]

Loi du 11 juillet 1868,

Portant création de deux caisses d'assurances, l'une en cas de décès, et l'autre en cas d'accidents résultant de travaux agricoles et industriels (D. P. 68. 4. 93).

Art. 1er. Il est créé, sous la garantie de l'État :

1° Une caisse d'assurance, ayant pour objet de payer, au décès de chaque assuré, à ses héritiers ou ayants droit, une somme déterminée suivant les bases fixées à l'article 2 ci-après;

2° Une caisse d'assurance en cas d'accidents, ayant pour objet de servir des pensions viagères aux personnes assurées qui, dans l'exécution de travaux agricoles ou industriels, seront atteintes de blessures entraînant une incapacité permanente de travail, et de donner des secours aux veuves et aux enfants mineurs des personnes assurées qui auront péri par suite d'accidents survenus dans l'exécution desdits travaux.

TITRE Ier. — DE LA CAISSE D'ASSURANCE EN CAS DE DÉCÈS.

2. La participation à l'assurance est acquise par le versement de primes uniques ou de primes annuelles.

La somme à payer au décès de l'assuré est fixée conformément à des tarifs tenant compte :

1° De l'intérêt composé à 4 p. 100 par an des versements effectués;

2° Des chances de mortalité, à raison de l'âge des déposants, calculée d'après la table dite de *Deparcieux*.

Les primes établies d'après les tarifs sus énoncés seront augmentées de 6 p. 100.

3. Toute assurance faite moins de deux ans avant le décès de l'assuré demeure sans effet. Dans ce cas, les versements effectués sont restitués aux ayants droit, avec les intérêts simples à 4 p. 100.

Il en est de même lorsque le décès de l'assuré, quelle qu'en soit l'époque, résulte de causes exceptionnelles qui seront définies dans les polices d'assurances.

4. Les sommes assurées sur une tête ne peuvent excéder 3 000 francs.

Elles sont insaisissables et incessibles jusqu'à concurrence de la moitié, sans toutefois que la partie incessible ou insaisissable puisse descendre au-dessous de 600 francs.

5. Nul ne peut s'assurer s'il n'est âgé de seize ans au moins et de soixante ans au plus.

6. A défaut de payement de la prime annuelle dans l'année qui suivra l'échéance, le contrat est résolu de plein droit. Dans ce cas, les versements effectués, déduction faite de la part afférente aux risques courus, sont ramenés à un versement unique donnant lieu, au profit de l'assuré, à la liquidation d'un capital au décès. La déduction est calculée d'après les bases du tarif.

7. Les sociétés de secours mutuels approuvées conformément au décret du 26 mars 1852 sont admises à contracter des assurances collectives sur une liste indiquant le nom et l'âge de tous les membres qui les composent, pour assurer au décès de chacun d'eux une somme fixe qui, dans aucun cas, ne pourra excéder 1 000 francs.

Ces assurances seront faites pour une année seulement et d'après des tarifs spéciaux déduits des règles générales arrêtées à l'article 2.

Elles pourront se cumuler avec les assurances individuelles.

TITRE II. — DE LA CAISSE D'ASSURANCE EN CAS D'ACCIDENTS.

8. Les assurances en cas d'accidents ont lieu par année. L'assuré verse, à son choix et pour chaque année, 8 francs, 5 francs ou 3 francs.

9. Les ressources de la caisse en cas d'accidents se composent :

1° Du montant des cotisations versées par les assurés, comme il est dit ci-dessus ;

2° D'une subvention de l'État à inscrire annuellement au budget, et qui, pour la première année, est fixée à un million ;

3° Des dons et legs faits à la caisse.

10. Pour le règlement des pensions viagères à concéder, les accidents sont distingués en deux classes :

1° Accidents ayant occasionné une incapacité absolue de travail ;

2° Accidents ayant entraîné une incapacité permanente du travail de la profession.

La pension accordée pour les accidents de la seconde classe n'est que la moitié de la pension afférente aux accidents de la première.

11. La pension viagère due aux assurés, suivant la distinction de l'article précédent, est servie par la caisse des retraites, moyennant la remise qui lui est faite, par la caisse des assurances en cas d'accidents, du capital nécessaire à la constitution de ladite pension d'après les tarifs de la caisse des retraites.

Ce capital se compose, pour la pension en cas d'accidents de la première classe :

1° D'une somme égale à trois cent vingt fois le montant de la cotisation versée par l'assuré ;

2° D'une seconde somme égale à la précédente et qui est prélevée sur les ressources indiquées aux paragraphes 2 et 3 de l'article 9.

Le montant de la pension correspondant aux cotisations de 5 francs et de 3 francs ne peut être inférieur à 200 francs pour la première et à 150 francs pour la seconde. La seconde partie du capital ci-dessus est élevée de manière à atteindre ces minima, lorsqu'il y a lieu.

12. Le secours à allouer, en cas de mort par suite d'accident, à la veuve de l'assuré, et, s'il est célibataire ou veuf sans enfants, à son père ou à sa mère sexagénaire, est égal à deux années de la pension à laquelle elle aurait eu droit aux termes de l'article précédent.

L'enfant ou les enfants mineurs reçoivent un secours égal à celui qui est attribué à la veuve.

Les secours se payeront en deux annuités.

13. Les rentes viagères constituées en vertu de l'article 9 ci-dessus sont incessibles et insaisissables.

14. Nul ne peut s'assurer s'il n'est âgé de douze ans au moins.

15. Les administrations publiques, les établissements industriels, les compagnies de chemins de fer, les sociétés de secours mutuels autorisées peuvent

assurer collectivement leurs ouvriers ou leurs membres par listes nominatives, comme il a été dit à l'article 7.

Les administrations municipales peuvent assurer de la même manière les compagnies ou subdivisions de sapeurs-pompiers contre les risques inhérents soit à leur service spécial, soit aux professions individuelles des ouvriers qui les composent.

Chaque assuré ne peut obtenir qu'une seule pension viagère. Si, dans le cas d'assurances collectives, plusieurs cotisations ont été versées sur la même tête, elles seront réunies, sans que la cotisation ainsi formée pour la liquidation de la pension puisse dépasser le chiffre de 8 francs ou de 5 francs fixé par la présente loi.

Dispositions générales.

16. Les tarifs des deux caisses seront revisés tous les cinq ans à partir de 1870. Ils seront, s'il y a lieu, modifiés par une loi. (V. *infrà*, *L.* 26 *juillet* 1893, *art.* 59.)

17. Les caisses d'assurance créées par la présente loi sont gérées par la Caisse des dépôts et consignations.

Toutes les recettes disponibles provenant soit des versements des assurés, soit des intérêts perçus par les caisses, sont successivement, et dans les huit jours au plus tard, employées en achat de rentes sur l'Etat. Ces rentes sont inscrites au nom de chacune des caisses qu'elles concernent.

Une commission supérieure, instituée sur les bases de la loi du 12 juin 1861, est chargée de l'examen des questions relatives aux deux caisses.

Cette commission présente chaque année à l'Empereur un rapport sur la situation morale et matérielle des deux caisses d'assurances, lequel est communiqué au Sénat et au Corps législatif.

18. A dater de la promulgation de la présente loi, le Gouvernement fera préparer de nouvelles tables de mortalité, d'après les données de l'expérience. (V. *infrà*, *L.* 26 *juillet* 1893, *art.* 59.)

Il fera également dresser une statistique annuelle indiquant le nombre, la nature, les causes des accidents qui se produisent dans les différentes professions.

19. Un règlement d'administration publique déterminera, d'après les bases posées dans la présente loi, les conditions spéciales des polices et la forme des assurances; il désignera les agents de l'État par l'intermédiaire desquels les assurances pourront être contractées.

Les certificats, actes de notoriété et autres pièces exclusivement relatives à l'exécution de la présente loi seront délivrés gratuitement et dispensés des droits de timbre et d'enregistrement.

V. *le commentaire de cette loi*, C. adm. ann., t. 2, v° *Établissements de bienfaisance et de prévoyance*, p. 1184, nos 5818 s.

Décret du 10 août 1868,

Portant règlement d'administration publique pour l'exécution de la loi du 11 juillet 1868, qui crée deux caisses d'assurances, l'une en cas de décès et l'autre en cas d'accidents résultant de travaux agricoles et industriels.

TITRE Ier. — DE LA CAISSE D'ASSURANCE EN CAS DE DÉCÈS.

Art. 1er. Toute personne qui veut contracter une assurance fait une proposition à l'administration de la Caisse des dépôts et consignations.

Cette proposition contient les nom et prénoms de l'assuré, sa profession son domicile, le lieu et la date de sa naissance, la somme qu'il veut assurer, ainsi que les conditions spéciales de son assurance. Elle est signée par l'assuré ou par son mandataire spécial. Cette signature est légalisée par le maire de la résidence du signataire.

2. Les propositions d'assurance sont reçues, à Paris, à la Caisse des dépôts et consignations, et, dans les départements, par les trésoriers-payeurs généraux et par les receveurs particuliers des finances.

Elles sont également reçues par les percepteurs des contributions directes et les receveurs des postes.

Elles sont toujours accompagnées d'un versement qui comprend la prime entière, si l'assurance a lieu par prime unique, et la première annuité, si elle a lieu par primes annuelles.

3. Les propositions faites à Paris, à la Caisse des dépôts et consignations, lorsqu'elles sont reconnues régulières, sont immédiatement suivies de la délivrance d'un livret formant police d'assurance.

Celles qui ont lieu dans les départements sont transmises sans délai, avec le montant du versement, par le comptable qui les a reçues, à la direction générale, qui, après les vérifications nécessaires, fait remettre le livret-police à l'assuré en échange du récépissé provisoire qui lui a été donné au moment du versement.

4. Le livret-police est revêtu du timbre de la Caisse des dépôts et consignations. Il porte un numéro d'ordre et reproduit les mentions indiquées dans la proposition d'assurance.

Il contient également par extrait les lois, décrets, instructions et tarifs concernant la caisse des assurances en cas de décès.

5. Les primes annuelles autres que la première peuvent être versées par toute personne munie du livret, dans toute localité, entre les mains des comptables indiqués à l'article 2.

6. Chaque versement est constaté sur le livret-police par un enregistrement signé du comptable entre les mains duquel il a été opéré.

Cet enregistrement ne fait titre envers l'État qu'à la charge par l'assuré de le faire viser, dans les vingt-quatre heures, à Paris, pour les versements faits à la Caisse des dépôts et consignations, par le contrôleur près de cette caisse, et, dans les départements, pour les versements faits chez les trésoriers-payeurs généraux ou chez les receveurs particuliers des finances, par le préfet ou le sous-préfet.

Quant aux versements faits, à Paris ou dans les départements, entre les mains des percepteurs et des receveurs des postes, leur enregistrement sur le livret-police est visé, dans le même délai que ci-dessus, par le maire du lieu où le versement a été opéré.

7. Les registres matricules et les comptes individuels des assurés sont tenus à la direction générale de la Caisse des dépôts et consignations, qui conserve les propositions d'assurances et les pièces produites à l'appui.

8. Les assurés peuvent, à toute époque, adresser leur livret-police à la direction générale, pour faire vérifier l'exactitude des mentions qui y sont inscrites et leur conformité avec celles qui sont portées aux comptes individuels.

9. (*Décr.* 13 *août* 1877.) Les propositions d'assurance et les premiers versements, lorsqu'ils sont faits par un même mandataire pour plusieurs assurés, sont accompagnés d'un bordereau en double expédition, indiquant la prime afférente à chaque assuré.

Les versements subséquents doivent toujours figurer dans un bordereau distinct.

Le comptable délivre, dans la même forme que pour les versements individuels, un reçu provisoire collectif des versements effectués par le mandataire spécial.

Ce reçu doit être rendu au comptable en échange soit des livrets nouveaux transmis par la direction générale, soit des livrets anciens qui lui ont été remis lors du versement des primes ultérieures, et sur lesquels il doit enregistrer la somme versée applicable à chaque titulaire. Cet enregistrement est soumis, dans les vingt-quatre heures, au visa prescrit à l'article 6.

10. Les préfets et sous-préfets relèvent, sur un registre spécial, les sommes enregistrées au bordereau et sur chacun des livrets-polices, et adressent, dans le mois, un extrait dudit registre à la Caisse des dépôts et consignations pour servir d'élément de contrôle.

Les maires transmettent également à la Caisse des dépôts et consignations avis des visas par eux donnés, dans les délais et suivant les formes déterminés par le ministre des finances.

11. Les primes annuelles sont acquittées, chaque année, à l'échéance indiquée par la date du premier versement.

A défaut de payement dans les trente jours, il est dû des intérêts à 4 p. 100, à partir de l'échéance jusqu'à l'expiration du délai d'un an, fixé à l'article 6 de la loi du 11 juillet 1868.

12. A toute époque, l'assuré peut anticiper la libération de sa police.

Sa proposition, à cet effet, est remise à l'un des comptables désignés dans l'article 2; elle est adressée par ce comptable à la Caisse des dépôts et consignations, avec le livret sur lequel cette caisse mentionne la modification du contrat.

13. (*Décr.* 13 *août* 1877.) Dans l'application des tarifs, la prime est fixée d'après l'âge de l'assuré au moment où il contracte l'assurance, sans tenir compte du temps qui le sépare du prochain anniversaire de sa naissance.

14. (*Décr.* 13 *août* 1877.) Les sommes dues par la caisse des assurances au décès de l'assuré sont payables aux héritiers ou ayants droit, à Paris, à la caisse générale, et dans les départements, à la caisse de ses préposés. Le payement a lieu sur une autorisation donnée par le directeur général de la Caisse des dépôts et consignations, auquel les demandes doivent être adressées, soit directement, soit par l'intermédiaire des préposés ou agents désignés à l'article 2.

Ces demandes doivent être accompagnées du livret-police et de l'acte de décès de l'assuré, ainsi que d'un certificat de propriété délivré dans les formes et suivant les règles prescrites par la loi du 28 floréal an VII, constatant les droits des réclamants.

Si la personne assurée a disparu en mer et qu'il ne soit pas possible de rapporter d'extrait mortuaire rédigé dans les termes du droit commun, il pourra y être suppléé par la production d'un certificat délivré par le ministère de la marine et constatant que le ministre a admis la preuve administrative du décès.

15. Les oppositions au payement des sommes assurées ou des cessions desdites sommes dans les limites déterminées par l'article 4 de la loi du 11 juillet 1868, doivent être signifiées au directeur général de la Caisse des dépôts et consignations.

16. Dans le cas où le décès résulte de suicide, de duel ou de condamnation judiciaire, l'assurance demeure sans effet, conformément à l'article 3 de la loi du 11 juillet 1868.

17. (*Décr.* 13 *août* 1877.) Les propositions d'assurances collectives pour une année, au profit des sociétés de secours mutuels approuvées, sont faites par les présidents de ces sociétés et déposées, avec les versements correspondants, chez les comptables désignés à l'article 2.

Ces propositions sont accompagnées de listes nominatives comprenant les personnes assurées et indiquant la date de la naissance de chacune d'elles.

Les assurances collectives ont leur effet à partir du premier jour du mois qui suit la date du versement de la prime.

18. Le payement des sommes dues aux sociétés de secours mutuels, après décès d'un de leurs membres, se fait entre les mains du trésorier desdites sociétés, dûment autorisé.

Ce payement a lieu sur une autorisation donnée par le directeur général de la Caisse des dépôts et consignations, auquel la demande doit être adressée, avec l'acte de décès du sociétaire.

19. En cas de perte du livret-police, il est pourvu à son remplacement dans les formes prescrites pour les titres de rentes sur l'État, sur la production d'une déclaration faite devant le maire de la commune où l'assuré a sa résidence.

TITRE II. — DE LA CAISSE D'ASSURANCE EN CAS D'ACCIDENTS.

20. (*Décr.* 13 *août* 1877.) Toute personne qui veut contracter une assurance en cas d'accidents, sur sa tête ou sur celle d'un tiers, fait une proposition à l'administration de la Caisse des dépôts et consignations. Cette proposition contient les nom et prénoms de l'assuré, sa profession, son domicile, le lieu et la date de sa naissance et le taux de cotisation adopté. Elle est signée par l'assuré ou par la personne qui contracte au profit de celui-ci; dans ce dernier cas, elle doit contenir les nom, profession et domicile du souscripteur.

21. (*Décr.* 13 *août* 1877.) Les articles 2, 3, 4, 7 et 9 sont applicables aux assurances en cas d'accidents.

22. (*Décr.* 13 *août* 1877.) Les propositions d'assurances collectives par les administrations publiques, les établissements industriels, les compagnies de chemins de fer, les sociétés de secours mutuels autorisées, sont faites par les chefs directeurs ou présidents desdites administrations, établissements, compagnies ou sociétés, et déposées chez les comptables désignés à l'article 2.

Ces propositions sont accompagnées de listes nominatives comprenant les personnes assurées et indiquant la date de la naissance de chacune d'elles.

Les assurances collectives peuvent être conclues sans clause de substitution ou avec clause de substitution.

Dans le premier cas, la liste produite ne peut être modifiée, et il est délivré à chaque assuré un livret individuel.

Dans le second cas, au contraire, il n'est pas délivré de livret individuel, et le souscripteur de l'assurance, après avoir payé la prime calculée sur le nombre moyen d'ouvriers qu'il compte occuper pendant l'année, peut, pendant toute sa durée, faire mentionner sur la liste qu'il a produite les changements survenus dans le personnel assuré. A la fin de l'année, le montant définitif de la prime est arrêté d'après le nombre moyen des ouvriers occupés chaque jour, et donne lieu, soit à un versement complémentaire, soit à un remboursement, ledit versement ou remboursement augmenté des intérêts à 4 p. 100.

Les assurances collectives en cas d'accidents ont leur effet à partir du jour où elles sont contractées, à moins que le souscripteur n'ait désigné, dans la proposition d'assurance, une époque ultérieure.

23. Un comité institué au chef-lieu de chaque arrondissement donne son avis sur les demandes de pensions viagères ou de secours présentées par les assurés domiciliés dans l'arrondissement ou par leurs ayants droit.

24. (*Décr.* 13 *août* 1877.) Ce comité est composé, sous la présidence du préfet ou du sous-préfet ou de leur délégué, de quatre membres désignés par le préfet, savoir : l'ingénieur des ponts et chaussées ou des mines chargé du service de l'arrondissement, ou, à son défaut, un agent désigné par lui, un médecin et deux membres de sociétés de secours mutuels, s'il en existe dans l'arrondissement.

A défaut de sociétés de secours mutuels, le préfet nomme deux membres pris parmi les chefs d'industrie, les contre-maîtres ou les ouvriers des professions les plus répandues dans l'arrondissement.

A Paris et à Lyon, il est institué un comité par arrondissement municipal. Le maire en est président, les autres membres sont désignés par le préfet, qui, à défaut d'ingénieur, choisit parmi les architectes voyers.

25. Lorsqu'un assuré est atteint par un accident grave, le maire, sur l'avis qui lui en est donné, constate les circonstances, les causes et la nature de cet accident.

Il consigne sur son procès-verbal les déclarations des personnes présentes et ses observations personnelles.

26. Le maire charge un médecin de constater l'état du blessé, d'indiquer les suites probables de l'accident, et, s'il y a lieu, l'époque à laquelle il sera possible d'en déterminer le résultat définitif.

27. Le certificat dressé par le médecin est remis au maire, qui, après l'avoir dûment légalisé, le transmet au préfet ou au sous-préfet avec son procès-verbal.

28. Les pièces ci-dessus sont transmises, dans le plus bref délai, avec la demande de la partie intéressée, au comité institué par l'article 23 ci-dessus.

29. Ce comité donne son avis, dans les huit jours, sur les affaires susceptibles de recevoir une solution définitive.

Pour les autres, le comité sursoit jusqu'à production d'un nouveau certificat médical.

Ce certificat est dressé, après serment prêté devant le juge de paix, soit par le médecin membre du comité, soit par tout autre médecin désigné par le préfet ou le sous-préfet, sur la demande du comité.

Avis de la visite du médecin est donné, huit jours à l'avance, au maire de la commune, qui lui-même en avertit le blessé. Celui-ci peut demander l'ajournement de la visite.

30. Les avis du comité sont adressés sans délai au préfet du département.

Le préfet les transmet, avec les pièces à l'appui, au directeur général de la caisse, qui statue.

Décret du 13 août 1877,

Qui modifie celui du 10 août 1868, portant règlement d'administration publique pour l'exécution de la loi du 11 juillet 1868, créant deux caisses d'assurances, l'une en cas de décès et l'autre en cas d'accidents résultant de travaux agricoles et industriels — V. *suprà*, Décr. 10 août 1868, art. 9, 13, 14, 17, 20, 21, 22 et 24.

Loi de finances du 26 juillet 1893

(D. P. 93. 4. 45).

Art. 58. La Caisse des dépôts et consignations est autorisée à prélever, sur le portefeuille de la caisse d'assurances en cas d'accidents, le chiffre de rente trois pour cent (3 p. 100) nécessaire pour produire au cours de la Bourse, au jour de l'opération, une somme d'un million de francs (1 000 000 de francs) qui sera attribuée à la caisse d'assurances en cas de décès, à titre de dotation, tant pour la couvrir de ses pertes que pour lui constituer une réserve pour l'avenir.

59. Les modifications à apporter aux tarifs de la caisse d'assurances en cas de décès, en exécution de l'article 16 de la loi du 11 juillet 1868, seront, à l'avenir, en ce qui concerne le taux de l'intérêt et les chances de mortalité, déterminées par un décret du Président de la République, rendu sur la proposition du ministre *du commerce, de l'industrie et des colonies* [du travail et de la prévoyance sociale], et du ministre des finances, après avis de la commission supérieure des caisses d'assurances.

Le taux de l'intérêt sera fixé en tenant compte des placements effectués par la caisse et gradué par quart de franc.

Les chances de mortalité seront calculées d'après les tables dites de *Deparcieux* et, ultérieurement, d'après de nouvelles tables de mortalité établies suivant les données de l'expérience, conformément à l'article 18 de la loi précitée.

Lorsque des modifications seront apportées au tarif, elles ne s'appliqueront qu'aux assurances nouvelles contractées à partir du 1er janvier qui suivra la date du décret les déterminant.

Loi du 17 juillet 1897,

Autorisant la caisse d'assurances en cas de décès à faire des assurances mixtes (D. P. 97. 4. 69).

Art. 1er. La caisse d'assurances en cas de décès, instituée en vertu de la loi du 11 juillet 1868, est autorisée à passer, soit avec les sociétés de secours mutuels, au profit de leurs membres participants, soit avec des contractants individuels, faisant ou non partie des sociétés de secours mutuels, soit avec les chefs d'industrie au profit de leurs ouvriers, des contrats d'assurances mixtes, ayant pour but le payement d'un capital déterminé, soit aux assurés eux-mêmes, s'ils sont vivants à une époque fixée d'avance, soit à leurs ayants droit, et aussitôt après le décès, si les assurés meurent avant cette époque.

Ces assurances ne pourront se cumuler avec d'autres assurances individuelles, en cas de décès, que jusqu'à concurrence de 3000 francs.

La durée du contrat devra être fixée de manière à ne pas reporter le terme de l'assurance après l'âge de soixante-cinq ans.

L'assuré pourra stipuler que moitié seulement de la somme assurée sera payable à ses ayants droit s'il décède au cours du contrat.

2. Pour pouvoir être l'objet d'une proposition d'assurance mixte, les intéressés devront répondre aux questions et se soumettre aux constatations médicales qui seront prescrites par les polices. En cas de rejet de la proposition, la décision ne devra pas être motivée.

L'assurance produira son effet dès la signature de la police.

3. Un règlement d'administration publique déterminera les conditions dans lesquelles la caisse d'assurance en cas de décès pourra organiser les assurances mixtes aux termes de l'article 1er de la présente loi, ainsi que les modalités du payement de la première prime et des primes ultérieures.

4. La Caisse nationale des retraites pour la vieillesse est autorisée à recevoir en un seul versement le capital, à quelque somme qu'il s'élève, qui proviendrait d'une assurance mixte contractée dans les conditions qui précèdent. Ce capital servira à la constitution d'une rente viagère immédiate ou différée sur la tête de l'assuré et de son conjoint, ou, en cas de décès au cours de l'assurance, sur la tête du conjoint survivant, dans les conditions prévues par la loi du 20 juillet 1886.

Loi du 24 mai 1899,

Étendant, en vue de l'application de la loi du 9 avril 1898, les opérations de la Caisse nationale d'assurances en cas d'accidents (D. P. 99. 4. 40).

Art. 1er. Les opérations de la Caisse nationale d'assurances en cas d'accidents, créée par la loi du 11 juillet 1868, sont étendues aux risques prévus par la loi du

9 avril 1898, pour les accidents ayant entraîné la mort ou une incapacité permanente, absolue ou partielle.

Les tarifs correspondants seront, avant le 1er juin 1899, établis par la Caisse nationale d'assurances en cas d'accidents et approuvés par décret rendu sur le rapport du ministre *du commerce, de l'industrie, des postes et des télégraphes* [du travail et de la prévoyance sociale], et du ministre des finances.

Les primes devront être calculées de manière que les risques et les frais généraux d'administration de la caisse soient entièrement couverts, sans qu'il soit nécessaire de recourir à la subvention prévue par la loi du 11 juillet 1868.

2. La loi du 9 avril 1898 ne sera appliquée qu'un mois après le jour où la caisse des accidents aura publié ses tarifs au *Journal officiel* et admis les industriels à contracter des polices, et où ces tarifs auront été approuvés par décret rendu sur le rapport du ministre *du commerce, de l'industrie, des postes et des télégraphes* [du travail et de la prévoyance sociale], et du ministre des finances.

En aucun cas, cette prorogation ne pourra excéder le 1er juillet 1899.

Décret du 27 avril 1900,

Portant règlement d'administration publique pour la détermination des conditions dans lesquelles la caisse d'assurance en cas de décès pourra organiser des assurances mixtes aux termes de la loi du 17 juillet 1897.

Art. 1er. Les assurances mixtes que la caisse d'assurance en cas de décès est autorisée à accepter par la loi du 17 juillet 1897 sont réglées par les dispositions des décrets des 10 août 1868 et 13 août 1877, portant règlement d'administration publique pour l'exécution de la loi du 11 juillet 1868, sous réserve des modifications spéciales à ces assurances, apportées par les articles ci-après.

2. Toute personne qui veut contracter une assurance mixte fait une proposition au directeur général de la Caisse des dépôts et consignations. Cette proposition contient les nom et prénoms du proposant, sa profession, son domicile, le lieu et la date de sa naissance, la somme qu'il veut assurer. Elle indique à quel âge cette somme sera payée à l'assuré lui-même, s'il est vivant à cet âge. Elle énonce, s'il y a lieu, que la moitié seulement du capital sera payable aux ayants droit de l'assuré, s'il décède au cours du contrat; elle mentionne si l'assurance sera contractée moyennant le payement d'une prime unique ou de primes annuelles payables chaque année en une seule fois, ou par fractions semestrielles, trimestrielles ou mensuelles, pendant la durée de l'assurance ou pendant une durée moindre. Elle contient l'engagement du proposant de répondre aux questions qui lui seront posées par le médecin visiteur, de se soumettre à l'examen de celui-ci et d'acquitter les frais de cet examen; elle est datée et signée par le proposant ou par son mandataire verbal. Cette signature est légalisée par le maire de la résidence du signataire.

La proposition doit être accompagnée d'un extrait sur papier libre de l'acte de naissance du proposant.

3. La proposition d'assurance, accompagnée de l'acte de naissance produit à l'appui, est transmise sans délai par le préposé qui l'a reçue à la direction générale de la Caisse des dépôts et consignations. Après les vérifications nécessaires, le proposant reçoit avis du montant de la prime unique ou des primes périodiques au moyen desquelles il pourra garantir le payement du capital assuré dans les conditions mentionnées dans sa proposition et l'autorisation de se présenter chez le médecin qui devra procéder à l'examen médical.

Avis de cette autorisation est donné en même temps au médecin.

4. Dans chaque canton, il sera désigné par le préfet un ou plusieurs médecins visiteurs assermentés et chargés d'examiner les proposants.

Leur serment sera reçu soit par le préfet ou le sous-préfet, soit par le juge de paix du canton où résidera le médecin.

Le tarif de la visite médicale sera fixé par un arrêté du préfet du département.

5. (*Décr.* 23 *août* 1906.) Le proposant, s'il n'est pas personnellement connu du médecin visiteur, doit, en se présentant chez celui-ci, justifier de son identité, soit par l'attestation de deux témoins imposés au rôle des contributions directes de la commune, soit par la présentation de pièces d'identité. Pour chaque cas particulier, le directeur général de la Caisse des dépôts et consignations détermine celles de ces justifications que devra produire le proposant. Le médecin doit constater, sur le questionnaire destiné à recevoir les résultats de son examen, les justifications qui lui ont été fournies par le proposant.

6. (*Décr.* 23 *août* 1906.) Après constatation de l'identité, le médecin visiteur adresse au proposant les questions contenues dans la première partie du questionnaire, et il y consigne les réponses qui lui sont faites; il fait signer cette première partie par le proposant après lui en avoir donné connaissance. Si ce dernier ne peut ou ne sait signer, le médecin en fait mention.

Il procède ensuite à l'examen médical, inscrit le résultat de ses observations dans la seconde partie du questionnaire, signe et adresse le tout au directeur général de la Caisse des dépôts et consignations.

7. Le directeur général de la Caisse des dépôts et consignations décide s'il y a lieu de refuser l'assurance ou de l'accepter.

Dans le premier cas, il informe le proposant de son refus, qui ne doit jamais être motivé.

Dans le second cas, il transmet un livret-police au comptable qui a reçu la proposition d'assurance. Celui-ci, après avoir fait opérer le versement de la prime unique ou de la première prime, mentionne ce versement sur le livret-police qu'il remet ensuite à l'assuré.

Le contrat d'assurance produit son effet à partir de ce versement.

8. Les assurances mixtes peuvent être contractées moyennant le payement soit d'une prime unique, soit de primes annuelles payables pendant toute la durée de l'assurance ou pendant une durée moindre. Le montant de ces primes est fixé à l'aide de tarifs établis d'après les mêmes bases que les tarifs applicables aux autres assurances faites par la caisse d'assurance en cas de décès, et la prime est déterminée d'après l'âge de l'assuré à la date du premier versement, l'assuré étant considéré comme ayant à cette date son année d'âge accomplie, plus une demi-année.

Les primes annuelles sont acquittées chaque année à l'échéance indiquée par la date du premier versement à partir de laquelle l'assurance a commencé à produire son effet, conformément à l'article 7 du présent décret.

Lorsque l'assuré a stipulé dans sa proposition d'assurance que le payement des primes annuelles serait effectué par fractions semestrielles, trimestrielles ou mensuelles, les périodes de six mois, trois mois ou un mois après lesquelles chaque fraction de prime est exigible sont comptées à partir de la date anniversaire de celle du premier versement.

Il est tenu compte, pour la fixation du montant de la prime fractionnée, des intérêts courus entre l'échéance annuelle et les échéances semestrielles, trimestrielles ou mensuelles.

Ces intérêts sont calculés d'après un coefficient correspondant au taux du tarif en vigueur et qui est déterminé en observant que la prime annuelle, augmentée de ses intérêts au taux du tarif pendant un an, doit être égale au total des primes fractionnées augmentées de leurs intérêts respectifs depuis leur échéance jusqu'à la fin de l'année d'assurance.

En cas de décès d'un assuré au cours d'une assurance dont la prime était payable par fractions, la caisse d'assurance déduit de la somme à payer par elle aux ayants droit les fractions semestrielles, trimestrielles ou mensuelles restant dues sur l'année en cours au moment du décès.

9. Lorsque le montant total des primes ou fractions de primes restées impayées représentera une somme égale à l'ensemble des primes dues pour deux années entières, le contrat sera résolu de plein droit et le capital assuré sera réduit conformément aux règles tracées par l'article 6 de la loi du 11 juillet 1868.

10. Toute réticence, toute fausse déclaration de la part de l'assuré soit dans la proposition d'assurance, soit dans les réponses faites au médecin visiteur, et qui seraient de nature à atténuer l'importance du risque ou à tromper sur l'identité de l'assuré, entraînent l'annulation de l'assurance, sans préjudice des poursuites qui pourraient être exercées conformément aux lois pénales.

Lorsque l'assurance est annulée pour les motifs énoncés dans le paragraphe précédent, la liquidation du contrat s'opère dans les conditions ci-après :

1° S'il s'agit d'une assurance mixte pure et simple, la portion des primes versées correspondant au capital assuré, payable soit à l'assuré lui-même, s'il est vivant à une époque fixée d'avance, soit à ses ayants droit et aussitôt après le décès, s'il meurt avant cette époque, est remboursée sans intérêts, sous déduction des risques courus par la caisse.

2° S'il s'agit d'une assurance complexe contractée dans les conditions prévues au dernier paragraphe de l'article 1er de la loi du 17 juillet 1897 :

a) La portion des primes versées correspondant au capital assuré payable soit à l'assuré lui-même s'il est vivant à une époque fixée d'avance, soit à ses ayants droit et aussitôt après le décès s'il meurt avant cette époque, est remboursée comme il est dit au paragraphe précédent ;

b) Quant à la portion des primes correspondant au capital payable à l'assuré seul, s'il est vivant au terme de l'assurance, elle reste acquise à la caisse si le décès s'est produit en cours d'assurance et avant la découverte de la fraude ; elle est remboursée sans intérêt à l'assuré s'il est vivant au moment de la découverte de la fraude, à ses ayants droit si son décès est survenu après l'expiration du terme fixé et avant la découverte de la fraude et le règlement de l'assurance.

11. Si le décès de l'assuré résulte de suicide, de duel ou de condamnation judiciaire, l'assurance demeure sans effet, et les primes versées, augmentées des intérêts simples calculés au taux du tarif, sont remboursées aux ayants droit dans les conditions indiquées à l'article suivant.

Dans aucun cas, le montant du remboursement ne pourra excéder le capital assuré au décès.

12. Les sommes dues par la caisse d'assurance, soit à l'assuré lui-même, soit à ses ayants droit, sont payables dans les conditions indiquées à l'article 14 du décret du 10 août 1868, modifié par celui du 13 août 1877. Les pièces à produire à l'appui des demandes sont : en cas de payement à l'assuré, le livret-police et le certificat de vie de l'assuré ; le payement est fait en présence du bénéficiaire de l'assurance, si un bénéficiaire a été désigné ; en cas de payement aux ayants droit, le livret-police et l'acte de décès de l'assuré ainsi qu'un certificat de propriété délivré dans les formes et suivant les règles prescrites par la loi du 28 floréal an VII, constatant les droits des réclamants.

Décret du 8 décembre 1904,

Approuvant le nouveau tarif de la caisse nationale d'assurances en cas d'accidents.

Art. 1er. Est approuvé, en conformité de la loi du 24 mai 1899, le nouveau tarif établi par la caisse nationale d'assurances en cas d'accidents et annexé au présent décret, sous réserve de la faculté pour la caisse de réduire ou de majorer les primes qui y figurent de 30 p. 100 de leur valeur, en raison des conditions particulières d'exploitation des entreprises assurées.

(*Décr. 17 janvier* 1907.) Lorsque les professions présenteront des risques anormaux, la majoration prévue à l'alinéa précédent pourra être portée à 60 p. 100.

2. Ledit tarif sera applicable à partir du 1er janvier 1905.

3. Pour les entreprises non dénommées au tarif, les primes seront déterminées par assimilation avec les entreprises y dénommées qui présentent des risques analogues.

4. Est rapporté à compter du 1er janvier 1905 le décret susvisé du 14 août 1900.

V. *le nouveau tarif ci-dessus visé*, *Journ. off. du* 10 *décembre* 1904.

Décret du 23 août 1906,

Modifiant le règlement d'administration publique du 27 *avril* 1900 *qui a déterminé les conditions dans lesquelles la caisse d'assurances en cas de décès pourra organiser des assurances mixtes.* — V. *suprà*, Décr. 27 avr. 1900, art. 5 et 6.

Décret du 22 novembre 1906,

Approuvant le tarif complémentaire de la caisse nationale d'assurances en cas d'accidents.

Art. 1er. Est approuvé, en conformité de la loi du 24 mai 1899, le tarif complémentaire établi par la caisse nationale d'assurances en cas d'accidents et annexé au présent décret, sous réserve de la faculté pour la caisse de réduire ou de majorer les primes qui y figurent de 30 p. 100 de leur valeur en raison des conditions particulières d'exploitation des entreprises assurées.

Lorsque les professions présenteront des risques anormaux, la majoration prévue à l'alinéa précédent pourra être portée à 60 p. 100.

2. Les primes indiquées au tarif ci-annexé correspondent à chacune des professions pouvant se rencontrer dans une même entreprise. Pour les professions non dénommées, les primes seront déterminées par assimilation avec les professions tarifées qui présentent des risques analogues.

3. Dorénavant la somme totale à acquitter annuellement par chaque entreprise industrielle ou commerciale, pour les contrats nouveaux passés avec la caisse nationale d'assurances en cas d'accidents, ne pourra être inférieure à 8 francs.

Décret du 27 décembre 1906,

Approuvant les statuts types des syndicats de garantie prévus par l'article 6 de la loi du 12 avril 1906.

Art. 1er. Sont approuvés, pour l'exécution de l'article 6 de la loi du 12 avril 1906, les statuts types ci-annexés.

ANNEXE AU DÉCRET DU 27 DÉCEMBRE 1906

Approuvant les statuts types des syndicats de garantie prévus par l'article 6 de la loi du 12 avril 1906.

STATUTS TYPES DE SYNDICATS DE GARANTIE

Visés à l'article 6 de la loi du 12 avril 1906.

TITRE Ier. — CONSTITUTION ET OBJET DU SYNDICAT.

Art. 1er. Il est formé entre les adhérents aux présents statuts un syndicat de garantie solidaire.

2. Le syndicat a pour objet de garantir, dans les conditions déterminées par la loi du 9 avril 1898 et les lois postérieures sur la matière, tous ses membres contre les suites des responsabilités civiles des accidents du travail survenus à leur personnel.

3. La dénomination du syndicat est *Syndicat de garantie de...*

4. Le syndicat a son siège social à... Ce siège ne pourra être transféré dans une autre ville que par décision de l'assemblée générale.

5. La durée du syndicat est de...

6. Les opérations du syndicat s'appliquent à... (*spécifier ici les catégories d'exploitations*) pour les accidents survenus au personnel des entreprises ayant leur siège dans... (*spécifier ici le territoire sur lequel rayonne le syndicat*).

7. Il ne sera définitivement constitué sous réserve de l'application ministérielle, que lorsqu'il comprendra (1) ... et lorsqu'une première assemblée générale, convoquée à la diligence des fondateurs, aura vérifié la réalisation de cette condition, nommé les membres du conseil d'administration, désigné, pour la première année, les commissaires institués par l'article 19 ci-après et constaté l'acceptation desdits administrateurs et commissaires.

Les membres du conseil d'administration sont nommés pour (2) ... ; ils sont rééligibles. Le conseil se renouvelle par tiers.

8. L'assemblée générale visée à l'article précédent doit être composée de la moitié au moins des adhérents représentant le quart des salaires assurés ou du quart des adhérents représentant la moitié de ces salaires.

Si l'assemblée générale ne réunit pas les conditions ci-dessus, elle ne peut prendre qu'une délibération provisoire ; dans ce cas, une nouvelle assemblée générale est convoquée à quinze jours au moins d'intervalle.

9. Tous les adhérents sont liés solidairement pour le payement des rentes et indemnités attribuables, en vertu de la législation sur la matière, à la suite d'accidents ayant entraîné la mort ou une incapacité permanente survenus postérieurement à leur adhésion au syndicat.

(1) Insérer ici l'une des deux formules suivantes :
« ... au moins 5,000 ouvriers ou employés assurés et 10 chefs d'entreprise adhérents, dont 5 ayant au moins 300 ouvriers ou employés » ;
ou bien :
« ... au moins 2,000 ouvriers ou employés assurés et 300 chefs d'entreprise adhérents, dont 30 ayant au moins chacun 3 ouvriers ou employés. »
(2) Insérer ici : « ... une durée qui ne peut être supérieure à six ans. »

Les adhésions sont souscrites, soit pour la durée du syndicat, soit pour des périodes successives de... années, ou pour la partie restant à courir de ces périodes. Toutefois, dans le cas où l'adhérent cesse son industrie, il peut résilier son adhésion pour l'avenir.

L'adhérent qui cesse de faire partie du syndicat continue à être solidairement tenu avec tous les autres pour le payement des rentes et indemnités dues par suite de sinistres survenus pendant les exercices durant lesquels il a adhéré au syndicat. Cette solidarité ne prend fin que lorsque le syndicat a liquidé entièrement ses charges pour lesdits exercices, soit directement, soit en versant à la caisse nationale des retraites l'intégralité des capitaux constitutifs des rentes et indemnités dues.

Le syndicat peut, dans les conditions déterminées par le règlement intérieur, se décharger de tout ou partie de ses risques par voie de réassurance, tout n restant soumis à la responsabilité solidaire.

10. Les sinistres, quelle que soit la date à laquelle ils ont été connus, sont toujours supportés par l'exercice correspondant à l'année dans laquelle s'est produit l'accident. L'exercice prend cours le 1er janvier et finit le 31 décembre de chaque année.

TITRE II. — ADMINISTRATION ET FONCTIONNEMENT.

11. Le syndicat est administré par un conseil d'administration composé de... membres (1), élus par l'assemblée générale et choisis parmi les adhérents.

Le conseil d'administration élit parmi ses membres un président, ... vice-présidents, ... secrétaires dont les fonctions durent un an. Ils sont rééligibles.

Le conseil d'administration se réunit au moins une fois par mois. La présence de la majorité des membres est nécessaire pour la validité des délibérations. Celles-ci sont prises à la majorité absolue des voix des membres du conseil. Le vote par procuration est interdit.

Il est dressé un procès-verbal de chaque séance du conseil d'administration, lequel est signé du président et du secrétaire.

12. Le conseil d'administration nomme, parmi ses membres ou en dehors d'eux, un directeur, qui dirige sous son autorité les opérations du syndicat.

13. Il est tenu chaque année, avant le 15 avril, une assemblée générale pour approuver les comptes qui lui sont présentés conformément aux articles 19, 29 et 30 des présents statuts.

L'assemblée générale se compose de l'universalité des adhérents dont la solidarité n'a pas pris fin par la liquidation définitive des périodes pendant lesquelles leurs contrats ont eu cours.

14. Chaque membre de l'assemblée générale peut se faire représenter par un adhérent faisant lui-même partie de l'assemblée et porteur d'un pouvoir régulier sur papier libre.

Nul adhérent ne peut réunir plus de ... voix pour l'assemblée générale constitutive, ni plus de ... voix pour les autres assemblées générales (2), tant pour lui-même que comme mandataire.

Tout adhérent porteur de pouvoirs doit les déposer au siège social et les y faire enregistrer cinq jours au moins avant la réunion de l'assemblée générale, faute de quoi ces pouvoirs sont nuls et sans effet.

15. Dans toutes les assemblées générales, il est tenu une feuille de présence. Elle contient les noms et domiciles des membres présents.

(1) Le chiffre à fixer par les statuts ne peut être inférieur à 6, ni supérieur à 9.

(2) Le chiffre à fixer par les statuts ne peut être supérieur à 3 pour l'assemblée constitutive, ni à 10 pour les autres.

Cette feuille, certifiée par le bureau de l'assemblée et déposée au siège social, doit être communiquée à tout adhérent.

16. L'assemblée générale est présidée par le président du conseil d'administration ou, à son défaut, par un vice-président. Elle a pour secrétaire un secrétaire du conseil. L'assemblée désigne deux assesseurs pour compléter le bureau.

17. L'assemblée générale ne peut délibérer valablement que si elle réunit le quart au moins des membres ayant le droit d'y assister; si elle ne réunit pas ce nombre, une nouvelle assemblée est convoquée à huit jours au moins d'intervalle et elle délibère valablement, quel que soit le nombre des membres présents ou représentés.

Dans chaque assemblée générale il ne peut être valablement délibéré que sur les questions portées à l'ordre du jour.

L'ordre du jour ne peut contenir que les propositions émanant du conseil d'administration et celles qui lui auront été communiquées vingt jours au moins avant la réunion de l'assemblée générale avec la signature d'un dixième des adhérents au moins, ou de cent adhérents, si le dixième est supérieur à cent.

18. Les assemblées qui ont à délibérer sur des modifications aux statuts ou sur des propositions de continuation du syndicat au delà du terme fixé pour sa durée, ou de dissolution avant ce terme, ne sont régulièrement constituées et ne délibèrent valablement qu'autant qu'elles réunissent les conditions visées à l'article 8 ci-dessus pour l'assemblée générale constitutive. Toutefois, en cas de dissolution anticipée, si les deux convocations, prévues à l'article 8, n'ont pas donné de résultats, une troisième convocation sera faite, à quinze jours d'intervalle, et la délibération prise sera valable quel que soit le nombre des adhérents présents.

19. L'assemblée générale annuelle désigne un ou plusieurs commissaires choisis parmi les adhérents ne faisant pas partie du conseil d'administration pour faire un rapport à l'assemblée générale de l'année suivante sur la situation du syndicat, sur le bilan et sur les comptes présentés par le conseil d'administration.

Ce rapport doit mentionner les résultats du dernier exercice, ainsi que la situation de chacun des exercices antérieurs non définitivement réglés.

La délibération de l'assemblée contenant approbation du bilan et des comptes est nulle, si elle n'a été précédée du rapport des commissaires, qui doit être imprimé et envoyé à tous les adhérents quinze jours avant la réunion.

20. Les commissaires ont droit, toutes les fois qu'ils le jugent convenable dans l'intérêt du syndicat, de prendre communication des livres et d'examiner les opérations du syndicat. Ils peuvent toujours, en cas d'urgence, convoquer l'assemblée générale.

21. Dans les quinze jours qui précèdent la réunion de l'assemblée générale, tout adhérent peut prendre ou faire prendre par un fondé de pouvoirs, au siège social, communication ou copie de l'inventaire et de la liste des membres composant l'assemblée générale.

22. Lorsqu'un exercice est définitivement apuré après expiration des délais de revision, une assemblée générale est immédiatement convoquée pour procéder à la vérification et, s'il y a lieu, à l'approbation des comptes dudit exercice. Elle statue, le cas échéant, sur l'application des dispositions des 3e et 4e alinéas de l'article 28 et de l'alinéa 1er de l'article 32.

23. Afin d'assurer l'exacte application des statuts, un règlement intérieur délibéré par l'assemblée générale et communiqué au ministre du travail avant sa mise en vigueur, règle dans leurs détails les rapports du syndicat et des adhérents.

24. Les actes d'adhésion remis aux adhérents doivent contenir les conditions spéciales de l'engagement, sa durée, ainsi que les clauses de résiliation et de tacite reconduction, s'il y a lieu. Ils constatent en outre la remise d'un exemplaire reproduisant le texte entier des statuts et du règlement intérieur et relatent le texte intégral des articles 3, 9, 19 et 30 de la loi du 9 avril 1898, ainsi que les autres dispositions prescrites par l'article 11 du décret du 28 février 1899, et l'article 21 dudit décret.

En cas de modifications des statuts ou du règlement intérieur, tout adhérent recevra également le texte desdites modifications.

25. Le bénéfice de la garantie du syndicat est acquis à l'adhérent à partir de la date fixée par l'acte d'adhésion.

26. Le règlement intérieur détermine le mode et les conditions des déclarations à faire en cas de sinistre par les adhérents. Il spécifie les productions de pièces nécessaires.

Les indemnités de sinistres sont payées aux victimes d'accidents ou à leurs ayants droit par le syndicat, sans que le syndicat puisse exciper, à l'encontre des ouvriers créanciers, des règlements de comptes ou contestations pouvant exister entre le syndicat et l'adhérent chez lequel l'accident s'est produit.

TITRE III. — ORGANISATION FINANCIÈRE.

27. La cotisation de chaque adhérent est calculée au centime le franc des salaires payés par l'adhérent, d'après un coefficient de risque indiqué sur l'acte d'adhésion.

L'assemblée générale peut astreindre, en outre, les adhérents à un droit d'entrée dont elle fixe la base, le taux et l'affectation.

28. Chaque année, le conseil d'administration détermine la cotisation à payer par 100 francs de salaire pour chaque profession. Les cotisations sont établies de manière à pouvoir couvrir, sur les propres ressources, toutes les charges de l'exercice, y compris la réserve complémentaire prévue à l'article 29 et le fonds de réserve prévu à l'article 32.

En cas d'insuffisance de ressources constatée dès l'établissement du bilan d'un exercice non encore définitivement liquidé, l'assemblée générale peut décider la perception de cotisations supplémentaires au prorata des cotisations versées dans l'année.

Cette perception devient obligatoire lors de la liquidation définitive de l'exercice, si l'insuffisance des ressources n'est pas, le cas échéant, couverte par le fonds de réserve.

Lorsqu'un exercice laisse un solde bénéficiaire, ce solde est réparti entre les adhérents, au prorata des cotisations, après que le prélèvement nécessaire pour constituer le fonds de réserve a été effectué.

29. Les opérations du syndicat sont réglées annuellement dans les conditions ci-après :

1° Les capitaux constitutifs des rentes attribuées au cours d'un exercice sont versés à la caisse nationale des retraites, au plus tard dans le mois qui suit l'approbation des comptes de cet exercice par l'assemblée générale ;

2° Pour toutes celles de ces rentes qui n'ont pas été constituées au cours de l'exercice, le bilan doit faire apparaître une somme égale à la valeur, au 31 décembre, des capitaux constitutifs à verser à la caisse nationale des retraites, évaluée d'après les tarifs établis par la caisse nationale des retraites.

En outre, pour les rentes dues à la suite d'accidents ayant entraîné une incapacité permanente, il est établi, jusqu'à l'expiration du délai légal de revision, une réserve complémentaire, calculée conformément au barème adopté pour les sociétés d'assurances contre les accidents du travail ;

3° En ce qui concerne les accidents dont les conséquences sont encore inconnues ou qui n'ont pas encore pu donner lieu à attribution de rente, il doit être réservé au passif du bilan de l'exercice dans lequel ils sont survenus une provision suffisante pour y faire face ;

4° Un exercice n'est définitivement réglé qu'après la constitution à la caisse nationale des retraites de toutes les rentes dues à la suite des accidents survenus au cours dudit exercice et de l'acquittement de toutes les autres charges correspondantes.

30. Chaque année, le conseil d'administration soumet à l'assemblée générale l'inventaire du dernier exercice.

Cet inventaire est accompagné d'un compte de profits et pertes et d'un bilan donnant la situation, d'année en année, de chacun des exercices inventoriés antérieurement et non définitivement liquidés.

Ces documents doivent être publiés et tenus à la disposition de tout adhérent qui en fait la demande moyennant le payement d'une somme qui ne peut excéder 1 franc.

Il ne peut être attribué à chaque exercice que les recettes et les dépenses qui lui sont propres saut emploi, le cas échéant, du fonds de réserve.

31. Le syndicat s'interdit toute spéculation. Les fonds ne peuvent être employés qu'au fonctionnement normal du syndicat pour l'exécution de la loi du 9 avril 1898.

Les placements correspondants aux provisions à effectuer en vertu des paragraphes 2 et 3 de l'article 29 ci-dessus, sont effectués dans les mêmes conditions que les placements analogues des sociétés d'assurances.

Les autres placements sont déterminés par l'assemblée générale.

32. Il est constitué un fonds de réserve au moyen.

1° D'un prélèvement dont le *quantum* sera fixé par l'assemblée générale sur les excédents bénéficiaires après liquidation définitive des exercices ;

2° D'un prélèvement de ... p. 100 sur le montant de toutes les cotisations.

Le fonds de réserve fait l'objet d'un compte spécial ; il est destiné à parer, en tout ou partie, aux insuffisances éventuelles de ressources de tous les exercices indistinctement. Toutefois, les sommes provenant du fonds de réserve ne pourront être affectées à un même exercice que jusqu'à concurrence de moitié, au maximum.

Lorsque le fonds de réserve aura atteint la somme de ..., l'assemblée générale pourra, sur la proposition du conseil d'administration, décider que les prélèvements prévus au présent article seront, soit totalement, soit partiellement suspendus.

Le fonds de réserve est la propriété du syndicat. Aucun adhérent ou ancien adhérent n'en peut réclamer une part quelconque.

En cas de dissolution du syndicat, l'emploi à faire du fonds de réserve sera déterminé dans les conditions prévues à l'article 33 des présents statuts.

TITRE IV. — DISSOLUTION ET LIQUIDATION.

33. En cas de dissolution volontaire du syndicat, une assemblée générale extraordinaire nomme un ou plusieurs liquidateurs, détermine leurs pouvoirs ainsi que la forme et la durée de la liquidation, et délibère, s'il y a lieu, sur la devolution de l'actif restant disponible, après acquittement de toutes les charges, à une œuvre de prévoyance sociale.

Faute de délibération par l'assemblée, il est statué, après avis du comité consultatif des assurances contre les accidents du travail, par un arrêté du ministre du travail, qui désigne les liquidateurs amiables chargés, sous son contrôle, de la liquidation des exercices non définitivement liquidés.

Décret du 17 janvier 1907,

Modifiant le décret du 8 décembre 1904, approuvant le nouveau tarif de la caisse nationale d'assurance en cas d'accidents. — V. suprà, Décr. 8 déc. 1904, art. 1er, § 2.

Loi de finances du 30 janvier 1907

(D. P. 1907. 4. 21).

Art. 2. La contribution annuelle prévue au deuxième alinéa de l'article 5 de la loi du 12 avril 1906, en vue de l'alimentation du fonds de garantie en matière d'accidents du travail par les exploitants visés au premier alinéa du même article, est fixée, pour une période de cinq ans à compter du 1er janvier 1907, à 2 p. 100 du montant des primes dues par l'assuré, à moins qu'il ne soit exclusivement assuré que contre le risque d'incapacité temporaire.

Pour la même période, la contribution prévue au troisième alinéa de l'article susvisé est fixée à 4 p. 100 des capitaux constitutifs des rentes mises à la charge des exploitants non assurés.

Décret du 18 février 1907,

Portant règlement d'administration publique pour l'application de l'article 5 de la loi du 12 avril 1906, qui étend à toutes les exploitations commerciales les dispositions de la loi du 9 avril 1898 sur les accidents du travail.

Art. 1er. Pour les exploitations qui sont visées au premier alinéa de l'article 5 de la loi du 12 avril 1906 et qui sont assurées contre les risques prévus par ladite loi, la contribution pour le fonds de garantie déterminée par la loi de finances doit apparaître d'une façon distincte sur chaque quittance de primes.

2. Les syndicats de garantie et, pour tous les contrats d'assurances passibles de la contribution susvisée, les sociétés d'assurances doivent tenir, en deux parties, un répertoire, non sujet au timbre, dûment coté et paraphé, soit par un des juges du tribunal de commerce, soit par le juge de paix, mentionnant jour par jour, sans blanc ni interligne et par ordre de numéros, les quittances de primes émises et les quittances annulées.

Ledit répertoire indique le numéro de chaque contrat, le nom de l'assuré, le montant de la prime d'assurance et le montant de la contribution. Il est arrêté le dernier jour de chaque trimestre.

Il est vérifié au siège social par les agents de l'enregistrement, auxquels à cet effet seront représentés à toute réquisition tous livres, registres, polices, avenants et autres documents nécessaires.

3. Le versement des contributions encaissées au cours de chaque trimestre est effectué, dans les quinze premiers jours du trimestre suivant, au bureau de l'enregistrement du siège des sociétés ou syndicats.

A l'appui de chaque versement est produit, pour le trimestre écoulé, un état certifié conforme au répertoire prévu à l'article 2 ci-dessus et indiquant :

1° Le montant des quittances émises pendant le trimestre;
2° Le montant des quittances annulées;
3° Le montant net des contributions encaissées.

Un duplicata de cet état est en même temps adressé au ministre du travail et de la prévoyance sociale.

4. Un décret rendu sur la proposition du ministre du travail et de la prévoyance sociale et du ministre des finances déterminera les conditions spéciales dans lesquelles les versements prévus aux articles précédents seront effectués au compte du fonds de garantie par la caisse nationale d'assurances en cas d'accidents.

5. Pour les exploitations qui sont visées au premier alinéa de l'article 5 de la loi du 12 avril 1906 et qui ne sont point assurées contre les risques prévus par ladite loi, la contribution pour les fonds de garantie, déterminée par la loi de finances, est perçue par le receveur de l'enregistrement du siège du tribunal ou de la cour d'appel lors de l'enregistrement des ordonnances, jugements ou arrêts liquidant définitivement les rentes dues.

6. Les greffiers des tribunaux et des cours d'appel adressent à la fin de chaque année au receveur de l'enregistrement du siège du tribunal ou de la cour l'état des affaires d'accidents du travail dont leur greffe a été saisi et qui n'ont pas été suivies par les intéressés. Cet état doit, d'après les pièces de procédure, mentionner la profession du chef d'entreprise et spécifier s'il n'était point assuré.

Décret du 9 mars 1907,

Déterminant les conditions de versement par la caisse nationale d'assurances en cas d'accidents, de la contribution prévue par l'article 5 de la loi du 12 avril 1906 pour le fonds de garantie.

Art. 1er. La caisse nationale d'assurances en cas d'accidents verse directement au compte du fonds de garantie, à l'expiration de chaque trimestre, le montant des contributions correspondant aux primes payées par les assurés non patentés et dont l'encaissement a été constaté dans les écritures au cours du trimestre écoulé.

Chaque versement est appuyé d'un état indiquant le total des primes encaissées et le total des contributions versées. Cet état est certifié conforme aux écritures de la caisse nationale; un duplicata en est adressé en même temps au ministre du travail et de la prévoyance sociale.

Loi du 19 juillet 1907,

Relative à la caisse nationale d'assurance en cas de décès

(D. P. 1907. 4. 182).

Art. 1er. Les fonds de la caisse nationale d'assurance en cas de décès peuvent recevoir les emplois prévus pour la caisse nationale des retraites par l'article 22 de la loi du 20 juillet 1886.

2. Les sommes assurées par la caisse nationale d'assurance en cas de décès sont cessibles entre conjoints.

3. Le capital assuré par les contrats d'assurance pour la vie entière peut être versé en une seule fois à la caisse nationale des retraites, pour constituer, dans les conditions prévues par la loi du 20 juillet 1886, une rente viagère immédiate ou différée sur la tête du conjoint survivant.

Pour ces mêmes contrats, les intéressés auront la faculté de demander l'application de l'article 2 de la loi du 17 juillet 1897, sur les assurances mixtes.

Loi du 9 mars 1910,

Relative aux opérations de la Caisse nationale d'assurance en cas de décès (**D. P.** 1910. 4. 43; — **Bull. Dalloz**, 1910, p. 261).

Art. 1er. La Caisse nationale d'assurances en cas de décès, instituée par la loi du 11 juillet 1868, est autorisée à consentir, à des conditions déterminées par contrat et sur la tête de personnes âgées de plus de trois ans, des assurances de capital différé d'une durée d'au moins cinq années, ayant pour but le payement en cas de vie de l'assuré, à une année d'âge accomplie fixée au plus tard à soixante-cinq ans, d'une somme de cinq mille francs (5000 fr.), au maximum.

Ces assurances ne peuvent se cumuler avec les assurances mixtes pratiquées par la Caisse nationale que jusqu'à concurrence de cette somme.

L'échéance fixée pour le payement du capital différé peut, à trois reprises successives, être ajournée d'une ou plusieurs années, si la demande en est faite dans le trimestre qui précède cette échéance.

Les tarifs de ces assurances sont calculés en tenant compte des chances de mortalité déduites de la table employée par la Caisse nationale des retraites pour la vieillesse et de l'intérêt composé au taux fixé conformément à l'article 59 de la loi du 26 juillet 1893 pour la Caisse nationale d'assurance en cas de décès.

Les versements sont reçus à partir de 1 fr., sans fraction de franc, et liquidés d'après le tarif en vigueur au moment de leur réception en tenant compte de l'âge de l'assuré au prochain anniversaire de sa naissance.

Les sommes assurées sont insaisissables et incessibles jusqu'à concurrence de la moitié, sans toutefois que la partie incessible ou insaisissable puisse descendre au-dessous de six cents francs (600 fr.). Elles sont cessibles en totalité entre conjoints.

2. Le montant d'une assurance de capital différé contractée en vertu de l'article précédent peut être versé en une seule fois à la Caisse nationale des retraites pour la vieillesse pour servir à la constitution d'une rente viagère, immédiate ou différée, dans les conditions de la loi du 20 juillet 1886.

Si l'assuré est marié, il peut, au lieu du partage prévu à l'article 13 de cette loi, demander la constitution à capital aliéné d'une rente immédiate ou différée, réversible en totalité ou par moitié sur la tête de son conjoint, immédiatement après le décès, à condition que celui-ci soit postérieur à la date choisie pour l'entrée en jouissance de la rente.

Par dérogation aux stipulations de l'article 16 de la loi du 20 juillet 1886, modifié par l'article 45 de la loi du 29 mars 1897, l'ajournement d'une rente réversible peut, à trois reprises successives, être demandé pour une ou plusieurs années, mais sans que la faculté d'anticipation prévue au deuxième paragraphe de l'article 16 précité puisse être exercée en ce qui concerne cette rente.

Le bénéfice des dispositions contenues au premier paragraphe de l'article 11 de la loi susvisée du 20 juillet 1886 est limité à la partie non réversible de la rente.

Sont applicables aux assurances mixtes souscrites en vertu de la loi du 17 juillet 1897, en cas de vie de l'assuré au terme du contrat, les dispositions du deuxième paragraphe du présent article.

3. Les limitations concernant le montant des sommes garanties par la Caisse nationale d'assurance ne sont pas applicables aux assurances souscrites en vue de l'exécution d'une loi ou d'un décret comportant pour un personnel déterminé la fixation des conditions de retraite ou d'allocations au décès. Les capitaux ainsi assurés sont incessibles et insaisissables en totalité; la cession peut toutefois en être opérée à la condition de ne pas faire obstacle à l'application des dispositions prévues par la loi ou le décret qui a motivé la souscription des assurances.

En outre, s'il s'agit d'assurances de capital différé, la durée des contrats pourra être de moins de cinq années, lorsque le délai à courir jusqu'à la mise à la retraite sera inférieur à cette durée. S'il s'agit d'assurances sur la vie entière ou mixtes, la dispense des formalités de stage ou de visite médicale pour tout ou partie d'un personnel déterminé pourra être accordée par arrêté pris de concert par les ministres du travail et des finances, après avis de la commission supérieure des Caisses nationales d'assurances, lorsqu'il sera reconnu que cette dispense ne fait pas courir de risques à la caisse; la dispense pourra être retirée, s'il y a lieu, dans les mêmes formes.

V., *en outre, à notre* **Petit Code des accidents du travail**, *les textes ci-après : 1° l'arrêté ministériel du 29 mars 1899 déterminant les bases des cautionnements que doivent constituer les sociétés d'assurances contre les accidents du travail ; 2° l'arrêté ministériel du 30 mars 1899 déterminant les groupements prévus par l'article 6 du décret du 28 février 1899, en ce qui concerne les sociétés mutuelles d'assurances contre les accidents du travail ; 3° l'arrêté ministériel du 30 mars 1899 déterminant les primes prévues à l'article 6 du décret du 28 février 1899 et à l'article 2 de l'arrêté ministériel du 29 mars 1899 relatifs aux sociétés d'assurances contre les accidents du travail ; 4° l'arrêté ministériel du 30 mars 1899 déterminant le barème minimum pour la vérification des réserves mathématiques des sociétés d'assurances contre les accidents du travail ; 5° l'arrêté ministériel du 5 mai 1899 complétant les arrêtés des 29 et 30 mars 1899 relatifs aux sociétés d'assurances contre les accidents du travail ; 6° le décret du 10 mai 1899 relatif à l'application de l'article 6 de la loi du 9 avril 1898 ; 7° l'arrêté du ministre de l'intérieur du 16 mai 1899 relatif aux statuts-types à insérer, pour l'exécution de l'article 5 de la loi du 9 avril 1898, dans les statuts des sociétés de secours mutuels qui se proposent de contracter avec les chefs d'entreprise dans les conditions spécifiées par ledit article ; 8° la loi du 11 juillet 1899 relative aux contributions directes et aux taxes y assimilées de l'exercice 1900 (principal destiné à servir de base au calcul des centimes additionnels pour les patentables qui exercent plusieurs professions) ; 9° le décret du 27 septembre 1906 arrêtant la liste des professions commerciales soumises à la taxe réduite de 1 centime et demi, en addition au principal des patentes, pour le fonds de garantie, en matière d'accidents du travail ; 10° l'arrêté ministériel du 28 novembre 1906 étendant aux professions commerciales la classification en groupes de professions déterminées par l'arrêté ministériel du 30 mars 1899 ; 11° l'arrêté ministériel du 28 novembre 1906 déterminant les primes prévues à l'article 6 du décret du 28 février 1899 et à l'article 2 de l'arrêté ministériel du 29 mars 1899 ; 12° le décret du 22 mai 1911 fixant pour l'année 1912 la quotité des taxes pour la constitution du fonds de garantie en matière d'accidents du travail ; 13° la loi de finances du 13 juillet 1911, art. 139 (ouvriers mineurs atteints d'ankylostomiase); 14° l'arrêté ministériel du 26 décembre 1911 relatif au barème minimum déterminé pour la vérification des réserves mathématiques des sociétés d'assurances contre les accidents du travail; 15° l'arrêté ministériel du 26 décembre 1911 maintenant pour l'année 1911 les primes fixées par les arrêtés des 30 mars 1899 et 28 novembre 1906, relatifs aux sociétés d'assurance contre les accidents du travail; 16° l'arrêté ministériel du 29 décembre 1911, fixant le tarif de remboursement des frais pharmaceutiques en matière d'accidents du travail; 17° le décret du 28 mars 1912, fixant, pour l'année 1913, la quotité des taxes pour la constitution au fonds de garantie en matière d'accidents du travail; 18° le décret du 19 juillet 1912, approuvant des modifications et additions aux tarifs de la Caisse nationale d'assurance en cas d'accidents.*

2°. — Caisse de retraites, de secours et de prévoyance au profit des ouvriers et employés.

Loi du 27 décembre 1895,

Concernant les caisses de retraites, de secours et de prévoyance fondées au profit des employés et ouvriers (D. P. 96. 4. 51).

Art. 1er. En cas de faillite, de liquidation judiciaire ou de déconfiture, lorsque, pour une institution de prévoyance, il aura été opéré des retenues sur les salaires, ou que des versements auront été reçus par le chef de l'entreprise, ou que lui-même se sera engagé à fournir des sommes déterminées, les ouvriers, employés ou bénéficiaires sont admis de plein droit à réclamer la restitution de toutes les sommes non utilisées conformément aux statuts.

Cette restitution s'étendra, dans tous les cas, aux intérêts convenus des sommes ainsi retenues, reçues ou promises par le chef de l'entreprise. A défaut de convention, les intérêts seront calculés d'après les taux fixés annuellement pour la Caisse nationale des retraites pour la vieillesse.

Les sommes ainsi déterminées et non utilisées conformément aux statuts deviendront exigibles en cas de fermeture de l'établissement industriel ou commercial.

Il en sera de même en cas de cession volontaire, à moins que le cessionnaire ne consente à prendre les lieu et place du cédant.

2. La Caisse des dépôts et consignations est autorisée à recevoir, à titre de dépôt, les sommes ou valeurs appartenant ou affectées aux institutions de prévoyance fondées en faveur des employés et ouvriers.

Les sommes ainsi reçues porteront intérêt à un taux égal au taux d'intérêt du compte des caisses d'épargne.

3. (Abrogé par L. 5 avril 1910.) *Dans les trois mois qui suivront la promulgation de la présente loi, toutes les sommes qui, à l'avenir, seront retenues sur les salaires des ouvriers et toutes celles que les chefs d'entreprise auront reçues ou se seront engagés à fournir en vue d'assurer des retraites, devront être versées, soit à la Caisse nationale des retraites pour la vieillesse, au compte individuel de chaque ayant droit, soit à la Caisse des dépôts et consignations, soit à des caisses syndicales ou patronales spécialement autorisées à cet effet.*

L'autorisation sera donnée par décret rendu dans la forme des règlements d'administration publique. Le décret fixera les limites du district, les conditions de fonctionnement de la caisse et son mode de liquidation. Il prescrira également les mesures à prendre pour assurer le transfert, soit à une autre caisse syndicale ou patronale, soit à la Caisse nationale des retraites pour la vieillesse, des sommes inscrites au livret de chaque intéressé.

Les sommes versées par les chefs d'entreprise dans la caisse syndicale ou patronale devront être employées, soit en rentes sur l'État, en valeurs du Trésor ou garanties par le Trésor, soit en obligations des départements, des communes, des chambres de commerce, en obligations foncières et communales du Crédit foncier soit en prêts hypothécaires, soit enfin en valeurs locales énumérées ci-après, à la condition que ces valeurs émanent d'institutions existant dans les départements où elles fonctionnent : bons de mont-de-piété ou d'autres établissements reconnus d'utilité publique. Les titres seront nominatifs.

La gestion des caisses syndicales ou patronales sera soumise à la vérification de l'inspection des finances et au contrôle du receveur particulier de l'arrondissement du siège de la caisse.

Si des conventions spéciales interviennent entre les chefs d'entreprise et les ouvriers ou employés, en vue d'assurer à ceux-ci, à leurs veuves ou à leurs enfants, soit un supplément de rente viagère, soit des rentes temporaires ou des indemnités déterminées d'avance, le capital formant la garantie des engagements résultant desdites conventions devra être versé ou représenté à la Caisse des dépôts et consignations ou dans une des caisses syndicales ou patronales ci-dessus prévues.

4. Le seul fait du dépôt, opéré soit à la Caisse des dépôts et consignations, soit à toute autre caisse, des sommes ou valeurs affectées aux institutions de prévoyance, quelles qu'elles soient, confère aux bénéficiaires de ces institutions un droit de gage, dans les termes de l'article 2073 du Code civil, sur ces sommes et valeurs. Le droit de gage s'exerce dans la mesure des droits acquis et des droits éventuels.

La restitution des retenues ou autres sommes affectées aux institutions de prévoyance qui, lors de la faillite ou de la liquidation, n'auraient pas été effectivement versées à l'une des caisses indiquées ci-dessus, est garantie, pour la dernière année et ce qui sera dû sur l'année courante, par un privilège sur tous les biens meubles et immeubles du chef de l'entreprise, lequel prendra rang concurremment avec le privilège des salaires des gens de service établi par l'article 2101 du Code civil.

5. Pour toutes les contestations relatives à leurs droits dans les caisses de prévoyance, de secours et de retraite, les ouvriers et employés peuvent charger, à la majorité, un mandataire d'ester pour eux en justice, soit en demandant, soit en défendant.

6. Un règlement d'administration publique déterminera le mode de nomination du mandataire et les conditions suivant lesquelles seront effectués le dépôt et le retrait des sommes et valeurs appartenant ou affectées aux institutions de prévoyance. (V. *infrà*, *Décr.* 14 *oct.* 1897.)

Il déterminera de même le mode de liquidation des droits acquis et des droits éventuels, ainsi que le mode de restitution aux intéressés.

Décret du 14 octobre 1897,

Portant règlement d'administration publique pour l'exécution de la loi du 27 décembre 1895 concernant les caisses de retraites, de secours et de prévoyance fondées au profit des employés et ouvriers.

TITRE Ier. — DES CONDITIONS DE DÉPOT ET DE RETRAIT DES SOMMES OU VALEURS ET DU MODE DE NOMINATION DU MANDATAIRE.

Art. 1er. Les dépôts des fonds affectés aux institutions de prévoyance qui sont effectués à la Caisse des dépôts et consignations, par application des articles 2 et 3 de la loi du 27 décembre 1895, peuvent être faits soit en numéraire, soit en valeurs.

2. Lors de l'ouverture de chaque compte, le directeur général de la Caisse des dépôts et consignations fixe, après délibération de la commission de surveillance, la somme au delà de laquelle le solde créditeur en numéraire doit être converti en valeurs. Dès que ce maximum est dépassé, la Caisse peut mettre le déposant en demeure de déterminer l'emploi en valeurs de l'excédent.

A défaut de déclaration dans le délai d'un mois par le déposant sur la nature des valeurs à acquérir, la caisse peut faire d'office emploi de l'excédent en rente 3 p. 100 perpétuelle, aux frais, risques et périls de l'intéressé.

Les dépôts correspondant aux retenues subies ou aux subventions consenties our une institution de prévoyance antérieurement au 1er janvier 1896 doivent tre intégralement effectués en valeurs.

3. Si les valeurs déposées sont nominatives, la Caisse dénonce le dépôt au résor ou aux sociétés, compagnies ou établissements dont elles émanent, en nentionnant l'affectation légale qui en résulte.

Cette dénonciation faite, il ne peut plus être effectué de transfert, mutation u délivrance de duplicata de titres que sur production d'une mainlevée de la aisse des dépôts et consignations.

4. Les sommes versées et les valeurs déposées à la Caisse des dépôts et consinations sont reçues au lieu où l'exploitation a son siège principal : pour Paris t le département de la Seine, à la caisse générale ; pour les autres départements, ux caisses des trésoriers-payeurs généraux, des receveurs particuliers et des erceptcurs préposés de la Caisse des dépôts et consignations.

Chaque versement ou dépôt donne lieu à la délivrance d'un récépissé établi au om du déposant dans les conditions déterminées par la loi du 24 décembre 1896.

Les préfets et sous-préfets mentionnent le nombre et la nature des valeurs omprises en chaque récépissé sur le registre spécial visé par l'article 3 du décret u 15 décembre 1875.

Les valeurs sont centralisées à Paris entre les mains du caissier général, qui n a la garde et la responsabilité.

5. Moyennant remboursement des frais de courtage et de timbre, la Caisse les dépôts et consignations fait, à la demande et pour le compte des déposants, es emplois des sommes affectées aux institutions de prévoyance en achats de 'aleurs énumérées à l'article 3 de la loi.

Dans les mêmes conditions et sur la remise de procurations régulières, elle ait procéder aux aliénations de valeurs, ainsi qu'à leur transfert en cas de cesion d'entreprise.

Les versements complémentaires nécessaires pour libérer les valeurs déposées ne sont effectués par la Caisse des dépôts et consignations qu'autant que des pro'isions ont été faites ou que les ressources disponibles au compte ont été affecées à cet emploi par le déposant.

La Caisse des dépôts et consignations est chargée de recevoir aux échéances les arrérages ou intérêts dus sur les valeurs déposées. Elle encaisse, s'il y a lieu, es sommes provenant du remboursement total ou partiel des titres et des lots ou primes attribués.

6. Il est tenu par la Caisse, au nom de chaque institution de prévoyance, un compte courant spécial comprenant les sommes versées ou encaissées. Ce compte est réglé en capital et intérêts au 31 décembre de chaque année. Les intérêts annuels sont capitalisés à cette date ; ils ne sont liquidés et payés en cours d'année que sur demande spéciale et pour un compte intégralement soldé.

Les recettes sont imputées au compte courant valeur au dernier jour de la dizaine ; les dépenses, valeur au premier jour de la dizaine pendant laquelle elles sont effectuées.

7. Le retrait des sommes et valeurs existant au compte d'une institution de prévoyance ne peut être opéré que sur la demande et la quittance des personnes qui, d'après les statuts ou le règlement de l'institution, sont chargées de sa gestion.

Dans tous les cas, chaque retrait effectué doit être porté à la connaissance des intéressés par voie d'avis placardés à tous les sièges de l'entreprise.

La demande de retrait est adressée : à Paris, au directeur général de la Caisse des dépôts et consignations ; dans les départements, au préposé qui a reçu le dépôt. Il y est donné suite dans les dix jours de la réception de la demande.

8. Sur la demande faite dans les mêmes conditions, la Caisse des dépôts et consignations opère directement le transfert à la Caisse nationale des retraites pour la vieillesse des sommes à imputer au compte individuel des ayants droit.

Les versements prévus au paragraphe précédent ainsi qu'à l'article 16 du présent décret et au paragraphe 2 de l'article 3 de la loi ne sont pas soumis à la limite de 500 francs assignée par la loi du 26 juillet 1893 aux sommes versées dans une année au compte de la même personne.

9. Les dépôts et les retraits de sommes ou valeurs dans les caisses syndicales et patronales ne peuvent être effectués que dans les conditions prévues par les statuts de ces caisses approuvés par les décrets d'autorisation visés au deuxième alinéa de l'article 3 de la loi.

10. Lorsque, par application de l'article 5 de la loi, plusieurs des intéressés veulent constituer un mandataire unique pour les représenter devant les tribunaux civils, ils présentent à cet effet, au juge de paix du canton dans lequel est situé le siège principal de l'exploitation, une requête signée de chacun d'eux et indiquant la nature et les circonstances du différend, ainsi que les noms, prénoms, emplois et domiciles de tous les signataires. Ils joignent à cette requête une formule de mandat spécial sur papier libre.

Dans les dix jours de la réception de la requête, et si cette requête ne porte point désignation unanime d'un mandataire, le juge de paix fait afficher à la mairie du siège principal de l'exploitation la date fixée par lui pour le dépouillement des mandats individuels des requérants. Chacun d'eux, sur une formule du modèle joint à la requête, adresse au juge de paix, pour la date fixée et sous pli fermé, un mandat rempli et signé par lui.

Le juge de paix fait procéder au dépouillement et à l'émargement des mandats en audience publique et proclame mandataire collectif pour ester en justice la personne désignée par la majorité absolue des mandants. Il lui délivre une expédition du procès-verbal des opérations, qui lui tient lieu de mandat collectif.

TITRE II. — DU MODE DE LIQUIDATION DES DROITS ACQUIS ET DES DROITS ÉVENTUELS.

11. En ce qui concerne les dépôts effectués au profit des institutions de retraite, la liquidation des droits acquis et des droits éventuels, dans les conditions prévues par l'article 4 de la loi, est effectuée au prorata du capital constitutif des pensions calculé d'après la table de mortalité et le taux d'intérêt qui sont en vigueur à la Caisse nationale des retraites pour la vieillesse au moment de la liquidation.

12. Le capital constitutif d'une pension en cours de service est la somme qu'il faudrait aliéner pour constituer, à l'âge du titulaire, une rente viagère immédiate égale à la pension servie.

13. Le capital constitutif d'une pension en cours de formation est la somme qu'il faudrait aliéner pour constituer, à l'âge du titulaire, une rente viagère différée proportionnelle à la pension qu'il aurait obtenue au moment de sa mise à la retraite, d'après les statuts ou règlements de l'institution à liquider, ou, à défaut, d'après les précédents de cette institution.

14. Si l'institution de retraite comporte réversibilité totale ou partielle des pensions, ou s'il est intervenu une des conventions visées par le dernier alinéa de l'article 3 de la loi, la liquidation s'opère d'après les mêmes principes.

15. En ce qui concerne les dépôts affectés à une institution de secours ou de prévoyance, il y a droit acquis jusqu'à concurrence des allocations qui, au moment de la liquidation, seraient dues au titulaire d'après les statuts, règlements ou usages de l'institution.

Le droit éventuel de chaque participant dans une institution de secours est représenté par une somme égale aux cotisations acquittées par lui pendant les douze mois qui ont précédé la liquidation et aux subventions correspondantes.

16. Lorsque la liquidation du gage a été homologuée judiciairement, la caisse épositaire se dessaisit, soit par transfert à la Caisse nationale des retraites pour la vieillesse en vue de la constitution d'une rente viagère, dans les conditions et l'époque d'entrée en jouissance que déterminent les intéressés, conformément ux lois et décrets qui régissent cet établissement, soit par voie de versement irect aux intéressés s'ils en font la demande écrite.

3°. — Caisse de retraites et de secours des ouvriers mineurs.

Loi du 29 juin 1894,

Sur les caisses de secours et de retraites des ouvriers mineurs

(D. P. 94. 4. 57).

TITRE Ier. — DISPOSITIONS GÉNÉRALES.

Art. 1er. Dans le délai de six mois à partir de la promulgation de la présente oi, les exploitants des mines, et les ouvriers et employés de ces exploitations eront soumis aux obligations et jouiront des avantages édictés par les titres II et III ci-après, pour ce qui touche l'organisation et le fonctionnement des caisses de retraites et des caisses de secours.

Les employés et ouvriers dont les appointements dépassent deux mille quatre cents francs (2400 fr.) ne bénéficieront que jusqu'à concurrence de cette somme les dispositions de la présente loi.

TITRE II. — DES PENSIONS DE RETRAITES.

2. L'exploitant versera chaque mois, soit à la Caisse nationale des retraites pour la vieillesse, soit dans une des caisses prévues à l'article 4, pour la formation du capital constitutif des pensions de retraite, une somme égale à quatre pour cent (4 p. 100) du salaire des ouvriers ou employés, dont moitié à prélever sur le salaire et moitié à fournir par l'exploitant lui-même.

Les versements pourront être augmentés par l'accord des deux parties intéressées. Ces versements seront inscrits sur un livret individuel au nom de chaque ouvrier ou employé. Ils seront faits à capital aliéné. Toutefois, si le titulaire du livret le demande, le versement de la part prélevée sur son salaire sera fait à capital réservé.

L'exploitant pourra prendre à sa charge une fraction supérieure à la moitié du versement ou sa totalité.

3. Les pensions sont acquises et liquidées dans les conditions prévues à la loi du 20 juillet 1886 sur la Caisse nationale des retraites pour la vieillesse.

L'entrée en jouissance est fixée à cinquante-cinq ans; elle pourra être différée sur la demande de l'ayant droit, mais les versements cesseront, à partir de cet âge, d'être obligatoires.

4. Les exploitants de mines pourront obtenir l'autorisation de créer des caisses syndicales ou patronales de retraite pour les ouvriers ou employés occupés dans leurs exploitations.

L'autorisation sera donnée par décret rendu dans la forme des règlements d'administration publique. Le décret fixera les limites du district, les conditions du fonctionnement de la caisse et son mode de liquidation. Il prescrira également les mesures à prendre pour assurer le transfert, soit à une autre caisse syndicale ou patronale, soit à la Caisse nationale des retraites pour la vieillesse, des sommes inscrites au livret de chaque intéressé.

Les fonds versés par les exploitants dans la caisse syndicale ou patronale devront être employés en rentes sur l'État, en valeurs du Trésor ou garanties par le Trésor, en obligations départementales ou communales; les titres seront nominatifs.

La gestion des caisses syndicales ou patronales sera soumise à la vérification de l'inspection des finances et au contrôle du receveur particulier de l'arrondissement du siège de la caisse.

5. Si des conventions spéciales interviennent entre les exploitants et leurs ouvriers ou employés dans le but d'assurer à ceux-ci, à leurs veuves ou à leurs enfants, soit un supplément de rente viagère, soit des rentes temporaires ou des indemnités déterminées d'avance, le capital formant la garantie des engagements résultant desdites conventions devra être versé ou représenté à la Caisse des dépôts et consignations ou dans des caisses à créer en vertu de l'article 4.

Les exploitants adresseront chaque année, par l'intermédiaire du préfet, au ministre des travaux publics, et dans les formes déterminées par lui, le compte rendu des mesures prises en exécution du précédent paragraphe.

TITRE III. — DES SOCIÉTÉS DE SECOURS.

6. La caisse de chaque société de secours sera alimentée par :

1° Un prélèvement sur le salaire de chaque ouvrier ou employé, dont le montant sera fixé par le conseil d'administration de la société, sans pouvoir dépasser deux pour cent (2 p. 100) du salaire ;

2° Un versement de l'exploitant égal à la moitié de celui des ouvriers ou employés;

3° Les sommes allouées par l'État sur les fonds de subventions aux sociétés de secours mutuels;

4° Les dons et legs;

5° Le produit des amendes encourues pour infraction aux statuts et de celles infligées aux membres participants par application du règlement intérieur de l'entreprise.

7. Les statuts des sociétés de secours doivent fixer :

1° La nature et la quotité des secours et des soins à donner aux membres participants que la maladie ou des infirmités empêcheraient de travailler;

2° En cas de décès des membres participants, la nature et la quotité des subventions à allouer à leurs familles ou ayants droit.

Les statuts peuvent autoriser l'allocation de secours en argent et de soins médicaux et pharmaceutiques aux femmes et enfants des membres participants et à leurs ascendants. Ils peuvent aussi prévoir des secours journaliers en faveur des femmes et des enfants des réservistes de l'armée active et des hommes de l'armée territoriale appelés à rejoindre leur corps, enfin des allocations exceptionnelles et renouvelables en faveur des veuves ou orphelins d'ouvriers ou employés décédés, après avoir participé à la société de secours.

8. En cas de maladie entraînant une incapacité de travail de plus de quatre jours, avec suppression de salaire, la caisse de la société de secours versera, à la fin de chaque semestre, au compte individuel du sociétaire participant à une caisse de retraites, une somme au moins égale à cinq pour cent (5 p. 100) de l'indemnité de maladie prévue par les statuts. L'obligation de ce versement cessera avec l'indemnité de maladie elle-même.

9. A défaut d'accord entre les intéressés, la circonscription de chaque société de secours sera fixée par un décret rendu en Conseil d'État.

Une même exploitation pourra être divisée en plusieurs circonscriptions de secours.

Une seule société pourra être établie pour les concessions ou exploitations voisines, appartenant soit à un seul exploitant, soit à plusieurs concessionnaires.

Les industries annexes des exploitations de mines pourront, à la demande des parties intéressées, et sous l'autorisation du ministre des travaux publics, être agrégées aux circonscriptions des sociétés de secours des mines.

10. La société est administrée par un conseil composé de neuf membres au moins.

Un tiers des membres est désigné par l'exploitant; les deux autres tiers sont élus par les ouvriers ou employés parmi les membres participants dans les conditions indiquées aux articles suivants.

Il sera procédé en même temps, et dans les mêmes conditions, à la nomination de trois membres suppléants destinés à remplacer, en cas d'absence ou de vacance, les membres titulaires.

Si l'exploitant renonce, au moment d'une élection, à faire usage en tout ou en partie de la faculté qui lui est réservée par le précédent paragraphe, les membres du conseil non désignés par l'exploitant sont élus par les ouvriers et employés.

Les décisions prises par le conseil ne sont valables que si plus des deux tiers des suffrages ont été exprimés; néanmoins, après une seconde convocation faite dans la forme ordinaire, les décisions sont prises à la majorité, quel que soit le nombre des suffrages exprimés.

Le conseil nomme parmi ses membres un président, un secrétaire, un trésorier.

11. Sont électeurs tous les ouvriers et employés, du fond et du jour, Français jouissant de leurs droits politiques, inscrits sur la feuille de la dernière paye.

Sont éligibles, à la condition de savoir lire et écrire, et, en outre, de n'avoir jamais encouru de condamnations aux termes des dispositions, soit de la présente loi, soit de la loi du 21 avril 1810 et du décret du 2 janvier 1813, soit des articles 414 et 415 du Code pénal, les électeurs, âgés de vingt-cinq ans accomplis, occupés depuis plus de cinq ans dans l'exploitation à laquelle se rattache la société de secours. Toutefois, dans les cinq premières années de l'exploitation, le nombre des années de service exigées sera réduit à la durée de l'exploitation elle-même.

Les électeurs sont convoqués pour la première fois par un arrêté du préfet qui fixe la date de l'élection, ainsi que les heures d'ouverture et de fermeture du scrutin.

Le vote a lieu à la mairie de la commune désignée dans l'arrêté de convocation parmi celles sur le territoire desquelles s'étend la circonscription. Le bureau électoral est présidé par le maire.

L'arrêté est publié et affiché, dans les communes intéressées, quinze jours au moins avant l'élection. Il est notifié à l'exploitant.

Dans les huit jours qui suivent cette notification, les listes électorales de la circonscription sont affichées, à la diligence de l'exploitant, aux lieux habituels pour les avis donnés aux ouvriers.

Un double de ces listes est, par les soins de l'exploitant, remis au maire qui est chargé de présider le bureau.

Sera puni des peines prévues aux articles 93 et suivants de la loi du 21 avril 1810 l'exploitant qui refuserait ou négligerait de se conformer aux prescriptions qui précèdent.

Le préfet peut, en outre, faire dresser et afficher les listes électorales aux frais de l'exploitant; les frais rendus exécutoires par le préfet seront recouvrés comme en matière de contributions publiques.

Les opérations électorales subséquentes ont lieu dans le local indiqué, suivant les formes et aux conditions prescrites par les statuts.

(*L. 16 juillet* 1896.) « Ce local ne pourra être autre qu'une mairie. Pour ces opérations le maire sera tenu de mettre une des salles de la mairie à la disposition de la société.

« Les statuts peuvent en outre décider que la circonscription sera divisée en sections électorales et fixer le nombre de conseillers à élire pour chacune; ce nombre ne pouvant en aucun cas être inférieur à deux conseillers.

« Si le vote, soit pour la circonscription entière, soit pour une de ses sections électorales, a eu lieu dans plusieurs mairies, le juge de paix compétent pour connaître des contestations prévues à l'article 13 ci-dessous est celui de la commune qui, lors de la convocation des électeurs, aura dû être désigné pour la réunion des résultats et la proclamation du vote. »

12. Le vote a toujours lieu, au scrutin de liste, un dimanche. Nul n'est élu au premier tour de scrutin s'il n'a obtenu la majorité absolue des suffrages exprimés et un nombre de voix égal au quart du nombre des électeurs inscrits. Au deuxième tour de scrutin, auquel il doit être procédé le dimanche suivant, la majorité relative suffit. En cas d'égalité de suffrages, le plus âgé des candidats est élu.

Les membres du conseil sont élus pour trois ans et renouvelables par tiers chaque année.

Il est pourvu, dans les six mois qui suivent la vacance, au remplacement des membres décédés, démissionnaires ou déchus des qualités requises pour l'éligibilité. Les nouveaux élus sont nommés pour le temps restant à courir jusqu'au terme assigné aux fonctions de ceux qu'ils remplacent.

13. Les contestations sur la formation des listes et sur la validité des opérations électorales sont portées, dans le délai de quinze jours à dater de l'élection, devant le juge de paix de la commune où les opérations ont eu lieu. Elles sont introduites par simple déclaration au greffe.

Le juge de paix statue dans les quinze jours de cette déclaration, sans frais ni forme de procédure et sur simple avertissement donné trois jours à l'avance à toutes les parties intéressées.

La décision du juge de paix est en dernier ressort, mais elle peut être déférée à la Cour de cassation.

Le pourvoi n'est recevable que s'il est formé dans les dix jours de la notification. Il n'est pas suspensif. Il est formé par simple requête déposée au greffe de la justice de paix, dénoncée aux défendeurs dans les dix jours qui suivent. Il est dispensé du ministère d'un avocat à la cour et jugé d'urgence sans frais ni amende.

Les pièces et mémoires fournis par les parties sont transmis sans frais par le greffier de la justice de paix au greffier de la Cour de cassation. La chambre des requêtes statue définitivement sur le pourvoi.

Tous les actes sont dispensés du timbre et enregistrés gratis.

14. Les statuts sont dressés par le premier conseil; ils sont soumis, par l'intermédiaire du préfet, à l'approbation du ministre des travaux publics. Après l'approbation, ils sont notifiés à l'exploitant.

La décision du ministre peut être déférée au Conseil d'État, au contentieux.

Le recours est dispensé des droits de timbre et d'enregistrement et peut être formé sans ministère d'avocat.

Toute modification aux statuts comporte une nouvelle approbation ministérielle. Les statuts sont affichés en permanence, par les soins de l'exploitant, aux lieux habituels des avis donnés aux ouvriers. Un exemplaire en est remis par l'exploitant, comme récépissé, à chaque ouvrier ou employé lors de l'embauchage.

15. Les sociétés de secours sont tenues de communiquer leurs livres, procès-verbaux et pièces comptables de toute nature au préfet et aux ingénieurs des mines. Cette communication a lieu sans déplacement, sauf dans le cas où il en serait ordonné autrement par arrêté du préfet.

Les sociétés adressent chaque année, par l'intermédiaire du préfet, aux ministres des travaux publics et de l'intérieur, et dans les formes déterminées par eux, le compte rendu de leur situation financière et un état des cas de maladie ou de mort éprouvés par les participants dans le cours de l'année.

16. A la fin de chaque année, le conseil d'administration fixe, sur les excédents disponibles, les sommes à laisser dans la caisse pour en assurer le service, et celles à déposer à la Caisse des dépôts et consignations. Ce dépôt devra être effectué par le conseil d'administration dans le délai d'un mois, sous la responsabilité solidaire de ses membres, sans préjudice, le cas échéant, de l'application de l'article 408 du Code pénal.

Les administrations qui auraient effectué ou laissé effectuer un emploi de fonds non autorisé par les statuts encourent la même responsabilité et les mêmes pénalités.

Le total de la réserve ne pourra dépasser le double des recettes de l'année.

17. Dans le cas d'inexécution des statuts ou de violation des dispositions de la présente loi, la dissolution du conseil d'administration peut être prononcée par le ministre des travaux publics, après avis du conseil général des mines, sans préjudice de la responsabilité civile ou pénale encourue par les administrateurs.

Les électeurs devront être réunis pour procéder à la nomination du nouveau conseil, au plus tard dans un délai de deux mois. Dans l'intervalle, la caisse sera gérée par un délégué du préfet.

18. Les sociétés de secours actuellement existantes, et dont les statuts sont régulièrement approuvés par l'autorité administrative, conserveront leur organisation et leur mode de fonctionnement pour ce qui touche les obligations du présent titre, sauf dans le cas où leur transformation serait reconnue nécessaire par le ministre des travaux publics, sur l'avis du conseil général des mines.

Elles jouiront d'ailleurs des recettes prévues par l'article 6 qui précède.

19. Les statuts pourront décider que le service des secours sera confié à une compagnie d'assurances.

20. *Abrogé par L. 1er avril* 1898, *art.* 38, *sur les sociétés de secours mutuels* (**D. P.** 99. 4. 27).

TITRE IV. — DISPOSITIONS TRANSITOIRES ET RÉGLEMENTAIRES.

21. Les pensions déjà acquises à un titre quelconque, dont le service incombe à l'exploitant, seront fournies comme précédemment, suivant les règlements particuliers de l'entreprise.

22. Le montant des pensions en cours d'acquisition, dont le service incombe à l'exploitant, sera calculé par application des règlements ou des usages en vertu desquels ces pensions étaient précédemment accordées.

Si la rente acquise à raison des versements effectués en exécution de l'article 2 est inférieure au montant de la pension calculée comme il vient d'être dit, la différence restera à la charge de l'exploitant.

Il pourra être dérogé aux dispositions des deux paragraphes qui précèdent par des conventions librement intervenues entre les exploitants et leurs ouvriers ou employés.

23. A partir de la mise en application de la présente loi, les caisses de prévoyance précédemment organisées avec le concours des ouvriers et employés, en vue d'assurer des secours et de constituer des rentes temporaires, des pensions de retraite d'âge, d'invalidité ou d'accidents, fonctionneront exclusivement pour l'exécution des engagements antérieurement contractés par lesdites caisses en ce qui concerne tant les pensions acquises à un titre quelconque que les pensions de retraite en cours d'acquisition.

Toutefois, dans le premier mois, les caisses assureront les secours et les soins aux malades en traitement.

24. Les intéressés seront appelés à se prononcer, dans un délai maximum de six mois, sur les mesures à prendre en raison des engagements précités, et sur le mode de réalisation des mesures nécessaires.

A défaut d'entente entre les exploitants, d'une part, et la majorité des ouvriers ou employés, d'autre part, les deux parties pourront décider que le règlement des mesures à prendre et la fixation des versements à opérer seront confiés à la commission arbitrale instituée par l'article 26 ci-après.

Si les exploitants et la majorité des ouvriers et employés ne peuvent se mettre d'accord dans le délai de six mois susindiqué, ni sur les mesures à adopter, ni sur le recours à la commission arbitrale, les tribunaux nommeront, à la requête de la partie la plus diligente, un liquidateur chargé d'assurer, au mieux des intérêts en présence, la liquidation de la caisse de prévoyance.

Le rapport du liquidateur sera soumis à l'homologation du tribunal.

25. Tout ouvrier ou employé au profit duquel une pension de retraite d'âge ou d'invalidité est actuellement en cours d'acquisition sera dispensé de la retenue prescrite par l'article 2 s'il déclare, devant le maire de la commune de sa résidence, qu'il entend renoncer au bénéfice de cet article.

Il lui sera délivré récépissé de cette déclaration.

Dans ce cas, et pendant toute la durée de la renonciation, l'exploitant sera également dispensé du versement qui lui incombe aux termes du même article 2.

26. La commission arbitrale prévue par l'article 24 sera composée de sept membres permanents, nommés :

Deux par le conseil général des mines;

Deux par la commission supérieure de la Caisse nationale des retraites pour la vieillesse;

Deux par la Cour d'appel de Paris, parmi les conseillers de la cour;

Un par la Cour des comptes, parmi les conseillers de la cour.

La commission élira son président et son secrétaire; elle siégera au ministère des travaux publics; ses fonctions seront gratuites.

Le nombre des membres de la commission arbitrale sera porté à neuf par l'adjonction, dans chaque affaire, de deux membres désignés : l'un par les exploitants, l'autre par la majorité des ouvriers et employés.

La procédure se fera sans frais d'aucune sorte; tous actes, documents et pièces quelconques à produire seront dispensés du timbre et enregistrés gratis.

27. Pour les différends qui naîtraient de l'exécution de la présente loi, et qui seraient déférés aux tribunaux civils, il sera statué comme en matière sommaire et jugé d'urgence.

Les intéressés bénéficieront de l'assistance judiciaire.

Tous actes, documents et pièces quelconques à produire seront dispensés du timbre et enregistrés gratis.

Les intéressés agissant en nom collectif seront représentés par un mandataire nommé par eux à la majorité des voix, sans préjudice, pour chacun d'eux, du droit d'intervention individuelle.

28. Le capital constitutif des rentes incombant, soit aux exploitants, soit aux caisses de prévoyance, pourra être déposé, en totalité ou par annuités successives, à la Caisse nationale des retraites pour la vieillesse, qui devra, en ce cas, inscrire les rentes au livret individuel de chaque ayant droit et en effectuer le payement à partir de l'âge fixé pour l'entrée en jouissance.

29. Un règlement d'administration publique déterminera : la procédure à suivre pour l'introduction, l'instruction et la solution des affaires soumises à la commission arbitrale; le nombre, le mode de nomination et les attributions des auxiliaires de l'instruction; le mode de nomination du mandataire prévu à l'article 27, et d'une manière générale les mesures nécessaires à l'application des prescriptions de la présente loi.

30. Les infractions aux dispositions de l'article 5, paragraphe 2, et des articles 15 et 23 seront punies d'une amende de 16 à 200 francs.

En cas de mauvaise foi, le chiffre de l'amende pourra être porté à 500 francs. Les infractions pourront être constatées, concurremment avec les officiers de police judiciaire, par les ingénieurs et contrôleurs des mines.

31. Les exploitations de minières et carrières souterraines ou à ciel ouvert pourront être assimilées aux exploitations de mines pour l'application de la présente loi, en vertu de décrets rendus en Conseil d'État, sur la proposition du ministre des travaux publics.

V. *le commentaire de cette loi*, C. adm. ann., t. 3, v° *Mines*, p. 967, n°s 2727 s.

Décret du 25 juillet 1894,

Portant règlement d'administration publique pour l'exécution de la loi du 29 juin 1894 sur les caisses de secours et de retraites des ouvriers mineurs.

TITRE Ier. — DE LA TRANSFORMATION DES ANCIENNES CAISSES ET DU RECOURS A LA COMMISSION ARBITRALE.

Art. 1er. Dans le délai d'un mois à partir de la promulgation du présent décret, le conseil d'administration de chacune des caisses de prévoyance mentionnées dans l'article 23 de la loi du 29 juin 1894 arrête, l'exploitant entendu, un projet de règlement sur les mesures à prendre en raison des engagements antérieurs de la caisse et sur le mode de réalisation des ressources nécessaires.

Ce projet est notifié à l'exploitant.

2. Si l'exploitant donne son adhésion au projet de règlement proposé, il en fait afficher le texte, pendant une semaine, aux lieux habituels pour les avis donnés aux ouvriers.

Pendant le même délai, il est ouvert, au siège habituel du conseil d'administration, un registre où tous les intéressés peuvent consigner leurs observations.

Si, à la suite de cette enquête, l'accord s'établit entre l'exploitant et le conseil d'administration sur les modifications à introduire dans le projet de règlement, le texte est amendé en conséquence et affiché de nouveau, à la diligence de l'exploitant, pendant une semaine, comme il est dit au paragraphe 1er. Le texte définitif est soumis au vote des ouvriers et employés dans les formes prescrites aux articles 4 à 6 ci-après.

3. Faute, par le conseil d'administration, d'avoir notifié son projet de règlement à l'exploitant dans le délai d'un mois, l'exploitant peut dresser et notifier au conseil d'administration, dans un délai maximum de deux semaines, le projet de règlement qu'il entend proposer.

Ce projet est soumis à l'instruction réglée par l'article 2.

4. Ont droit de voter les ouvriers et anciens ouvriers, employés et anciens employés du fond et du jour, majeurs, des deux sexes, qui ont sur la caisse, à raison de son fonctionnement dans le passé, soit des droits acquis, soit des droits en cours d'acquisition, et ceux qui seraient appelés, s'il y a lieu, par le règlement, à contribuer à la constitution des ressources nécessaires au fonctionnement de la caisse dans l'avenir.

5. Le conseil d'administration dresse la liste des personnes ayant droit de voter, fixe les jour, lieu et heure du vote pour chaque section, et désigne la section chargée de centraliser les résultats du vote. Le jour choisi ne peut être qu'un dimanche.

La liste et l'avis de convocation sont affichés, une semaine au moins à l'avance, par les soins de l'exploitant, aux lieux habituels pour les avis donnés aux ouvriers et employés.

Les réclamations concernant la liste sont adressées au conseil d'administration, qui opère les rectifications nécessaires.

6. Le vote a lieu au scrutin secret, par oui ou par non.

Chaque bureau est présidé par un membre du conseil d'administration de la caisse, commis à cet effet par celui-ci et désigné dans l'avis de convocation.

A défaut d'un de ses membres, le conseil peut désigner un des votants de la section pour présider le bureau.

Le président est assisté du plus âgé et du plus jeune des votants présents au moment de la formation du bureau.

Aussitôt après avoir été proclamés, les résultats du vote de chaque section sont transmis à la section centrale, dont le président proclame le résultat général.

Ce résultat est immédiatement affiché comme il est dit à l'article 2.

Chaque bureau dresse en double exemplaire le procès-verbal de ses opérations : il y consigne, outre ses observations, les réclamations qui lui ont été adressées.

Procès-verbal spécial est dressé, par le bureau de la section centrale, pour la proclamation du résultat général.

7. Le règlement n'est définitivement adopté que s'il a réuni la majorité absolue des personnes inscrites sur la liste.

8. Le règlement adopté est certifié, en triple exemplaire, par le conseil d'administration de la caisse et par l'exploitant.

Un exemplaire est déposé au greffe de la justice de paix du siège principal de l'exploitation, un autre est conservé par l'exploitant, et un troisième par le conseil d'administration.

9. Si, dans un délai d'une semaine à partir de la notification qui lui est faite d'après l'article 1er, l'exploitant n'a pas donné son adhésion au règlement proposé par le conseil d'administration ou aux modifications introduites après l'enquête prescrite par l'article 2, les inscrits sont appelés par le conseil d'administration de la caisse, au moyen d'un avis affiché à la diligence de l'exploitant, une semaine d'avance et dans les formes prescrites aux articles 4 et 6, à voter sur le recours à la commission arbitrale.

Il en est de même si le règlement proposé, soit par le conseil d'administration, soit, à son défaut, par l'exploitant, n'a pas été ratifié par la majorité des inscrits.

10. Une heure, au moins, avant qu'il soit procédé, dans aucune des sections de vote, à la clôture du scrutin, l'exploitant remet, sous pli cacheté, au bureau de la section centrale, une déclaration faisant connaître s'il accepte ou non le recours à la commission arbitrale.

Le pli est ouvert immédiatement après la proclamation du résultat général.

La déclaration, dûment paraphée par le bureau, est mentionnée au procès-verbal auquel elle demeure annexée.

11. En cas d'accord sur le recours à la commission arbitrale, et dans la semaine qui suit la proclamation du résultat général du scrutin, l'exploitant notifie, par écrit, au conseil d'administration de la caisse, le nom du membre de la commission qu'il est appelé à désigner aux termes de l'article 26 de la loi du 29 juin 1894.

L'élection du membre qui doit, aux termes du même article, être désigné par la majorité des ouvriers et employés, a lieu à la majorité absolue, suivant les formes prescrites aux articles 4 à 6 du présent règlement.

Si le premier tour de scrutin n'a pas donné de résultats, il est procédé, le dimanche suivant, à un deuxième tour, où l'élection a lieu à la majorité relative.

12. En cas de décès ou de démission du membre élu par les inscrits, il est procédé à son remplacement, au plus tard dans le délai d'un mois, par voie d'élection conformément à l'article précédent.

En cas de décès ou de démission du membre désigné par l'exploitant, celui-ci notifie, dans le même délai, tant au ministre des travaux publics qu'au conseil d'administration de la caisse, le nom du membre choisi par lui pour remplacer le membre décédé ou démissionnaire.

13. Nul ne peut être désigné comme membre de la commission arbitrale s'il n'est Français, jouissant de ses droits civils et politiques.

14. Dans les cas de recours à la commission arbitrale, le conseil d'administration de la caisse transmet, sous bordereau récapitulatif, au sous-préfet :

1° Les statuts de la caisse, en vigueur au moment de la promulgation de la loi ;

2° La situation active et passive de la caisse à cette date ;

3° Le compte rendu des opérations de la caisse, en recettes et en dépenses, pendant les dix derniers exercices ;

4° Le texte des diverses propositions de règlement rejetées par les intéressés ;

5° La notification adressée au conseil par l'exploitant, à l'effet de désigner le membre appelé par celui-ci à siéger à la commission arbitrale ;

6° L'original des procès-verbaux de toutes les opérations de vote auxquelles il a été procédé en vertu des articles précédents : ensemble tous les documents relatifs à ces opérations.

Le sous-préfet donne récépissé du dépôt et le transmet au préfet, qui l'envoie au ministre des travaux publics.

TITRE II. — DE LA COMMISSION ARBITRALE.

15. Le ministre des travaux publics fait procéder, par le conseil général des mines, à la nomination de deux membres permanents de la commission arbitrale et provoque, par l'intermédiaire des ministres compétents, la nomination des autres membres.

Dès qu'il a reçu avis de toutes les nominations, il convoque les membres permanents et invite la commission à se constituer.

La composition et la constitution de la commission sont, par les soins du ministre des travaux publics, insérées au *Journal officiel*.

16. En cas de décès ou de démission de l'un des membres de la commission, le ministre des travaux publics est immédiatement avisé par le président. Il est pourvu, suivant les formes prévues au présent décret, au remplacement du membre décédé ou démissionnaire.

17. Un ingénieur des mines, désigné par le ministre des travaux publics, est attaché à la commission comme secrétaire adjoint, avec voix consultative.

Un chef ou un sous-chef de bureau du ministère des travaux publics, également désigné par le ministre, est chargé de la tenue des écritures et de la conservation des archives.

18. Le ministre des travaux publics peut, sur la demande du président, adjoindre, pour chaque affaire, à la commission, en qualité d'auxiliaires de l'instruction, en vue de procéder à toutes enquêtes, constatations et vérifications de comptes, deux ingénieurs des mines et deux fonctionnaires de l'administration des finances désignés par le ministre des finances.

19. La commission peut entendre toutes personnes et ordonner toutes enquêtes, vérifications et autres mesures d'instruction, soit par un des membres, soit par un des auxiliaires mentionnés à l'article précédent.

20. La commission ne peut statuer valablement qu'en nombre impair et lorsque cinq au moins de ses membres participent à la décision.

Si le nombre des membres présents est pair, le sort décide lequel des membres permanents doit s'abstenir.

21. Les décisions sont notifiées en la forme administrative, tant à l'exploitant qu'au conseil d'administration de la caisse; elles sont portées à la connaissance du ministre des travaux publics. La décision définitive sur le fond est, en outre, affichée par les soins de l'exploitant, aux lieux habituels pour les avis donnés aux ouvriers et employés; il en est déposé une expédition au greffe de la justice de paix que cette décision aura indiquée.

TITRE III. — DU MANDATAIRE COLLECTIF.

22. Lorsque, par application de l'article 27, paragraphe 4, de la loi du 29 juin 1894, plusieurs intéressés veulent constituer un mandataire unique, pour les représenter devant les tribunaux civils, ils présentent, à cet effet, au juge de paix du canton où se trouve le siège principal de l'exploitation de la mine, une requête signée de chacun d'eux indiquant la nature et les circonstances du différend, ainsi que les noms, prénoms et domiciles de tous les signataires.

23. Le juge de paix convoque les intéressés à l'effet d'élire leur mandataire collectif.

Les convocations sont faites par avis collectif affiché à la porte de la mairie du siège principal de l'exploitation, deux semaines au moins avant la réunion. Elles indiquent le jour, l'heure, le lieu et l'objet de la séance.

24. Les intéressés peuvent se faire représenter par un fondé de pouvoir, sans que le même mandataire puisse être porteur, au plus, de dix pouvoirs.

25. Il est dressé, par les soins du juge de paix, une liste d'émargement d'après les énonciations de la requête.

26. Le juge de paix préside la réunion. Avant l'ouverture du scrutin, il délivre à chaque intéressé un nombre de bulletins de vote paraphés, revêtus du timbre de la justice de paix, égal au nombre de voix dont celui-ci dispose soit en son nom personnel, soit comme fondé de pouvoir.

Il appelle auprès de lui, comme assesseurs, le plus âgé et le plus jeune des signataires présents, et déclare le scrutin ouvert. Le bureau vérifie, d'après les signatures apposées au bas de la requête, tant les émargements que les pouvoirs, prononce la clôture du scrutin, procède au dépouillement et proclame le résultat de l'élection.

27. Nul n'est élu mandataire collectif s'il n'a réuni la majorité absolue des intéressés ayant signé la requête.

28. Le juge de paix dresse, en double exemplaire, un procès-verbal des opérations du scrutin. Ce procès-verbal contient la reproduction de la requête; il relate les observations et réclamations qui se seraient produites relativement aux opérations de vote. L'un des exemplaires est déposé au greffe de la justice de paix, l'autre est remis au mandataire élu et lui tient lieu de pouvoir.

29. Nul ne peut être choisi comme mandataire collectif s'il n'est Français, jouissant de ses droits civils et politiques.

Décret du 14 août 1894,

Portant règlement d'administration publique pour l'exécution des articles 1, 2, 3 et 28 de la loi du 29 juin 1894 sur les caisses de secours et de retraites des ouvriers mineurs.

Art. 1er. Les dispositions du décret du 28 décembre 1886, portant règlement d'administration publique pour l'exécution de la loi du 20 juillet 1886, sur la Caisse nationale des retraites pour la vieillesse, sont applicables aux versements effectués à cette Caisse au compte des ouvriers mineurs, conformément à la loi du 29 juin 1894, sous la réserve des modifications énoncées aux articles ci-après.

2. L'exploitant qui, aux termes de l'article 2 de la loi précitée, effectue des versements à la Caisse nationale des retraites au nom de ses ouvriers, produit les déclarations de versement et les bordereaux prévus par les articles 2, 3, 6, 7, 16 et 19 du décret du 28 décembre 1886, ainsi que les pièces énoncées dans le même décret, à l'appui des déclarations, sans être tenu néanmoins de fournir, en ce qui concerne les versements effectués au profit des mineurs et des femmes mariées, les consentements et autorisations requis par les articles 5 et 8 dudit décret.

Dans le cas où les versements ont lieu au profit d'un ouvrier déjà titulaire d'un livret individuel de la Caisse nationale des retraites pour la vieillesse, l'exploitant n'a à produire qu'une déclaration à l'appui de son premier versement fait en exécution de la loi du 29 juin 1894.

L'exploitant peut se faire représenter, comme intermédiaire, par un agent accrédité par lui.

3. La déclaration à souscrire au nom de chaque ouvrier, lors du premier versement, conformément à l'article 2 du décret précité, fixe uniformément l'entrée en jouissance à cinquante-cinq ans et s'applique également à la partie du versement à la charge de l'exploitant et à celle provenant d'un prélèvement sur le salaire de l'ouvrier ou employé.

Elle fait connaître si le versement doit être en totalité à capital aliéné, ou si, pour la part provenant du salaire, il est soumis à la condition de réserve du capital, soit pour l'ouvrier, soit pour son conjoint.

Lorsque la réserve du capital est stipulée, la déclaration mentionne la portion des versements de l'ouvrier à laquelle cette clause est applicable, et indique au profit de qui doit être payé le capital assuré par suite de cette réserve.

4. Dans le cas où, conformément au paragraphe 2 de l'article 3 de la loi du 29 juin 1894, la délivrance de la rente, fixée primitivement à cinquante-cinq ans, est différée, l'entrée en jouissance des rentes correspondant aux versements déjà effectués est ajournée à soixante ans et, ensuite, s'il y a lieu, à soixante-cinq ans, et l'entrée en jouissance des rentes afférentes aux versements qui seraient faits ultérieurement est fixée également à soixante ans, puis à soixante-cinq ans.

Le titulaire qui a atteint l'âge de cinquante-cinq ans conserve néanmoins le droit d'obtenir, sur sa simple demande, la liquidation de sa pension à toute année d'âge accomplie en dehors des termes ci-dessus fixés.

Dans ce cas, chacune des rentes produites, tant par l'ajournement à soixante ans que par les versements ou abandon de capitaux postérieurs à cet ajournement, est calculée à nouveau d'après les tarifs en vigueur aux époques où les différentes opérations soit de versement, soit d'abandon ou d'ajournement, ont été effectuées.

5. Les versements que l'exploitant doit effectuer mensuellement, conformément à l'article 2 de la loi du 29 juin 1894, sont reçus à la Caisse des dépôts et consignations, à Paris, et chez les trésoriers-payeurs généraux et les receveurs particuliers des finances, dans les départements.

L'exploitant peut être autorisé, soit par le ministre des finances, soit par le ministre des postes et télégraphes, sur l'avis du ministre des travaux publics, à se servir de l'entremise du percepteur ou du receveur des postes, pour effectuer ses versements à la Caisse nationale des retraites.

6. Les bordereaux de versement sont établis de manière à permettre d'y inscrire les trois versements à effectuer pendant chaque trimestre et leur total.

Ces versements donnent lieu à la délivrance de récépissés provisoires, visés au contrôle et mentionnés sur le bordereau, qui reste entre les mains du déposant.

A l'expiration du trimestre, le total des versements mensuels est porté sur les livrets individuels.

Pour les ouvriers qui quittent l'exploitation en cours de trimestre, il est produit un bordereau spécial avec les livrets y afférents. Chaque livret est ensuite adressé au comptable chez lequel l'ouvrier aura déclaré vouloir le retirer.

L'inscription de la rente viagère, acquise par les versements, est faite dans les conditions prévues aux paragraphes 1 et 2 de l'article 18 du décret du 28 décembre 1886.

7. En ce qui concerne la liquidation des caisses de prévoyance prévue par l'article 28 de la loi du 29 juin 1894, les productions exigées pour la constitution des livrets individuels seront celles qui seront prévues par les articles 2 et suivants du présent décret.

Les rentes seront liquidées d'après le tarif de la Caisse nationale des retraites, en vigueur à la date où le versement a été opéré.

Les versements prévus au paragraphe précédent ne sont pas soumis à la limite de 500 francs, assignée par la loi du 26 juillet 1893 aux sommes versées dans une année au compte de la même personne.

Loi du 19 décembre 1894,

Portant rectification de la loi du 29 *juin* 1894, *sur les caisses de secours et de retraites des ouvriers mineurs* (D. P. 95. 4. 33; — et C. adm. ann., t. 3, v° *Mines*, p. 976).

Article unique. Le délai fixé pour l'application de la loi du 29 juin 1894, par ses articles 1 et 24, est prorogé jusqu'au 1er juillet 1895.

La commission instituée en vertu de l'article 26 de la loi précitée sera valablement saisie lorsque le recours prévu par l'article 24, paragraphe 2, de ladite loi aura été voté à la majorité des suffrages exprimés, à un premier ou à un second tour, pourvu que cette majorité soit supérieure au quart des inscrits, et sous la réserve que le vote soit émis avant le jugement homologuant le rapport du liquidateur.

Les opérations pour les votes à émettre en vertu de l'alinéa précédent et pour ceux nécessaires à la désignation des membres adjoints de la commission arbitrale seront faites suivant les formes prévues par le décret du 25 juillet 1894, en tout ce qui n'est pas contraire à la présente loi.

Le recours à la commission arbitrale en vertu de la présente loi arrête et annule toutes opérations de liquidation qui seraient en cours.

Loi du 16 juillet 1896,

Ayant pour objet de modifier l'article 11 *de la loi du* 29 *juin* 1894, *sur les caisses de secours et de retraites des ouvriers mineurs* (D. P. 96. 4. 87). — V. *suprà*, L. 29 juin 1894, art. 11.

Sur les textes ci-dessus rapportés, V. C. adm. ann., t. 3, v° *Mines*, p. 967, nos 2727 s.

Loi du 31 mars 1903,

Portant fixation du buget général des dépenses et des recettes de l'exercice 1903 (**D. P.** 1903. 4. 17).

. . . .

Art. 84. (*L.* 31 *décembre* 1907, *art.* 48.) Une somme de un million cinq cent mille francs (1 500 000 fr.) est affectée, chaque année, dans les conditions déterminées par la loi :

1° Pour un tiers, à la majoration de la pension d'âge ou d'invalidité de plus de 50 francs acquise, ou en instance de liquidation au 1er janvier 1903 de chaque année en faveur de tout ouvrier ou employé des mines de nationalité française, par application du titre IV de la loi du 29 juin 1894 sur les caisses de secours et de retraites des ouvriers mineurs ;

2° Pour les deux autres tiers, à des allocations en faveur de tous autres ouvriers ou employés des mines, de nationalité française, âgés de cinquante-cinq ans au moins au 1er janvier de chaque année et justifiant, à cette date, de trente années de travail salarié dans les mines françaises, sans que le nombre total des journées de travail réparties entre ces trente années ne puisse être inférieur à 6 600 journées. (V. *infrà*, *L.* 17 *avril* 1906, *art.* 66.)

85 et **86.** (*L.* 31 *décembre* 1907, *art.* 49.) La majoration ne pourra élever la pension majorée au delà du chiffre de trois cents francs (300 fr.), y compris toutes autres ressources tant de l'intéressé que de son conjoint, mais indépendamment de tout salaire régulier en argent ou en nature, n'excédant pas 50 francs par mois.

L'allocation prévue à l'article 84-2° sera limitée au chiffre de deux cent quarante francs (240 fr.), y compris toutes autres ressources, tant de l'intéressé que de son conjoint, mais indépendamment de tout salaire régulier en argent ou en nature n'excédant pas 50 francs par mois et d'une pension de 50 francs au plus liquidée en vertu du titre IV de la loi du 29 juin 1884.

Un décret délibéré en conseil des ministres, faisant état des disponibilités, pourra relever jusqu'au chiffre de 360 francs le maximum prévu au paragraphe 1er du présent article.

87. La loi annuelle de finances déterminera le nombre de centimes additionnels à la redevance des mines qui devront être établis en représentation de la part contributive des exploitants aux allocations prévues à l'article 86. Cette part est fixée à la moitié de ces dépenses et des frais d'application de la présente loi.

88. Tout ouvrier ou employé qui voudra bénéficier des dispositions de la présente loi devra en faire la déclaration, soit en personne, soit par mandataire, au maire de la commune de son domicile. Les déclarations seront reçues, sous peine de forclusion, chaque année, du 1er janvier au dernier jour de février. Toutefois, pour la première année d'application de la loi, ce délai sera de quatre mois à compter de la date de la promulgation. La déclaration ne sera renouvelée qu'en cas de modifications survenues dans les titres invoqués par les intéressés.

La déclaration est exempte de frais.

Elle sera établie dans les formes et accompagnée des justifications que fixera un arrêté du ministre des travaux publics.

La déclaration est rédigée par les soins du maire et signée par le déclarant. Il en est donné récépissé.

Le maire la transmet immédiatement au préfet avec son avis.

Elle est enregistrée à la préfecture dès sa réception sur un registre spécial.

89. Les déclarations sont soumises à une commission ainsi composée :

Le préfet ou son représentant, président ;

L'ingénieur en chef des mines ou un fonctionnaire de l'administration des mines délégué par lui ;

Le directeur des contributions directes ou un fonctionnaire de cette administration délégué par lui ;

Le directeur de l'enregistrement, des domaines et du timbre ou un fonctionnaire de cette administration délégué par lui ;

« (*L.* 21 *juillet* 1903.) Un exploitant et un ouvrier des mines du département.

Le préfet désigne cet exploitant et cet ouvrier : ce dernier devra être pris parmi les administrateurs des caisses de secours des mines élus par les ouvriers toutes les fois que ce sera possible. »

Tous les deux devront, à moins d'impossibilité, appartenir à des entreprises différentes.

Dans les départements que désignera le ministre des travaux publics, il pourra être établi, à raison du nombre et de l'importance des exploitations, des commissions distinctes par arrondissement de sous-préfecture, ou par toute autre circonscription que fixeront des arrêtés du ministre des travaux publics.

Les déclarations reçues dans un département où n'existerait pas d'entreprise minière seront renvoyées à l'examen de la commission qui siège dans la circonscription où se trouve la mine dans laquelle l'ouvrier a fait le plus long séjour.

90. La commission examine et admet, s'il y a lieu, les titres invoqués dans les déclarations ; elle arrête le montant des revenus personnels et celui de la pension à majorer.

(Abrogé par L. 14 avril 1908.) *Une année ne peut entrer en compte dans la durée des services que si elle donne 220 jours au moins de travail salarié.*

Est assimilé au travail salarié le temps pendant lequel l'ouvrier a chômé pour maladie ou pendant lequel il aurait reçu l'indemnité temporaire pour accident du travail, si, pendant ce temps, ont été faits sur son livret individuel les versements prévus par l'article 8 de la loi du 29 juin 1894.

91. (*L.* 14 *avril* 1908.) « Les décisions de la commission sont transmises, avant le 1er juillet de chaque année, par les soins du préfet, au ministre du travail et de la prévoyance sociale, qui, d'après ces décisions, arrête le montant des majorations et allocations. Toutefois, le ministre peut suspendre l'exécution des décisions qui seraient contraires aux dispositions de la loi jusqu'à ce qu'elles aient été l'objet d'une revision conformément à l'article 92. Il doit, en ce cas, et dans les trois mois du jour où il est saisi de la décision, inviter le préfet à la déférer à la commission pour revision. »

Tout déclarant reçoit, par les soins du préfet, avant le 31 décembre, avis de la décision prise par la commission sur sa déclaration.

Tout intéressé peut prendre communication de l'arrêté ministériel de répartition, dont une ampliation est déposée, à cet effet, avant le 31 décembre, dans les bureaux de la préfecture ou sous-préfecture de chef-lieu de chaque sous-arrondissement minéralogique. Avis de ce dépôt est publié dans les journaux du département.

92. La commission peut toujours reviser, dans son travail annuel, la décision antérieure, soit sur la proposition du préfet, soit sur la requête présentée par le bénéficiaire.

La requête en revision du bénéficiaire est introduite dans les formes et délais prescrits pour les déclarations.

« (*L.* 14 *avril* 1908.) La commission indique la date à partir de laquelle la nouvelle décision doit sortir effet. Les rappels d'arrérages, s'il y a lieu, sont précomptés sur la répartition annuelle qui suit.

Les décisions emportant suppression ou modification de majorations ou d'allocations déjà acquises n'ont effet que pour la répartition annuelle suivante. »

93. Les décisions de la commission ne peuvent être déférées au Conseil d'État que pour incompétence, excès de pouvoir ou violation de la loi. Le recours n'est ouvert qu'au préfet ou à l'intéressé. Il est dispensé d'avocat et a lieu sans frais.

Les recours au Conseil d'État contre les arrêtés ministériels de répartition sont dispensés d'avocat et ont lieu sans frais.

94 et **95**. (*L.* 31 *décembre* 1907, *art.* 50.) Les majorations et les allocations, en cas d'insuffisance des crédits correspondants, sont réduits proportionnellement de manière à ne pas excéder chaque crédit.

Les fractions de franc ne seront pas inscrites.

96. Les majorations et allocations sont dues à compter du premier jour du trimestre qui suit celui dans lequel a été faite la déclaration. Elles sont payables par quart, à partir du 1er janvier de l'année qui suit la date de la décision de la commission prévue à l'article 89, de trimestre en trimestre et à terme échu.

Elles sont incessibles et insaisissables. Les sommes non perçues sont prescrites, au profit du Trésor, trois ans après leur échéance.

97. Les certificats, actes de notoriété et autres pièces exclusivement relatives à l'exécution des dispositions des articles 84 et 96 de la présente loi seront délivrés gratuitement et dispensés des droits de timbre et d'enregistrement.

98. Tout exploitant qui a constitué des pensions d'âge ou d'invalidité en vertu du titre IV de la loi du 29 juin 1894 est tenu, dans la première quinzaine de janvier de chaque année, d'adresser au préfet, dans la forme que fixera le ministre des travaux publics, la liste des retraites ainsi créées par lui pendant l'année précédente.

Toute infraction au présent article est passible des pénalités prévues au titre X de la loi du 21 avril 1810.

Loi du 2 avril 1906,

Concernant la participation des délégués à la sécurité des ouvriers mineurs aux caisses de retraites et de secours des ouvriers mineurs

(D. P. 1907. 4. 124).

Art. 1er. Les délégués à la sécurité des ouvriers mineurs, titulaires et suppléants, bénéficient, dans les conditions déterminées ci-après, des caisses de retraites et de secours établies dans leurs circonscriptions en exécution de la loi du 29 juin 1894.

2. Tout délégué, qu'il soit ou non occupé comme ouvrier dans la mine où il exerce ses fonctions, à la seule condition de notifier préalablement au préfet et à l'exploitant qu'il est en possession d'un livret individuel délivré par la caisse nationale des retraites pour la vieillesse, bénéficiera sur ce livret de versements effectués par l'exploitant à raison de quatre pour cent (4 %) de son indemnité de délégué; moitié sera prélevée sur ladite indemnité et moitié sera fournie par l'exploitant lui-même.

L'exploitant sera tenu d'effectuer à la caisse nationale des retraites le versement ci-dessus indiqué de 4 % dans le mois de l'avertissement à lui adressé par le directeur des contributions directes pour le recouvrement des indemnités de délégués.

La somme à payer sur mandat délivré au délégué, conformément à l'article 16 de la loi du 8 juillet 1890, et celle à recouvrer par le Trésor sur l'exploitant, seront l'une et l'autre diminuées de deux pour cent (2 %).

3. Lorsqu'un ouvrier travaillant dans une mine y remplit les fonctions de délégué, l'indemnité qu'il reçoit pour les journées effectivement consacrées à ses visites entre en compte, concurremment avec son salaire, pour le calcul de ses charges et avantages dans la société de secours dont il fait partie.

Il est tenu de verser la cotisation statutaire, qui correspond au montant desdites journées, directement à la caisse de secours, dans la huitaine de la réception du mandat mensuel qui lui est délivré par le préfet.

Sur l'avis à lui notifié par les représentants statutaires de la caisse de secours, l'exploitant doit opérer de son côté, dans la huitaine, le versement statutaire correspondant.

4. Tout délégué, qui n'est pas actuellement occupé dans la mine, participe à la caisse de secours de sa circonscription sur sa demande, qu'il doit adresser au conseil d'administration de ladite caisse et notifier à l'exploitant.

Lorsque la circonscription correspond à plusieurs sociétés de secours, ce délégué a le droit de choisir celle à laquelle il sera inscrit pendant la durée de ses fonctions.

Pour le calcul de ses charges et avantages, le délégué est assimilé à un sociétaire qui recevrait un salaire égal au salaire moyen des ouvriers du fond ; ce salaire moyen sera fixé, chaque année, par le préfet, dans les conditions de l'article 16 de la loi du 8 juillet 1890.

Le délégué doit verser la totalité de la somme due à la caisse de secours directement et aux époques fixées par les statuts.

Aux mêmes époques, l'exploitant est tenu de verser à la caisse de secours une somme égale à la moitié de la cotisation statutaire du délégué.

L'article 11 de la loi du 29 juin 1894 est applicable aux délégués qui participent à une caisse de secours en vertu du présent article.

5. Les dispositions des articles 3 et 4 ci-dessus ne sont pas applicables au délégué qui est occupé comme ouvrier dans une circonscription autre que celle où il exerce ses fonctions.

6. Un règlement d'administration publique déterminera les mesures nécessaires à l'application de la présente loi.

Loi du 17 avril 1906,

Portant fixation du budget général des dépenses et des recettes de l'exercice 1906 (D. P. 1906. 4. 85).

. . . .

Art. 66. La majoration et l'allocation prévues par l'article 84 de la loi de finances du 30 mars 1903 sont réversibles par moitié sur la tête du conjoint survivant et non remarié.

Un règlement d'administration publique précisera les conditions d'application de cette réversibilité.

Le règlement prévu à l'article 29 de la loi du 29 juin 1894 déterminera, tant à l'égard des exploitants qu'à l'égard des bénéficiaires, les mesures de contrôle nécessaires pour assurer l'exécution de ladite loi.

Décret du 28 décembre 1906,

Portant règlement d'administration publique pour l'exécution de la loi du 2 avril 1906 sur la participation des délégués à la sécurité des ouvriers mineurs aux caisses de retraites et de secours des ouvriers mineurs.

TITRE Ier. — DES VERSEMENTS POUR LA RETRAITE.

Art. 1er. Les délégués à la sécurité des ouvriers mineurs, titulaires et suppléants, qui possèdent un livret à la caisse nationale de retraites pour la vieillesse et qui veulent bénéficier de la loi du 2 avril 1906, doivent en faire la déclaration au préfet, par une lettre recommandée, que celui-ci transmet à l'ingénieur en chef des mines. La lettre indique le numéro du livret individuel.

2. Si le délégué est, à la fois, délégué et ouvrier dans la même mine, il fait une déclaration analogue à l'exploitant; s'il n'est ouvrier dans aucune mine ou s'il est délégué dans une mine et ouvrier dans une autre, il fait sa déclaration à l'exploitant chez lequel il exerce ses fonctions de délégué; il lui remet son livret, dans le premier cas, et, dans le second, un livret annexe qui lui sera délivré, sur sa demande, par la caisse nationale des retraites pour la vieillesse.

3. A partir du mois qui suivra celui où la déclaration aura été faite au préfet et à l'exploitant, les mandats à délivrer au délégué et les états à recouvrer sur l'exploitant seront établis conformément aux dispositions du dernier paragraphe de l'article 2 de la loi.

4. Les versements seront effectués conformément aux dispositions du décret du 14 août 1894; ils seront faits à capital aliéné, à moins que le titulaire du livret ne demande que le versement correspondant aux 2 p. 100 prélevés sur son indemnité de délégué soit fait à capital réservé.

TITRE II. — DE LA PARTICIPATION DES DÉLÉGUÉS AUX CAISSES DE SECOURS.

5. Dès que l'ouvrier travaillant soit dans la circonscription où il remplit les fonctions de délégué, soit dans une autre circonscription de la même mine, reçoit son mandat mensuel, il en indique le montant au président de la société de secours à laquelle il est affilié comme ouvrier; sa déclaration est appuyée, s'il y a lieu, des autres indications prescrites par les statuts. Le président lui fait connaître la cotisation correspondante dont il est redevable à la société de secours. Cette cotisation doit être versée dans la huitaine de cette notification.

Dès que ce versement a été effectué, le président de la société de secours le notifie à l'exploitant pour que, dans la huitaine, celui-ci effectue le versement statutaire correspondant.

6. Si le délégué ne travaille, comme ouvrier, dans aucune mine et qu'il veuille bénéficier des dispositions de l'article 4 de la loi, il adresse sa demande, par lettre recommandée, soit au président du conseil d'administration de la société de secours de sa circonscription, s'il n'en existe qu'une seule, soit au président de celle de ces sociétés qu'il aura choisie, s'il en existe plusieurs. Il en avise également le préfet et l'exploitant. Il est procédé ensuite comme il est dit à l'article ci-dessus.

Loi du 31 décembre 1907,

Portant fixation du budget général des dépenses et des recettes de l'exercice 1908 (**D. P.** 1908. 4. 8). — V. *suprà*, L. 31 mars 1903, art. 84, 85, 86, 94 et 95.

Loi du 14 avril 1908,

Concernant les retraites des ouvriers mineurs (**D. P.** 1908. 4. 60). — V. *suprà*, L. 31 mars 1903, art. 90, 91 et 92.

Loi du 27 février 1912,

Portant fixation du budget général des dépenses et des recettes de l'exercice 1912 (D. P. 1912. 4. 20).

. . . .

Art. 63. Le ministre du travail est autorisé à accorder sur le crédit de un million cinq cent mille francs (1 500 000 fr.), ouvert au budget de son département pour amélioration des retraites des anciens ouvriers mineurs, une allocation au conjoint survivant et non remarié de l'ouvrier des mines, de nationalité française, qui, bien que comptant lors de son décès cinquante-cinq ans d'âge et trente ans de services salariés formant un total de six mille six cents jours au moins (6 600 jours) dans les mines françaises, ne jouissait pas d'une majoration ou d'une allocation réversible par moitié sur la tête dudit conjoint, conformément à l'article 66 de la loi de finances du 17 avril 1906.

VII. RETRAITES OUVRIÈRES

ET

PAYSANNES

Loi du 5 avril 1910,

Sur les retraites ouvrières et paysannes (**D. P.** 1910. 4. 49; — **Bull. Dalloz**, 1910, p. 295).

[V. *le commentaire de cette loi à notre* TRAITÉ SUR LES RETRAITES OUVRIÈRES ET PAYSANNES.]

TITRE Ier. — CONSTITUTION DES RETRAITES.

Art. 1er. Les salariés des deux sexes de l'industrie, du commerce, des professions libérales et de l'agriculture, les serviteurs à gages, les salariés de l'État, qui ne sont pas placés sous le régime des pensions civiles ou des pensions militaires, et les salariés des départements et des communes bénéficieront, dans les conditions déterminées par la présente loi, d'une retraite de vieillesse.

2. La retraite de vieillesse est constituée par des versements obligatoires et facultatifs des assurés, par des contributions des employeurs et par des allocations viagères de l'État.

Les versements obligatoires des salariés, comme les contributions des employeurs, sont établis sur les bases suivantes :

Les versements annuels seront de neuf francs (9 fr.) pour les hommes, six francs (6 fr.) pour les femmes et quatre francs cinquante centimes (4 fr. 50) pour les mineurs au-dessous de dix-huit ans, soit par journée de travail : trois centimes (3 cent.), deux centimes (2 cent.) et un centime cinq millimes (1 cent. 5).

La retraite est constituée à capital aliéné ; toutefois, si l'assuré le demande, les versements prélevés sur son salaire seront faits à capital réservé.

La contribution de l'employeur reste exclusivement à sa charge, toute convention contraire étant nulle de plein droit.

Un règlement d'administration publique déterminera la situation des salariés qui travaillent à façon, aux pièces, à la tâche ou à domicile.

3. Les versements des salariés sont prélevés sur le salaire par l'employeur lors de chaque paye.

Chaque assuré reçoit gratuitement une carte personnelle d'identité, ainsi que des cartes annuelles destinées à l'apposition de timbres constatant les versements effectués obligatoirement pour son compte ou facultativement par lui-même.

Le montant total du prélèvement et de la contribution patronale est représenté par un timbre mobile que l'employeur doit apposer sur la carte de l'assuré.

Pour les salariés intermittents, les versements obligatoires seront effectués sur la base des versements mensuels, dans les conditions qui seront déterminées par un règlement d'administration publique, sans pouvoir dépasser les limites fixées au paragraphe 3 de l'article 2 de la présente loi.

Les sociétés de secours mutuels, les caisses d'épargne ordinaires et les autres caisses prévues à l'article 14 de la présente loi peuvent se charger de l'encaissement des versements obligatoires ou facultatifs de leurs adhérents, si ceux-ci en font la demande.

Elles peuvent recevoir d'avance les versements obligatoires des assurés, à condition de les inscrire sur leurs cartes avec une mention spéciale.

Dans ce cas, les employeurs s'acquittent de leurs contributions par l'apposition d'un timbre mobile.

Un règlement d'administration publique déterminera dans quelles conditions les sociétés de secours mutuels et les autres caisses devront justifier de l'encaissement des cotisations et du versement qu'elles seront tenues d'en faire à la Caisse des dépôts et consignations.

Ceux qui justifieront être déjà adhérents et payer leur cotisation à une société de secours mutuels ou de prévoyance faisant la retraite; ceux qui justifieront avoir contracté un engagement pour l'achat ou la construction d'une habitation à bon marché, ou pour l'acquisition d'une petite propriété (champ ou jardin), conformément aux conditions des lois des 30 novembre 1894, 30 avril 1904 (*cette date ne correspond à aucune loi*), 12 avril 1906 et 10 avril 1908 pourront être autorisés à continuer à appliquer à ces œuvres les versements personnels auxquels ils seront tenus par la présente loi.

Ils conserveront le bénéfice de la contribution des employeurs et la « subvention complémentaire » (*allocation viagère*) de l'État.

4. (*L. 27 février* 1912, *art.* 54.) « L'allocation viagère de l'État est fixée à cent francs (100 fr.), à l'âge de soixante ans.

« Elle sera augmentée d'une bonification d'un dixième pour tout assuré de l'un ou de l'autre sexe ayant élevé au moins trois enfants jusqu'à l'âge de seize ans. »

Pour être admis au bénéfice de cette allocation, l'assuré devra justifier qu'il a effectué au moins trente versements annuels atteignant, y compris ses versements facultatifs, le chiffre fixé à l'article 2.

(*L. 27 février* 1912, *art.* 54.) « Si le nombre des années de versement est inférieur à trente et supérieur à quinze, l'allocation sera calculée d'après le nombre des années de versement, ledit nombre multiplié par 3 fr. 33. »

(*L. 27 février* 1912, *art.* 54.) « Les deux années de service militaire obligatoire entrent en ligne de compte pour la détermination du montant de l'allocation viagère.

« Pour les femmes, chaque naissance d'enfant, constatée par la déclaration faite à l'officier de l'état civil, compte pour une année dans la détermination du montant de l'allocation viagère. »

(*L. 27 février* 1912, *art.* 54.) « Pour les assurés de la période transitoire ayant au moins trente ans accomplis au moment de la mise en vigueur de la loi, le nombre des années de versements exigés pour avoir droit à l'allocation prévue au paragraphe 1er sera égal au nombre des années écoulées depuis la mise en vigueur de la loi, jusqu'à la soixantième année, à condition que lesdits assurés justifieront qu'au 3 juillet 1911 ils faisaient partie, depuis trois ans au moins, des catégories de l'article 1er. »

Si le montant des versements annuels effectués n'atteint pas, y compris les versements facultatifs de l'assuré, le total des versements fixés par l'article 2, l'allocation sera l'objet d'une réduction proportionnelle.

(*L. 27 février* 1912, *art.* 54.) « Les allocations viagères de l'État sont payées en arrérages au moyen des crédits inscrits au budget du ministère du travail et de la prévoyance sociale. »

5. (*L. 27 février* 1912, *art.* 55.) « L'âge normal de la retraite est de soixante ans. Tout assuré aura la faculté d'en ajourner la liquidation jusqu'à l'âge de soixante-cinq ans. »

Tout assuré pourra, à partir de cinquante-cinq ans, réclamer la liquidation anticipée de sa retraite; mais, dans ce cas, l'allocation viagère accordée par l'État sera aussi l'objet d'une liquidation reportée au même âge et réduite en conséquence.

Les assurés de la période transitoire seront également admis au bénéfice de la liquidation anticipée, si, pendant les cinq années qui auront précédé la liquidation de la retraite, ils ont appartenu aux catégories de l'article 1er et s'ils ont versé chaque année, pendant cette période, des sommes au moins égales au montant des versements obligatoires prévus à l'article 2.

(*L. 27 février* 1912, *art.* 55.) « Lorsque l'assuré ne demandera la liquidation de sa retraite que postérieurement à l'âge de soixante ans, l'allocation de l'État sera versée à la fin de chaque année et jusqu'à l'époque de liquidation, soit entre les mains de l'intéressé, à son choix, soit à l'une des caisses indiquées à l'article 14 de la loi. »

6. Si un assuré encore astreint aux obligations de la présente loi décède avant d'être pourvu d'une pension de retraite de vieillesse, il est alloué :

1° A ses enfants âgés de moins de seize ans : une somme de cinquante francs (50 fr.) par mois, pendant six mois, s'ils sont au nombre de trois ou plus; cinquante francs (50 fr.) par mois, pendant cinq mois, s'ils sont au nombre de deux; cinquante francs (50 fr.) par mois, pendant quatre mois, s'il n'y en a qu'un seul;

2° A la veuve sans enfants de moins de seize ans, cinquante francs (50 fr.) par mois pendant trois mois.

En cas de divorce, les mêmes avantages seront alloués à la femme non remariée quand le divorce aura été prononcé aux torts exclusifs du mari.

Les veuves d'origine française des salariés étrangers visés à l'article 11, soit sans enfants, soit avec un ou plusieurs enfants, bénéficient des dispositions précédentes, si elles sont naturalisées, elles et leurs enfants, dans l'année qui suit le décès de l'époux et, le cas échéant, à condition que la naturalisation des enfants soit intervenue dans les conditions prévues par l'avant-dernier alinéa de l'article 9 du Code civil modifié par la loi du 26 juin 1889 et par l'article 1er de la loi du 5 avril 1909.

Les allocations prévues aux paragraphes précédents ne seront acquises aux ayants droit que si l'assuré décédé a effectué les trois cinquièmes des versements obligatoires prévus à l'article 2.

7. (*L. 27 février* 1912, *art.* 56.) « Le bénéfice de la loi du 14 juillet 1905 sera étendu aux personnes visées à l'article 1er, âgées de soixante-cinq à soixante-neuf ans au moment de l'entrée en vigueur de la présente loi et reconnues admissibles aux allocations de la loi d'assistance; mais les sommes qui leur seront attribuées chaque année ne pourront être supérieures à cent francs (100 fr.).

« Elles seront à la charge exclusive de l'État. »

Un règlement d'administration publique déterminera les conditions spéciales dans lesquelles seront dressées les listes des bénéficiaires du présent article, ainsi que la composition et les attributions des commissions chargées de statuer sur les allocations et sur les recours.

8. Les bénéficiaires de l'article 1er garderont les avantages prévus par l'article 20 de la loi du 14 juillet 1905.

La retraite acquise par les versements des salariés et les contributions patronales sera considérée comme provenant de l'épargne, la rente étant calculée à cet effet comme si tous les versements avaient été effectués à capital aliéné.

9. Les assurés qui seront atteints, en dehors des cas régis par la loi du 9 avril 1898, et à l'exclusion de toute faute intentionnelle, de blessures graves ou d'infirmités prématurées entraînant une incapacité absolue et permanente de travail auront droit, quel que soit leur âge, à la liquidation anticipée de leur retraite.

La constatation de cette incapacité sera faite dans les conditions et formes déterminées par un règlement d'administration publique.

(*L. 27 février* 1912, *art.* 57.) « La retraite liquidée sera bonifiée par l'État, dans les conditions fixées par ce règlement, au moyen de crédits spéciaux annuellement ouverts à cet effet par la loi de finances, sans que la bonification puisse dépasser cent francs de rente, ni la retraite devenir supérieure au triple de la liquidation ou excéder trois cent soixante francs (360 fr.), bonification comprise. »

10. Les agents, employés ou ouvriers des grandes compagnies de chemin de fer d'intérêt général et de l'administration des chemins de fer de l'État, les ouvriers et employés des mines et les inscrits maritimes demeurent respectivement soumis aux législations spéciales qui les régissent.

Il en sera de même des agents, employés et ouvriers des chemins de fer d'intérêt général secondaires, des chemins de fer d'intérêt local et des tramways. Toutefois, si les dispositions établies en leur faveur par les exploitants dans les conventions passées, s'il y a lieu, entre ces derniers et l'État, les départements ou les communes intéressées sous l'approbation des ministres des travaux publics et de l'intérieur donnée après avis du ministre du travail, ne devaient pas leur assurer une retraite au moins égale à celle résultant de la présente loi, celle-ci leur serait applicable dans les conditions qui seront fixées par un arrêté concerté entre le ministre des finances, le ministre des travaux publics et le ministre du travail.

Les caisses de retraites ou les règlements de retraites dont bénéficient actuellement les salariés de l'État qui ne sont pas placés sous le régime des pensions civiles ou des pensions militaires et les salariés des départements et des communes pourront être maintenus par décrets rendus sur la proposition des ministres du travail et des finances et du ministre compétent.

De nouvelles caisses ou de nouveaux règlements de retraites pourront être institués dans les mêmes conditions.

Les salariés dont la rémunération annuelle dépasse trois mille francs (3000 fr.) ne seront pas soumis aux obligations de la présente loi. Ceux dont la rémunération annuelle atteindra trois mille francs (3000 fr.) cesseront de faire partie de la liste des assurés, mais ils conserveront leurs droits acquis.

11. Les salariés étrangers travaillant en France sont soumis au même régime que les salariés français.

Toutefois, ils ne peuvent bénéficier des contributions patronales et des allocations ou bonifications budgétaires que si des traités avec les pays d'origine garantissent à nos nationaux des avantages équivalents.

Lorsqu'il n'y a pas lieu à application de l'alinéa précédent, les contributions patronales sont affectées à un fonds de réserve.

Sont également affectées au fonds de réserve les contributions patronales correspondant à l'emploi des salariés français dont la retraite est déjà liquidée.

Les chefs d'industrie qui auront constitué chez eux des caisses de retraites patronales autorisées comme il est dit à l'article 19, seront tenus de verser au fonds de réserve la contribution patronale afférente à ceux de leurs salariés qui, par application des deux paragraphes précédents, ne pourraient bénéficier de cette contribution.

12. Les tarifs des retraites sont calculés pour chacune des caisses visées à l'article 14 dans des conditions déterminées par un règlement d'administration publique rendu sur la proposition des ministres du travail et des finances, après avis du conseil supérieur des retraites ouvrières, d'après le taux d'intérêt des placements de chaque caisse et provisoirement d'après la table de mortalité de la Caisse nationale des retraites pour la vieillesse.

Le taux d'intérêt est gradué par décime.

Des décrets rendus sur la proposition des ministres du travail et des finances arrêteront, sur le vu des statistiques établies par le ministre du travail, de nouvelles tables de mortalité pour les retraites de vieillesse régies par la présente loi, ainsi que des tables de mortalité spéciales pour la liquidation des retraites anticipées d'invalidité.

Les tarifs ne comportent pas de prorata au décès. Ils ne comprennent que des âges entiers, les versements étant considérés comme effectués par les intéressés à l'âge qu'ils ont accompli au cours de l'année dans laquelle les versements sont reçus par l'organisme d'assurance.

Les tarifs ne comportent pas de chargements pour les frais d'administration des divers organismes; il y est pourvu par une allocation forfaitaire par compte d'assuré ayant donné lieu dans l'année à des opérations de recettes ou de dépenses.

Cette allocation comprendra :

1° Une remise de cinq pour cent (5 p. 100) pour les frais d'encaissement et d'envoi des fonds à l'établissement assureur;

2° Une indemnité d'un franc (1 fr.) pour le fonctionnement de l'assurance vieillesse.

Elle sera payée chaque année au moyen du fonds de réserve visé à l'article 16 et subsidiairement au moyen d'un crédit ouvert au budget du ministère du travail.

Les caisses d'épargne, les sociétés de secours mutuels et les syndicats qui seront admis par les ministres du travail et des finances, dans les conditions déterminées par un règlement d'administration publique, à se charger des encaissements de cotisations pour l'une des caisses visées à l'article 14 sont soumis, pour ces encaissements, au contrôle financier du ministre des finances.

13. Lorsque la retraite en cours d'acquisition dépasse cent quatre-vingts francs (180 fr.), l'assuré peut à toute époque, et après examen médical, affecter la valeur en capital du surplus, soit à une assurance en cas de décès, soit à l'acquisition d'une terre ou d'une habitation qui deviendra inaliénable et insaisissable, dans les conditions déterminées par la législation sur la constitution d'un bien de famille insaisissable.

14. Les comptes individuels des assurés sont ouverts à leur choix dans l'une des caisses ci-après :

1° Caisse nationale des retraites pour la vieillesse, dont la gestion continue à être assurée dans les conditions de la loi du 20 juillet 1886 par la Caisse des dépôts et consignations, sous le contrôle de la commission de surveillance placée auprès de cette caisse et qui ouvrira dans ses écritures une section spéciale pour les opérations afférentes à la présente loi;

2° Sociétés ou unions de sociétés de secours mutuels dans les conditions spécifiées à l'article 17;

3° Caisses départementales ou régionales de retraites instituées par décret et administrées par des comités de direction composés pour un tiers de représentants du Gouvernement, pour un tiers de représentants élus des assurés et pour le troisième tiers de représentants élus des employeurs;

4° Caisses patronales ou syndicales de retraites;

5° Caisses de syndicats de garantie liant solidairement les patrons adhérents pour l'assurance de la retraite;

6° Caisses de retraites de syndicats professionnels.

Les caisses prévues aux cinq derniers alinéas ci-dessus relèvent du ministre du travail. Elles jouissent de la personnalité civile et sont soumises au contrôle financier du ministre des finances, dans les conditions qui seront déterminées par un règlement d'administration publique. Leurs fonds sont employés en placements prévus à l'article ci-après.

(*L. 27 février 1912, art. 58.*) « Chaque caisse, dans le premier semestre de chaque année, délivre gratuitement aux assurés un bulletin indiquant le total des versements obligatoires et facultatifs qu'elle a reçus l'année précédente, ainsi que le montant de la retraite éventuelle à soixante cinq ans atteinte au 31 décembre de l'année précédente. »

« Le bulletin indique en outre le coefficient de réduction servant à obtenir le montant de la pension correspondant à l'âge de soixante ans, pour les titulaires qui n'ont pas atteint cet âge. »

15. Pour l'application de la présente loi, la gestion financière des divers organismes visés à l'article précédent est confiée à la Caisse des dépôts et consignations, qui effectue gratuitement leurs placements moyennant le simple remboursement des droits et frais de courtage ou d'acquisition.

Un règlement d'administration publique, rendu sur la proposition du ministre des finances et du ministre du travail, après avis de la commission de surveillance de la Caisse des dépôts et consignations, détermine les mesures d'exécution relatives à la gestion financière.

Les placements sont effectués :

1° En valeurs de l'État ou jouissant de la garantie de l'État;

2° En prêts aux départements, communes, colonies ou pays de protectorat, établissements publics, chambres de commerce, et en obligations foncières ou communales du Crédit foncier;

3° Sur l'avis favorable du conseil supérieur des retraites ouvrières prévu ci-après et jusqu'à concurrence d'un quatre centième en acquisitions de terrains incultes à reboiser ou de forêts existantes;

4° Sur l'avis favorable du conseil supérieur des retraites ouvrières, et jusqu'à concurrence du dixième en prêts aux institutions visées par l'article 6 de la loi du 12 avril 1906 et aux institutions de prévoyance et d'hygiène sociale reconnues d'utilité publique, ou en prêts hypothécaires sur habitations ouvrières ou jardins ouvriers, ainsi qu'en obligations de sociétés d'habitations à bon marché établies conformément à la même loi du 12 avril 1906.

Les sommes non employées seront versées en compte courant au Trésor dans les limites d'un maximum et à un taux fixés annuellement par la loi de finances. Les placements seront opérés sur la désignation de chaque caisse intéressée. La Caisse des dépôts et consignations ne pourra se dispenser d'exécuter les ordres d'achat ou de vente adressés par les caisses visées aux n°s 2 à 6 du premier paragraphe de l'article précédent, sauf à les fractionner, s'il y a lieu, suivant la situation du marché et sauf avis contraire de la section permanente du conseil supérieur des retraites ouvrières, en ce qui concerne les ordres de vente.

16. Le fonds de réserve visé aux articles 11 et 12 est alimenté :

1° Par les versements prévus à l'article 11 :

2° Par les amendes prévues à l'article 23 et par les versements des greffes visés au même article;

3° Par les arrérages retenus aux rentiers en application de la prescription de cinq ans, conformément à l'article 2277 du Code civil;

4° Par la portion non employée annuellement du revenu visé à l'article 4 de la loi du 31 décembre 1895 ;

5° Par les dons et legs qui peuvent être faits à l'État avec affectation audit fonds.

Ce fonds de réserve est déposé à la Caisse des dépôts et consignations, qui en fait emploi dans les conditions prévues au troisième alinéa de l'article 15, et ses disponibilités sont comprises dans le maximum visé à l'avant-dernier alinéa dudit article. Les prélèvements sur ce fonds prévus à l'article 12 sont effectués sur l'ordre du ministre du travail.

TITRE II. — RETRAITES ASSURÉES PAR LES SOCIÉTÉS DE SECOURS MUTUELS, LES CAISSES DÉPARTEMENTALES OU RÉGIONALES, LES CAISSES PATRONALES OU SYNDICALES, LES SYNDICATS DE GARANTIE ET LES SYNDICATS PROFESSIONNELS.

17. Toute société ou union de sociétés de secours mutuels, libre ou approuvée, qui a été préalablement agréée à cet effet par décret rendu sur la proposition du ministre du travail et du ministre des finances, est admise à assurer directement pour ses sociétaires les retraites prévues par la présente loi. Ces retraites bénéficient de tous les avantages qui y sont spécifiés.

L'agrément ne peut être refusé qu'aux sociétés ou unions ne remplissant pas les conditions générales déterminées par un règlement d'administration publique rendu sur la proposition des ministres du travail et des finances.

En cas de refus d'agrément dans les trois mois de la demande, un recours peut être formé devant le conseil d'État, sans ministère d'avocat et avec dispense de tout droit. L'agrément ne peut être retiré que par décret rendu sur avis conforme de la section permanente du conseil supérieur des retraites ouvrières et sauf recours devant le conseil d'État dans les conditions susénoncées.

Les sommes déposées par les sociétés à la Caisse des dépôts et consignations en exécution de la présente loi formeront un fonds de retraite distinct et aliénable et les sociétés ne bénéficieront à raison de ces versements ni des subventions de l'État prévues par la loi du 1er avril 1898, ni de la bonification d'intérêt prévue par la loi de finances du 31 mars 1903.

18. Indépendamment de l'allocation prévue à l'article 12, les sociétés de secours mutuels reçoivent de l'État une allocation annuelle d'un franc cinquante centimes (1 fr. 50), réduite à soixante-quinze centimes (0 fr. 75) pour les assurés de moins de dix-huit ans, qui sera affectée à un dégrèvement de pareille somme sur la cotisation maladie de l'assuré. Toutefois, cette allocation n'est pas attribuée si la cotisation versée pour l'assurance contre la maladie est inférieure à six francs (6 fr.) ou à trois francs (3 fr.) si l'assuré a moins de dix-huit ans.

Les syndicats professionnels qui constituent une caisse d'assurance maladie et une caisse d'invalidité et de retraites régies par la loi du 1er avril 1898 dans les conditions réglées par l'article 19 de la présente loi, bénéficieront des avantages stipulés dans le paragraphe précédent.

19. Un règlement d'administration publique rendu sur la proposition des ministres du travail et des finances déterminera les conditions de constitution et de fonctionnement des caisses départementales ou régionales, des caisses patronales ou syndicales, des caisses de syndicats de garantie solidaire et des caisses de syndicats professionnels visées à l'article 14.

Un décret rendu sur la proposition des ministres du travail et des finances autorisera la constitution de chaque caisse.

Les employeurs et les salariés qui adhèrent aux caisses patronales ou syndicales ou à des caisses de syndicats de garantie solidaire visées au présent article peuvent être dispensés, par le décret qui en autorisera la constitution, des versements prévus à l'article 2, à la condition que les pensions soient au moins égales à celles qui seraient obtenues dans les mêmes périodes en vertu de la présente loi.

Ils seront en tous cas dispensés des appositions de timbres prévus par l'article 3 de la présente loi.

Si les caisses patronales ou syndicales reçoivent des employeurs des cotisations supérieures aux contributions fixées à l'article 2, elles sont tenues seulement de capitaliser au compte de chaque salarié la partie de la cotisation correspondant à la contribution obligatoire, et peuvent, avec le surplus, soit constituer des réserves, soit accorder des avantages supplémentaires aux bénéficiaires ou à leur famille dans les conditions déterminées par leurs statuts approuvés.

Les salariés ne pourront valablement s'engager à adhérer à une caisse patronale ou syndicale pour une période supérieure à celle pendant laquelle ils appartiennent à l'entreprise affiliée à la caisse patronale ou à une des entreprises affiliées à la caisse syndicale.

Indépendamment des placements prévus par l'article 15, les fonds des caisses patronales ou syndicales prévues au présent article pourront être employés en prêts garantis par premières hypothèques sur les immeubles appartenant aux entreprises auxquelles correspondent lesdites caisses et jusqu'à concurrence de la moitié seulement de leur valeur.

Tous les actes relatifs aux prêts dont il s'agit seront exempts de droits de timbre, d'enregistrement et de toutes autres taxes.

Si, du fait de l'autorisation d'une caisse patronale ou syndicale en vertu de la présente loi, il y a lieu à un transfert à cette caisse de fonds ou de valeurs passible du droit de mutation ou de toutes autres taxes, ce transfert sera exempté desdits droits et taxes.

Les syndicats de garantie solidaire sont soumis aux dispositions du présent article. Indépendamment des placements prévus à l'article 15, leurs fonds peuvent être employés jusqu'à concurrence du tiers en immeubles situés en France et jusqu'à concurrence d'un dixième, confondu dans le tiers précédent, en commandites industrielles ou en prêts des exploitations industrielles de solvabilité notoire et ayant leur siége en France.

20. Les décrets prévus aux articles 17 et 19 déterminent le mode de liquidation des droits éventuels des bénéficiaires en vue du transfert de la réserve mathématique correspondante à un autre des organismes visés par la présente loi, lorsque la caisse débitrice renonce à la constitution des retraites ouvrières.

Dans le cas où un assuré déclare quitter la caisse à laquelle il appartient pour s'affilier à une autre, il n'y a pas lieu à transfert immédiat. Cette opération est différée jusqu'à l'époque de l'entrée en jouissance de la pension. A ce moment, la caisse à laquelle l'assuré est alors affilié reçoit de chacune des autres caisses la réserve mathématique afférente aux portions de rentes qui y sont constituées.

En ce qui concerne les employés et ouvriers de l'État soumis à des régimes de retraite autres que ceux des pensions civiles ou des pensions militaires et quittant le service avant liquidation de pension, des règlements d'administration publique rendus sur la proposition des ministres du travail et des finances et du ministre intéressé détermineront, par analogie, le mode de liquidation à la charge de l'État de la réserve mathématique des pensions en cours d'acquisition.

TITRE III. — DISPOSITIONS GÉNÉRALES.

21. Les retraites et allocations acquises en vertu de la présente loi sont incessibles et insaisissables, si ce n'est au profit des établissements publics hospitaliers pour le payement du prix de journées du bénéficiaire de la retraite admis à l'hospitalisation, sauf en ce qui concerne les allocations en cas de décès.

22. Les certificats, actes de notoriété et toutes autres pièces exclusivement relatives à l'exécution de la présente loi sont délivrés gratuitement et dispensés des droits de timbre et d'enregistrement. Un décret réglera le tarif postal applicable aux objets de correspondance adressés ou reçus pour l'exécution de la loi par la Caisse nationale des retraites et par les autres caisses visées à l'article 14.

Pour les différends qui naîtraient de l'exécution de la présente loi et qui seraient déférés aux tribunaux civils, il sera procédé comme en matière sommaire et statué d'urgence.

Les recours au conseil d'État contre les arrêtés ministériels statuant sur les réclamations relatives aux allocations prévues par la présente loi seront dispensés du ministère d'avocat et auront lieu sans frais.

23. L'employeur ou l'assuré par la faute duquel l'apposition des timbres, prescrite par la présente loi, n'aura pas eu lieu sera passible d'une amende égale aux versements omis, prononcée par le juge de simple police, quel qu'en soit le chiffre, sans préjudice de la condamnation, par le même jugement, au payement de la somme représentant les versements à sa charge, et qui sera portée au compte individuel de l'assuré.

L'amende sera versée au fonds de réserve. L'employeur qui a été dans l'impossibilité d'apposer le timbre prescrit pourra se libérer de la somme à sa charge, en la versant à la fin de chaque mois, directement ou par la poste, au greffier de la justice de paix ou à l'organisme, reconnu par la loi, auquel serait affilié l'assuré.

Tous les trois mois, le greffier déposera les sommes par lui touchées à la Caisse des dépôts et consignations.

24. Sont passibles d'une amende de cent à deux mille francs (100 à 2 000 fr.) et d'un emprisonnement de cinq jours à deux mois :

1° Les administrateurs, directeurs ou gérants de toutes sociétés ou institutions recevant, sans avoir été dûment agréées ou autorisées à cet effet, les versements visés par la présente loi ;

2° Les administrateurs, directeurs ou gérants de tous les organismes visés au titre II en cas de fraude ou de fausse déclaration intentionnelle dans l'encaissement ou dans la gestion, le tout sans préjudice du retrait des autorisations ou des agréments prévus aux articles 17 et 19 ;

3° L'assuré ou toute personne qui aura fait disparaître des cartes annuelles les timbres dûment apposés.

L'article 463 du Code pénal et la loi du 26 mars 1891 sont applicables dans les cas prévus au présent article.

25. Le ministre du travail établit la statistique de toutes les opérations effectuées en exécution de la présente loi et en résume les résultats dans un rapport annuel qui est adressé au Président de la République et qui rend compte de l'application générale de la loi.

Ce rapport est publié au *Journal officiel* et distribué aux Chambres.

26. Il est formé, auprès du ministre du travail, et sous sa présidence, un conseil supérieur des retraites ouvrières chargé de l'examen de toutes les questions se rattachant au fonctionnement de la présente loi.

Ce conseil est composé de :

Deux sénateurs et trois députés élus par leurs collègues ;

Deux conseillers d'État élus par le conseil d'État ;

Quatre délégués du conseil supérieur des sociétés de secours mutuels ;

Deux délégués de la commission supérieure des caisses d'épargne ;

Quatre délégués du conseil supérieur du travail, dont deux élus par les conseillers patrons, et deux par les conseillers ouvriers, dont un ouvrier et un employé;

Deux membres choisis par le conseil supérieur du commerce et de l'industrie : un parmi les patrons et un parmi les salariés;

Deux membres choisis par le conseil supérieur de l'agriculture : un parmi les patrons et un parmi les ouvriers ou employés d'exploitations agricoles;

Un administrateur de caisses départementales ou régionales nommé par le ministre du travail;

Deux personnes connues pour leurs travaux sur les institutions de prévoyance, désignées l'une par le ministre du travail, l'autre par le ministre des finances;

Deux membres agrégés de l'institut des actuaires français désignés de concert par le ministre du travail et le ministre des finances.

Ces membres sont nommés pour trois ans.

Font partie de droit du conseil :

Le directeur général de la comptabilité publique au ministère des finances;

Le directeur de l'assurance et de la prévoyance sociales au ministère du travail;

Le directeur général de la Caisse des dépôts et consignations;

Le directeur du mouvement général des fonds et le chef du service de l'inspection générale au ministère des finances;

Le directeur de la mutualité au ministère du travail.

Le conseil élit ses deux vice-présidents. Il se réunit au moins une fois par semestre.

Il nomme une section permanente composée :

1° De onze membres pris dans son sein, dont un sénateur, un député, un conseiller d'État, un délégué du conseil supérieur des sociétés de secours mutuels, deux employeurs, un ouvrier et un employé de l'industrie et du commerce, un exploitant, un ouvrier agricole et un actuaire;

2° Des membres de droit.

La section permanente donne son avis sur les questions qui lui sont renvoyées, soit par le conseil supérieur, soit par le ministre du travail.

27. La présente loi sera applicable dans le délai fixé par la loi de finances de 1911, qui comprendra les ressources générales nécessaires à son fonctionnement, et trois mois au moins après l'insertion des règlements d'administration publique au *Journal officiel*.

TITRE IV. — DISPOSITIONS TRANSITOIRES.

28. Les pensions déjà acquises à un titre quelconque, en vertu de contrats, et dont le service incombe à l'employeur, seront fournies, comme précédemment, suivant les règlements particuliers de l'entreprise.

29. A partir de la mise en application de la présente loi, les caisses de retraite dont le service incombe à l'employeur et les caisses de prévoyance précédemment organisées par les patrons avec le concours des ouvriers et employés et qui n'auront pas obtenu l'autorisation prévue à l'article 19, fonctionneront exclusivement pour l'exécution des engagements antérieurement contractés par lesdites caisses, en ce qui concerne tant les pensions acquises à un titre quelconque que les rentes et pensions de retraite en cours d'acquisition.

Toutefois, si les versements des salariés et les contributions des employeurs aux caisses de prévoyance n'équivalent pas au chiffre fixé par l'article 2 ci-dessus, ils doivent être majorés en conséquence à moins que les pensions de retraite assurées ne se trouvent supérieures à celles qui seraient obtenues en vertu de la présente loi.

30. Le capital constitutif des rentes incombant soit aux employeurs, soit aux caisses de prévoyance pourra être versé, en totalité ou par fractions successives, à la Caisse nationale des retraites pour la vieillesse, qui devra, en ce cas, inscrire au compte individuel de chaque ayant droit les rentes correspondant audit capital, calculées dans les conditions prévues par la législation de cette caisse, et en effectuer le payement à partir de l'âge fixé pour l'entrée en jouissance.

31. Lorsque les caisses auront été organisées avec le concours des ouvriers et employés, les intéressés seront appelés à se prononcer, dans un délai maximum de six mois, sur les mesures à prendre à raison des engagements précités et sur le mode de réalisation des ressources nécessaires.

A défaut d'entente entre les employeurs, d'une part, et la majorité des ouvriers et employés, d'autre part, les deux parties pourront décider que le règlement des mesures à prendre et la fixation des versements à opérer seront confiés à la commission arbitrale instituée par l'article 32 ci-après.

Si les employeurs et la majorité des ouvriers et employés ne peuvent se mettre d'accord dans le délai de six mois susindiqué, ni sur les mesures à adopter, ni sur le recours à la commission arbitrale, les tribunaux nommeront, à la requête de la partie la plus diligente, un liquidateur chargé d'assurer, au mieux des intérêts en présence, la liquidation de la caisse de prévoyance.

Le rapport du liquidateur sera soumis à l'homologation du tribunal.

32. La commission arbitrale prévue par l'article 31 sera composée de sept membres permanents nommés :

Deux par la commission supérieure de la Caisse nationale des retraites pour la vieillesse ;

Deux par le conseil supérieur des retraites prévu à l'article 26 de la présente loi ;

Deux, par la cour d'appel de Paris, parmi les conseillers de la cour ;

Un, par la cour des comptes, parmi les conseillers de la cour.

La commission élira son président et son secrétaire ; elle siégera au ministère du travail ; ses fonctions seront gratuites.

Le nombre des membres de la commission arbitrale sera porté à neuf par l'adjonction, dans chaque affaire, de deux membres désignés : l'un par les employeurs, l'autre par la majorité des ouvriers et employés.

La procédure se fera sans frais d'aucune sorte ; tous actes, documents et pièces quelconques à produire seront dispensés du timbre et enregistrés gratis.

33. Pour les différends qui naîtraient de l'exécution de la présente loi et qui seraient déférés aux tribunaux civils, il sera procédé comme en matière sommaire et statué d'urgence.

Les bénéficiaires de la loi obtiendront, de droit, l'assistance judiciaire devant la juridiction du premier degré.

Tous actes, documents et pièces quelconques à produire seront dispensés du timbre et enregistrés gratis.

Les intéressés agissant en nom collectif seront représentés par un mandataire nommé par eux à la majorité des voix, sans préjudice, pour chacun d'eux, du droit d'intervention individuelle.

34. Un règlement d'administration publique déterminera : la procédure à suivre pour l'introduction, l'instruction et la solution des affaires soumises à la commission arbitrale ; le nombre, le mode de nomination et les attributions des auxiliaires de l'instruction ; le mode de nomination du mandataire prévu à l'article 33.

35. Les infractions aux dispositions des articles 28 et 29 qui précèdent seront punies d'une amende de seize francs (16 fr.) à deux cents francs (200 fr.). En cas de mauvaise foi, le chiffre de l'amende pourra être porté à cinq cents francs (500 fr.).

L'article 463 du Code pénal et la loi du 26 mars 1891 sont applicables.

TITRE V. — RETRAITES DES MÉTAYERS, FERMIERS, CULTIVATEURS, ARTISANS ET PETITS PATRONS.

36. (*L. 27 février* 1912, *art.* 59.) « Les fermiers, métayers, cultivateurs, artisans et petits patrons qui, habituellement, travaillent seuls ou avec un seul ouvrier et avec des membres de leur famille, salariés ou non, habitant avec eux, et qui voudraient se constituer une retraite ou en assurer une à ces membres de leur famille, seront admis facultativement, en opérant des versements à l'une des caisses visées par l'article 14 et dans les conditions énumérées aux paragraphes ci-après, au bénéfice d'une pension de retraite, à partir de l'âge de soixante ans, avec faculté d'en ajourner la liquidation jusqu'à l'âge de soixante-cinq ans, et au bénéfice, le cas échéant, des dispositions de l'article 18. »

Pour les fermiers, cultivateurs, artisans et petits patrons, les versements annuels seront, au minimum, de neuf francs (9 fr.) par assuré pour la cotisation totale et, au maximum, de dix huit francs (18 fr.). En ce qui concerne les métayers, les versements annuels seront, au minimum, de six francs (6 fr.); ils emporteront de plein droit le versement de pareille somme par les propriétaires, à concurrence d'un maximum de neuf francs (9 fr.).

(*L. 27 février* 1912, *art.* 59.) « Ces versements bénéficieront sur les fonds de l'État d'une majoration allouée chaque année, à capital aliéné, au compte de l'intéressé; cette majoration sera égale à la moitié des versements effectués.

« Le droit à la majoration sera épuisé lorsque la rente viagère résultant à soixante ans des majorations versées antérieurement aura atteint le chiffre de cent francs, ou lorsque le bénéficiaire aura cessé de faire partie des catégories visées au présent article. La rente provenant de la majoration prévue au paragraphe 3 ci-dessus, et, s'il y a lieu, de la bonification prévue au paragraphe 6 du présent article, sera augmentée d'un dixième, sans que cette augmentation puisse dépasser 10 francs, à l'égard de l'assuré de l'un ou de l'autre sexe ayant élevé au moins trois enfants jusqu'à l'âge de seize ans. »

Les dispositions des paragraphes précédents sont étendues :

1° Aux femmes et veuves non salariées des assurés des titres I et V;

2° Aux salariés dont le salaire annuel est supérieur à trois mille francs (3000 fr.), mais ne dépasse pas cinq mille francs (5000 fr.).

(*L. 27 février* 1912, *art.* 59.) « Pour les fermiers non visés au huitième alinéa ci-dessous, les cultivateurs, artisans et petits patrons âgés de plus de trente-cinq ans au 3 juillet 1911, qui auront commencé leurs versements dès cette époque et qui faisaient partie depuis trois ans au moins des catégories d'intéressés susvisées, il sera ajouté à la pension acquise résultant de leurs versements effectifs et de la majoration de moitié une bonification égale à la rente qu'eût produite un versement annuel de douze francs depuis l'âge de trente-cinq ans jusqu'à l'âge qu'ils avaient au 4 juillet 1911, sans qu'en aucun cas cette bonification puisse s'appliquer à une période supérieure à vingt-cinq ans. Les dispositions du paragraphe 4 de l'article 5 sont applicables à cette bonification. »

(*L. 27 février* 1912, *art.* 59.) « Les métayers âgés de plus de trente-cinq ans au 3 juillet 1911 et qui, à partir de cette époque, auront effectué des versements annuels égaux à ceux que prévoit l'article 2, recevront l'allocation viagère fixée par l'article 4 pour les assurés obligatoires. »

Il en sera de même pour les fermiers du même âge qui auront rempli les mêmes conditions et fait le double versement prévu à l'article 2 sous la réserve que le prix de leur ferme ne dépassera pas le chiffre global de six cents francs (600 fr.).

Si les versements annuels minima prévus au paragraphe 2 du présent article n'ont pas été effectués pendant le nombre d'années prévu aux alinéas précédents, la bonification précitée sera réduite dans la même proportion que le nombre d'années de versements.

Les avantages prévus par les articles 6, 8 et 9 de la présente loi seront accordés aux personnes visées au présent article qui, depuis la mise en vigueur de cette loi ou depuis l'âge de dix-huit ans, auront, chaque année, versé à l'une des caisses indiquées à l'article 14 la contribution minimum de neuf francs (9 fr.).

(*L. 27 février* 1912, *art.* 59.) « L'article 7 de la présente loi est étendu aux personnes visées au deuxième alinéa du présent article. De plus, pour ceux des intéressés de la période transitoire qui seraient à soixante-cinq ans dans les conditions requises pour bénéficier des allocations de la loi d'assistance, la bonification de l'État sera portée à un chiffre égal à celui de l'allocation accordée aux assurés obligatoires du même âge, pourvu que les versements facultatifs de l'intéressé aient été de dix-huit francs pour chaque année écoulée depuis le 3 juillet 1911. »

Les assurés facultatifs désignés au présent article et qui occupent des salariés faisant partie ou non de leur famille sont tenus, à l'égard de ces salariés, aux versements obligatoires des employeurs, tels qu'ils sont fixés par l'article 2 ci-dessus.

37. (*L. 27 février* 1912, *art.* 60.) « Si un assuré a successivement appartenu pendant plus de quinze ans au régime du titre Ier et à celui de l'article 36, sans toutefois avoir effectué pendant trente années les versements prévus pour les assurés du titre Ier, il aura droit, pour chaque année de versement en qualité d'assuré obligatoire, à l'allocation fixée par le paragraphe 3 de l'article 4. Cette allocation s'ajoutera à la rente provenant des majorations correspondant à ses années d'assurance facultative sans que le total puisse excéder le maximum prévu à l'article 4.

« Si un assuré qui a été admis au bénéfice de la période transitoire, soit en qualité d'assuré facultatif, soit en qualité d'assuré obligatoire, a appartenu successivement à ces deux catégories, il bénéficiera exclusivement des avantages afférents au régime auquel il a le plus longtemps appartenu. En cas d'égalité, il sera considéré comme ayant appartenu uniquement au régime de l'assurance obligatoire. »

TITRE VI. — DISPOSITIONS DIVERSES.

38. (*L. 27 février* 1912, *art.* 61.) « Des avances remboursables peuvent être faites aux caisses départementales ou régionales concourant à l'exécution de la présente loi, pour couvrir leurs frais de premier établissement, ainsi qu'aux sociétés ou unions de sociétés de secours mutuels et aux caisses de retraites de syndicats professionnels dans les conditions qui seront fixées par un règlement d'administration publique. Le remboursement de ces avances sera effectué, dans un délai qui ne pourra excéder quinze ans, par annuités égales calculées au taux du tarif de chaque caisse pour la première année d'opération.

« Les décrets d'autorisation visés aux articles 17 et 19 fixeront, pour chaque caisse, le maximum desdites avances remboursables. »

39. Le cinquième alinéa de l'article 3 ci-dessus est applicable à la Caisse nationale d'épargne postale pour l'encaissement des versements obligatoires ou facultatifs de ses adhérents, si ceux-ci en font la demande.

40. Les étrangers naturalisés n'auront droit au bénéfice des articles 4, 7 et 36 de la présente loi que s'ils ont été naturalisés avant l'âge de cinquante ans.

41. Un règlement d'administration publique, rendu sur la proposition des ministres du travail et des finances, déterminera toutes les dispositions nécessaires à l'application de la présente loi, sans préjudice des règlements spéciaux ci-dessus prévus.

42. A dater de l'entrée en vigueur de la présente loi, sont abrogées toutes dispositions contraires, notamment l'article 3 de la loi du 27 décembre 1895, et, en ce qui touche les bénéficiaires de la présente loi, les dispositions de la loi du 31 décembre 1895.

Décret du 16 juillet 1910,

Créant un office national des retraites ouvrières et paysannes.

Art. 1er. Il est créé un office national des retraites ouvrières et paysannes.

Ce service est rattaché au ministère du travail et de la prévoyance sociale; il ne fait pas partie de l'administration centrale de ce ministère.

Décret du 24 mars 1911,

[Ministère de l'intérieur.]

Portant règlement d'administration publique pour l'exécution de la loi du 5 avril 1910 sur les retraites ouvrières.

Art. 1er. Toute personne qui entend se prévaloir des dispositions des articles 7 et 36, paragraphe 11, de la loi du 5 avril 1910, adresse au maire de la commune de sa résidence une demande écrite et signée d'elle, conforme au modèle qui sera arrêté par le ministre de l'intérieur.

Si elle ne peut signer sa demande, elle y appose un signe dont l'authenticité est attestée par deux témoins domiciliés dans la commune.

Si elle est incapable de manifester sa volonté, la demande est établie par le maire, assisté de deux témoins.

Le maire donne récépissé de la demande au postulant.

2. Le maire communique immédiatement la demande au bureau d'assistance pour avis.

Il transmet, dans le plus bref délai, au sous-préfet de l'arrondissement, avec l'avis du bureau d'assistance et son avis personnel, la demande appuyée des pièces suivantes :

1° Le bulletin de naissance du postulant ;

2° Un extrait du rôle des contributions délivré par le percepteur de sa résidence ;

3° Une attestation délivrée par le maire lui-même et indiquant les diverses ressources dont il est de notoriété publique que le postulant dispose ;

4° Un état relatif aux membres de la famille tenus de la dette alimentaire et faisant connaître, pour chacun de ceux qui résident dans la commune, les nom, adresse, profession, charges de famille, ressources, extrait du rôle des contributions ; pour ceux qui résident en dehors de la commune, tous les renseignements ci-dessus visés qu'il aura pu recueillir ;

5° Une attestation du maire indiquant, à l'égard des membres qui s'acquittent de la dette alimentaire, dans quelles conditions ils le font, et certifiant, à l'égard de ceux qui ne s'en acquittent pas, soit qu'il leur est impossible de s'en acquitter, soit qu'ils ont été mis en demeure de le faire et qu'ils s'y sont refusés ;

6° Un état relatant les renseignements que le maire a pu recueillir en vue de déterminer les diverses communes où le postulant a résidé depuis le 1er janvier 1902.

3. Le sous-préfet réunit tous renseignements complémentaires, notamment ceux qui sont nécessaires à la détermination du taux de l'allocation due au postulant ; il les joint au dossier qu'il soumet à la commission prévue à l'article suivant.

4. Il est établi au chef-lieu de chaque canton une commission chargée de statuer sur l'admission de tous les postulants qui résidaient dans une commune du canton au moment où ils ont présenté leur demande ; cette commission est composée du sous-préfet de l'arrondissement, du juge de paix, du percepteur de la réunion dans laquelle est comprise la commune où réside le postulant et de deux habitants du canton désignés annuellement par le préfet parmi les administrateurs des bureaux d'assistance et des sociétés de secours mutuels ayant leur siège dans le canton.

Le sous-préfet ou, à son défaut, le juge de paix préside.

Pour l'arrondissement chef-lieu du département, le préfet délègue un conseiller de préfecture qui remplit, avec les mêmes pouvoirs, les fonctions appartenant au sous-préfet dans les autres arrondissements.

La commission ne peut siéger valablement que si trois de ses membres assistent à la séance. En cas de partage des voix, celle du président est prépondérante.

Si la commission n'est pas suffisamment éclairée par l'examen du dossier, elle peut procéder à une instruction complémentaire et notamment convoquer devant elle le postulant.

Elle prononce l'admission à l'assistance et fixe le montant des allocations qui doivent être attribuées à chacun d'après les bases déterminées par l'article 7 de la loi du 5 avril 1910. Elle dresse, en même temps que la liste des bénéficiaires, un état des personnes tenues à la dette alimentaire à l'égard desquelles elle estime que devrait être exercé le recours prévu par l'article 5 de la loi du 14 juillet 1905. Copie de cette liste et de cet état est transmise sans délai, avec les dossiers, par le sous-préfet au préfet.

Avis des décisions est, en outre, immédiatement donné par la voie administrative à chaque postulant.

5. Pendant un délai de vingt jours à compter de la notification prévue à l'article précédent, le postulant peut adresser au préfet, personnellement ou par mandataire, une réclamation à l'effet d'obtenir, selon les cas, son admission ou le relèvement de l'allocation qui lui a été attribuée. Il en est donné récépissé.

Le préfet, sur le rapport du sous-préfet ou du conseiller de préfecture délégué, peut réclamer la radiation d'une personne portée sur la liste par la commission instituée en vertu de l'article précédent ou la réduction de l'allocation.

Le délai imparti au préfet pour réclamer est de deux mois à compter du jour où la liste arrêtée par la commission est parvenue à la préfecture.

La réclamation du préfet a un effet suspensif.

6. Il est statué par décision motivée, dans le délai d'un mois, sur les réclamations prévues à l'article précédent, par une commission établie au chef-lieu du département et composée du préfet, du président du tribunal civil ou du juge par lui délégué, du trésorier-payeur général, du directeur des contributions directes, du vice-président du conseil de préfecture, de deux habitants du département désignés annuellement par le préfet parmi les administrateurs des bureaux d'assistance ou des sociétés de secours mutuels ayant leur siège dans le département. En cas d'absence ou d'empêchement, le trésorier-payeur général et le directeur des contributions directes peuvent être remplacés respectivement par un délégué appartenant à leur administration et spécialement désigné par eux à cet effet.

Le préfet préside ; il peut déléguer le secrétaire général de la préfecture pour le remplacer avec les mêmes pouvoirs.

La commission ne peut siéger valablement qu'autant que quatre de ses membres assistent à la séance.

Le président a voix prépondérante en cas de partage de voix.

Toute réclamation du préfet devant la commission est notifiée à l'intéressé par la voie administrative, huit jours au moins avant la séance où elle sera jugée, avec indication du jour de cette séance, afin que le postulant puisse, en temps utile, présenter, s'il y a lieu, ses observations écrites.

7. Le préfet donne, dans les huit jours, avis des décisions rendues au sous-préfet, qui opère sur la liste les additions ou les retranchements prononcés.

Ces décisions sont intégralement notifiées, par la voie administrative, aux postulants ; dans les vingt jours de la notification, ceux-ci peuvent les déférer au ministre de l'intérieur qui saisit la commission instituée par l'article 8 du présent décret.

Le préfet peut également, dans le délai de vingt jours à partir des décisions, les déférer au ministre de l'intérieur pour être soumises à la même commission. Il notifie, par la voie administrative, ses réclamations aux intéressés avec invitation à produire, s'il leur convient, leurs observations en défense ; ces observations sont adressées au ministre de l'intérieur soit directement, soit par l'intermédiaire du préfet qui les transmet alors immédiatement au ministre en y joignant ses explications, s'il y a lieu.

Ces recours ne sont pas suspensifs.

8. Il est statué, en dernier ressort, par décisions motivées, sur les recours formés en vertu de l'article précédent, par une commission siégeant au ministère de l'intérieur et composée :

1° Des membres de la commission centrale instituée par les lois des 14 juillet 1905 et 30 décembre 1908 ;

2° De vingt autres membres désignés annuellement par le ministre de l'intérieur.

Cette commission est présidée par le président de la commission centrale.

Le ministre de l'intérieur peut répartir la commission en sections ; il peut attacher à la commission ou à chaque section un ou plusieurs commissaires du Gouvernement et des rapporteurs ; ces derniers ont voix délibérative dans les affaires dont ils sont chargés.

Sous réserve des cas où l'affaire est évoquée, soit par le commissaire du Gouvernement, soit par la section elle-même devant l'assemblée générale, les sections peuvent statuer définitivement sur les recours spécifiés dans le premier paragraphe du présent article. Dans chaque section, et en assemblée générale, la voix du président, en cas de partage, est prépondérante.

9. Les commissions instituées par les articles 4, 6 et 8 fixent le jour à dater duquel commencera la jouissance de l'allocation.

10. L'assistance est, sur la proposition du préfet ou du sous-préfet, retirée par la commission instituée en vertu de l'article 4, lorsque les conditions qui l'ont motivée ont cessé d'exister.

L'allocation est réduite dans la même forme en cas de survenance ou de découverte de ressources ; elle est augmentée à la requête du bénéficiaire si les causes qui ont motivé une réduction viennent à cesser.

Les demandes en radiation, en réduction ou en relèvement de l'allocation mensuelle donnent lieu aux mêmes recours que les demandes d'admission.

11. Il est délivré chaque année aux bénéficiaires un certificat d'admission reproduisant les mentions essentielles de la décision accordant l'allocation.

Ce certificat, dont le modèle est déterminé de concert par les ministres de l'intérieur et des finances, comporte douze quittances ou coupons de payement correspondant aux douze mois de l'année. Il est renouvelé après épuisement les quittances, sur la déclaration du titulaire attestant, dans la forme prévue pour la demande d'allocation, qu'il n'est point assisté par application de la loi du 14 juillet 1905 et, en outre, que sa situation n'a éprouvé aucune modification susceptible d'entraîner la suppression ou la réduction de son allocation.

12. Les allocations sont payables aux titulaires mensuellement et à terme échu, sur la présentation du certificat d'admission. Les payements à effectuer entre les mains de mandataires donnent, seuls, lieu à l'établissement de certificats de vie qui sont produits aux payeurs.

13. Dans le département de la Seine, sauf Paris, la commission siégeant dans chaque chef-lieu de canton et chargée de statuer sur l'admission des postulants, est ainsi composée : un conseiller de préfecture désigné annuellement par le préfet, président ; le juge de paix ; un percepteur désigné annuellement par le ministre des finances ; deux habitants du canton désignés comme il est dit à l'article 4 du présent décret.

A Paris, il est institué dans chaque arrondissement, pour statuer sur l'admission des postulants, une commission composée du maire, du juge de paix, du secrétaire-trésorier du bureau de bienfaisance, d'un administrateur dudit bureau désigné annuellement par le préfet de la Seine et de deux fonctionnaires désignés annuellement par le ministre des finances. Elle est présidée par le maire ou, à défaut, par le juge de paix.

14. Dans le département de la Seine, la commission prévue à l'article 6 comprend :

Le préfet de la Seine, président, qui peut déléguer le secrétaire général ;

Trois conseillers de préfecture désignés annuellement par le préfet de la Seine ;

Trois juges titulaires ou suppléants du tribunal civil de première instance de la Seine, désignés annuellement par le président du tribunal ;

Six fonctionnaires désignés annuellement par le ministre des finances ;

Six habitants du département désignés annuellement par le préfet de la Seine parmi les administrateurs de bureaux de bienfaisance ou d'assistance ou des sociétés de secours mutuels ayant leur siège dans le département de la Seine.

Si le nombre des affaires l'exige, la commission peut être divisée, par arrêté préfectoral, en sections entre lesquelles sont répartis, proportionnellement à leur nombre, les représentants des diverses catégories énoncées ci-dessus.

Le mode de fonctionnement, tant de la commission que des sections, est réglé par arrêté du préfet de la Seine, soumis à l'approbation du ministre de l'intérieur.

15. Les bénéficiaires de l'article 7 de la loi du 5 avril 1910 sont inscrits sur un registre tenu à la préfecture du département de leur résidence. Six mois avant le jour où ils doivent atteindre soixante-dix ans, le préfet prend les mesures nécessaires pour que chaque intéressé soit inscrit, s'il y a lieu, sur la liste des personnes à assister, par application de la loi du 14 juillet 1905, dès le jour où il atteindra cet âge et sans interruption.

A cet effet, il envoie le dossier au maire de la commune du domicile de secours, si l'ayant droit a un domicile communal dans son département ; au préfet intéressé, si l'ayant droit a un domicile communal ou départemental dans un autre département ; au ministre de l'intérieur, s'il est dépourvu de domicile de secours. La demande produite en exécution de l'article 1er du présent décret tient lieu de celle prévue à l'article 7 de la loi du 14 juillet 1905 et est soumise à l'instruction prescrite par ladite loi.

Décret du 25 mars 1911,

[Ministère du travail et de la prévoyance sociale.]

Portant règlement d'administration publique pour l'exécution de la lo du 5 avril 1910 sur les retraites ouvrières.

TITRE Ier. — LISTES D'ASSURÉS, CARTES ET TIMBRES.

CHAPITRE Ier. — ÉTABLISSEMENT DES LISTES D'ASSURÉS.

Art. 1er. Il est tenu, pour chaque commune, deux listes des personnes y résidant et appelées à bénéficier des assurances établies par la loi du 5 avril 1910.

(*Décr. 6 août* 1912.) « Sur la première liste, sont inscrites d'office ou, sur leur demande, toutes les personnes françaises ou étrangères faisant partie des catégories énumérées à l'article 1er de ladite loi (assurances obligatoires). »

Sur la seconde liste sont inscrites les personnes françaises qui le demandent et qui justifient qu'elles font partie des catégories énumérées à l'article 36 de la même loi (assurances facultatives).

Le préfet peut diviser en plusieurs sections, pour l'établissement des listes, les communes où il juge cette mesure nécessaire.

A Paris, il est établi une ou plusieurs sections dans chaque arrondissement municipal.

2. (*Décr. 6 août* 1912.) « La première liste est révisée, chaque année, par une commission composée du maire et de deux membres que le conseil municipal choisit, l'un parmi les employeurs, l'autre parmi les salariés.

Deux suppléants sont désignés dans les mêmesconditions pour remplacer, le cas échéant, les membres titulaires. »

A défaut de désignation par le conseil municipal des deux membres et des deux suppléants ci-dessus prévus, la désignation en est faite par le préfet.

Dans les communes divisées en plusieurs sections par le préfet, chacune des commissions est présidée par un adjoint ou, à défaut, par un conseiller municipal que désigne le maire, ou le préfet si le maire ne procède pas à cette désignation.

A Paris, les commissions sont présidées par le maire, par un adjoint de l'arrondissement ou, en cas de besoin, par un délégué que le préfet de la Seine désigne.

Toutes les commissions siègent à la mairie, à moins que d'autres locaux n'aient été désignés comme siège de quelques-unes d'entre elles par l'arrêté préfectoral instituant le sectionnement. Cet arrêté peut prescrire en même temps que certaines des formalités qui, aux termes du présent décret, doivent être accomplies à la mairie, le seront au siège de la section.

(*Décr. 6 août* 1912.) « Dans le cas où la commission ne procède pas aux opérations nécessaires pour réviser la liste dans les délais prévus ci-après, il y est pourvu par le maire ou, à son défaut, après mise en demeure, par les délégués spéciaux que désigne le préfet »

3. (*Décr. 6 août* 1912.) « Chaque année, dans la première quinzaine d'avril, la commission composée comme il est dit à l'article précédent révise la liste des personnes placées sous le régime de l'assurance obligatoire. »

Cette liste est tenue à la disposition du public au secrétariat de la mairie, du 16 au 30 avril, et avis en est donné par voie d'affiches.

4. (*Décr. 6 août* 1912.) « Le maire fait remettre à chaque intéressé inscrit pour la première fois un bulletin qu'il est invité à remplir et à déposer dans la huitaine à la mairie, dûment signé. »

Sur ce bulletin doivent être inscrits les nom, prénoms, nationalité, adresse, date et lieu de naissance de l'intéressé.

(*Décr. 6 août 1912.*) « Celui-ci y indique également la caisse d'assurance dont il fait choix, sous réserve de la faculté qui lui est laissée par l'article 18 ci-après. »

Si l'intéressé demande la réserve du capital de ses versements au profit de ses ayants droit, il en fait la déclaration expresse sur son bulletin. Cette déclaration ne peut être faite que par les intéressés ayant atteint leur majorité.

(*Décr. 6 août 1912.*) « Les intéressés ayant au moins trente ans accomplis au 3 juillet 1911 et inscrits avant le 1er janvier 1913 font connaître, soit dans leur premier bulletin, soit lors du plus prochain échange de leur carte annuelle, s'ils faisaient partie depuis trois ans, à la première de ces dates, des catégories de l'article 1er de la loi sur les retraites ouvrières et paysannes. La liste des pièces qui peuvent être produites comme justification est arrêtée de concert par les ministres du travail et des finances. »

Ceux des intéressés qui ne peuvent se procurer les pièces justificatives dans le délai de huitaine imparti au paragraphe 1er du présent article font connaître cette situation dans le premier bulletin et déposent les pièces à la mairie dans le trimestre qui suit l'expiration dudit délai. Le maire leur délivre récépissé des pièces produites et transmet aussitôt celles-ci à la préfecture.

5. (*Décr. 6 août 1912.*) « La liste est rectifiée d'après les observations recueillies avant le 30 avril. Elle est transmise au préfet avant le 8 mai avec les bulletins remplis par les assurés. Des bulletins conformes à un modèle réglementaire sont établis d'office, à l'aide des indications qu'il a été possible de réunir pour suppléer à l'absence de ceux qui n'auraient pas été fournis. A cette liste sont jointes également les demandes de rectifications auxquelles la commission n'a pas cru devoir donner suite. »

Une minute de la liste, contenant le relevé des renseignements inscrits dans les bulletins ou réunis pour suppléer à l'absence ou aux lacunes de ces bulletins, est conservée à la mairie.

6. Le préfet fait vérifier l'exactitude des indications fournies conformément aux deux articles précédents d'après les relevés des registres de l'état civil pour les personnes nées dans son département, d'après les renseignements qui lui sont adressés sur sa demande par le préfet du lieu d'origine pour les autres personnes nées en France et d'après les déclarations prescrites par la loi du 8 août 1893 pour les étrangers.

Pour les Français nés à l'étranger, dans les colonies françaises ou dans les pays de protectorat, la vérification est faite au moyen de pièces justificatives qu'ils sont tenus de joindre à leurs bulletins. Les pièces à produire comme justification sont déterminées par arrêté du ministre du travail.

(*Décr. 6 août 1912.*) « Le préfet arrête la liste avant le 31 mai et notifie au maire les modifications qu'il y a apportées. »

7. Le maire informe les habitants par voie d'affiche que la liste arrêtée par le préfet, sous réserve pour les intéressés de faire valoir leurs réclamations dans les formes prescrites au titre XIII du présent décret, est tenue à leur disposition au secrétariat de la mairie.

Le maire provoque l'inscription sur la liste, par les soins du préfet, des personnes qui, postérieurement à la dernière revision, ont été reconnues faire partie des catégories énumérées à l'article 1er de la loi du 5 avril 1910. A cet effet, aussitôt qu'il a connaissance de circonstances pouvant motiver une inscription supplémentaire, il fait établir le bulletin prévu à l'article 4 ci-dessus, et en saisit la commission compétente dans sa plus prochaine réunion.

8. La seconde liste prévue à l'article 1er ci-dessus est tenue constamment ouverte, pour chaque commune ou pour chaque section établie comme il est dit à l'article 1er ci-dessus, à la préfecture et à la mairie.

Les demandes des personnes qui veulent y être inscrites sont déposées à la mairie accompagnées :

1° D'un bulletin contenant les indications prévues aux paragraphes 2, 3 et 4 de l'article 4 ci-dessus ;

2° Des pièces justificatives établissant que le demandeur fait partie de l'une des catégories prévues à l'article 36 de la loi du 5 avril 1910.

Si le demandeur veut bénéficier des avantages spécifiés aux paragraphes 6, 7 ou 8 de cet article, il joint à sa demande les pièces justificatives établissant qu'au moment de la mise en vigueur de la loi, il faisait partie depuis trois ans au moins des catégories auxquelles ces paragraphes sont respectivement applicables.

La liste des pièces qui peuvent être produites comme justification, pour l'application des deux paragraphes précédents, est arrêtée de concert par les ministres du travail et des finances.

9. Le maire transmet, dans la quinzaine, la demande au préfet avec son avis.

Lorsque le maire est informé que le demandeur travaille parfois comme salarié, il joint à la demande l'avis de la commission compétente, en vertu de l'article 2 ci-dessus, pour apprécier s'il y a lieu de l'inscrire ou de le maintenir sur la liste prévue audit article.

10. Dans la quinzaine qui suit la transmission du dossier, le préfet, après vérification des mentions portées au bulletin, statue sur la suite que comporte la demande ou invite le maire à lui faire parvenir les justifications complémentaires qu'il jugerait nécessaires.

Lorsque les justifications sont reconnues suffisantes par le préfet, l'inscription est faite sur une liste tenue en double à la préfecture et à la mairie.

Dans le cas contraire, avis est donné à l'intéressé, par le préfet, que son inscription sur la liste n'est pas admise, sauf à lui à se pourvoir dans les formes prescrites au titre XIII du présent décret.

CHAPITRE II. — CARTES ET TIMBRES.

11. Les cartes d'identité et les cartes annuelles prévues par l'article 3 de la loi du 5 avril 1910 sont établies par le préfet conformément aux modèles arrêtés par le ministre du travail. Les cartes annuelles sont de couleur différentes, selon que l'assuré est inscrit sur l'une ou l'autre des deux listes prévues à l'article 1er ci-dessus.

La carte d'identité contient l'indication des nom et prénoms, nationalité, date et lieu de naissance de l'assuré, ainsi qu'un numéro matricule.

La carte annuelle contient les mentions exigées sur la carte d'identité et, en outre, la date de sa délivrance et l'adresse de l'assuré à cette date. Elle indique la caisse d'assurance où le compte de l'assuré est ouvert, sous le bénéfice de l'exception prévue au dernier paragraphe de l'article 18 ci-après, et mentionne, quand il y a lieu, que ses versements sont faits à capital réservé.

12. Les seuls timbres dont l'apposition sur les cartes annuelles entre en compte pour l'acquisition des pensions sont les timbres-retraite émis par le ministère du travail.

Des types de timbres spéciaux constatent :

1° Les versements des assurés ;

2° Les versements des employeurs ;

3° Les versements mixtes, composés par moitié de sommes versées par les assurés et de sommes versées par les employeurs ;

4° Les versements des propriétaires en cas d'assurance facultative des métayers.

La vente des timbres est faite dans les lieux et conditions déterminées par un arrêté concerté entre les ministres du travail, des finances et des postes et des télégraphes.

(*Décr.* 6 *août* 1912.) « Les employeurs peuvent inscrire sur les timbres qu'ils apposent l'indication de la date. Cette inscription ne doit jamais empiéter sur la partie du timbre portant l'indication de sa valeur et ne peut être faite qu'à l'encre noire. »

13. Il peut être apposé sur les cartes annuelles délivrées pour l'assurance obligatoire, sans limitation de valeur, des timbres représentant les versements supplémentaires qui seraient effectués soit en dehors des périodes où l'assuré travaille en qualité de salarié, soit pendant ces périodes en sus des versements obligatoires.

Lorsque le titulaire d'une carte d'assurance facultative travaille momentanément comme salarié, les timbres constatant ces versements obligatoires et ceux de l'employeur qui l'occupe sont apposés sur cette carte.

CHAPITRE III. — DÉLIVRANCE DES CARTES D'IDENTITÉ; DÉLIVRANCE ET ÉCHANGE DES CARTES ANNUELLES.

14. Les cartes établies par le préfet, d'après la liste des assurés, sont envoyées aux maires, qui les remettent aux intéressés.

La délivrance de la carte d'identité et de la première carte annuelle est constatée par un émargement sur un bordereau qui est conservé à la mairie.

La délivrance des cartes annuelles ultérieures est constatée par la remise en échange de la carte périmée.

A défaut d'émargement du bordereau ou de remise de la carte périmée, l'agent chargé de la délivrance des cartes laisse au domicile de l'intéressé une note l'informant que la carte reste à sa disposition à la mairie.

15. Un duplicata de la carte d'identité est délivré à tout assuré qui en fait la demande en certifiant que sa carte a été détruite ou perdue.

Cette demande, accompagnée d'un bulletin contenant les indications prévues à l'article 4 ci-dessus, est déposée à la mairie et transmise par elle à la préfecture.

16. Le préfet adresse à chaque assuré, dans les trois jours qui précèdent ou suivent le jour anniversaire de sa naissance, par les soins du maire de sa résidence, une nouvelle carte annuelle en échange de la carte précédente.

Toutefois, lorsque la première carte a été délivrée moins de quatre mois avant cet anniversaire, elle est conservée par l'assuré jusqu'à l'anniversaire suivant.

Les cartes délivrées dans l'intervalle qui s'écoulera entre la publication du présent décret et la mise en vigueur de la loi du 5 avril 1910 seront assimilées à celles qui auraient été délivrées le jour de cette mise en vigueur.

17. L'assuré qui veut, au moment de l'échange de sa carte, transférer son compte d'une caisse d'assurance à une autre, celui qui veut substituer pour ses versements le régime du capital aliéné au régime du capital réservé ou inversement, en avise le préfet au moyen d'un bulletin spécial. Ce bulletin doit être remis à la mairie par l'intéressé un mois avant l'anniversaire de sa naissance; il mentionne le numéro matricule de sa carte d'identité et contient toutes les indications prévues aux paragraphes 2, 3 et 4 de l'article 4 ci-dessus.

Le choix fait reste valable jusqu'à notification d'un choix différent, effectué dans les formes indiquées au paragraphe précédent.

Toute demande de changement formulée moins d'un mois avant l'anniversaire ne reçoit suite que lors de l'échange de carte correspondant à l'anniversaire suivant, sauf dans les cas où il y a lieu à un échange de carte en cours d'année par application de l'article 19 ci-après.

18. (*Décr.* 6 *août* 1912.) Par mesure transitoire, les assurés auxquels la première carte annuelle sera délivrée antérieurement au 1er août 1915, et qui n'auront pas inscrit leur choix d'une caisse d'assurance sur le bulletin de renseignements prévu à l'article 4, pourront faire ce choix tant que le délai restant à courir avant l'anniversaire donnant lieu à l'échange de leur première carte annuelle ne sera pas devenu inférieur à un mois. Le choix ainsi fait devra être notifié dans la forme prévue à l'article 17. Il sera inscrit sur la première carte annuelle aussitôt qu'elle fera retour à la préfecture.

A défaut de choix notifié dans le délai prescrit avant le premier échange, le compte des assurés sera ouvert d'office à la Caisse nationale des retraites pour la vieillesse.

19. (*Décr.* 6 *août* 1912.) Une carte complémentaire est délivrée au cours d'une année, en échange de la carte annuelle, à l'assuré qui justifie :

Soit que la caisse d'assurance où son compte était ouvert a cessé de fonctionner;

Soit, dans le cas où son compte était ouvert à l'une des caisses prévues au 4° ou au 5° de l'article 14 de la loi sur les retraites ouvrières et paysannes, qu'il n'est plus employé dans aucun des établissements adhérents à cette caisse.

La carte complémentaire est valable seulement pour le délai restant à courir jusqu'au prochain anniversaire; toutefois, lorsqu'elle est demandée moins de quatre mois avant cet anniversaire, il est délivré une carte valable jusqu'à l'anniversaire suivant.

20. Une feuille supplémentaire est délivrée en cours d'année à tout assuré qui le demande à la mairie, en faisant constater qu'il n'y a plus sur sa carte de place libre pour apposer de nouveaux timbres.

21. Il est délivré à l'assuré, s'il le demande, un reçu provisoire de la carte annuelle rendue par lui. Ce reçu, conforme à un modèle arrêté par les ministres du travail et des finances, contient les mentions nécessaires pour permettre de calculer la valeur des timbres apposés sur la carte.

L'assuré qui veut obtenir ce reçu doit aller faire l'échange de sa carte à la mairie, conformément au dernier paragraphe de l'article 14 ci-dessus.

Aussitôt qu'une carte périmée est parvenue à la mairie, les timbres sont oblitérés dans les conditions déterminées par le ministre du travail.

Si la carte porte des timbres mutilés ou maculés de telle sorte que leur vérification soit impossible, mention en est faite sur le reçu provisoire qui serait délivré conformément au paragraphe 1er du présent article. Dans tous les cas, la constatation de l'état des timbres détériorés est faite au moment de leur oblitération.

22. (*Décr.* 6 *août* 1912.) Les métayers, âgés de plus de trente-cinq ans au moment de la mise en vigueur de la loi du 5 avril 1910, qui se sont fait inscrire sur la liste prévue à l'article 8 ci-dessus et qui veulent se réserver, le cas échéant, le bénéfice du paragraphe 7 de l'article 36 de ladite loi, se font délivrer par le maire, lors de l'échange de leurs cartes annuelles, un certificat attestant leur qualité de métayer.

Les fermiers, âgés de plus de trente-cinq ans au moment de la mise en vigueur de la loi du 5 avril 1910, qui se sont fait inscrire de même et qui veulent se réserver, le cas échéant, le bénéfice du paragraphe 8 de l'article 36 de ladite loi, se font délivrer par le maire, lors de l'échange de leurs cartes annuelles, un certificat constatant :

1° Qu'ils ont produit une pièce signée par le receveur de l'enregistrement dans la circonscription duquel se trouvent les immeubles pris à bail, remontant à moins de trois ans et indiquant le prix sur lequel ont été perçus les droits de bail ou de location verbale; ce prix doit être reproduit dans le certificat du maire. Dans le cas où la location est faite verbalement pour une durée n'excédant pas trois ans et pour un prix annuel ne dépassant pas 100 francs, la pièce ci-dessus mentionnée est remplacée par une attestation du propriétaire, dûment légalisée, spécifiant la durée et le prix de la location intervenue;

2° Que les seuls biens pris à ferme par eux sont ceux que mentionne la pièce émanant du receveur de l'enregistrement ou l'attestation du propriétaire.

Mention est faite sur la carte annuelle de la délivrance des certificats prévus au présent article.

23. Un duplicata de la carte annuelle est délivré à tout assuré qui en fait la demande en produisant sa carte d'identité et en certifiant que sa carte annuelle en cours a été détruite ou perdue.

Dans le cas où l'assuré justifie que sa carte a été détruite, la valeur des timbres dont l'apposition sur cette carte est prouvée est portée à son compte par décision du ministre du travail prise d'accord avec le ministre des finances.

24. Le maire transmet au préfet, au début de chaque semaine, les cartes échangées pendant la semaine précédente.

Au vu de ces cartes, le préfet établit, pour chaque caisse d'assurance, un bordereau récapitulatif portant, en regard des noms des assurés et des numéros matricules de leurs cartes, l'indication du montant des versements constatés sur ces cartes et, s'il y a lieu, des majorations auxquelles ces versements doivent donner lieu en vertu de l'article 36 de la loi du 5 avril 1910.

Chaque semaine, le préfet envoie à chaque caisse d'assurance intéressée, avec le bordereau, les cartes la concernant reçues dans la semaine précédente.

Copie du bordereau est adressée, en même temps, au ministre du travail.

(*Décr. 6 août 1912.*) « Les mentions consignées sur les cartes annuelles successives d'un même assuré sont reportées sur un relevé récapitulatif conservé à la préfecture. »

25. Lorsqu'un assuré est porté sur les listes d'une nouvelle commune à la suite d'un changement de résidence, le bulletin établi par lui, en vertu de l'article 4 ou de l'article 8 ci-dessus, fait connaître sa résidence antérieure.

Si cette résidence est située dans un autre département, le préfet de la nouvelle résidence demande à celui de l'ancienne un duplicata du relevé récapitulatif concernant l'assuré.

26. Le préfet peut, lorsqu'il le juge utile, inviter les personnes assurées en vertu de l'article 36 de la loi du 5 avril 1910 à produire à nouveau, au moment de l'échange de leur carte annuelle, les justifications nécessaires pour établir qu'elles continuent à faire partie de l'une des catégories énumérées à cet article.

27. Les fonctions dévolues au maire, en ce qui concerne la délivrance ou l'échange des cartes d'identité ou des cartes annuelles, peuvent être confiées, sur la proposition du préfet et après avis du maire, à des fonctionnaires désignés à cet effet par des décisions concertées entre le ministre du travail et les ministres de qui relèvent ces fonctionnaires.

28. Lorsqu'il est constaté qu'un même assuré est titulaire de plusieurs cartes d'identité ou de plusieurs comptes individuels auxquels des versements seraient opérés au cours d'une même année, le fait est immédiatement signalé au ministre du travail.

Le ministre prescrit les mesures nécessaires pour qu'il soit procédé au retrait des cartes en excédent et à la réunion des comptes, sauf reversement, dans les conditions prévues à l'article 142 ci-après, des réserves mathématiques correspondant aux majorations qui auraient été indûment portées aux comptes ouverts en exécution des paragraphes 1 et 5 de l'article 36 de la loi du 5 avril 1910.

TITRE II. — VERSEMENTS DES SALARIÉS QUI TRAVAILLENT A FAÇON, AUX PIÈCES, A LA TACHE OU A DOMICILE ET DES SALARIÉS INTERMITTENTS.

29. Les versements obligatoires des salariés qui travaillent à façon, aux pièces, à la tâche ou à domicile et ceux des salariés intermittents sont fixés, comme les contributions patronales correspondantes, conformément aux règles établies ci-après :

I. — *Salariés rémunérés à façon, aux pièces ou à la tâche, qui, dans le cours d'une année, travaillent d'une manière régulière pour le compte d'un seul employeur ou de plusieurs employeurs successifs :* Les versements et contributions sont réglés, comme pour les salariés rémunérés d'après la durée du travail, sur les bases fixées par l'article 2, paragraphe 3, de la loi du 5 avril 1910.

II. — *Salariés travaillant par intermittence pour le compte d'un même employeur quand la période ininterrompue de travail représente un nombre entier de mois :* Les versements et contributions sont réglés, quel que soit le mode de rémunération, sur la base des chiffres mensuels qui résultent de l'article 2, paragraphe 3, de la loi.

III. — *Salariés travaillant par intermittence pour le compte d'un même employeur, quand la période ininterrompue de travail ne représente pas un nombre entier de mois :* Les versements et contributions sont réglés, quel que soit le mode de rémunération :

1° Pour les mois complets, ainsi qu'il est dit au paragraphe précédent;

2° Pour le mois incomplet, sur la base des chiffres journaliers déterminés par l'article 2, paragraphe 3, de la loi.

IV. — *Salariés travaillant une seule fois ou par intermittence pour le compte d'un même employeur, quand la durée de chaque période de travail est de moins d'une journée :* Les versements et contributions sont calculés, par centime, à raison de 1 pour 100 du salaire, quel que soit le mode de rémunération, sans pouvoir dépasser les chiffres journaliers que détermine l'article 2, paragraphe 3, de la loi.

V. — *Salariés travaillant à leur domicile :* Les versements et contributions sont calculés, par centime, à raison de 1 pour 100 du salaire, quel que soit le mode de rémunération.

Dans l'application des bases de calcul fixées aux alinéas IV et V ci-dessus, il n'est point fait état des fractions qui n'atteignent pas un demi-centime; toute fraction égale ou supérieure à un demi-centime est comptée pour un centime.

30. Les versements obligatoires des salariés et les contributions patronales, calculés conformément aux règles qui précèdent, sont dus pour tout payement de salaire; toutefois, lorsqu'il est constaté par les timbres ou mentions apposés sur la carte d'un salarié que, pour l'année de validité de la carte, l'ensemble des contributions patronales déjà versées a atteint le chiffre fixé par l'article 2, paragraphe 3, de la loi du 5 avril 1910, les employeurs pour le compte desquels le salarié travaille ultérieurement cessent, jusqu'à l'expiration de cette année, d'effectuer aucun prélèvement sur son salaire, et ne sont plus tenus d'opérer aucun versement personnel.

TITRE III. — ORGANISMES ADMIS A EFFECTUER L'ENCAISSEMENT POUR LE COMPTE DES CAISSES D'ASSURANCE.

CHAPITRE Ier. — SOCIÉTÉS ET UNIONS DE SOCIÉTÉS DE SECOURS MUTUELS; CAISSES DE RETRAITES DE SYNDICATS PROFESSIONNELS.

31. Toute société ou union de sociétés de secours mutuels fonctionnant dans les conditions de la loi du 1er avril 1898, qui veut être admise à user de la faculté prévue par l'article 3, paragraphe 5, de la loi du 5 avril 1910, adresse au préfet du département dans lequel elle a son siège une demande signée par son président.

Cette demande est accompagnée :

1° D'un extrait de la délibération de l'assemblée générale par laquelle la société ou l'union de sociétés a déclaré vouloir se charger de l'encaissement des versements obligatoires ou facultatifs de ceux de ses adhérents qui le demanderaient ;

2° Des statuts de la société ;

3° Du règlement intérieur adopté par l'assemblée générale pour le service de l'encaissement ;

4° Des comptes des trois dernières années.

Il est remis à la société un récépissé de la demande et des pièces annexes, indiquant la date de leur arrivée à la préfecture.

Le préfet transmet sans retard le dossier avec ses observations au ministre du travail.

Il est statué sur la demande par les ministres du travail et des finances dans un délai de trois mois à partir de la date de son arrivée à la préfecture.

Si, à l'expiration de ce délai, la société n'a pas reçu notification de la décision des ministres, elle peut considérer sa demande comme rejetée et se pourvoir devant le conseil d'État.

32. L'assuré placé sous le régime des articles 1er ou 36 de la loi du 5 avril 1910, qui désire opérer ses versements obligatoires ou facultatifs à la société collectrice dont il est adhérent, en fait la déclaration écrite au président et désigne, parmi les caisses d'assurances indiquées par la société collectrice, celle à laquelle son compte individuel est ou doit être ouvert.

33. Au reçu de la déclaration visée à l'article précédent, la société appose, avec son cachet, sur la carte annuelle de l'assuré, une mention datée et signée du président ou de son délégué, par laquelle elle déclare se charger de l'encaissement des versements de l'assuré pendant le trimestre courant et le trimestre suivant de l'année de validité de la carte.

Lorsqu'il s'agit d'un assuré obligatoire, cette mention emporte pour l'employeur, pendant le délai fixé au paragraphe 1er du présent article, décharge du prélèvement à opérer sur le salaire en vertu de l'article 3, paragraphe 1er, de la loi du 5 avril 1910.

34. La carte annuelle de l'assuré obligatoire doit être ensuite produite à la société dans la dernière quinzaine de la période déterminée à l'article 33 ci-dessus et de chacun des trimestres suivants de l'année de validité de la carte, à défaut d'intervalles plus rapprochés indiqués dans le règlement intérieur.

A chaque production de la carte, la société provoque de la part de l'assuré le versement nécessaire pour former avec les versements antérieurs un total au moins égal à celui des contributions patronales obligatoires constatées sur la carte.

Quand ce versement a été effectué, la carte reçoit une mention nouvelle semblable à celle que prescrit l'article 33 du présent décret et ayant les mêmes effets pendant le trimestre suivant.

35. Chaque versement fait à la société par un assuré obligatoire ou facultatif est constaté par l'apposition immédiate sur la carte de l'assuré de timbres mobiles représentant le montant du versement.

En outre, dans le cas de payement d'avance d'un versement obligatoire, la carte reçoit une mention indiquant le montant de la somme versée d'avance.

La société tient un compte des versements faits par chaque assuré.

36. Les sociétés collectrices sont placées, pour les opérations d'encaissement effectuées par application de l'article 3, paragraphe 5, de la loi du 5 avril 1910, sous le contrôle des receveurs des finances et, dans le département de la Seine, du receveur central des finances.

Elles sont également soumises, pour les mêmes opérations, aux vérifications de l'inspection générale des finances.

Le contrôle et les vérifications s'exercent au siège de la société.

Il peut être procédé à l'appel, total ou partiel, des cartes des assurés, si l'agent de contrôle ou de vérification juge cette mesure indispensable.

37. Les trésoriers des sociétés collectrices sont tenus de communiquer, sans déplacement, tant aux receveurs des finances qu'aux inspecteurs des finances tous les documents relatifs aux opérations d'encaissement effectuées par application de l'article 3, paragraphe 5, de la loi du 5 avril 1910.

38. Les receveurs des finances et le receveur central des finances de la Seine, ainsi que les inspecteurs des finances doivent, lors de leurs opérations sur place et immédiatement avant d'y procéder, en donner avis au président de la société, afin qu'il puisse y assister ou s'y faire représenter.

Ils communiquent leurs observations au trésorier et au président et envoient avec les réponses de ces derniers le dossier au ministre des finances qui le transmet au ministre du travail et se concerte avec lui sur la suite à y donner.

39. Des arrêtés concertés entre le ministre des finances et le ministre du travail détermineront les règles de détail relatives à la comptabilité et au contrôle.

40. L'admission d'une société collectrice à se charger de l'encaissement des versements de ses adhérents peut être retirée pour irrégularités commises dans le service de l'encaissement, et notamment pour négligence dans le recouvrement des versements obligatoires.

La société doit être préalablement mise en demeure par le ministre du travail de produire ses observations sur les motifs invoqués à l'appui du retrait d'admission.

Un délai lui est imparti par la mise en demeure pour régulariser sa situation. Si, à l'expiration de ce délai, la société n'a pas procédé à cette régularisation, le retrait de l'admission est prononcé par les ministres du travail et des finances, après avis de la section permanente du conseil supérieur des retraites ouvrières.

La société qui a été l'objet d'une mesure de cette nature ne peut être admise de nouveau à se charger de l'encaissement des versements qu'après un délai minimum de trois ans.

41. Les dispositions du présent chapitre sont applicables aux caisses de retraites de syndicats professionnels ouvriers ou mixtes qui veulent être admises à user de la faculté prévue par l'article 3, paragraphe 5, de la loi du 5 avril 1910.

CHAPITRE II. — CAISSES D'ÉPARGNE.

42. Toute caisse d'épargne ordinaire qui veut être admise à user de la faculté prévue par l'article 3, paragraphe 5, de la loi du 5 avril 1910, adresse au préfet du département dans lequel elle a son siège une demande signée par son président.

Cette demande est accompagnée :

1° D'un extrait de la délibération du conseil des directeurs, par laquelle la caisse d'épargne a déclaré vouloir se charger de l'encaissement des versements obligatoires ou facultatifs de ceux des titulaires de ses livrets qui le demanderaient ;

2° Des statuts de la caisse d'épargne ;

3° Du règlement intérieur adopté par le conseil des directeurs pour le service de l'encaissement ;

4° Des comptes des trois dernières années.

43. Les dispositions des trois derniers paragraphes de l'article 31 et celles des articles 32, 33, 34, 35 et 40 du présent décret sont applicables aux caisses d'épargne ordinaires admises à user de la faculté prévue par l'article 3, paragraphe 5, de la loi du 5 avril 1910.

44. Les caisses d'épargne collectrices restent soumises aux règles générales de comptabilité et de contrôle qui les régissent.

45. Si la Caisse nationale d'épargne postale entend user de la faculté qui lui a été reconnue par l'article 39 de la loi du 5 avril 1910, les dispositions des articles 32, 33, 34 et 35 du présent décret lui seront applicables, sous la réserve que la déclaration de l'assuré prévue à l'article 32 sera faite au receveur du bureau de poste où l'assuré désirera opérer ses versements, et que la mention prévue à l'article 33 sera datée et signée par ce receveur.

Des arrêtés concertés entre les ministres des postes et télégraphes, du travail et des finances détermineront les règles de détail relatives à la comptabilité et au contrôle qui seront nécessaires pour l'application du présent décret à la Caisse nationale d'épargne postale.

46. L'assuré qui a déclaré vouloir faire ses versements soit à la Caisse nationale d'épargne, soit à une caisse d'épargne ordinaire admise à effectuer les encaissements, peut demander par écrit que tout ou partie des fonds figurant à son livret soit employé par la caisse à ces versements.

TITRE IV. — CAISSES D'ASSURANCE.

CHAPITRE Ier. — SOCIÉTÉS ET UNIONS DE SOCIÉTÉS DE SECOURS MUTUELS ; CAISSES DE RETRAITES DE SYNDICATS PROFESSIONNELS.

47. Toute société ou union de sociétés de secours mutuels fonctionnant dans les conditions de la loi du 1er avril 1898, qui sollicite l'agrément prévu à l'article 17 de la loi du 5 avril 1910, adresse au préfet du département dans lequel elle a son siège une demande signée par son président.

Cette demande est accompagnée :

1° D'un extrait de la délibération de l'assemblée générale par laquelle la société ou l'union de sociétés s'est engagée à assurer directement pour ses sociétaires les retraites prévues par la loi du 5 avril 1910 et à leur payer, sous sa responsabilité, les arrérages de l'allocation viagère et de la bonification de l'État en même temps que ceux de la retraite ;

2° Des statuts de la société ;

3° Du règlement intérieur adopté par l'assemblée générale pour le service des retraites ;

4° Des comptes des trois dernières années ;

5° D'une liste certifiée par le président et par le trésorier, contenant les noms, prénoms et adresses de ceux des sociétaires qui, placés sous le régime des articles 1er ou 36 de la loi du 5 avril 1910, demandent l'ouverture à la société de leur compte individuel.

Le nombre des sociétaires portés sur cette liste ne peut être inférieur à deux mille.

Il est remis à la société un récépissé de la demande et des pièces annexes, indiquant la date de leur arrivée à la préfecture.

Le préfet transmet sans retard le dossier avec ses observations au ministre du travail.

48. Il est statué sur la demande dans les trois mois à partir de la date de son arrivée à la préfecture, soit par un décret rendu sur la proposition du ministre du travail et du ministre des finances dans le cas où l'agrément est accordé, soit, en cas de refus, par une décision concertée entre les deux ministres. Cette décision doit être motivée.

Si, à l'expiration du délai de trois mois, la société n'a pas reçu notification du décret ou de la décision ci-dessus prévus, sa demande est considérée comme rejetée.

49. La société de secours mutuels agréée est tenue d'établir une comptabilité spéciale, décrivant les opérations du service des retraites prévues par la loi du 5 avril 1910, à l'exclusion des frais d'administration.

Le montant des allocations reçues en conformité de l'article 12 de ladite loi ne figure que pour ordre dans cette comptabilité.

50. Les recettes en espèces donnent lieu à la délivrance de quittances extraites d'un registre à souche.

Les pièces justificatives des dépenses sont conservées au siège de la société.

Toutes les opérations sont inscrites chaque jour sur un registre spécial. En fin de quinzaine, elles font l'objet d'un dépouillement par nature de recettes et de dépenses.

En fin de trimestre, le trésorier de la société établit un relevé général faisant ressortir, par nature de recettes et de dépenses, le total des opérations du service des retraites prévues par la loi du 5 avril 1910. Ce relevé est envoyé au receveur des finances de l'arrondissement ou, dans le département de la Seine, au receveur central des finances, après avoir été visé par le président de la société.

51. Un compte individuel est ouvert à chaque sociétaire qui a choisi la société comme établissement assureur.

Doivent être inscrits sur ce compte, chaque année, au moment de l'arrivée à la société de la carte annuelle, les versements de l'assuré, et, s'il y a lieu, les contributions des employeurs et les majorations prévues à l'article 36 de la loi du 5 avril 1910.

52. Des instructions concertées entre le ministre des finances et le ministre du travail détermineront les règles de détail relatives à la comptabilité.

53. Dans le premier semestre de chaque année, la société de secours mutuels agréée envoie au ministre du travail un inventaire établi au 31 décembre de l'année précédente et donnant sa situation active et passive, en ce qui concerne les opérations du service des retraites prévues par la loi du 5 avril 1910.

Les réserves mathématiques font l'objet d'un article spécial du passif. Elles sont calculées d'après le tarif en vigueur au moment de l'inventaire.

54. (*Décr. 6 août* 1912.) L'agrément donné à une société de secours mutuels peut être retiré dans la forme prévue au paragraphe 3 de l'article 17 de la loi du 5 avril 1910, soit pour infractions aux règles de comptabilité ou autres irrégularités commises dans la gestion du service des retraites prévues par ladite loi, soit pour défaut d'équilibre entre l'actif et le passif de la caisse, soit lorsque le nombre des sociétaires auxquels un compte individuel est ouvert par application de l'article 51 du présent décret, et de ceux dont la retraite déjà liquidée est servie par la société, devient inférieur à dix-huit cents.

La société doit être préalablement mise en demeure par le ministre du travail de produire ses observations sur les motifs invoqués à l'appui du retrait d'agrément.

Un délai lui est imparti par la mise en demeure, pour régulariser sa situation et spécialement, s'il y a lieu, pour atteindre à nouveau la limite inférieure du nombre des assurés, fixée à dix-huit cents par l'article précédent.

Si, à l'expiration de ce délai, la société n'a pas régularisé sa situation, elle est tenue de présenter des propositions pour sa liquidation, notamment pour le transfert de l'actif et du passif à d'autres caisses d'assurance.

Le décret qui prononce le retrait d'agrément détermine en même temps les conditions de la liquidation, notamment en ce qui concerne le transfert de l'actif et du passif à d'autres caisses d'assurance.

55. (*Décr. 6 août* 1912.) Le montant des avances successives consenties par l'État à une société ou à une union de sociétés de secours mutuels, conformément à l'article 38 de la loi sur les retraites ouvrières et paysannes et dans les limites du maximum fixé par le décret d'institution, est déterminé par les ministres du travail et des finances sur la demande de la caisse intéressée et au vu d'un état estimatif des dépenses à couvrir, ainsi que des justifications d'emploi des avances antérieures, s'il y a lieu.

En ce qui concerne les sociétés ou unions de sociétés agréées antérieurement au 1er août 1912, un décret spécial, rendu sur la proposition du ministre du travail et du ministre des finances, fixera pour chacune d'elles, et sur sa demande, le maximum des avances remboursables qui pourront être faites.

Le décret d'institution, ou le décret spécial prévu au paragraphe précédent, doit disposer qu'au cas où le versement des annuités de remboursement ne serait pas effectué dans le délai fixé, une décision des ministres du travail et des finances pourrait autoriser le prélèvement d'office de tout ou partie de l'annuité en retard sur le montant des allocations accordées à la société ou union de sociétés par application de l'article 12 de la loi sur les retraites ouvrières et paysannes.

56. Les dispositions du présent chapitre sont applicables aux caisses de retraites des syndicats professionnels ouvriers ou mixtes.

CHAPITRE II. — CAISSES DÉPARTEMENTALES OU RÉGIONALES.

57. Les caisses départementales ou régionales de retraites ont exclusivement pour objet les opérations du service des retraites prévues par la loi du 5 avril 1910.

Elles ne peuvent être instituées qu'après avis de la section permanente du conseil supérieur des retraites ouvrières.

Le décret d'autorisation fixe le siège et les limites de la circonscription de la caisse.

Seuls peuvent adhérer à la caisse les assurés résidant dans sa circonscription au moment de leur adhésion. Ils peuvent ensuite continuer d'adhérer à la même caisse malgré tous changements successifs de résidence.

Tout décret changeant le siège de la caisse ou modifiant les limites de sa circonscription doit être précédé d'un avis de la commission permanente du conseil supérieur des retraites ouvrières et d'un avis du comité de direction provisoire ou définitif de la caisse.

58. Un comité de direction provisoire, composé de quatre représentants du Gouvernement, nommés par décret sur la proposition des ministres du travail et des finances, est chargé de préparer le règlement intérieur de la caisse prévu à l'article 77 du présent décret, de le soumettre à l'approbation du ministre du travail, de provoquer les adhésions des assurés placés sous le régime des articles 1er ou 36 de la loi du 5 avril 1910, de prendre les mesures nécessaires pour la nomination des représentants élus des assurés et des employeurs au comité de direction définitif, et de gérer et d'administrer la caisse jusqu'à l'installation de ce comité.

Il doit être procédé à cette installation, au plus tard, un an après la date de constitution de la caisse.

Le décret nommant les membres du comité de direction provisoire désigne parmi eux un président et un secrétaire.

59. Le comité de direction définitif est composé de douze membres, savoir :

1° Les quatre représentants du Gouvernement, membres du comité de direction provisoire ;

2° Quatre assurés élus par les assurés adhérents à la caisse qui résident dans sa circonscription ;

3° Quatre employeurs élus par les employeurs qui comptent parmi leurs salariés des assurés adhérents à la caisse qui résident dans sa circonscription.

60. Aucune durée n'est fixée pour le mandat confié aux représentants du Gouvernement.

Il est pourvu à leur remplacement, le cas échéant, par décret sur la proposition des ministres du travail et des finances.

Les membres élus sont nommés pour six ans.

Ils sont renouvelés par moitié, dans chaque catégorie, tous les trois ans. La première série sortante est désignée par le sort.

Les membres sortants sont rééligibles.

61. La liste électorale est divisée en deux sections correspondant aux deux catégories d'électeurs, assurés et employeurs, résidant dans la circonscription de la caisse.

Sont inscrits à la première section :

1° Les assurés majeurs, dont le compte individuel a été ouvert à la caisse pendant les douze mois précédant la date de confection ou de revision de la liste, et ceux déjà titulaires d'un compte individuel, qui ont fait un versement à ce compte pendant la même période ;

2° Les titulaires des retraites servies par la caisse.

Sont inscrits à la deuxième section, sur leur demande, les employeurs majeurs qui ont compté, pendant les douze mois précédents, parmi leurs salariés, des électeurs inscrits à la première section.

62. La liste électorale est dressée pour la première fois par le comité de direction provisoire.

Il est ensuite procédé, avant le 31 décembre de chaque année, par les soins du comité de direction définitif, aux inscriptions et aux radiations motivées par l'application des règles prévues à l'article précédent du présent décret.

63. Les électeurs sont inscrits sur la liste électorale, d'après leur résidence, suivant l'ordre alphabétique des communes comprises dans la circonscription de la caisse.

A partir du 1er janvier de chaque année, la liste électorale annuelle est tenue à la disposition des intéressés au siège de la caisse.

En outre, à la même date, le comité de direction envoie à la mairie de chacune des communes de la circonscription dans laquelle des électeurs de l'une des deux catégories ont leur résidence, l'extrait de la liste électorale concernant ladite commune, pour y être tenu à la disposition des intéressés.

64. Sont éligibles :

1° Les assurés électeurs, de l'un ou l'autre sexe, de nationalité française, âgés de trente ans accomplis, jouissant de leurs droits civils et n'ayant subi aucune des condamnations auxquelles est attachée la privation des droits politiques ;

2° Les employeurs électeurs de l'un ou l'autre sexe remplissant les mêmes conditions.

65. La date de chaque élection est fixée, au moins un mois à l'avance, par le comité de direction, après entente avec les préfets des départements sur lesquels s'étend la circonscription de la caisse.

Les opérations électorales doivent avoir lieu un dimanche.

Le comité de direction, en même temps qu'il notifie aux préfets la date fixée, leur envoie la liste des communes de leurs départements, dans lesquelles résident des électeurs de l'une ou de l'autre des catégories visées à l'article 61 du présent décret.

66. Le préfet de chaque département fait publier la date des opérations électorales dans chacune des communes portées sur la liste visée à l'article précédent.

Il arrête en même temps les heures d'ouverture et de fermeture du scrutin.

67. Le vote a lieu à la mairie de chaque commune, par bulletins secrets et au scrutin de liste par catégorie.

Chaque électeur inscrit sur son bulletin de vote un nombre de noms double de celui des membres à élire.

Le bureau est composé du maire, du plus âgé et du plus jeune des électeurs ou, à défaut, du plus âgé et du plus jeune des habitants majeurs de la commune présents à l'ouverture du scrutin. Il est présidé par le maire.

Le procès-verbal des opérations électorales dans chaque commune, ainsi que les bulletins contestés, sont envoyés dès la clôture du scrutin, sous pli recommandé, revêtu de la signature des membres du bureau, au président du bureau électoral de la commune du siége de la caisse.

68. Ce dernier bureau est chargé de centraliser les résultats du vote.

Il se réunit, à cet effet, le second jour qui suit celui où ont eu lieu les opérations électorales.

Il dresse une liste des candidats de chaque catégorie en les classant d'après le nombre des voix qu'ils ont obtenues.

Le nombre des noms à porter sur cette liste est double de celui des membres à élire.

Nul ne peut être porté sur la liste à la suite du premier tour de scrutin, s'il n'a obtenu un nombre de voix au moins égal au dixième du nombre des électeurs inscrits de sa catégorie.

Si la liste n'a pu être complétée à la suite du premier tour de scrutin, il est procédé, quinze jours plus tard, à un second tour, sur avis donné par le comité de direction aux préfets des départements sur lesquels s'étend la circonscription de la caisse.

Le minimum du dixième n'est plus exigé au second tour de scrutin.

En cas d'égalité de suffrages, s'il n'y a plus qu'une vacance sur la liste, le plus âgé des candidats y est seul porté.

69. Sont proclamés membres du comité de direction les candidats figurant dans la première moitié de la liste de chaque catégorie.

Les candidats figurant dans la seconde moitié sont appelés par le comité de direction, dans l'ordre de la liste, à remplacer les membres du comité de la même catégorie, au fur et à mesure des vacances qui viendraient à se produire avant le renouvellement partiel suivant.

70. Tout membre élu du comité de direction qui n'a pas assisté à trois séances consécutives, sans motif reconnu légitime, est déclaré démissionnaire par le ministre du travail.

Si, par suite de démissions volontaires ou prononcées d'office, de perte des conditions requises pour l'éligibilité ou pour toute autre cause, le nombre des représentants de l'une ou de l'autre des catégories est réduit à deux, après épuisement de la seconde moitié de la liste prévue à l'article 68 du présent décret, il est procédé dans les trois mois à des élections complémentaires pour la catégorie qui n'est plus représentée que par deux membres.

Les nouveaux élus sont désignes pour le temps restant à courir jusqu'au terme assigné aux fonctions de ceux qu'ils remplacent.

La perte des conditions d'éligibilité est constatée par une décision du ministre du travail.

71. Le bureau du comité de direction est composé d'un président, choisi parmi les représentants du Gouvernement et nommé par décret sur la proposition des ministres du travail et des finances, de deux vice-présidents et d'un secrétaire élus au scrutin secret par le comité de direction.

L'un des vice-présidents est choisi parmi les assurés et l'autre parmi les employeurs.

72. Les fonctions de membre du comité de direction sont gratuites.

Toutefois, il peut être attribué aux représentants des assurés, par le comité de direction, après approbation du ministre du travail, des jetons de présence imputables sur les frais de gestion de la caisse.

73. Le comité de direction se réunit sur la convocation de son président.

Il ne peut s'écouler un intervalle de plus de deux mois entre deux séances consécutives.

Les délibérations du comité ne sont valables que si la moitié au moins des membres qui le composent assiste à la séance. Néanmoins, après une seconde convocation, elles sont valables, quel que soit le nombre des membres présents.

Elles sont prises à la majorité des membres présents; en cas de partage, la voix du président est prépondérante.

74. Le comité de direction statue sur tous les actes concernant la gestion et l'administration de la caisse, en conformité du règlement prévu à l'article 77 ci-après.

Il peut, par des délibérations spéciales, déléguer un ou plusieurs de ses membres pour assurer l'exécution d'une délibération, ou pour procéder à des vérifications de l'encaisse et des écritures.

Il nomme et révoque le personnel.

La caisse est représentée en justice par le directeur.

75. Chaque année, le comité de direction arrête, dans les formes déterminées par les ministres du travail et des finances, un budget du service administratif de la caisse pour l'année suivante; il en adresse copie, avant le 1er décembre, aux deux ministres.

Dans le premier semestre de chaque année, le comité arrête le compte du service administratif pour l'année écoulée et en adresse copie aux deux ministres.

76. Les dispositions des articles 51 et 53 du présent décret sont applicables aux caisses départementales ou régionales.

77. Un règlement intérieur, arrêté par le comité de direction provisoire, sous réserve de l'approbation du ministre du travail, détermine les conditions d'administration de la caisse, notamment celles qui sont relatives à la création et à l'administration de succursales locales, au recrutement, à l'avancement et à la rémunération du personnel, aux attributions du directeur.

Les modifications au règlement sont subordonnées à l'approbation du ministre du travail.

78. Un décret déterminera, sur la proposition des ministres du travail et des finances, les règles de la comptabilité des caisses départementales ou régionales.

Il fixera les conditions spéciales concernant le cautionnement qui devra être versé par le caissier avant son installation.

79. S'il a été commis des infractions aux règles de comptabilité ou d'autres irrégularités dans la gestion de la caisse, ou si un défaut d'équilibre est constaté entre l'actif et le passif de la caisse, la dissolution du comité de direction peut être prononcée par décret, sur la proposition des ministres du travail et des finances, sans préjudice des responsabilités de droit commun, après avis de la section permanente du conseil supérieur des retraites ouvrières.

Le comité de direction doit être préalablement mis en demeure, par le ministre du travail, de régulariser la situation dans le délai qui aura été imparti par la mise en demeure.

80. Il doit être procédé à la nomination d'un nouveau comité de direction dans un délai de deux mois à partir de la date du décret de dissolution.

Jusqu'à l'installation du nouveau comité de direction, la caisse est gérée et administrée par un délégué provisoire, désigné par décret sur la proposition des ministres du travail et des finances.

81. (*Décr. 6 août 1912.*) Si, à l'expiration de la troisième année d'existence de la caisse, le nombre des assurés pourvus d'un compte individuel et des retraités titulaires d'une retraite dont les arrérages sont payés par la caisse n'a pas atteint dix mille ou si, par la suite, ce nombre devient inférieur à neuf mille, la caisse peut être supprimée par décret sur la proposition des ministres du travail et des finances, après avis de la section permanente du conseil supérieur des retraites ouvrières et sous réserves de l'application des règles prévues par l'article 54 du présent décret pour le retrait de l'agrément donné à une société de secours mutuels.

82. (*Décr.* 6 *août* 1912.) Les avances remboursables prévues à l'article 38 de la loi sur les retraites ouvrières et paysannes sont consenties aux caisses départementales ou régionales dans les conditions prévues à l'article 55 du présent décret.

CHAPITRE III. — CAISSES PATRONALES ET SYNDICALES DE RETRAITES; CAISSES DE SYNDICATS DE GARANTIE LIANT SOLIDAIREMENT LES PATRONS ADHÉRENTS POUR L'ASSURANCE DE LA RETRAITE.

83. Les caisses patronales sont instituées au profit exclusif des salariés de l'entreprise qui les a créées.

Les caisses syndicales et les caisses des syndicats de garantie solidaire ne peuvent être formées qu'entre employeurs exerçant soit la même profession, soit des professions n'appartenant qu'à l'un des groupements déterminés à cet effet par un arrêté du ministre du travail. Elles sont instituées au profit exclusif des salariés des entreprises affiliées.

84. La demande formée en vue d'obtenir l'autorisation de constituer une caisse patronale ou syndicale ou une caisse de syndicat de garantie solidaire est adressée au ministre du travail.

Les auteurs de la demande doivent faire connaître :

1° Les règles applicables aux versements obligatoires ou facultatifs des assurés et aux contributions patronales;

2° Le choix fait pour l'encaissement des versements et des contributions entre le payement en espèces et l'apposition de timbres-retraite;

3° Les œuvres que les demandeurs se proposeraient de fonder pour assurer des avantages supplémentaires soit aux bénéficiaires ou à leurs familles par voie d'amélioration des conditions matérielles de leur existence après la liquidation des retraites, soit aux familles des bénéficiaires en cas de décès de ceux-ci avant la liquidation de leurs retraites, ainsi que les conditions d'affectation à ces œuvres ou à la constitution de réserves, conformément au paragraphe 5 de l'article 19 de la loi du 5 avril 1910, de l'excédent des cotisations des employeurs sur les contributions fixées à l'article 2 de ladite loi;

4° Le mode de désignation des membres du conseil d'administration de la caisse, ainsi que les attributions de ce conseil;

5° Les règles concernant la dévolution de l'actif final net de la caisse, en cas de renonciation à la constitution des retraites ouvrières ou en cas de retrait d'autorisation;

6° Les ressources que les demandeurs se proposent d'employer, en cas d'insuffisance des allocations prévues à l'article 12 de la loi du 5 avril 1910, au payement des frais de premier établissement de la caisse ainsi que des dépenses d'administration du service des retraites et des œuvres visées au 3° du présent article;

7° Le maximum du prélèvement qui pourra être opéré pour le payement de ces frais et dépenses sur l'excédent des cotisations des employeurs.

Lorsque la demande concernera une caisse de syndicat de garantie solidaire, les auteurs de cette demande devront, en outre, faire connaître les conditions dans lesquelles cessera la solidarité des employeurs adhérents à la caisse, après qu'ils auront déclaré vouloir se retirer du syndicat.

Le décret d'autorisation d'une caisse de syndicat de garantie solidaire doit être précédé d'un avis de la section permanente du conseil supérieur des retraites ouvrières.

85. La contribution de l'employeur ne peut, en aucun cas, être inférieure aux chiffres fixés par l'article 2 de la loi du 5 avril 1910, ni donner, avec le versement de l'assuré, une somme inférieure à celle résultant du même article.

Les versements statutairement obligatoires des assurés et la part des contributions patronales qui doit être capitalisée conformément aux prescriptions du paragraphe 5 de l'article 19 de la loi du 5 avril 1910 sont encaissées au moins tous les trois mois.

86. Les caisses patronales ou syndicales et les caisses de syndicat de garantie solidaire ne peuvent commencer leurs opérations avant que les employeurs aient justifié auprès du ministre du travail que le nombre des salariés ayant adhéré à la caisse a atteint deux mille.

Cette justification résulte de la remise au ministre du travail de la liste nominative des salariés adhérents, revêtue de leurs signatures. La liste doit être remise dans le délai d'un an à partir de la date du décret autorisant la constitution de la caisse.

87. Le conseil d'administration d'une caisse patronale doit être composé de six membres, savoir :

1° Trois représentants de l'entreprise ;

2° Trois représentants des assurés pris dans le personnel de l'entreprise et désignés conformément aux dispositions arrêtées lors de l'autorisation de la caisse.

Le conseil d'administration d'une caisse syndicale doit comprendre un nombre pair de membres qui ne peut être inférieur à six. Il se compose pour moitié de représentants des employeurs et pour moitié de représentants des assurés pris dans le personnel des entreprises affiliées à la caisse et désignés suivant les dispositions arrêtées lors de l'autorisation de la caisse.

Toutefois, pour ces deux catégories de caisses, le nombre des représentants des employeurs peut être supérieur d'une unité à celui des représentants des salariés lorsque les employeurs se sont engagés à fournir des contributions patronales dépassant d'un quart au moins les versements statutairement obligatoires des salariés.

Le conseil élit son président, son vice-président et son secrétaire.

88. Le conseil d'administration gère et administre directement la caisse, à l'exclusion de toute entreprise de gestion.

Ses délibérations ne sont valables que si la moitié au moins des membres qui le composent assiste à la séance. Néanmoins, après une seconde convocation, elles sont valables quel que soit le nombre des membres présents.

Elles sont prises à la majorité des membres présents ; en cas de partage, la voix du président est prépondérante.

89. Il est remis à chaque adhérent un exemplaire des statuts, du règlement de la caisse et des modifications qui y seraient apportées après son adhésion.

Conformément au paragraphe final de l'article 11 du présent décret, l'adhésion d'un salarié à une caisse patronale ou syndicale ou à une caisse de syndicat de garantie solidaire est constatée par l'indication de cette caisse sur la carte annuelle.

Le montant des versements des assurés et des contributions patronales, dont l'encaissement en espèces a été effectué depuis la délivrance de la carte annuelle, est inscrit par la caisse sur cette carte, lorsqu'elle arrive au terme de sa validité ou lorsque l'assuré quitte, soit l'entreprise à laquelle il était attaché s'il s'agit d'une caisse patronale, soit les entreprises affiliées s'il s'agit d'une caisse syndicale ou d'une caisse de syndicat de garantie.

90. Les dispositions des articles 51 et 53 du présent décret sont applicables aux caisses patronales ou syndicales et aux caisses de syndicats de garantie solidaire.

91. Un règlement, préparé par le conseil d'administration de la caisse et soumis à l'approbation des ministres du travail et des finances, fixe les règles de comptabilité de la caisse.

92. Dans le cas où une première hypothèque serait prise sur des immeubles en garantie de prêt, par application des dispositions du paragraphe 7 de l'article 19 de la loi du 5 avril 1910, la valeur de ces immeubles serait établie par un expert désigné, sur simple requête de la caisse intéressée, par le président du tribunal civil dans le ressort duquel se trouve le siège de la caisse.

93. L'autorisation donnée à une caisse patronale ou syndicale ou à une caisse de syndicat de garantie solidaire peut être retirée, soit pour infractions aux règles de comptabilité ou autres irrégularités commises dans la gestion des divers services, soit pour défaut d'équilibre entre l'actif et le passif de la caisse, soit lorsque le nombre des sociétaires auxquels un compte individuel a été ouvert à la caisse pour la constitution d'une retraite et de ceux dont la retraite déjà liquidée est servie par la caisse, devient inférieur à dix-huit cents.

(*Décr. 6 août 1912.*) « Le retrait d'autorisation est prononcé par décret sur la proposition des ministres du travail et des finances, après avis de la section permanente du conseil supérieur des retraites ouvrières et sous réserve de l'application des règles prévues par l'article 54 du présent décret. »

94. En cas de renonciation d'une caisse de syndicat de garantie solidaire à la constitution des retraites ouvrières ou en cas de retrait de l'autorisation accordée à une caisse de cette catégorie, resteront solidairement garants les employeurs qui se trouvaient affiliés pendant tout ou partie des deux dernières années. Dans aucun cas leur garantie ne peut cesser avant l'apurement complet des opérations constaté par une décision du ministre du travail, prise après avis de la section permanente du conseil supérieur des retraites ouvrières.

95. Les caisses patronales ou syndicales, qui existaient au moment de la promulgation de la loi du 5 avril 1910, pourront être autorisées, quel que soit le nombre de leurs adhérents, à continuer de fonctionner pourvu qu'elles justifient auprès du ministre du travail :

1° Que les retraites qu'elles s'engagent à servir dans l'avenir sont au moins égales à celles qui seraient obtenues en vertu de la loi du 5 avril 1910 ;

2° Que leurs réserves mathématiques sont suffisantes pour leur permettre de faire face aux engagements déjà contractés par elles.

Si cette dernière justification ne peut être fournie, les caisses devront compléter leurs réserves dans le délai qui leur sera imparti par une décision du ministre du travail, et qui ne pourra, en aucun cas, excéder deux ans.

Les caisses doivent, en outre, prendre l'engagement de compléter leurs réserves mathématiques sur une mise en demeure du ministre du travail, lorsqu'une insuffisance sera constatée à la suite de l'établissement de l'inventaire annuel.

96. Les dispositions de l'article précédent, à l'exception de celles du dernier paragraphe, sont applicables aux institutions collectives de retraites qui, au moment de la promulgation de la loi du 5 avril 1910, étaient constituées sous la forme de sociétés anonymes. Ces institutions devront, en outre, justifier d'un capital dont le montant minimum sera fixé par le décret d'autorisation.

Le décret d'autorisation déterminera la part minimum du capital qui devra être immédiatement versée.

97. Sont applicables aux caisses et aux institutions collectives de retraites visées aux deux articles précédents les dispositions des articles 83, 85, 89, 90, 91, 92 et 93 du présent décret.

98. (*Décr. 6 août* 1912.) Les institutions patronales de retraites qui existaient au moment de la promulgation de la loi du 5 avril 1910 et qui, d'après leurs statuts ou règlements, opéraient leurs versements à la Caisse nationale des retraites pour la vieillesse, pourront être autorisées, quel que soit le nombre de leurs adhérents, à continuer d'opérer leurs versements à la Caisse nationale des retraites, dans les conditions de la loi du 20 juillet 1886, sans limitation du montant annuel des versements par compte ni du chiffre de la rente viagère pouvant être inscrite sur une même tête, en vue de constituer les retraites prévues par la loi sur les retraites ouvrières et paysannes, pourvu :

1° Que le montant des versements ainsi effectués à la Caisse nationale des retraites pour chaque salarié ne soit pas inférieur au total des versements et des contributions patronales fixés à l'article 2 de la loi sur les retraites ouvrières et paysannes;

2° Que le montant de la contribution patronale ne soit pas inférieur au chiffre fixé par ledit article 2;

3° Que l'entrée en jouissance des retraites de vieillesse ne soit pas fixée à un âge inférieur à cinquante-cinq ans en ce qui concerne la partie des versements qui représente le minimum obligatoire en vertu de cet article;

4° Que les sommes représentant les versements des assurés et les contributions patronales soient versées, au moins une fois par trimestre, à la Caisse nationale des retraites pour la vieillesse.

Lorsqu'il s'agit d'un assuré obligatoire, marié, les versements provenant de retenues prélevées sur son salaire, bien que devant être divisés par moitié entre les conjoints par application de l'article 13, paragraphe 5, de la loi du 20 juillet 1886, entrent en ligne de compte pour leur totalité en vue du droit à l'allocation viagère prévue à l'article 4 de la loi sur les retraites ouvrières et paysannes.

Les contributions patronales sont obligatoirement versées à capital aliéné jusqu'à concurrence des chiffres fixés par l'article 2 de la même loi.

Le décret d'autorisation, intervenu sur la proposition des ministres du travail et des finances, détermine les conditions d'encaissement et de contrôle des versements effectués par les intéressés.

Sont applicables aux institutions patronales visées au présent article les dispositions des articles 83, 85 et 89 du présent décret.

L'autorisation peut être retirée en cas d'irrégularités de gestion, après mise en demeure adressée suivant les conditions déterminées aux paragraphes 2 et 3 de l'article 54 du présent décret.

Le retrait d'autorisation est prononcé par décret sur la proposition des ministres du travail et des finances, et après avis de la section permanente du conseil supérieur des retraites ouvrières.

CHAPITRE IV. — CONTRÔLE FINANCIER DES CAISSES D'ASSURANCE.

99. (*Décr. 6 août* 1912.) Les sociétés ou unions de sociétés de secours mutuels agréées pour le service des retraites, les caisses départementales ou régionales de retraites, les caisses patronales ou syndicales de retraites, les caisses de syndicats de garantie liant solidairement les patrons pour l'assurance de la retraite, et les caisses de retraites des syndicats professionnels, ainsi que les institutions de retraites, visées aux articles 95, 96 et 98 ci-dessus, qui auraient été autorisées à continuer de fonctionner, sont placées, pour l'ensemble de leurs opérations d'encaissement et d'assurances régies par ladite loi, sous le contrôle des trésoriers-payeurs généraux et des receveurs particuliers des finances et, dans le département de la Seine, du receveur central des finances de la Seine, sans préjudice du contrôle technique appartenant au ministre du travail.

Ces établissements sont également soumis, pour les mêmes opérations, aux vérifications de l'inspection générale des finances.

Des arrêtés concernant le ministre des finances et le ministre du travail déterminent les règles de détail relatives au contrôle financier.

100. Le contrôle des trésoriers-payeurs généraux, des receveurs particuliers et du receveur central des finances de la Seine porte sur la caisse, le portefeuille et les écritures. Il s'exerce sur place au moins une fois par an.

Les vérifications de l'inspection des finances portent également sur la caisse, le portefeuille et les écritures.

Les trésoriers des caisses d'assurances, désignés à l'article précédent, son tenus de communiquer sans déplacement, tant aux trésoriers-payeurs généraux, aux receveurs particuliers et au receveur central des finances de la Seine qu'aux inspecteurs des finances, tous livres, registres et documents de comptabilité, ainsi que les pièces justificatives de toute dépense.

Il peut être procédé à l'appel total ou partiel des cartes des assurés, si l'agent de contrôle ou de vérification juge la mesure indispensable.

101. Les trésoriers-payeurs généraux, les receveurs particuliers des finances et le receveur central des finances de la Seine, ainsi que les inspecteurs des finances doivent, lors de leurs opérations sur place et immédiatement avant d'y procéder, en donner avis au président du comité de direction ou du conseil d'administration de la caisse d'assurance, afin qu'il puisse y assister ou s'y faire représenter.

Ils communiquent leurs observations au trésorier et au président et envoient, avec les réponses de ces derniers, le dossier au ministre des finances qui le transmet au ministre du travail et se concerte avec lui sur la suite à y donner.

102. En cas de déficit ou d'irrégularités graves, l'agent de contrôle informe sans délai le président du comité de direction ou du conseil d'administration qui avise d'urgence aux mesures à prendre et qui rend compte immédiatement de ces mesures à l'agent de contrôle.

Si la constatation du déficit ou des irrégularités émane d'un inspecteur des finances, elle est par lui notifiée au receveur des finances du siège de l'établissement en même temps qu'au président du comité ou du conseil d'administration et ce dernier rend compte des mesures qu'il a prises audit receveur des finances.

103. (*Décr.* 6 *août* 1912.) Les caisses d'assurance qui ont obtenu des avances remboursables en exécution de l'article 38 de la loi sur les retraites ouvrières et paysannes sont tenues de justifier de l'emploi des fonds mis à leur disposition par la production, au ministre du travail et au ministre des finances, d'états soumis au visa des agents du contrôle financier.

Les documents de comptabilité et pièces justificatives nécessaires à la vérification desdits états sont mis à la disposition de ces agents au siège des caisses d'assurance.

Si les justifications d'emploi prévues au présent article ne sont pas produites ou si les justifications produites ne sont pas jugées suffisantes, le ministre du travail, soit d'office, soit sur la demande du ministre des finances, adresse à la caisse d'assurance bénéficiaire une mise en demeure d'avoir à fournir ou à compléter ses justifications dans un délai de deux mois. Faute par la caisse d'avoir satisfait à cette mise en demeure, une décision des ministres du travail et des finances peut prescrire le remboursement immédiat de tout ou partie de l'avance et en ordonner le prélèvement dans les conditions indiquées au dernier paragraphe de l'article 55 du présent décret.

TITRE V. — GESTION FINANCIÈRE.

104. Le produit de la vente des timbres-retraite est versé tous les dix jours à la Caisse des dépôts et consignations, qui le porte à un compte de dépôts ouvert dans ses écritures au titre : « Ministère du travail. Produit de la vente des timbres pour les retraites ouvrières ».

Cette caisse est chargée de la gestion du fonds spécial ainsi constitué.

105. Chaque semaine, le préfet, en établissant les bordereaux prévus au paragraphe 2 de l'article 24 du présent décret, notifie à la Caisse des dépôts et consignations le montant des sommes revenant à chaque caisse d'assurance sur le fonds spécial de la vente des timbres. Il mentionne sur l'état dressé à cet effet pour chaque caisse les numéros des bordereaux correspondants.

La Caisse des dépôts et consignations transfère immédiatement à un compte spécial ouvert à chacune des caisses d'assurance les sommes postées sur cet état.

Les revenus du fonds spécial constitué en conformité de l'article 104 ci-dessus sont répartis par la Caisse des dépôts et consignations, à la fin de chaque année, entre les diverses caisses d'assurance, au prorata des sommes attribuées à chacune d'elles, pendant ladite année, en représentation du montant des timbres apposés sur les cartes de leurs adhérents.

Pour les majorations prévues à l'article 36 de la loi du 5 avril 1910, la Caisse des dépôts et consignations porte au crédit de chaque caisse d'assurance les sommes qui sont indiquées par le ministre du travail, conformément aux dispositions de l'article 123 du présent decret.

106. La Caisse des dépôts et consignations alloue au compte courant particulier de chaque caisse d'assurance un intérêt égal à celui qui est servi par le Trésor à la Caisse des dépôts et consignations sur le compte courant prévu au paragraphe 4 de l'article 15 de la loi du 5 avril 1910. Les comptes particuliers sont réglés en capital et intérêts au 31 décembre de chaque année; les intérêts annuels sont capitalisés à cette date.

107. Le compte particulier de chacune des caisses d'assurance ne peut dépasser un maximum qui est déterminé suivant les règles ci-après.

Chaque année, dans le mois qui suit la promulgation de la loi de finances, le maximum est calculé par la Caisse des dépôts et consignations, pour chacune des caisses d'assurance alors existantes, en répartissant les neuf dixièmes du compte courant ouvert au Trésor en vertu du paragraphe 4 de l'article 15 de la loi du 5 avril 1910 proportionnellement au montant total des recettes normales que la caisse d'assurance a effectuées l'année précédente, y compris en ce qui concerne la Caisse nationale des retraites pour la vieillesse, les sommes versées par l'État à titre de capitaux constitutifs.

Pour la première année d'application de la loi, et ultérieurement pour la première année d'opérations des caisses nouvelles, le maximum est déterminé sur les bases fixées par le directeur général de la Caisse des dépôts et consignations, après avis de la commission de surveillance.

Pendant les cinq années qui suivront celle de la mise en application de la loi, la proportion des neuf dixièmes ci-dessus fixée pourra être réduite par arrêtés concertés du ministre des finances et du ministre du travail.

La fraction non répartie du compte courant ouvert au Trésor est affectée à l'ouverture de comptes particuliers pour les caisses qui se créeraient en cours d'année, et, dans la mesure où la Caisse des dépôts et consignations croirait devoir donner suite à leur demande, au relèvement du maximum pour celles des caisses dont le nombre d'assurés se serait augmenté de plus d'un cinquième depuis la répartition annuelle.

Dès que le maximum fixé est dépassé, la Caisse des dépôts et consignations peut mettre la caisse d'assurance en demeure de déterminer l'emploi de l'excédent. A défaut de placements suffisants effectués sur l'ordre de la caisse d'assurance dans le délai d'un mois, la Caisse des dépôts et consignations emploie d'office l'excédent en rentes 3 pour 100 perpétuelles.

108. (*Décr. 6 août* 1912.) Les retraits de fonds sur les comptes courants particuliers des caisses d'assurance, ainsi que les emplois de fonds à effectuer, sont opérés à la demande du représentant dûment accrédité à cet effet par la caisse à titre permanent. Cette demande est adressée au receveur des finances de l'arrondissement du siège de l'institution et, dans le département de la Seine, au receveur central des finances.

Il est donné suite à la demande dans les huit jours de sa réception par la Caisse des dépôts et consignations.

109. Les recettes et les dépenses portées au fonds spécial prévu à l'article 104 du présent décret ainsi qu'aux comptes courants particuliers des caisses d'assurance sont imputées à compter, pour les recettes, du dernier jour de la dizaine et, pour les dépenses, du premier jour de la dizaine pendant laquelle elles sont effectuées.

Tout transfert entre les comptes particuliers ou entre le fonds spécial et les comptes particuliers des caisses d'assurance prend valeur du jour de l'opération.

Les achats en bourse entrent en compte du jour de l'acquisition et les ventes du jour de l'encaissement.

110. La Caisse des dépôts et consignations conserve pour le compte des diverses caisses d'assurance les titres de rentes et de valeurs mobilières négociables faisant partie de leur portefeuille; elle reçoit, aux diverses échéances, les arrérages, intérêts ou dividendes; elle encaisse, lorsqu'il y a lieu, les sommes provenant du remboursement total ou partiel des titres et des lots et primes attribués.

Les rentes et les valeurs mobilières négociables doivent être représentées par des certificats ou titres nominatifs, toutes les fois qu'il est possible d'en obtenir.

Les titres de propriété ou de créance et de valeurs mobilières non négociables sont conservés par les caisses d'assurance, qui poursuivent directement les recouvrements à effectuer.

111. Les prêts aux départements, communes, colonies ou pays de protectorat, établissements publics et chambres de commerce, prévus au 2° du paragraphe 3 de l'article 15 de la loi du 5 avril 1910 et les emplois visés à l'article 19 de ladite loi donnent lieu à l'établissement de traités passés directement entre la caisse d'assurance et les emprunteurs ou vendeurs pour en fixer les conditions et les modalités. Ils sont notifiés par la caisse d'assurance à la Caisse des dépôts et consignations qui lui verse les fonds aux époques indiquées.

En ce qui concerne les placements prévus aux 3° et 4° du troisième paragraphe de l'article 15 de la loi, la demande est adressée par la caisse d'assurance au ministre du travail, avec le dossier, pour être soumise au conseil supérieur des retraites ouvrières. Le ministre du travail notifie sa décision à la caisse d'assurance et, en cas d'autorisation, à la Caisse des dépôts et consignations, qui met les fonds à la disposition de la caisse d'assurance.

112. Pour chaque versement à effectuer en vertu de l'article précédent, la demande de la caisse d'assurance doit parvenir à la Caisse des dépôts et consignations huit jours au moins avant la date du versement.

La Caisse des dépôts et consignations n'y donne suite que si le compte de la caisse d'assurance présente une disponibilité suffisante.

113. Pour les ordres de vente visés au dernier paragraphe de l'article 15 de la loi du 5 avril 1910, le directeur général de la Caisse des dépôts et consignations, dans le cas où il ne croit pas devoir donner suite en l'état à la demande, en avise, dans les cinq jours de la réception de l'ordre de vente non exécuté, le ministre du travail qui saisit d'urgence la section permanente du conseil supérieur des retraites ouvrières. La décision ministérielle intervenue est notifiée à la Caisse des dépôts et consignations par le ministre du travail.

TITRE VI. — ALLOCATIONS AUX ORGANISMES D'ENCAISSEMENT ET AUX CAISSES D'ASSURANCE.

CHAPITRE Ier. — FRAIS DE GESTION ET D'ENCAISSEMENT.

114. Les sommes dues à chaque caisse à raison de l'indemnité de 1 fr. par compte individuel prévue à l'article 12 de la loi du 5 avril 1910 sont liquidées par le ministre du travail, dans les conditions ci-après :

1° Pour les comptes donnant lieu à des versements, la liquidation est faite d'après le nombre de comptes portés aux bordereaux mentionnés à l'article 24 du présent décret ;

2° Pour les comptes des retraités, la liquidation est faite d'après des relevés spéciaux établis par les caisses d'assurance, aux époques que fixent le ministre du travail, et visés, en ce qui concerne la Caisse nationale des retraites pour la vieillesse par la commission de surveillance de la Caisse des dépôts et consignations, en ce qui concerne les autres caisses par l'un des fonctionnaires chargés du contrôle financier.

Un même compte individuel ne peut donner lieu qu'à une seule indemnité de 1 fr. par an. Lorsqu'un assuré a successivement adhéré à plusieurs caisses au cours d'une même année conformément aux prévisions de l'art. 19 ci-dessus, l'allocation est répartie également entre les caisses participantes.

Les allocations viagères et bonifications ne donnent pas lieu à l'allocation de 1 fr.

115. (*Décr. 6 août 1912.*) La liquidation et l'ordonnancement de la remise de 5 pour 100 accordée par l'article 12 de la loi sur les retraites ouvrières et paysannes aux établissements qui ont opéré l'encaissement des cotisations des assurés sont effectués, au nom de ces établissements, par le ministre du travail, d'après le montant des encaissements constatés par les préfets sur chaque carte annuelle.

116. (*Décr. 6 août 1912.*) L'allocation de 1 franc pour frais de gestion est ordonnancée au nom de la Caisse des dépôts et consignations, pour être portée au crédit des comptes courants ouverts par cet établissement aux diverses caisses d'assurance.

En ce qui concerne les comptes des assurés dont la retraite n'est pas encore liquidée, l'ordonnancement est fait sur le vu d'états des allocations dues aux diverses caisses d'assurance dressés par le préfet et joints aux bordereaux qu'il envoie au ministre du travail, conformément à l'article 24, paragraphe 4, du présent décret ; l'ordonnance est aussitôt adressée par le ministre à la Caisse des dépôts et consignations, avec l'indication des numéros des bordereaux auxquels elle correspond.

En ce qui concerne l'indemnité de 1 franc afférente aux comptes de retraites liquidées, l'ordonnancement est fait à la fin de chaque trimestre, d'après les relevés reçus au cours du trimestre en vertu du paragraphe 2 de l'article 114 ci-dessus.

CHAPITRE II. — ALLOCATIONS POUR LES ASSURANCES EN CAS DE MALADIE.

117. (*Décr. 6 août* 1912.) Pour faire bénéficier leurs membres de l'allocation prévue à l'article 18 de la loi sur les retraites ouvrières et paysannes, les sociétés de secours mutuels et les syndicats professionnels doivent établir, chaque année, la liste de ceux d'entre eux qui sont assurés pour la vieillesse aux termes de cette loi avec l'indication de la somme qu'ils ont versée, d'autre part, pour le service de l'assurance en cas de maladie.

Cette liste, certifiée exacte par le président et le trésorier, est envoyée au préfet. Le préfet vérifie si la société remplit les conditions statutaires pour que ses membres aient droit à l'allocation et, au vu du relevé récapitulatif prévu au dernier alinéa de l'article 24 du présent décret, il certifie que les sociétaires portés sur la liste se sont acquittés de toutes les obligations qui leur sont imposées par la loi sur les retraites ouvrières et paysannes. Après cette vérification, il transmet la liste avec ses observations au ministre du travail, qui liquide et ordonnance les allocations au nom des sociétés de secours mutuels ou des caisses d'assurance en cas de maladie des syndicats professionnels.

118. (*Décr. 6 août* 1912.) Les sociétés de secours mutuels et les caisses de retraites de syndicats professionnels qui ont encaissé les allocations auxquelles s'applique l'article précédent sont soumises au contrôle du ministère du travail ainsi qu'aux vérifications de l'inspection générale des finances et des receveurs des finances, en ce qui concerne la régularité de la perception et l'emploi des cotisations nécessaires pour avoir droit à ces allocations.

Un arrêté concerté entre le ministre du travail et le ministre des finances détermine les conditions dans lesquelles ces vérifications sont effectuées.

TITRE VII. — COMPTES INDIVIDUELS.

119. Pour permettre l'ouverture des comptes individuels, les bulletins sont transmis à la caisse d'assurance par le préfet aussitôt après la vérification de l'exactitude des indications qu'ils contiennent et au plus tard avec la première carte constatant des versements effectués par le signataire de chacun d'eux pour cette caisse.

Le numéro matricule de la carte d'identité correspondante est inscrit sur le bulletin à la préfecture avant son envoi à la caisse d'assurance.

120. Chaque année, le compte individuel de chaque assuré est crédité par la caisse d'assurance du montant des versements constatés sur la carte annuelle remise par lui lors de l'échange répondant à l'anniversaire de sa naissance survenu au cours de l'année.

Les versements constatés, soit sur les cartes échangées au cours d'une année d'âge de l'assuré en vertu de l'article 19 ci-dessus, soit sur les cartes annuelles dont l'échange n'aurait pas eu lieu dans les délais prévus à l'article 16, sont portés au crédit de l'assuré dans l'année où ces cartes parviennent à la caisse d'assurance.

Dans le cas où le versement est effectué en espèces par application du paragraphe 4 de l'article 19 de la loi du 5 avril 1910, le compte individuel de chaque assuré est crédité chaque année des versements obligatoires ou facultatifs effectués du 1er janvier au 31 décembre.

121. A la réception de chaque carte d'assurance facultative, le préfet s'assure que les versements qui y sont constatés sont au moins égaux au minimum fixé par le paragraphe 2 de l'article 36 de la loi du 5 avril 1910.

En cas d'insuffisance, le préfet informe l'intéressé par l'intermédiaire du maire, que faute par lui d'avoir, dans le délai d'un mois, complété le minimum par l'envoi à la préfecture de timbres d'une valeur suffisante, la carte ne sera pas transmise à la caisse d'assurance et restera à sa disposition, à la préfecture, pendant un délai de deux années.

Si l'intéressé fait l'envoi des timbres nécessaires, le préfet lui en accuse réception et les fait apposer sur sa carte avant de la transmettre à la caisse d'assurance.

Si les timbres n'ont pas été envoyés et si la carte n'a pas été retirée dans le délai de deux années, le préfet transmet la carte au ministre du travail qui prend les mesures nécessaires pour faire transférer la valeur des timbres apposés sur cette carte au fonds de réserve prévu à l'article 11 de la loi du 5 avril 1910.

122. Pour le calcul des majorations à inscrire sur les bordereaux conformément au paragraphe 2 de l'article 24 ci-dessus, les versements n'entrent en compte que jusqu'à concurrence de 18 fr. par carte. Toutefois, ce maximum est augmenté de 1 fr. 50 par mois ou fraction de mois en sus de douze, pour les cartes conservées pendant plus d'une année en exécution du paragraphe 2 de l'article 16 ou du dernier paragraphe de l'article 19 du présent décret.

Les versements des employeurs constatés sur les cartes d'assurance facultative n'entrent pas en compte pour le calcul des majorations.

123. Dans la semaine qui suit la réception du bordereau prévu au paragraphe 2 de l'article 24 ci-dessus, le ministre ordonnance les majorations au nom de la Caisse des dépôts et consignations, en lui faisant connaître au crédit de quelles caisses d'assurance elles doivent être portées.

Il envoie en même temps aux caisses d'assurance un état faisant connaître le montant des sommes ainsi ordonnancées et les numéros des bordereaux correspondants qui ont été envoyés par les préfets.

(*Décr. 6 août 1912.*) « Chaque caisse d'assurance porte les majorations au crédit de l'assuré dans le même compte annuel que les versements constatés sur la carte correspondante. Elle y porte également les sommes qui lui auraient été versées par l'État, au cours de l'année, à titre d'allocation viagère, si l'assuré en a demandé le versement à la caisse, par application de l'article 5, paragraphe 4, de la loi sur les retraites ouvrières et paysannes. »

124. Les rentes afférentes aux versements portés au crédit d'un compte individuel dans le cours d'une année sont liquidées, conformément au paragraphe 2 de l'article 12 de la loi du 5 avril 1910, d'après les indications des bulletins prévus aux articles 4, 8 et 17 ci-dessus. Chaque liquidation est faite en négligeant ou en forçant, dans les sommes qui lui servent de base, les fractions de demi-décime, suivant que ces fractions sont inférieures ou non à 3 centimes.

125. (*Décr. 6 août 1912.*) « Le modèle du bulletin annuel prévu au dernier paragraphe de l'article 14 de la loi sur les retraites ouvrières et paysannes est arrêté par le ministre du travail.

« Ce bulletin indique, le cas échéant, le montant de la rente produite par les allocations viagères ou les bonifications de l'État versées aux comptes d'assurance et, dans une colonne distincte, le montant de la rente afférente aux majorations allouées par l'État pour les assurés facultatifs. Il indique, en outre, conformément aux prescriptions du dernier alinéa de l'article 14 de la loi sur les retraites ouvrières et paysannes, le coefficient de réduction servant à calculer le montant de la pension correspondant à l'âge de soixante ans, pour les titulaires qui n'ont pas atteint cet âge. »

Le bulletin est envoyé à l'assuré par la poste, à l'adresse mentionnée sur la dernière carte annuelle échangée, à moins qu'il n'ait notifié à la caisse un changement d'adresse par une lettre mentionnant le numéro matricule de sa carte d'identité.

Aucune réclamation ne peut être formulée, au sujet de la liquidation constatée dans un bulletin, après l'expiration de l'année qui suit l'envoi de ce bulletin, lorsqu'il a été envoyé par lettre recommandée.

TITRE VIII. — TARIFS DES RETRAITES.

126. La rente viagère, correspondant aux versements opérés pour le compte d'un assuré entre deux anniversaires consécutifs de sa naissance, est calculée d'après les tarifs en vigueur aux dates auxquelles ces versements sont reçus par l'organisme d'assurance, ainsi qu'il est dit à l'article 12 de la loi du 5 avril 1910 et à l'article 124 ci-dessus.

Les tarifs sont applicables par période entière d'une année.

Chaque tarif est établi en tenant compte : 1° de l'intérêt composé du capital, fixé conformément à l'article 127 ci-après ; 2° des chances de mortalité, calculées provisoirement d'après la table de mortalité de la Caisse nationale des retraites pour la vieillesse, et ultérieurement d'après les tables spéciales qui seront établies conformément au paragraphe 3 de l'article 12 de la loi du 5 avril 1910 ; 3° du remboursement des versements personnels de l'assuré, à son décès, si l'assuré a stipulé ce remboursement.

127. Le taux d'intérêt servant à l'établissement du tarif est gradué par décime ; il est fixé, pour chaque caisse d'assurance, d'après le taux moyen d'intérêt de l'ensemble des placements de fonds effectués pendant l'année précédant le dernier inventaire, mais doit être inférieur à ce taux ; l'écart est au moins égal à 10 centimes, si le taux moyen d'intérêt des placements ne dépasse pas 3 pour 100 ; si ce taux est supérieur à 3 pour 100, cet écart minimum est augmenté de la moitié de la différence entre le taux de 3 pour 100 et le taux moyen effectif d'intérêt des placements, sans que cette règle puisse, toutefois, rendre obligatoire l'adoption d'un écart supérieur à 40 centimes.

Les excédents d'actif, résultant de l'application des tarifs ainsi déterminés au calcul des réserves mathématiques, sont portés à un compte spécial pour être affectés, s'il y a lieu, à couvrir les insuffisances ultérieures.

128. Le taux moyen d'intérêt des placements effectués pendant une année est évalué d'après leur cours d'achat ; il est déterminé en ne faisant état que des revenus annuels de ces placements et des primes de remboursement effectivement encaissées pendant l'année, à l'exclusion des lots.

129. Le taux d'intérêt servant à l'établissement des tarifs à appliquer pendant les années 1911, 1912 et 1913 est fixé, pour l'ensemble des caisses d'assurance, à 3 pour 100.

Les tarifs de toute caisse d'assurance nouvellement créée sont calculés, jusqu'à l'expiration de la deuxième année complète de son fonctionnement, d'après un taux d'intérêt égal à celui appliqué à la même époque par la Caisse nationale des retraites pour la vieillesse.

130. Les tarifs sont établis sur l'unité de franc de versement et les calculs effectués jusqu'à la deuxième décimale inclusivement.

131. Chaque année, avant l'expiration du deuxième trimestre, chaque caisse tient à la disposition des assurés le tarif, établi conformément à l'article 127 ci-dessus, qui sera appliqué aux versements dont la capitalisation commencera l'année suivante.

Ce tarif est, en même temps, porté à la connaissance du ministre du travail avec tous les éléments justificatifs.

Le ministre fait procéder à la vérification des calculs ; en cas d'erreur constatée, il notifie à la caisse, avant le 1er novembre, les rectifications à opérer ; ces rectifications sont effectuées sans délai par la caisse, et le tarif ainsi modifié est tenu immédiatement à la disposition des intéressés.

132. Un arrêté concerté des ministres du travail et des finances détermine les règles de détail d'après lesquelles doivent être calculés le taux moyen d'intérêt des placements ainsi que le montant de l'actif et du passif des caisses d'assurance.

133. Chaque caisse d'assurance adresse au ministre du travail, avant le 1er juillet de chaque année, un état donnant la comparaison entre : 1° la mortalité prévue par les tables employées pour le calcul de ses tarifs et de ses réserves mathématiques ; 2° la mortalité réelle de ses assurés d'après les décès survenus au cours de l'année précédente et parvenus à sa connaissance, conformément à l'article 166 du présent décret.

Cet état est accompagné des documents justificatifs dont la nomenclature est arrêtée par le ministre du travail.

134. Le chiffre des pensions minima prévues au paragraphe 2 de l'article 10, au paragraphe 3 de l'article 19 et au paragraphe 2 de l'article 29 de la loi du 5 avril 1910, est déterminé en supposant des versements égaux à ceux qu'exige l'article 2 de cette loi effectués à capital aliéné et liquidés d'après le tarif appliqué par la Caisse nationale des retraites pour la vieillesse, pour l'exécution de ladite loi, au moment de la décision à intervenir.

TITRE IX. — LIQUIDATION ET PAYEMENT DES RETRAITES ET DES ALLOCATIONS DE L'ÉTAT.

CHAPITRE Ier. — LIQUIDATION DES RETRAITES NORMALES.

135. (*Décr. 6 août 1912.*) Le modèle des demandes de liquidation de retraite, d'allocation viagère ou de bonification due en vertu du paragraphe 6 de l'article 36 de la loi sur les retraites ouvrières et paysannes, est arrêté par le ministre du travail. Un spécimen de ce modèle est tenu dans chaque mairie à la disposition des intéressés.

La demande est déposée à la mairie de la résidence de l'assuré, en même temps que sa carte d'identité, sa carte annuelle en cours et un extrait de son acte de naissance. Il en est donné récépissé. Si l'assuré ne possède pas de carte pour l'année en cours, il joint à sa demande une pièce faisant connaître la caisse d'assurance à laquelle ont été effectués ses derniers versements. Lorsque la demande ne concerne que l'allocation viagère ou la bonification, l'assuré y indique si les arrérages doivent être versés entre ses mains ou à la caisse d'assurance à laquelle il est affilié. Aucune demande tendant à modifier ce choix n'est admise que si elle est présentée dans les formes et délais prévus à l'article 17 du présent décret.

Les assurés qui désirent bénéficier des dispositions du paragraphe 4 de l'article 4 de la loi sur les retraites ouvrières et paysannes fournissent, en outre, soit la justification du service militaire obligatoire qu'ils ont effectué, soit les bulletins de naissance de leurs enfants.

Les assurés de l'un ou l'autre sexe qui désirent bénéficier des dispositions complémentaires prévues au paragraphe 1er de l'article 4 et au paragraphe 4 de l'article 36 de la même loi fournissent, en outre, les pièces nécessaires pour justifier du nombre des enfants qu'ils ont élevés jusqu'à l'âge de seize ans. Ces pièces sont déterminées par arrêté des ministres du travail et des finances.

Dans le cas prévu à l'article 40 de la loi sur les retraites ouvrières et paysannes, la demande de liquidation doit être accompagnée d'un certificat constatant que la naturalisation a eu lieu avant l'âge de cinquante ans.

La demande est transmise par le maire au préfet, avec les pièces qui l'accompagnent, dans la semaine qui suit sa remise à la mairie. Toutefois, si la liquidation n'est demandée que pour l'allocation viagère ou la bonification, la carte d'identité est restituée à l'intéressé.

136. (*Décr. 6 août 1912.*) « Chaque semaine, le préfet transmet au ministre du travail les demandes de liquidation, soit de retraite, soit d'allocation viagère ou de bonification reçues au cours de la semaine précédente, avec les pièces qui les accompagnent, à l'exception de la dernière carte annuelle qui sera transmise, accompagnée d'un bordereau spécial, à la caisse d'assurance dans les conditions prévues à l'article 24 du présent décret pour les cartes échangées. Il joint à chaque demande le relevé récapitulatif concernant l'assuré. S'il s'agit d'une demande d'allocation ou de bonification, le ministre du travail renvoie le relevé au préfet. »

Le ministre, après avoir fait prendre copie des renseignements nécessaires à la liquidation de l'allocation viagère ou de la bonification à laquelle l'assuré peut avoir droit, transmet la demande et les pièces annexes à la caisse d'assurance à laquelle celui-ci se trouve affilié en dernier lieu.

137. (*Décr.* 6 *août* 1912.) En même temps qu'il transmet le dossier de liquidation à la caisse à laquelle l'assuré adhérait au moment de la demande, le ministre du travail invite les caisses auxquelles l'assuré avait antérieurement adhéré à transférer à cette dernière les réserves mathématiques afférentes aux portions de retraites acquises dans chacune d'elles.

138. (*Décr.* 6 *août* 1912.) Pour la liquidation des retraites opérée à un âge antérieur à soixante-cinq ans, le montant de la pension acquise par les versements de chaque année et liquidée antérieurement en vue de l'entrée en jouissance à soixante-cinq ans est revisé en basant le nouveau calcul sur l'entrée en jouissance à partir de l'année d'âge accompli atteinte à la date de la demande de liquidation et d'après le coefficient de réduction résultant du tarif de la caisse d'assurance en vigueur à cette date.

Les arrérages sont dus à partir du premier jour du mois qui suit celui où l'assuré a atteint l'âge servant de base à la liquidation.

Toutefois, en ce qui concerne les assurés âgés de moins de soixante-cinq ans au 1er août 1912, autres que ceux qui sont visés à l'article 9 de la loi sur les retraites ouvrières et paysannes, les dispositions du paragraphe précédent ne pourront avoir pour effet de faire remonter les arrérages à une date antérieure au 1er août 1912.

CHAPITRE II. — LIQUIDATION DES ALLOCATIONS VIAGÈRES ET DES BONIFICATIONS ACCORDÉES PAR L'ÉTAT EN CAS DE RETRAITE NORMALE.

139. (*Décr.* 6 *août* 1912.) Dans le mois qui suit la réception de la demande de liquidation soit de la retraite, soit de l'allocation viagère ou de la bonification, le ministre du travail arrête le montant de l'allocation viagère ou de la bonification accordée à chaque assuré en vertu des articles 4 et 36 de la loi sur les retraites ouvrières et paysannes.

Le montant de l'allocation à verser par application du paragraphe 4 de l'article 5 de la loi sur les retraites ouvrières et paysannes est déterminé en prenant pour base les versements effectués par l'assuré, ainsi que les droits qu'il peut avoir à la bonification complémentaire accordée aux assurés ayant élevé trois enfants jusqu'à seize ans.

Lorsque l'assuré n'a pas demandé la liquidation de sa pension, les arrérages de l'allocation viagère ou de la bonification lui sont acquis à la fin de chaque année d'âge, avec jouissance du premier jour du mois qui suit la date à laquelle il a atteint l'âge de soixante ans accomplis, sans toutefois que cette jouissance puisse remonter à une date antérieure au 1er août 1912. Lorsque la retraite a été liquidée, ces arrérages sont dus à la fin de chaque trimestre, dans les conditions fixées au paragraphe 2 de l'article 138 ci-dessus. Dans aucun cas, il n'est tenu compte des arrérages de l'allocation viagère ou de la bonification correspondant au temps écoulé entre l'échéance du dernier terme et le décès de l'intéressé.

Le délai d'un mois prévu au paragraphe 1er du présent article est porté à trois mois pour les demandes de liquidations formées avant le 31 décembre 1912.

Un arrêté ministériel, pris de concert par les ministres du travail et des finances, déterminera le mode de revision des pensions liquidées antérieurement au 1er août 1912.

La Caisse nationale des retraites pour la vieillesse assurera le service des allocations viagères constituées au moyen d'un versement en capital dans les conditions que prévoyait la loi du 5 avril 1910. Ce service figurera dans ses écritures à une section spéciale, avec un tarif déterminé dans les conditions prévues par l'article 12 de la loi du 20 juillet 1886.

140. (*Décr. 6 août* 1912.) Pour l'application de l'article 36 (§ 7 et 8) et de l'article 37 de la loi sur les retraites ouvrières et paysannes, la réduction du total constitué par l'allocation viagère et les rentes résultant des majorations de l'État au maximum prévu par ladite loi est réalisée sous la forme d'une réduction du montant de l'allocation viagère.

141. (*Décr. 6 août* 1912.) La bonification prévue au paragraphe 6 de l'article 36 de la loi sur les retraites ouvrières et paysannes est déterminée, pour chaque âge, dans un barème établi par le ministre du travail, au moyen du taux de capitalisation de 3 pour 100 et de la table de mortalité en vigueur à la Caisse nationale des retraites pour la vieillesse.

Pour l'application des maxima prévus au paragraphe 4 de l'article 36 et au paragraphe 1er de l'article 37 de la loi sur les retraites ouvrières et paysannes, la rente résultant des majorations de l'État est calculée d'après un tarif établi dans les mêmes conditions que le barème prévu au précédent paragraphe.

Les assurés facultatifs de la période transitoire visés au paragraphe 11 de l'article 36 de la loi sur les retraites ouvrières et paysannes qui veulent bénéficier de la bonification spéciale prévue audit paragraphe doivent en faire la demande à la mairie de leur résidence. Le maire communique la demande au bureau d'assistance et la transmet dans le plus bref délai au sous-préfet avec l'avis de ce bureau, son propre avis et les pièces mentionnées sous les numéros 2o à 5o de l'article 2 du décret du 24 mars 1911. La demande est ensuite transmise par le préfet, avec les pièces qui l'accompagnent et son avis personnel au ministre du travail, qui statue.

142. Au cas où il est constaté que, par suite d'ouverture irrégulière de compte ou pour toute autre cause, un assuré est bénéficiaire soit de plusieurs allocations viagères, soit d'une allocation viagère à laquelle il n'a pas droit ou n'a droit que pour partie, soit de majorations appliquées à tort en cas d'assurance facultative, il y a lieu à annulation, à radiation ou à réduction de toute allocation viagère ou majoration indûment accordée ainsi qu'à reversement de la réserve mathématique correspondante, par la caisse d'assurance qui a reçu les fonds.

La radiation ou la réduction est effectuée sur décision du ministre du travail.

Si l'erreur est découverte postérieurement à la liquidation de la pension, la réserve ou fraction de réserve mathématique à reverser est calculée à la date de l'échéance d'arrérages qui précède immédiatement la décision emportant radiation ou réduction. Elle est reversée au Trésor par la caisse d'assurance qui l'a reçue, sans préjudice du droit pour l'État de répéter sur l'intéressé les arrérages indûment payés.

(*Décr. 6 août* 1912.) « Il y aurait également lieu à revision dans le cas où une erreur aurait été commise au préjudice de l'assuré. »

CHAPITRE III. — RETRAITES ANTICIPÉES D'INVALIDITÉ ET BONIFICATIONS CORRESPONDANTES DE L'ÉTAT.

143. L'assuré qui invoque une incapacité absolue et permanente de travail pour obtenir la liquidation d'une retraite anticipée, par application de l'article 9 de la loi du 5 avril 1910, adresse sa demande au maire, dans les conditions prévues à l'article 135 ci-dessus, en y joignant :

1° Une déclaration rédigée sur un bulletin dont le modèle est arrêté par le ministre du travail et faisant connaître la cause et la nature des blessures ou des infirmités dont l'assuré est atteint, les circonstances dans lesquelles sont survenues ces blessures ou infirmités, les noms et adresses des personnes pouvant, le cas échéant, témoigner de ces circonstances ; enfin, si l'assuré est un salarié, le nom et l'adresse de l'employeur chez lequel il travaillait en dernier lieu ;

2° Un certificat du médecin traitant, indiquant la nature et les conséquences des blessures ou des infirmités ;

3° Une attestation émanant de l'assuré et portant que l'incapacité dont il se prévaut n'a fait l'objet d'aucune déclaration ni d'aucune enquête, par application des articles 11, 12 et 13 de la loi du 9 avril 1898 concernant les responsabilités des accidents dont les ouvriers sont victimes dans leur travail.

Récépissé de la demande et des pièces qui l'accompagnent est remis par le maire à l'assuré.

144. Dans les trois jours, le maire transmet au préfet la demande ainsi que les pièces produites à l'appui ; il y joint ses observations.

La demande est inscrite à la préfecture, dès sa réception, sur un registre spécial.

145. Le préfet fait procéder à l'instruction de la demande et commet, à cet effet, un médecin assermenté ; celui-ci visite immédiatement l'assuré, et établit, dans le délai de huit jours à partir de l'enregistrement du dossier, un certificat faisant connaître la nature et les conséquences des blessures ou des infirmités et attestant, s'il y a lieu, l'incapacité absolue et permanente de travail.

Les frais de visite et de certificat sont payés sur les crédits ouverts au budget du ministère du travail.

146. Dans la huitaine qui suit l'établissement du certificat, le préfet transmet au ministre du travail le dossier de la demande, auquel il annexe ce certificat. Il y joint son avis personnel et motivé.

147. Le ministre du travail fait procéder immédiatement à la vérification matérielle du dossier, à l'effet de s'assurer que celui-ci contient toutes les pièces et indications prescrites par les articles qui précèdent. Cette vérification est effectuée et le dossier est, le cas échéant, complété sans aucun retard.

148. Dès que le dossier a été vérifié et, s'il y a lieu, complété comme il est dit à l'article 147, le ministre en saisit, pour avis, la commission consultative instituée auprès de son département et composée ainsi qu'il suit :

Un conseiller d'État ;

Un conseiller maître à la cour des comptes ;

Deux inspecteurs des finances ;

Quatre membres du conseil supérieur des retraites ouvrières, dont un employeur et un salarié ;

Quatre médecins choisis par le ministre du travail sur la liste des médecins experts du tribunal civil du département de la Seine ;

Le directeur général de la comptabilité publique ;

Le directeur général de la Caisse des dépôts et consignations ;

Le directeur de l'assurance et de la prévoyance sociales ;

Le directeur des retraites ouvrières et paysannes.

Les membres de la commission sont nommés par arrêté du ministre du travail qui désigne, parmi eux, un président.

Trois auditeurs au conseil d'État et trois auditeurs à la cour des comptes, également nommés par arrêté du ministre du travail, sont adjoints à la commission en qualité de rapporteurs; ils ont voix délibérative dans les affaires dont l'étude leur est confiée.

Deux fonctionnaires appartenant au service des retraites ouvrières et paysannes, désignés par le ministre du travail, sont attachés à la commission en qualité de secrétaire et de secrétaire adjoint.

149. La commission se réunit sur la convocation de son président; elle ne peut valablement délibérer que si neuf de ses membres titulaires, au moins, sont présents.

En cas de partage, la voix du président est prépondérante.

150. La commission fait procéder, dans chaque affaire, à toutes mesures d'instruction complémentaire qu'elle juge nécessaire; elle peut, notamment, faire examiner, à nouveau, l'état de l'assuré et désigner, le cas échéant, le médecin assermenté à commettre à cet effet. Les frais occasionnés par ces mesures d'instruction sont imputés sur les crédits inscrits au budget du ministère du travail.

La commission formule son avis motivé dans le délai de deux mois à partir de l'enregistrement de la demande à son secrétariat.

L'avis, signé du président, du rapporteur et du secrétaire, est adressé au ministre du travail.

151. Le ministre du travail statue dans les quinze jours qui suivent la réception de l'avis de la commission.

Il porte immédiatement sa décision à la connaissance du préfet qui la notifie sans retard à l'assuré, dans la forme administrative.

Lorsque cette décision comporte reconnaissance du droit de l'assuré à obtenir la liquidation anticipée de sa retraite, le ministre en adresse, en même temps, copie à la caisse d'assurance à laquelle l'intéressé était affilié en dernier lieu et invite cette caisse à procéder à la liquidation, à compter de l'année d'âge accompli, atteinte par l'assuré à la date de la demande formulée par lui en exécution de l'article 143. Il indique à la caisse, le cas échéant, les caisses auxquelles l'assuré a adhéré antérieurement et provoque le transfert de leurs réserves mathématiques, ainsi qu'il est dit à l'article 137 du présent décret.

La caisse effectue la liquidation dans le délai d'un mois à partir de l'invitation qui lui en a été adressée par le ministre; elle fait connaître immédiatement à l'assuré, par un bulletin spécial, le montant annuel de la retraite ainsi liquidée; elle transmet la même indication au ministre du travail.

152. Lorsque la retraite liquidée n'atteint pas 360 fr., elle est augmentée d'une bonification annuelle de l'État, conformément au tarif ci-après indiqué.

Si l'assuré a effectué, pendant une année entière, des versements au moins égaux à ceux fixés par l'article 2 de la loi du 5 avril 1910, la bonification est de 20 fr.; elle est portée à 30 fr., si ces versements ont été effectués pendant trois années; elle s'augmente ensuite de 5 fr. par chaque groupe supplémentaire de deux années comportant ces mêmes versements.

(*Décr. 6 août 1912.*) « La bonification est toutefois limitée au maximum de 100 francs; en aucun cas, elle ne peut avoir pour effet d'élever la retraite annuelle à un chiffre excédant 360 francs ou supérieur au triple de celui auquel elle a été liquidée par la caisse; elle est, le cas échéant, réduite en conséquence. »

La bonification allouée aux assurés facultatifs est, en outre, diminuée du montant de la rente correspondant aux majorations, qui leur ont été précédemment accordées par l'État en vertu de l'article 36 de la loi du 5 avril 1910.

153. Le montant de la bonification est fixé par le ministre du travail dans les quinze jours qui suivent la réception par le ministre de l'avis de la caisse lui indiquant le chiffre auquel la retraite a été liquidée ; il est immédiatement porté à la connaissance de l'assuré, par l'intermédiaire du préfet, comme il est dit à l'article 151 du présent décret ; il est en même temps notifié à la caisse.

Il est tenu, au ministère du travail, un état général nominatif des bonifications ainsi accordées.

154. Lorsque l'inscription ultérieure sur une des listes dressées en exécution de l'article 1er et de l'article 165 du présent décret fait apparaître que l'assuré, au profit duquel a été liquidée une retraite anticipée d'invalidité, a recommencé à travailler d'une manière habituelle ou manifeste la volonté d'effectuer à nouveau des versements facultatifs, le préfet du département, dans lequel la liste a été établie, adresse immédiatement au ministre du travail, avec tous documents justificatifs utiles, des propositions tendant à la cessation du payement de la retraite et de la bonification correspondante ; il avise, en même temps, l'assuré de l'envoi de ces propositions.

155. Le ministre statue dans les quinze jours qui suivent la réception des propositions du préfet ; il porte sans délai sa décision à la connaissance de celui-ci, qui la notifie immédiatement à l'assuré par la voie administrative.

Lorsque cette décision est conforme aux propositions du préfet, le ministre en avise la caisse chargée du service de la retraite ; le payement de la retraite et de la bonification cesse d'être effectué à partir de la première échéance qui suit la communication à la caisse de la décision du ministre.

Mention est faite, sur l'état général prévu à l'article 153 du présent décret, de la radiation de la bonification et de la date de la décision ministérielle par application de laquelle cette radiation est opérée.

156. Les réserves mathématiques correspondant à la retraite liquidée par anticipation, qui cesse d'être servie, sont employées par la caisse à la constitution, au profit de l'assuré, d'une retraite normale de vieillesse, dont le montant est calculé d'après le tarif en vigueur au moment de cette constitution.

CHAPITRE IV. — PAYEMENT DES ARRÉRAGES ET DES CAPITAUX RÉSERVÉS.

157. (*Décr. 6 août* 1912.) Les allocations viagères et les bonifications annuelles sont payées aux mêmes dates et dans les mêmes conditions que les arrérages des retraites.

Aucune caisse d'assurance ne peut obtenir l'agrément prévu au paragraphe 1er de l'article 17 ou l'autorisation prévue au paragraphe 2 de l'article 19 de la loi sur les retraites ouvrières et paysannes, si elle ne s'engage à payer aux assurés sous sa responsabilité, les arrérages de l'allocation viagère et de la bonification, en même temps que ceux de leur retraite.

A cet effet, le ministre du travail notifie à la caisse, en même temps qu'à l'assuré, le montant de l'allocation viagère et de la bonification due à celui-ci. La notification à la caisse est faite par l'intermédiaire du trésorier-payeur général, s'il s'agit de l'une des caisses mentionnées sous les numéros 2° à 6° de l'article 14 de la loi sur les retraites ouvrières et paysannes.

Les dispositions des trois premiers paragraphes du présent article ne sont pas applicables aux allocations viagères ou aux bonifications servies dans les conditions prévues au paragraphe 4 de l'article 5 et au paragraphe 6 de l'article 36 de la loi. Dans ce cas, les arrérages sont payés à l'intéressé par les comptables du Trésor, ou sont transportés à son compte d'assurance par l'intermédiaire du trésorier-payeur général du département dans lequel il a son domicile. A cet effet, le ministre du travail, après avoir procédé à la liquidation de l'allocation viagère ou de la bonification, transmet à ce comptable, pour être remis à l'intéressé, un titre spécial indiquant le montant de l'allocation viagère ou de la bonification à laquelle celui-ci a droit et faisant connaître, si, d'après la demande formée par lui en exécution de l'article 135, paragraphe 2, du présent décret, les arrérages doivent être versés entre les mains ou à la caisse d'assurance à laquelle il est affilié. Ce titre est valable pour l'encaissement des arrérages à échoir jusqu'à ce que l'intéressé ait atteint l'âge de soixante-cinq ans accomplis.

Toutefois, le titre spécial cesse d'être valable et doit être remplacé par un titre nouveau délivré sur la demande de l'intéressé :

1° Quand l'assuré transfère sa résidence d'un département dans un autre ;

2° Quand l'assuré qui a demandé le versement à une caisse d'assurance cesse d'être affilié à cette caisse ;

3° Quand l'assuré use du droit de remplacer l'un des deux modes de versement par l'autre.

Le titre spécial cesse également d'être valable si l'assuré fait liquider sa retraite avant l'âge de soixante-cinq ans. Dans ce dernier cas, avis de la demande de liquidation est donné par le ministre du travail au trésorier-payeur général chargé du payement des arrérages de l'allocation viagère ou de la bonification.

Un arrêté du ministre du travail et du ministre des finances détermine les conditions dans lesquelles les titres spéciaux sont établis, délivrés, échangés, modifiés ou annulés.

158. (*Décr. 6 août 1912.*) Il est tenu par chaque caisse d'assurance un registre sur lequel sont inscrites les retraites dont la liquidation est définitive. Le montant de l'allocation viagère et celui de la bonification à laquelle a droit l'assuré sont mentionnés sur ce registre aussitôt qu'ils ont été notifiés à la caisse par le ministre du travail.

Un extrait d'inscription de la pension de retraite, mentionnant, s'il y a lieu, le montant de l'allocation viagère et de la bonification annuelle à y ajouter, le tout dûment certifié, est délivré par la caisse au titulaire en même temps que sa carte d'identité lui est restituée. Cet extrait énonce les nom, prénoms, date et lieu de naissance du titulaire.

La délivrance de l'extrait d'inscription et éventuellement celle du titre spécial sont mentionnées sur la carte d'identité.

En cas de perte de l'extrait d'inscription, il peut être pourvu à son remplacement sur la production d'une déclaration spéciale, souscrite en présence de deux témoins devant le maire de la commune où réside le titulaire. Le duplicata est délivré dans le trimestre d'échéance qui suit celui pendant lequel la demande a été formée.

Il en est de même en cas de perte du titre spécial ; dans ce cas, le duplicata est délivré par le ministre du travail dans les trois mois qui suivent la date de la demande.

159. (*Décr. 6 août 1912.*) Les arrérages des pensions de retraite, des allocations viagères et des bonifications sont payés trimestriellement et à terme échu, les 1er février, 1er mai, 1er août et 1er novembre, aux endroits et dans les formes prévus au règlement de chaque caisse.

Le montant du terme, tant des pensions de retraite que des allocations viagères et des bonifications, est calculé en négligeant ou en forçant les fractions de demi-décime, suivant que ces fractions sont inférieures ou non à trois centimes.

Les oppositions autorisées par les lois ne peuvent être notifiées valablement, pour les allocations viagères et les bonifications comme pour les retraites, qu'à la caisse d'assurance chargée du payement des arrérages. Lorsque l'allocation viagère ou la bonification doit être payée directement à un assuré dont la retraite n'est pas liquidée, l'opposition ne peut être notifiée qu'au trésorier-payeur général.

Le payement est fait au porteur de l'extrait d'inscription, sur la production d'un seul certificat de vie, quel que soit le nombre de termes échus à la date de ce certificat.

Le certificat de vie est délivré par le maire de la résidence du rentier ou par un notaire.

Les arrérages des allocations viagères et des bonifications liquidées dans les conditions prévues au paragraphe 4 de l'article 5 de la loi sur les retraites ouvrières et paysannes sont payables annuellement, à terme échu, le premier jour du mois qui suit celui de l'anniversaire de la naissance de l'assuré.

Si celui-ci a demandé, dans la forme indiquée à l'article 135, paragraphe 2, que les arrérages soient versés entre ses mains, le payement est fait par les comptables du Trésor au porteur du titre spécial dans les conditions prévues au paragraphe 4 du présent article.

Si, au contraire, l'assuré a demandé le versement des arrérages annuels de l'allocation viagère ou de la bonification à sa caisse d'assurance, le montant de ces arrérages est transporté au compte individuel dudit assuré; à cet effet, le compte courant particulier de la caisse d'assurance tenu à la Caisse des dépôts et consignations est crédité de pareille somme par les soins du trésorier-payeur général. Le compte individuel est crédité avec la même date de valeur que le compte de la caisse d'assurance.

Dans l'un et l'autre cas, l'opération n'a lieu que sur la production du titre et d'un certificat de vie constatant l'existence de l'assuré au dernier jour du mois comprenant le dernier anniversaire de sa naissance. Si l'assuré décède avant le payement des arrérages échus, ceux-ci sont payés, sur la production de son acte de décès, à ses héritiers ou à la caisse d'assurance suivant les cas.

160. (*Décr. 6 août 1912.*) Les sommes payées par les caisses d'assurance, à titre d'allocations viagères ou de bonifications, leur sont immédiatement remboursées sur la production des certificats de vie portant l'acquit de la partie prenante, ou, s'il s'agit de payements faits aux héritiers de l'assuré, sur la production des quittances de ces derniers appuyées des pièces établissant leurs droits. Il est délivré à la caisse d'assurance, en échange de ces certificats de vie ou de ces pièces, un récépissé donnant le détail, par assuré, des arrérages des allocations viagères et bonifications dont le payement est constaté dont les divers certificats ou pièces présentés sous un même bordereau.

S'il s'agit des allocations viagères liquidées avant le 1er mars 1912 et des bonifications qui s'y ajoutent en vertu de l'article 4 de la loi sur les retraites ouvrières et paysannes, le remboursement des sommes ainsi payées est effectué par la Caisse des dépôts et consignations. A cet effet, dans le mois qui précède chaque échéance trimestrielle, le ministre du travail met à la disposition de la Caisse des dépôts et consignations, à titre de provision, les sommes nécessaires pour assurer, pendant le trimestre, le payement desdites bonifications.

Dans tous les autres cas, le remboursement est effectué par le trésorier-payeur général du département ou par le receveur particulier des finances de l'arrondissement, agissant pour le compte du trésorier-payeur général. Les trésoriers-payeurs généraux sont couverts, au moyen d'ordonnances du ministre du travail et par imputation sur les crédits ouverts au budget, des avances effectuées par eux à titre soit de remboursements aux caisses d'assurance, soit de payements directs aux intéressés, soit de crédits inscrits aux comptes particuliers desdites caisses à la Caisse des dépôts et consignations. A cet effet, ils adressent au ministre du travail, dans les conditions déterminées par un arrêté pris de concert entre ce ministre et le ministre des finances, les pièces justificatives des remboursements et des payements effectués.

161. Les capitaux dont la réserve a été stipulée au profit des ayants droit sont remboursés sans intérêts, sur la production de la carte d'identité de l'assuré ou d'un acte de notoriété, d'un extrait de l'acte de décès et d'un certificat de propriété délivré dans les formes et suivant les règles prescrites par l'article 6 de la loi du 28 floréal an VII.

Le préfet du département où l'assuré décédé se trouvait lorsque sa pension a été liquidée, fournit aux ayants droit, sur leur demande, la liste des caisses d'assurance dans lesquelles l'assuré décédé a stipulé une réserve de capital.

Si la pension n'est pas encore liquidée, la même liste est fournie aux intéressés par le préfet du département où a été délivrée la dernière carte annuelle.

TITRE X. — ALLOCATIONS EN CAS DE DÉCÈS.

162. Les demandes d'allocations en cas de décès prévues à l'article 6 de la loi du 5 avril 1910 sont déposées à la mairie de la résidence de l'assuré décédé ou de ses ayants droit.

Les demandes doivent être appuyées :

1° D'un bulletin de décès ;

2° D'un certificat du maire de la résidence de l'assuré décédé ou d'un acte de notoriété faisant connaître la situation de famille du défunt ainsi que les noms, prénoms, dates de naissance et résidences des bénéficiaires et, le cas échéant, les nom, prénoms et domicile du tuteur des bénéficiaires mineurs ;

3° De la carte d'identité de l'assuré et de sa carte annuelle en cours ;

4° Dans le cas prévu au paragraphe 5 de l'article 6 de la loi du 5 avril 1910, d'un certificat constatant que la naturalisation des ayants droit a eu lieu dans le délai spécifié.

Le maire délivre un récépissé des demandes d'allocations en cas de décès et les transmet d'urgence au préfet.

163. A défaut de tuteur, le juge de paix du lieu de l'ouverture de la tutelle doit, soit d'office, soit à la diligence de toute personne, former la demande d'allocation et désigner le bureau d'assistance du domicile de l'un des ayants droit pour encaisser, au lieu et place du tuteur, le montant des allocations et l'employer au mieux des intérêts des mineurs.

164. Le préfet procède à la liquidation de l'allocation aussitôt qu'il a vérifié, sur le relevé récapitulatif, que les versements exigés en vertu du dernier paragraphe de l'article 6 de la loi du 5 avril 1910 ont été effectués.

La première allocation mensuelle est ordonnancée par le préfet dans le plus bref délai possible après la demande.

Les allocations suivantes sont payables de mois en mois.

TITRE XI. — FONDS DE RÉSERVE.

CHAPITRE Ier. — LISTE DES RETRAITÉS.

165. En vue du contrôle des versements à faire au fonds de réserve, il est tenu dans chaque commune, une liste annuelle des personnes qui y résident et qui sont en possession de pensions de retraite liquidées en vertu de la loi du 5 avril 1910 ou en instance pour obtenir la liquidation d'une pension. Sur cette liste sont mentionnées séparément celles des personnes y figurant qui travaillent dans l'une des situations prévues à l'article 1er de ladite loi. Il y est annexé un état des personnes inscrites sur les listes d'assurés ou de retraités de l'année précédente dont le décès a été déclaré à la mairie depuis la publication de ces listes.

La liste des retraités est dressée dans les formes prévues aux articles 2 à 7 du présent décret.

L'inscription des personnes décédées sur l'état qui devra être annexé à cette liste est effectuée dès que les décès sont déclarés ; avis en est aussitôt donné au préfet par le maire.

166. Aussitôt la liste des retraités arrêtée, le préfet en envoie une copie au percepteur.

Il notifie les décès, dès qu'il en a connaissance, aux caisses d'assurance auxquelles étaient inscrites les personnes décédées.

(*Décr.* 6 *août* 1912.) « A la fin de chaque année, les caisses notifient aux préfets les décès parvenus à leur connaissance en dehors des communications des préfectures. »

CHAPITRE II. — RECETTES ET DÉPENSES DU FONDS DE RÉSERVE.

167. Les versements dus par les patrons, en raison de l'emploi de salariés français dont la retraite est déjà liquidée, sont effectués à la fin de chaque mois, à la caisse du percepteur.

La déclaration produite à l'appui du versement indique les noms et prénoms des salariés dont l'emploi motive le versement, ainsi que la date à laquelle cet emploi a eu lieu.

Les sommes encaissées de ce chef par le percepteur sont versées à la Caisse des dépôts et consignations qui les porte au compte du fonds de réserve.

Il est procédé de même en ce qui concerne les versements dus en raison de l'emploi de salariés dont la retraite n'est pas liquidée, mais qui déclarent n'avoir plus de carte parce qu'ils ont fait une demande de liquidation.

168. L'attribution au fonds de réserve institué par l'article 11 de la loi du 5 avril 1910, des contributions patronales afférentes à des salariés étrangers, est prononcée par le préfet dans tous les cas où le versement de ces contributions a été constaté par l'apposition de timbres-retraite. L'application au fonds de réserve est mentionnée dans la notification prévue à l'article 105 du présent règlement ; elle est réalisée au moyen d'un prélèvement sur le produit de la vente des timbres-retraite.

En ce qui concerne les contributions patronales versées à des caisses d'assurance dispensées de l'emploi de timbres-retraite dans les conditions prévues au paragraphe 4 de l'article 19 de la loi du 5 avril 1910, l'application au fonds de réserve est prononcée par le ministre du travail, au vu de relevés trimestriels établis par chaque caisse d'assurance et visés par l'un des fonctionnaires chargés du contrôle financier. Le versement est opéré au moyen d'un prélèvement sur le compte courant particulier de la caisse à la Caisse des dépôts et consignations.

Les prélèvements prévus au présent article prennent valeur du jour de l'opération.

169. Les arrérages retenus aux retraités, en application de la prescription quinquennale, sont portés au compte du fonds de réserve par le débit des comptes courants particuliers ouverts aux caisses d'assurance par la Caisse des dépôts et consignations, avec valeur du jour de l'opération.

Les arrérages non payés sont considérés comme ayant été dus et atteints par la prescription quinquennale, à l'expiration du délai légal :

1° Lorsque l'existence du retraité a été constatée par un payement ultérieur ;

2° Lorsque la date de son décès postérieur à l'échéance est constatée par un acte de l'état civil.

Le relevé des arrérages atteints par la prescription quinquennale est dressé chaque année dans les formes prescrites par le ministre du travail.

170. (*Décr.* 6 *août* 1912.) Les versements effectués par les employeurs au greffier de la justice de paix, en vertu du paragraphe 2 de l'article 23 de la loi sur les retraites ouvrières et paysannes, sont accompagnés d'une déclaration de versement mentionnant les dates auxquelles a eu lieu l'emploi de salariés dépourvus de cartes qui motive ce versement, les noms et prénoms de ces salariés s'ils sont connus, et toutes les indications utiles pour constater leur identité, le cas échéant.

Le greffier vérifie ces déclarations, y mentionne la date du versement et le numero du récépissé qu'il a délivré et les récapitule sur un relevé qu'il transmet au préfet, avec les déclarations au commencement de chaque trimestre. Si les sommes versées ne sont pas représentées par des timbres-retraites joints à la déclaration, il en fait emploi en achetant des timbres-retraite qu'il appose sur cette déclaration.

Le préfet transmet les déclarations et les timbres avec toutes les observations utiles au ministre du travail, qui prononce l'attribution au fonds de réserve des sommes correspondantes.

171. Les réclamations ultérieurement formulées en vue de l'attribution à un compte d'assurance des sommes ainsi versées sont adressées au préfet, qui les transmet au ministre du travail avec son avis.

Le ministre du travail ordonnance, s'il y a lieu, au profit de la caisse d'assurance et sous la forme d'un prélèvement sur le fonds de réserve, les sommes pour lesquelles la réclamation est reconnue fondée.

172. (*Décr. 6 août 1912.*) Les prélèvements opérés sur le fonds de réserve par application de l'article précédent sont effectués au nom des caisses d'assurance par décision du ministre du travail. Le ministre notifie aux caisses les noms des titulaires des comptes individuels auxquels les sommes prélevées doivent être attribuées.

Les autres prélèvements opérés sur le fonds de réserve sont rattachés au budget du ministère du travail, dans les formes prescrites par l'article 13 de la loi du 6 juin 1843.

TITRE XII. — DISPOSITIONS TRANSITOIRES RELATIVES AUX CAISSES DE RETRAITES ET DE PRÉVOYANCE ORGANISÉES, AVEC LE CONCOURS DES OUVRIERS ET EMPLOYÉS, ANTÉRIEUREMENT A LA MISE EN VIGUEUR DE LA LOI DU 5 AVRIL 1910.

CHAPITRE Ier. — ENGAGEMENTS CONTRACTÉS PAR LES ANCIENNES CAISSES ; RECOURS A LA COMMISSION ARBITRALE.

173. Dans le délai d'un mois à partir de la publication du présent décret, les administrateurs de chacune des caisses mentionnées dans l'article 31 de la loi du 5 avril 1910 arrêtent, les employeurs affiliés à la caisse entendus, un projet de règlement sur les mesures à prendre à raison des engagements antérieurs de la caisse et sur le mode de réalisation des ressources nécessaires.

Ils le notifient aux employeurs ; ceux-ci font connaître, dans le délai de huitaine à partir de la notification, s'ils donnent leur adhésion au projet.

174. A l'expiration du délai de huitaine fixé par l'article qui précède, les employeurs font afficher le texte du projet de règlement proposé, pendant une semaine, aux lieux habituels pour les avis donnés aux ouvriers et employés.

Pendant le même délai, il est ouvert, au siège principal de chacune des entreprises affiliées à la caisse, un registre où tous les intéressés peuvent consigner leurs observations.

Les administrateurs arrêtent, s'il y a lieu, dans la huitaine suivant la clôture du registre, les modifications à introduire dans le projet de règlement ; ils notifient le texte amendé aux employeurs, lesquels font connaître, dans les trois jours de la notification, s'ils acceptent ce texte.

Le texte définitif du règlement est, à l'expiration de ce délai, affiché à la diligence des employeurs, pendant une semaine, comme il est dit au paragraphe 1er ; il est ensuite soumis au vote des ouvriers et employés dans les formes prescrites aux articles 176 à 178 ci-après.

175. Faute par les administrateurs d'avoir notifié leur projet de règlement aux employeurs dans le délai d'un mois fixé par l'article 173, les employeurs dressent et notifient aux administrateurs, dans un délai maximum de deux semaines, le projet qu'ils entendent eux-mêmes proposer.

Ce projet est soumis à l'instruction réglée par l'article 174 ci-dessus.

176. Ont droit de voter les ouvriers et anciens ouvriers, employés et anciens employés, majeurs, des deux sexes, qui ont sur la caisse, à raison de son fonctionnement dans le passé, soit des droits acquis, soit des droits en cours d'acquisition.

177. Les administrateurs dressent la liste des personnes ayant droit de voter, arrêtent les sections de vote, fixent les jour, lieu et heure du vote pour chaque section, et désignent la section chargée de centraliser les résultats.

Le jour choisi ne peut être qu'un dimanche.

La liste et l'avis de convocation sont affichés, une semaine au moins à l'avance, par les soins des employeurs, aux lieux habituels pour les avis donnés aux ouvriers et employés.

178. Le vote a lieu au scrutin secret, par oui ou par non.

Chaque bureau est présidé par un administrateur de la caisse, commis à cet effet et désigné dans l'avis de convocation.

Les administrateurs peuvent désigner, à défaut d'un d'entre eux, un des votants de la section pour présider le bureau.

Le président est assisté du plus âgé et du plus jeune des votants présents au moment de la formation du bureau.

Aussitôt après avoir été proclamés, les résultats du vote de chaque section sont transmis à la section centrale, dont le président proclame le résultat général.

Ce résultat est immédiatement affiché comme il est dit à l'article 174.

Chaque bureau dresse en double le procès-verbal de ses opérations; il y consigne, outre ses observations, les réclamations qui lui ont été présentées.

Procès-verbal spécial est dressé par le bureau de la section centrale pour la proclamation du résultat général ; une copie conforme de ce procès-verbal est immédiatement transmise aux employeurs par les soins des administrateurs.

179. Le règlement n'est adopté que s'il a réuni la majorité absolue des personnes inscrites sur la liste et s'il reçoit l'adhésion des employeurs ; cette adhésion doit être notifiée aux administrateurs, au plus tard, dans les cinq jours qui suivent la proclamation des résultats du vote.

180. Le règlement adopté est certifié, en double exemplaire, par les administrateurs de la caisse et par les employeurs.

Un exemplaire est déposé au greffe de la justice de paix du siège d'administration de la caisse ; l'autre est conservé dans les archives de la caisse.

Une copie conforme, signée d'un administrateur, est, en outre, remise à chacun des employeurs.

181. Si, à la suite de la procédure instituée par les articles qui précèdent, l'accord ne s'établit point entre les employeurs et les ouvriers et employés sur un projet de règlement, les administrateurs invitent les employeurs à faire connaître s'ils acceptent le recours à la commission arbitrale. Dans le cas de l'affirmative, les personnes inscrites sur la liste, dressée en exécution de l'article 177, sont appelées, par les administrateurs de la caisse, au moyen d'un avis affiché à la diligence des employeurs, une semaine d'avance, et dans les formes prescrites aux articles 176 à 178, à voter sur le recours à ladite commission.

182. Au premier tour de scrutin, le vote a lieu à la majorité absolue des personnes inscrites sur la liste.

Si cette majorité n'est pas atteinte, il est procédé de plein droit, le dimanche suivant, à un second tour de scrutin. La majorité relative suffit à ce second tour, pourvu qu'elle soit supérieure au quart des personnes inscrites. Si ces conditions ne sont pas réalisées, le recours à l'arbitrage est considéré comme rejeté.

183. En cas d'accord sur le recours à la commission arbitrale, et dans la semaine qui suit la proclamation du résultat général du scrutin, les employeurs notifient, par écrit, aux administrateurs de la caisse, le nom du membre de la commission qu'ils sont appelés à désigner aux termes de l'article 32 de la loi du 5 avril 1910.

L'élection du membre qui doit, aux termes du même article, être désigné par la majorité des ouvriers et employés, a lieu à la majorité absolue, suivant les formes prescrites aux articles 176 à 178 du présent décret.

Si le premier tour de scrutin n'a pas donné de résultats, il est procédé, le dimanche suivant, à un deuxième tour où l'élection a lieu à la majorité relative.

184. En cas de démission ou de décès du membre désigné par les employeurs, ceux-ci notifient, dans le délai d'un mois, tant au ministre du travail qu'aux administrateurs de la caisse, le nom du membre choisi par eux pour remplacer le membre démissionnaire ou décédé.

En cas de démission ou de décès du membre élu, par les ouvriers et employés, il est procédé à son remplacement, au plus tard dans le même délai, par voie d'élection, conformément à l'article précédent.

185. Peut être désignée comme membre de la commission arbitrale toute personne de l'un ou l'autre sexe, de nationalité française, majeure, jouissant de ses droits civils et n'ayant subi aucune des condamnations auxquelles est attachée la privation des droits politiques.

186. Dans le cas de recours à la commission arbitrale, les administrateurs de la caisse transmettent, sous bordereau récapitulatif, au préfet :

1° Les statuts de la caisse, en vigueur au moment de la publication du présent décret ;

2° La situation active et passive de la caisse, à cette date ;

3° Le compte rendu des opérations de la caisse, en recettes et en dépenses, pendant les dix derniers exercices ;

4° Le texte des projets de règlement rejetés par les intéressés ;

5° La déclaration écrite des employeurs, portant qu'ils acceptent de recourir à la commission arbitrale ;

6° La notification, adressée aux administrateurs par les employeurs, de la désignation du membre appelé par ceux-ci à siéger à la commission arbitrale ;

7° L'original des procès-verbaux de toutes les opérations de vote auxquelles il a été procédé en vertu des articles précédents ; ensemble tous les documents relatifs à ces opérations.

Le préfet donne récépissé du dépôt et le transmet au ministre du travail.

CHAPITRE II. — COMMISSION ARBITRALE.

187. Le ministre du travail fait procéder respectivement par la commission supérieure de la Caisse nationale des retraites pour la vieillesse et par le conseil supérieur des retraites ouvrières à la nomination des deux membres permanents de la commission arbitrale dont la désignation appartient à chacune de ces assemblées, conformément à l'article 32 de la loi du 5 avril 1910 ; il provoque, par l'intermédiaire des ministres compétents, la nomination des autres membres.

Dès qu'il a reçu avis de toutes les nominations, il convoque les membres permanents et les invite à élire parmi eux un président et un secrétaire.

La composition de la partie permanente de la commission est, par les soins du ministre du travail, publiée au *Journal officiel*.

188. En cas de démission ou de décès de l'un des membres de la commission, le ministre du travail est immédiatement avisé par le président. Il est pourvu, suivant les formes prévues au présent décret, au remplacement du membre démissionnaire ou décédé.

189. Un fonctionnaire appartenant au service des retraites ouvrières et paysannes et désigné par le ministre du travail est attaché à la commission comme secrétaire adjoint ; il a voix consultative.

Un chef ou un sous-chef de bureau du ministère du travail, également désigné par le ministre, est chargé de la tenue des écritures et de la conservation des archives.

190. Le ministre du travail peut, sur la demande du président, adjoindre, pour chaque affaire, à la commission, en qualité d'auxiliaires de l'instruction, en vue de procéder à toutes enquêtes, constatations et vérifications de comptes, deux agents appartenant soit à son administration, soit à celle des finances. Dans ce dernier cas, la désignation est faite d'accord avec le ministre des finances.

191. La commission peut entendre toutes personnes et ordonner toutes enquêtes, vérifications et autres mesures d'instruction, soit par un de ses membres, soit par un des auxiliaires mentionnés à l'article précédent.

192. La commission ne peut statuer valablement qu'en nombre impair et lorsque cinq au moins de ses membres participent à la décision.

Si le nombre des membres présents est pair, le sort décide lequel des membres permanents doit s'abstenir.

193. Les décisions sont notifiées, en la forme administrative, tant aux employeurs qu'aux administrateurs de la caisse ; elles sont portées à la connaissance du ministre du travail. La décision définitive sur le fond est, en outre, affichée par les soins des employeurs, aux lieux habituels pour les avis donnés aux ouvriers et employés ; il en est déposé une expédition au greffe de la justice de paix que cette décision aura indiquée.

CHAPITRE III. — MANDATAIRE COLLECTIF.

194. Lorsque, par application de l'article 33, paragraphe 4, de la loi du 5 avril 1910, plusieurs intéressés veulent constituer un mandataire unique pour les représenter en justice, ils adressent, à cet effet, au juge de paix du canton dans lequel est situé le siège d'administration de la caisse, une requête signée de chacun d'eux, indiquant la nature et les circonstances du différend, ainsi que les noms, prénoms et adresses de tous les signataires.

Dans les dix jours de la réception de la requête, et si cette requête ne porte point désignation unanime d'un mandataire, le juge de paix demande au préfet d'inviter les requérants à lui faire parvenir leurs mandats individuels et de les aviser de la date à laquelle sera effectué le dépouillement de ces mandats. Le préfet porte immédiatement, par lettre, cette invitation à la connaissance de chacun des signataires de la requête.

Chaque requérant adresse au juge de paix, pour la date fixée et sous pli fermé, un mandat rempli et signé par lui ; ce mandat est établi sur papier libre et conforme au modèle arrêté par le ministre du travail.

Le juge de paix fait procéder au dépouillement et à l'émargement des mandats en audience publique et proclame mandataire collectif pour ester en justice la personne désignée par la majorité absolue des mandants. Il lui délivre une expédition du procès-verbal des opérations, qui lui tient lieu de mandat collectif.

195. Le mandataire collectif ne peut être choisi que parmi les personnes de l'un ou l'autre sexe, de nationalité française ; il doit être majeur, jouir de ses droits civils et n'avoir subi aucune des condamnations auxquelles est attachée la privation des droits politiques.

TITRE XIII. — RECOURS EN MATIÈRE D'INSCRIPTION SUR LES LISTES D'ASSURÉS OU EN MATIÈRE D'ÉLECTIONS.

196. (*Décr.* 6 *août* 1912.) Les réclamations prévues aux articles 7 et 10 du présent décret, au sujet de l'inscription sur les listes d'assurés, sont portées devant le juge de paix du canton, dans un délai de trois mois à dater de l'affichage prévu à l'article 7 ou de la notification prévue à l'article 10, par simple déclaration au greffe de la justice de paix de la résidence de l'intéressé. Cette déclaration se fait sans frais. Il en est donné récépissé.

Le juge de paix statue dans les dix jours, sans frais ni forme de procédure, sur simple avertissement donné par ses soins au préfet et à l'intéressé, cinq jours au moins à l'avance. La sentence n'est pas susceptible d'opposition.

Le greffier en adresse le jour même deux expéditions, l'une au préfet, l'autre au maire de la commune de l'intéressé. Le maire en fait notification à celui-ci dans les vingt-quatre heures de la réception.

197. Dans les cinq jours de la notification, l'intéressé peut interjeter appel de la décision du juge de paix devant le tribunal civil. Dans les cinq jours de la réception de la sentence, le préfet a le même droit. L'appel est formé par simple déclaration au greffe de la justice de paix.

Les pièces et, le cas échéant, les mémoires fournis par les parties sont transmis sans délai et sans frais par le greffier de la justice de paix au greffier du tribunal civil. Le préfet et l'intéressé sont avertis cinq jours au moins à l'avance, par les soins du procureur de la République, de la date à laquelle l'affaire sera appelée.

Le tribunal statue sans opposition dans les quinze jours de la réception des pièces. L'appel est instruit et jugé sommairement et sans frais ni forme de procédure. Le ministère d'un avoué n'est pas obligatoire. L'intéressé peut se faire représenter par un mandataire porteur d'un pouvoir sur papier libre.

(*Décr.* 6 *août* 1912.) « Le jour même, le greffier du tribunal adresse deux expéditions de la décision, l'une au préfet, l'autre au maire de la commune où réside l'intéressé. Le maire en fait notification à celui-ci dans les vingt-quatre heures de la réception. »

198. (*Décr.* 6 *août* 1912. La décision du tribunal peut être déférée à la cour de cassation dans les dix jours de la notification. Le pourvoi est formé par simple déclaration au greffe du tribunal civil.

Le greffier du tribunal civil en donne avis à la partie adverse, en lui faisant connaître qu'elle peut, si elle le juge convenable, adresser au procureur de la République, dans un délai de quinze jours, un mémoire accompagné ou non de pièces justificatives.

Cet avis, adressé par le greffier au procureur de la République aussitôt que le pourvoi a été formé, est transmis d'urgence par la voie administrative à l'intéressé. Ce dernier signe un accusé de réception constatant la date de la remise. Au cas où l'intéressé ne pourrait signer, refuserait de le faire ou n'aurait pu être touché, l'agent chargé de remettre l'avis dresse procès-verbal de la notification. L'accusé de réception ou le procès-verbal est adressé au greffier du tribunal qui, à l'expiration du délai, le transmet sans frais au greffier de la cour de cassation, accompagné, le cas échéant, des pièces et mémoires.

Pour les pourvois formés antérieurement à la publication du présent décret et qui n'auraient pas été portés à la connaissance de la partie adverse, l'avis prévu au paragraphe 2 du présent article sera donné dans les huit jours qui suivront ladite publication.

Pour les pourvois dont avis a été donné à la partie adverse, le délai de quinze jours imparti au même paragraphe 2 courra de la publication du présent décret.

Le pourvoi est porté directement devant la chambre civile qui statue dans le mois suivant la réception des pièces, sans frais ni consignation d'amende. Le ministère d'un avocat à la cour de cassation n'est pas obligatoire.

199. Les réclamations relatives à l'inscription sur les listes électorales dressées en vue de l'élection au comité de direction des caisses départementales ou régionales d'assurance (titre IV du présent décret, chapitre II), ou en vue des votes à émettre pour les mesures relatives aux caisses de retraite ou de prévoyance organisées antérieurement à la loi du 5 avril 1910 (titre XII), sont présentées et jugées dans les formes prévues aux articles 196, 197 et 198 ci-dessus.

Aucune réclamation n'est recevable après l'expiration du délai de quinzaine qui suit la publication de la liste.

Le juge de paix compétent est celui du canton où la caisse a son siège.

Le directeur de la caisse départementale ou régionale ou le président du conseil d'administration de la caisse de retraite ou de prévoyance reçoit les notifications et peut former les recours en appel et en cassation dans les conditions et délais prévus pour le préfet par les articles 196, 197 et 198.

200. Les réclamations contre les élections des membres du comité de direction d'une caisse départementale ou régionale ou des délégués des ouvriers et employés à la commission arbitrale instituée en vertu de l'article 32 de la loi du 5 avril 1910 sont présentées et jugées dans les mêmes formes.

Aucune réclamation n'est recevable après l'expiration du délai de quinzaine qui suit la proclamation du résultat de l'élection.

Le juge de paix compétent est celui du canton où la caisse a son siège.

La personne dont l'élection est contestée reçoit les notifications et peut formuler les recours en appel ou en cassation dans les conditions et délais prévus aux articles 196, 197 et 198.

Loi du 13 juillet 1911,

Portant fixation du budget général des dépenses et des recettes de l'exercice 1911 (**D. P.** 1911. 4. 132).

Art. 121. L'allocation annuelle attribuée aux communes pour les indemniser de leur participation au fonctionnement de la loi du 5 avril 1910 sur les retraites ouvrières et paysannes est fixée à 15 centimes par tête d'assuré.

Toutefois, à titre exceptionnel et en raison des charges spéciales résultant de la mise en marche de la loi, une allocation supplémentaire de 5 centimes par assuré sera distribuée aux communes pour l'exercice 1911.

122. Le ministre des finances est autorisé à faire sur les fonds du Trésor aux caisses régionales ou départementales prévues à l'article 14 de la loi du 5 avril 1910 et dans les conditions indiquées par l'article 38 de la même loi les avances nécessaires pour couvrir leurs frais de premier établissement.

Ces avances seront portées à un compte de trésorerie qui devra être soldé le 31 décembre 1912 au plus tard.

123. Est fixé à trente millions de francs (30,000,000 fr.) pour l'année 1911 le maximum du compte courant à ouvrir au Trésor pour les sommes non employées appartenant aux caisses d'assurances régies par la loi du 5 avril 1910 sur les retraites ouvrières et paysannes, et dont la gestion financière est confiée à la caisse des dépôts et consignations en vertu de l'article 15 de ladite loi.

Le taux de l'intérêt servi par le Trésor sera le même que celui du compte courant de la caisse des dépôts et consignations.

Loi du 27 février 1912,

Portant fixation du budget général des dépenses et des recettes de l'exercice 1912 (D. P. 1912. 4. 20).

. . . .

Art. 16. Est admise à circuler en franchise par la poste, sous enveloppe ouverte ou fermée, la correspondance de service échangée entre les présidents ou directeurs des caisses d'assurances visées à l'article 11 de la loi du 5 avril 1910, d'une part, et les préfets, inspecteurs généraux et inspecteurs des finances, trésoriers-payeurs généraux et receveurs des finances, d'autre part.

. . . .

54. Le paragraphe 1er de l'article 4 de la loi du 5 avril 1910 est modifié ainsi qu'il suit : — V. *suprà*, L. 5 avr. 1910, art. 4, § 1 et 2.

Le paragraphe 3 du même article est modifié ainsi qu'il suit : — V. *suprà*, L. 5 avr. 1910, art. 4, § 4.

Le paragraphe 4 du même article est modifié ainsi qu'il suit : — V. *suprà*, L. 5 avr. 1910, art. 4, § 5 et 6.

Le paragraphe 5 du même article est modifié ainsi qu'il suit : — V. *suprà*, L. 5 avr. 1910, art. 4, § 7.

Le paragraphe 7 du même article est modifié ainsi qu'il suit : — V. *suprà*, L. 5 avr. 1910, art. 4, § 9.

Le paragraphe 8 du même article est abrogé.

55. Le paragraphe 1er de l'article 5 de la loi du 5 avril 1910 est modifié ainsi qu'il suit : — V. *suprà*, L. 5 avr. 1910, art. 5, § 1er.

L'article 5 de la loi du 5 avril 1910 est complété par le paragraphe suivant : — V. *suprà*, L. 5 avr. 1910, art. 5, § 4.

56. Les deux premiers paragraphes de l'article 7 de la loi du 5 avril 1910 sont modifiés ainsi qu'il suit : — V. *suprà*, L. 5 avr. 1910, art. 7, § 1er et 2.

57. Le troisième paragraphe de l'article 9 de la loi du 5 avril 1910 est modifié ainsi qu'il suit : — V. *suprà*, L. 5 avr. 1910, art. 9, § 3.

58. Le paragraphe 9 de l'article 11 de la loi du 5 avril 1910 est modifié ainsi qu'il suit : — V. *suprà*, L. 5 avr. 1910, art. 11, § 9 et 10.

59. Le paragraphe 1er de l'article 36 de la loi du 5 avril 1910 est modifié ainsi qu'il suit : — V. *suprà*, L. 5 avr. 1910, art. 36, § 1er.

Les paragraphes 3 et 4 de l'article 36 sont modifiés ainsi qu'il suit : — V. *suprà*, L. 5 avr. 1910, art. 36, § 3 et 4.

Le paragraphe 6 du même article est modifié ainsi qu'il suit : — V. *suprà*, L. 5 avr. 1910, art. 36, § 6.

Le paragraphe 7 du même article est modifié ainsi qu'il suit : — V. *suprà*, L. 5 avr. 1910, art. 36, § 7.

Le paragraphe 11 du même article est modifié ainsi qu'il suit : — V. *suprà*, L. 5 avr. 1910, art. 36, § 11.

60. L'article 37 de la loi du 5 avril 1910 est abrogé et remplacé par le suivant : — V. *suprà*, L. 5 avr. 1910, art. 37.

61. L'article 38 de la loi du 5 avril 1910 sur les retraites ouvrières et paysannes est ainsi modifié : — V. *suprà*, L. 5 avr. 1910, art. 38.

62. Les dispositions des articles 4, 5, 7, 9, 14, 36, 37 et 38 de la loi du 5 avril 1910, ci-dessus modifiées, entreront en vigueur le 1er août 1912.

Le bénéfice en sera étendu à partir de la même date aux retraites antérieurement liquidées.

(*L. 11 juillet* 1912.) « Les assurés visés aux articles 4, paragraphe 5, et 36, paragraphes 6, 7 et 8, qui se seront fait inscrire avant le 1er janvier 1913 seront autorisés à effectuer rétroactivement les versements réglementaires prévus pour bénéficier des avantages de la période transitoire. »

Loi du 11 juillet 1912,

Modifiant le paragraphe 3 de l'article 62 de la loi du 27 février 1912, concernant les retraites ouvrières et paysannes, afin d'étendre au 1er janvier 1913 le délai de rétroactivité accordé aux assurés pour bénéficier des avantages de la période transitoire (**D. P.** 1912. 4e partie).

Article unique. L'article 62, paragraphe 3, de la loi du 27 février 1912 est ainsi modifié : — V. *suprà*, L. 27 févr. 1912, art. 62, § 3.

Décret du 6 août 1912,

Modifiant le règlement d'administration publique du 25 mars 1911, rendu pour l'exécution de la loi du 5 avril 1910 sur les retraites ouvrières et paysannes.

Art. 1er. Les articles 1er, paragraphe 2 ; 2, paragraphes 1er et dernier ; 3, paragraphe 1er ; 4, paragraphes 1er, 3 et 5 ; 5, paragraphe 1er ; 6, paragraphe dernier ; 12, 18, 19, 22, 24, paragraphe dernier ; 54, 55, 81, 82, 93, paragraphe 2 ; 98, 99, 103, 108, 115, 116, 117, 118, 123, paragraphe dernier ; 125, paragraphes 1er et 2 ; 135, 136, paragraphe 1er ; 137, 138, 139, 140, 141, 142, 152, paragraphe 3 ; 157, 158, 159, 160, 166, 170, 172, 196, 197, paragraphe dernier, et 198, du décret du 25 mars 1911, portant règlement d'administration publique pour l'exécution de la loi sur les retraites ouvrières et paysannes, sont remplacés ou complétés par les dispositions ci-après : — V. *suprà*, Décr. 25 mars 1911, art. 1er, § 2 ; 2, § 1er et dernier ; 3, § 1er ; 6, § dernier ; 12 ; 18 ; 19 ; 22 ; 24, § dernier ; 54 ; 55 ; 81 ; 82 ; 93, § 2 ; 98 ; 99 ; 103 ; 108 ; 115 ; 116 ; 117 ; 118 ; 123, § dernier ; 125, § 1er et 2 ; 135 ; 136, § 1er ; 137 ; 138 ; 139 ; 140 ; 141 ; 142 ; 152, § 3 ; 157 ; 158 ; 159 ; 160 ; 166 ; 170 ; 172 ; 196 ; 197, § dernier ; 198.

2. Dans toutes les dispositions du décret du 25 mars 1911 qui ne sont pas modifiées par l'article précédent et où figurent les mots « loi du 5 avril 1910 », ces mots sont remplacés par « loi sur les retraites ouvrières et paysannes ».

V. en outre l'arrêté ministériel du 26 *mars* 1911, *concernant la justification de l'état civil des Français résidant à l'étranger en vue de leur inscription sur la liste des assurés de la loi du* 5 *avr.* 1910 ; *l'arrêté ministériel du* 30 *mars* 1911, *concernant les justifications à fournir par les assurés obligatoires ou facultatifs de la loi du* 5 *avr.* 1910 ; *l'arrêté ministériel du* 13 *avr.* 1911, *créant trente-sept types de timbres-retraite ; l'arrêté ministériel du* 25 *avr.* 1911, *concernant l'encaissement des cotisations des bénéficiaires de la loi du* 5 *avr.* 1910, *sur les retraites ouvrières et paysannes ; l'arrêté ministériel du* 3 *juin* 1911, *relatif à la vente des timbres-retraite ; l'arrêté ministériel du* 1er *juill.* 1911, *déterminant les groupements des professions visées à l'art.* 83 *du règlement d'administration publique du* 25 *mars* 1911 ; *l'arrêté ministériel du* 11 *août* 1911, *déterminant les règles de détail relatives au contrôle financier des caisses d'assurances visées à l'art.* 99 *du décret du* 25 *mars* 1911 ; *le décret du* 24 *août* 1911, *déterminant les règles de comptabilité des caisses départementales ou régionales des retraites constituées en vertu de la loi du* 5 *avr.* 1910; *la circulaire ministérielle du* 21 *août* 1911 *relative à l'application de l'art.* 23, § 2 *et* 3, *de la loi du* 5 *avr.* 1910; *la circulaire ministérielle du* 28 *août* 1911 *relative aux contraventions à la loi du* 5 *avr.* 1910; *la circulaire ministérielle du* 18 *sept.* 1911 *relative à l'intervention des municipalités pour le choix des caisses d'assurances; l'instruction ministérielle du* 11 *oct.* 1911, *concernant la liquidation et l'ordonnancement des allocations aux communes; la circulaire ministérielle du* 18 *nov.* 1911 *relative aux infractions commises par les employeurs qui refusent d'appliquer dans leurs établissements la loi du* 5 *avr.* 1910; *la circulaire ministérielle du* 21 *déc.* 1911 *relative aux versements effectués au greffe des justices de paix en vertu de l'art.* 23, §§ 2 *et* 3, *de la loi du* 5 *avr.* 1910; *la circulaire ministérielle du* 1er *févr.* 1912 *relative à la notification des pourvois en cassation formés contre les jugements rendus en matière de retraites ouvrières; la circulaire ministérielle du* 1er *mars* 1912, *relative aux modifications apportées à la loi du* 5 *avr.* 1910 *par la loi de finances du* 27 *févr.* 1912; *la circulaire ministérielle du* 12 *mars* 1912, *relative à la non-admission des greffiers et des instituteurs secrétaires de mairie sur les listes des assurés de la loi du* 5 *avr.* 1910; *l'arrêté interministériel du* 6 *août* 1912 *fixant les justifications à fournir par les assurés de la loi sur les retraites ouvrières et paysannes susceptibles de bénéficier des bonifications prévues aux art.* 4, § 1er, *et* 37, § 4, *de la loi du* 5 *avr.* 1910, *modifiés par les art.* 54 *et* 59 *de la loi du* 27 *févr.* 1912; *l'arrêté interministériel du* 7 *août* 1912 *déterminant les conditions dans lesquelles les titres spéciaux d'allocations ou bonifications de l'État sont établis, délivrés, échangés, modifiés ou annulés* (V. ces textes à notre TRAITÉ SUR LES RETRAITES OUVRIÈRES ET PAYSANNES; — et au **Dalloz des Communes**, annés 1911 et 1912. — V. enfin *l'arrêté interministériel du* 18 *juill.* 1912 *et l'instruction du* 19 *juill.* 1912 *déterminant les règles de détail d'après lesquelles doivent être calculés le taux moyen d'intérêt des placements ainsi que le montant de l'actif et du passif des caisses d'assurance* (*Journ. off.* du 10 août 1912); *l'arrêté interministériel du* 9 *août* 1912 *portant modifications et additions aux instructions antérieures concernant la comptabilité financière d'assurance des caisses de retraites ouvrières et paysannes* (*Journ. off.* du 10 août 1912).

FIN DU CODE DU TRAVAIL

TABLE CHRONOLOGIQUE

DES

LOIS, DÉCRETS ET ARRÊTÉS INSÉRÉS

DANS LE

CODE DU TRAVAIL.

1898. — 9 avr. — Loi concernant les responsabilités des accidents dont les ouvriers sont victimes dans leur travail, p. 131.

1899. — 28 févr. — Décret portant règlement d'administration publique pour l'exécution de l'art. 26 de la loi du 9 avr. 1898, concernant les responsabilités des accidents dont les ouvriers sont victimes dans leur travail, p. 146.

— — 28 févr. — Décret portant règlement d'administration publique pour l'exécution de l'art. 27 de la loi du 9 avr. 1898, p. 150.

— — 28 févr. — Décret portant règlement d'administration publique pour l'exécution du dernier alinéa de l'art. 28 de la loi du 9 avr. 1898, p. 154.

— — 1er mars. — Arrêté ministériel instituant un comité consultatif des assurances contre les accidents du travail, p. 184.

— — 20 avr. — Décret modifiant la nomenclature des tableaux A et C annexés au décret du 13 mai 1893 relatif à l'emploi des enfants, des filles mineures et des femmes aux travaux dangereux ou insalubres, p. 54.

— — 2 mai. — Décret instituant au ministère du commerce une commission consultative en vue de l'application de l'art. 5 de la loi du 9 avr. 1898 sur la responsabilité des accidents du travail, p. 186.

— — 10 mai. — Décret conférant au comité consultatif des assurances contre les accidents du travail la gestion de certaines caisses de secours constituées en vertu de l'art. 6 de la loi du 9 avr. 1898, p. 186.

— — 24 mai. — Loi étendant, en vue de l'application de la loi du 9 avr. 1898, les opérations de la Caisse nationale d'assurances en cas d'accidents, p. 219.

— — 30 juin. — Loi concernant les accidents causés dans les exploitations agricoles par l'emploi de machines mues par des moteurs inanimés, p. 142.

— — 1er juill. — Décret complétant la nomenclature des industries admises à bénéficier des tolérances prévues par la loi du 2 nov. 1892, en ce qui concerne le repos hebdomadaire et la durée du travail, p. 54.

— — 10 août. — Décret sur les conditions du travail dans les marchés passés au nom de l'État, p. 93.

— — 10 août. — Décret sur les conditions du travail dans les

blique sur la durée du travail effectif journalier des ouvriers adultes, p. 69.

1902. — 10 mai. — Arrêté ministériel modifiant l'arrêté du 1er mars 1899, organisant le comité consultatif des assurances contre les accidents du travail, p. 187.

— — 27 mai. — Arrêté ministériel qui complète l'arrêté ministériel du 31 juill. 1894 relatif aux charges qui peuvent être traînées ou poussées par des jeunes ouvriers et ouvrières âgés de moins de dix-huit ans, p. 56.

— — 4 juill. — Décret complétant la nomenclature des industries admises à bénéficier des tolérances prévues par la loi en ce qui concerne le repos hebdomadaire et la durée du travail, p. 56.

— — 18 juill. — Décret réglementant l'emploi de la céruse dans les travaux de peinture en bâtiment, p. 100.

— — 19 juill. — Arrêté ministériel complétant l'arrêté du 1er mars 1899, relatif au comité consultatif des assurances contre les accidents du travail, p. 187.

— — 21 nov. — Décret interdisant l'opération dite « pompage » dans l'industrie de la poterie d'étain, p. 101.

1903. — 14 mars. — Décret portant réorganisation du conseil supérieur du travail, p. 169.

— — 31 mars. — Loi des finances, art. 84 à 98 *(retraite des ouvriers mineurs)*, p. 249.

— — 11 juill. — Loi portant modification de la loi du 12 juin 1893, sur l'hygiène et la sécurité des travailleurs dans les établissements industriels, p. 101.

— 14 août. — Décret modifiant des rubriques dans la nomenclature des industries admises à bénéficier des tolérances prévues par la loi du 2 nov. 1892, sur le travail des enfants, des filles mineures et des femmes dans les établissements industriels, p. 56.

1904. — 27 janv. — Décret portant modifications à la constitution du conseil supérieur du travail, p. 175.

— — 15 juill. — Décret relatif à la réglementation de l'emploi du blanc de céruse, p 101.

— — 28 juill. — Décret portant règlement d'administration publique pour l'application des lois des 12 juin 1893 et 11 juill. 1903 sur l'hygiène et la sécurité des travailleurs en ce qui concerne le couchage du personnel dans les établissements industriels et commerciaux, p. 101.

— — 4 août. — Décret relatif à la réorganisation du conseil supérieur du travail, p. 175.

1906. — 2 avr. — Loi concernant la participation des délégués à la sécurité des ouvriers mineurs aux caisses de retraites et de secours des ouvriers mineurs, p. 251.

— — 12 avr. — Loi étendant à toutes les exploitations commerciales les dispositions de la loi du 9 avr. 1898 sur les accidents du travail, p. 143.

— — 17 avr. — Loi de finances,
— art. 59 (*qui modifie l'art.* 22, *L.* 9 *avr.* 1898), p. 252.
— art. 66 (*retraites des ouvriers mineurs*), p. 252.

— — 11 juill. — Décret modifiant le décret du 17 mai 1905 relatif à l'organisation du corps des inspecteurs du travail, p. 60.

— — 13 juill. — Loi établissant le repos hebdomadaire en faveur des employés et ouvriers, p. 72.

— — 23 août. — Décret modifiant le règlement d'administration publique du 27 avr. 1900 qui a déterminé les conditions dans lesquelles la caisse d'assurances en cas de décès pourra organiser des assurances mixtes, p. 223.

— — 24 août. — Décret organisant le contrôle de l'application de la loi du 13 juill. 1906 sur le repos hebdomadaire, p. 75.

— — 22 nov. — Décret approuvant le tarif complémentaire de la caisse nationale d'assurances en cas d'accidents, p. 223.

— — 28 nov. — Arrêté ministériel étendant aux professions commerciales la classification prévue au quatrième alinéa de l'art. 6 du décret du 28 févr. 1899 pour les sociétés d'assurances contre les accidents du travail, p. 155.

— — 27 déc. — Décret modifiant le règlement d'administration publique du 28 févr. 1899 relatif aux responsabilités des accidents dont les ouvriers sont victimes dans leur travail, p. 155.

— — 27 déc. — Décret approuvant les statuts types des syndicats de garantie prévus par l'art. 6 de la loi du 12 avr. 1906, p. 223.

— — 28 déc. — Décret portant règlement d'administration publique pour l'exécution de la loi du 2 avr. 1906 sur la participation des délégués à la sécurité des ouvriers mineurs aux caisses de retraites et de secours des ouvriers mineurs, p. 252.

1907. — 17 janv. — Décret modifiant le décret du 8 déc. 1904,

1907. — 14 août. — Décret complétant la nomenclature des établissements admis à donner le repos hebdomadaire par roulement en vertu de l'art. 3 de la loi du 13 juill. 1906, p. 84.

— — 7 déc. — Décret modifiant le décret du 29 nov. 1904 sur l'hygiène et la sécurité des travailleurs, p. 120.

— — 31 déc. — Loi portant fixation du budget général des dépenses et des recettes de l'exercice 1908, art. 48 à 50 (*ouvriers mineurs, pensions de retraites*), p. 253.

1908. — 16 mars. — Décret déterminant la nomenclature des catégories d'établissements admis à bénéficier des dérogations de l'art. 6 de la loi du 13 juill. 1906, en ce qui concerne les femmes et les enfants, p. 88.

— — 26 mars. — Loi modifiant l'art. 5 de la loi du 12 avr. 1906, relatif à la contribution imposée aux exploitants non patentés pour l'alimentation du fonds de garantie institué par la loi du 9 avr. 1898 sur les accidents du travail, p. 146.

— — 14 avr. — Loi concernant les retraites des ouvriers mineurs, p. 253.

— — 23 avr. — Décret prescrivant les mesures particulières d'hygiène dans les industries où le personnel est exposé à l'intoxication saturnine, p. 120.

— — 3 juill. — Décret modifiant les art. 3 et 5 du décret du 15 juill. 1893, p. 63.

— — 17 juill. — Loi relative à l'institution des conseils consultatifs du travail, p. 179.

— — 10 sept. — Décret complétant la nomenclature des établissements énumérés et des travaux spécifiés dans le tableau annexé à l'art. 1er du décret du 14 août 1907, p. 89.

— — 10 sept. — Décret complétant le tableau B annexé au décret du 13 mai 1893, relatif à l'emploi des enfants, filles mineures et femmes aux travaux dangereux ou insalubres, p. 63.

— — 13 nov. — Loi modifiant l'art. 40 de la loi du 27 mars 1907, concernant les conseils de prud'hommes, p. 202.

— — 15 nov. — Loi conférant aux femmes l'éligibilité aux conseils de prud'hommes, p. 202.

— — 15 déc. — Décret modifiant le décret du 13 mai 1893 sur les travaux dangereux pour les enfants et les femmes, p. 64.

1909. — 28 déc. — Décret organisant le service médical dans les industries où le personnel est exposé à l'intoxication saturnine, p. 125.

1910. — 1er févr. — Décret portant addition à la nomenclature des industries admises au bénéfice des dispositions prévues à l'art. 5 du décret du 15 juill. 1893, modifié en ce qui concerne la durée du travail des enfants de moins de dix-huit ans et des femmes de tout âge, p. 65.

— — 7 févr. — Décret portant addition à la nomenclature des industries admises au bénéfice des dispositions prévues à l'art. 5 du décret du 15 juill. 1893, modifié en ce qui concerne la durée de travail des enfants de moins de dix-huit ans et des femmes de tout âge, p. 65.

— — 17 févr. — Décret modifiant le décret du 15 juill. 1893 en ce qui concerne le travail des femmes et des filles âgées de plus de dix-huit ans, dans l'industrie (*ateliers de couture et de modes*), p. 65.

— — 7 mars. — Décret portant modification aux tableaux B et C annexés au décret du 13 mai 1893 sur les travaux dangereux pour les enfants et les femmes, p. 65.

— — 9 mars. — Loi relative aux opérations de la caisse nationale d'assurances en cas de décès, p. 231.

— — 12 mars. — Loi sur les délégués mineurs, p. 166.

— — 4 avr. — Décret portant addition à l'art. 10 du décret du 19 nov. 1904 (*interdiction aux ouvriers de coucher sur les fours à plâtre*), p. 126.

— — 5 avr. — Loi sur les retraites ouvrières et paysannes, p. 255.

— — 21 avr. — Décret modifiant le décret du 15 déc. 1908, relatif à l'organisation du service médical dans les chantiers de travaux à l'air comprimé, p. 126.

— — 12 mai. — Décret portant addition à la nomenclature des industries énumérées à l'art. 5 du décret du 15 juill. 1893, p. 65.

— — 16 juill. — Décret créant un office national des retraites ouvrières et paysannes, p. 268.

— — 22 août. — Décret prescrivant les mesures particulières d'hygiène dans les établissements dont le personnel est exposé à l'infection charbonneuse, p. 126.

— — 31 août. — Décret déterminant, en ce qui concerne les spécialistes occupés dans les usines à feu continu, des dérogations aux règles générales sur le repos hebdomadaire, p. 90.

1910. — 23 nov. — Décret complétant la nomenclature des industries énumérées au décret du 15 juill. 1893 modifié, sur la réglementation du travail des filles et des femmes, p. 66.

1911. — 6 févr. — Décret modifiant le décret du 3 mai 1907, réglant l'avancement et la discipline du corps de l'inspection du travail, p. 66.

— — 24 mars. — Décret (*ministère de l'intérieur*) portant règlement d'administration publique pour l'exécution de la loi du 5 avr. 1910 sur les retraites ouvrières et paysannes, p. 268.

— — 25 mars. — Décret (*ministère du travail et de la prévoyance sociale*) portant règlement d'administration publique pour l'exécution de la loi du 5 avr. 1910 sur les retraites ouvrières et paysannes, p. 272.

— — 27 mars. — Loi portant modification de l'art. 7 de la loi du 20 juill. 1886, relative à la caisse nationale des retraites pour la vieillesse, modifié par l'art. 61 de la loi du 26 juill. 1893, p. 211.

— — 2 juin. — Décret prescrivant des mesures particulières d'hygiène dans l'industrie de la couperie des poils, p. 128.

— — 2 juin. — Décret modifiant le décret du 29 nov. 1904 sur l'hygiène et la sécurité des travailleurs, p. 130.

— — 13 juill. — Loi portant fixation du budget général des dépenses et des recettes de l'exercice 1911.

Art. 95 (*repos hebdomadaire, offices ministériels, clercs*), p. 92.

Art. 121 (*retraites ouvrières et paysannes*), p. 313.

Art. 124 (*caisse nationale des retraites pour la vieillesse, commission technique, composition*), p. 211.

— — 6 août. — Décret modifiant le décret du 17 mai 1905, relatif à l'organisation du corps des inspecteurs du travail, p. 66.

— — 8 oct. — Décret relatif au travail des enfants dans les verreries, p. 66.

— — 8 oct. — Décret relatif au soufflage à la bouche dans les verreries, p. 130.

1911. — 12 oct. — Décret déterminant des prescriptions particulières relatives au travail du ciment à prise rapide, p. 131.

— — 25 oct. — Décret réglant l'emploi du crédit inscrit au budget de l'exercice 1911 pour subventions aux bureaux municipaux de placement, p. 17.

— — 27 oct. — Décret modifiant le décret organique du conseil supérieur du travail du 14 mars 1903, p. 176.

— — 20 nov. — Décret modifiant le décret du 3 mai 1907 réglant l'avancement et la discipline du corps de l'inspection du travail, p. 66.

— — 30 nov. — Décret interdisant l'emploi, dans les établissements de l'industrie textile, des cotons, ouates, gazes et autres objets ayant servi à des pansements, p. 131.

— — 22 déc. — Loi relative à la mise en vigueur de la convention internationale de Berne, sur le travail de nuit des femmes employées dans l'industrie, p. 67.

— — 27 déc. — Décret modifiant le décret du 15 juill. 1893 sur les tolérances et exceptions prévues par la loi du 2 nov. 1892 sur le travail des femmes et des enfants, p. 67.

1912. — 27 févr. — Loi portant fixation du budget général des dépenses et des recettes de l'exercice 1912.

Art. 16, 54 à 62 (*retraites ouvrières et paysannes*), p. 314.
Art. 63 (*retraites, ouvriers mineurs, conjoints*), p. 254.
Art. 64 (*retraites, inspecteurs du travail, durée des services*), p. 67.

— — 8 mars. — Loi ayant pour objet le relèvement des incapacités prévues par les art. 49 et 50 de la loi du 27 mars 1907 relative aux conseils de prud'hommes, p. 202.

— — 13 mars. — Loi modifiant le paragraphe 2 de l'art. 20 de la loi du 20 juill. 1886, relative à la Caisse nationale des retraites pour la vieillesse, p. 211.

— — 4 mai. — Décret modifiant la répartition en classe des inspecteurs divisionnaires et départementaux du travail, p. 67.

— — 24 mai. — Décret modifiant le décret du 25 oct. 1911 réglant l'emploi du crédit ouvert au budget pour subventions aux bureaux municipaux de placement gratuit, p. 19.

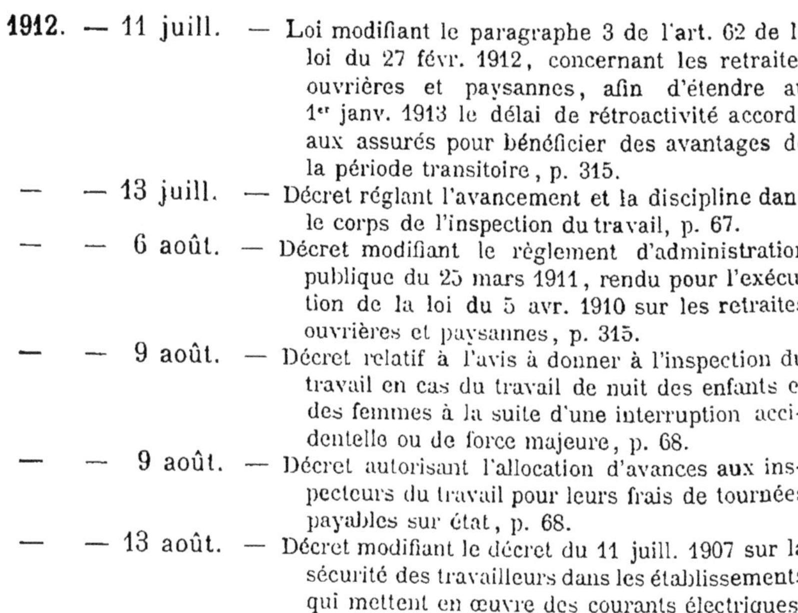

FIN DE LA TABLE CHRONOLOGIQUE.

TABLE ALPHABÉTIQUE

DES MATIÈRES CONTENUES

DANS LE

CODE DU TRAVAIL.

Abréviations. — *Dans la présente Table alphabétique, les articles du* Code du travail *sont indiqués simplement par des nombres précédés de l'abréviation :* Trav. — *Pour les lois, décrets et ordonnances insérés dans cet ouvrage, nous renvoyons aux pages qui contiennent leurs textes, et nous mentionnons leurs dates et leurs articles.*

Ainsi :

Apprentissage *Trav.* 1 s., *Signfie :* Apprentissage, Code du travail, article 1er et suivants.

Accident de travail p. 133, L. 9 avr. 1898, a. 17, *Signifie :* Accident de travail, page 133, Loi du 9 avril 1898, article 17.

A

B

C

D

E

F

G

H

L

M

N

O

S

FIN DE LA TABLE ALPHABÉTIQUE DES MATIÈRES.

IMPRIMERIE DE LA JURISPRUDENCE GÉNÉRALE DALLOZ.